スマホ&IT活用

宅建士

50日攻略本

実務法学セミナー **大場 茂**

**これ1冊で
40点超をゲット**

三和書籍

はじめに

コスパ抜群
宅建士50日攻略コンセプト

◎スマホ・PC 超活用による
宅建コア情報の効率収集と解答スキルのマスター

Input　スマホ・PC で、YouTube 講義フリー視聴

いつでも　　　　どこでも　　　　なんどでも

Output

① 　スマホ・PC で、毎日メルマガ演習
② 　過去問題 20 年分　過去問遊園地
③ 　基本問題 300 講　e -learning
④ 　模試 8 回　出題予想論点を網羅

ラークラク　　　　スーイスイ　　　　サックサク

Question　質問はメール・電話で無制限対応

回数・時間無制限でとことんお答えします

あなたが、用意するのはやる気だけ

宅建士50日攻略 履修プロセス

1 Input 基本講義と重要過去問

動画ライブラリーで、各種動画を見放題・聴き放題

【入門編】
□宅建試験ガイダンス　□宅建業法・入門　□権利関係・入門　□法令制限・税その他入門

【本講座編】
　50日宅建攻略本にそった基本講義と平成の過去問題の解説です。動画は、年度替わりごとに日々更新されています。
〔宅地建物取引業法及び関連法：20問出題〕
○免許・宅建士・業務運営体制上の規制　○営業保証金と保証協会　○媒介・代理契約規制と報酬規制　○37条書面と重要事項説明　○その他の業務上の規制　○業者自ら売主規制と監督罰則　○住宅瑕疵担保履行法
〔権利関係＝民法及び関連法：14問出題〕
○不動産取引の過程（契約の成立、制限行為能力者、不完全な意思表示、代理、債務不履行、契約の解除、危険負担、物権変動と登記、契約不適合責任）○時効　○抵当権　○保証と連帯債務　○賃貸借地家法　○物権その他の事項（共有、地役権、相隣関係、抵当権以外の担保物権）　○債権その他の事項（債権譲渡、各種契約類型、不法行為）　○相続　○区分所有法　○不動産登記法

〔法令上の制限・税その他：16 問出題〕

〔法令上の制限〕○都市計画法　○建築基準法　○土地区画整理法　○農地法　○宅地造成及び特定盛土等規制法　○国土利用計画法＋諸法

〔税〕○不動産取得税　○固定資産税　○印紙税　○登録免許税　○その他（所得税・贈与税・相続税）

〔土地建物の価格評定〕○不動産鑑定基準　○地価公示法

〔実務従事者5問免除問題〕○住宅金融支援機構　○景品表示法　○土地建物の統計　○土地の知識　○建物の知識

□受講方法□

　公開サイト宅建一発合格エンジンの動画ライブラリーから視聴できます。

2 Output ①

スマホ・PC で、毎日メルマガ演習
毎日（原則）演習問題をメルマガ配信

□受講方法□

　メルマガ登録してください。公開サイト・宅建一発合格エンジン及び本書読者専用サイトに、メルマガ宅建一発合格エンジンの登録窓口を設けています。

Output ②　過去問遊園地　過去問題 20 年分

　平成 16 年から直近までの過去本試験問題が、年度別でも学習項目別でも検索できる過去問遊園地にアップされています。

□受講方法□

　公開サイト宅建一発合格エンジンから、過去問遊園地へ入園できます。

Output ③
基本演習問題 300 講　e-learning

　スマホ活用宅建士 50 日攻略本のエッセンスを、e-learning 化したものです。語句選択問題や穴埋め問題のほか、一問一答問題そして4肢択一問題で構成されます。

　宅建業法・権利関係・法令制限各約 100 講からなり、全部で約 300 講です。4択問題が約 300 問含まれていますが、穴埋め・語句選択も4択還元すると700 問程度は含まれています。そうすると、時間がかかるのではと思われるかも知れませんが、ゲーム感覚で学習できるので、驚くほど短時間でマスターできます。

＊本プログラムは、パソコンのブラウザ・IE（インターネットエクスプローラー）に対応するので、スマホ、タブレットやパソコンの IE 以外のブラウザでは使えません。現在、IE は一般的なブラウザでないため、一般的な Microsoft Edge で問題を開いた後、「Internet Explorer モードで再読み込みをして、e-learning として使用できます。再読み込み方法は、本書読者サイトを参照ください。Microsoft Edge を使用されていない方は、同ブラウザをネット検索して導入の上、ご使用ください。

□受講方法□
　読者専用サイトから e-learning の入り口に、入れます。

Output ④ 論点ローラー模試（8回）

　模試は不可欠です。それも1回や2回では効果がありません。論点をつぶしてしまうことが重要です。

　そこで、8回の論点ローラー模試を設定しました。ここで、全論点につき、タテ・ヨコ・ナナメからの切り口の設問で、あらゆる問い方を網羅します。

　はじめは、目の回るような思いをしますが、50 日間宅建士攻略本のオリジナルデバイス（装置）で、誰でもスムースに履修できます。

■オリジナルデバイス

達成度確認と知識の累積がシステマティックにできる効率復習ツールを毎回つけます。そこに達成度を記録し、試験終了まで、保存します。

第1回は、8月中旬を予定しています。

□受講方法□

読者専用サイトから模試のスケジュール表に、入れます。

3 質問サポート体制

主宰者がデスクについている限り、教材についてのご疑問に回答します。また、学習上のご相談にも応じます。

下記アドレス（QRコード）にメール、又はお電話で。

実務法学セミナー
jitumuhogaku@mwb.biglobe.ne.jp
tel:03-5345-9631

以上で、合格のための必要十分な備えを構築。

10月第3日曜日の本試験には、既視感ほとばしる本試験問題に、開始30分で合格を確信！

一般公開サイト・宅建一発合格エンジン

動画ライブラリー・過去問遊園地、各種受験情報をアップします。

http://www5b.biglobe.ne.jp/jitumu/

e-learning、模擬試験は、本書読者専用サイトにアップします。

宅建士 50 日攻略本読者専用サイト

http://www5B.biglobe.ne.jp/jitumu/private/

プライベート ID: goukaku

プライベートパスワード：suruyo

　http://www5b.biglobe.ne.jp/jitumu/private/ が読者専用サイトの URL です。この URL をコピーして、アドレスバーにペーストし、Enter キーを押すと、下記のダイアログボックスが出てきます。

このサイトにアクセスするにはサインインしてください

http://www5b.biglobe.ne.jp では認証が必要となります
このサイトへの接続は安全ではありません

ユーザー名　| goukaku |

パスワード　| ●●●●●● |

[サインイン]　[キャンセル]

　ユーザーネーム欄には、「goukaku」の文字を入力してパスワード欄には、「suruyo」の文字を入力してください。

　以上により読者専用サイトが開き、基本問題演習入口と論点ローラー模試のサイトに入れますが、その際それぞれパスワードの入力が要求されます。そのパスワードは、基本問題演習入口は、「hasi」論点ローラー模試は、「mosi」です。パスワードを入力すると、それぞれサイトが開けます。

メルマガ登録

　公開サイト宅建一発合格エンジン及び本書読者専用サイトに、メルマガ宅建一発合格エンジンの登録窓口を設けています。各種受験情報のほか、基本問題 e-learning を演習問題化して配信しますので、登録をお願いします。

　以上、ご不明な点は、上記質問窓口にメール又はお電話ください。

目　次

　動画を視聴して、その項目をマスターしたとき、□にチェックを入れます。そして、総まとめのときに、その項目に書いてあることをイメージできたら、チェックの上から○をします。全項目にチェックと○が付けば、40点超で合格です。

はじめに

第1編　宅地建物取引業法・関連法

Part1 免許制度

1 宅地建物取引業をするには免許がいる

- □ 1-1　　宅地・建物とは ………………………………………… 3
- □ 1-2　　宅地・建物の取引とは ……………………………… 4
- □ 1-3　　業とするとは ………………………………………… 5
- □ 1-4　　免許の主体 …………………………………………… 5
- □ 1-5　　免許を受けた地位の一身専属性 ………………… 5
- □ 1-6　　免許失効時の残務処理には免許不要 ………… 6
- □ 1-7　　無免許営業と名義貸しの禁止 …………………… 6
- □ 1-8　　宅地建物取引業法の適用除外 …………………… 7
- □ 1-9　　免許権者 ………………………………………………… 7
- □ 1-10　事務所とは ………………………………………… 8

2 免許の基準──ふさわしくない者には免許しない

- □ 1-11　免許の基準（欠格事由） ……………………… 8
- □ 1-12　免許後に免許欠格事由が生じると免許取消処分 ……… 11

3 免許制度に付随する各種の届出等

- □ 1-13　免許の有効期間と更新手続 …………………… 11
- □ 1-14　宅地建物取引業者名簿の備付け、一般への閲覧 ……… 12
- □ 1-15　名簿登載事項の変更の届出 …………………… 13
- □ 1-16　免許換え …………………………………………… 13
- □ 1-17　業務活動消滅の届出 ……………………………… 14

Part2 宅地建物取引士

1 宅地建物取引士とその業務

- □ 2-1　宅地建物取引士とは ………………………………… 16
- □ 2-2　宅地建物取引士しかできない仕事 …………………… 16
- □ 2-3　業務処理の原則とその責務 …………………………… 16

2 宅地建物取引士の登録

- □ 2-4　登録には実務経験か
　　　　国土交通大臣指定講習の受講が必要………………… 17
- □ 2-5　登録の欠格事由1　免許と共通の欠格事由 ………… 18
- □ 2-6　登録の欠格事由2　登録を受ける場合だけの欠格事由… 19

3 宅地建物取引士証

- □ 2-7　合格後1年超の交付申請には都道府県知事指定講習 … 21
- □ 2-8　宅地建物取引士証の記載事項 ………………………… 21
- □ 2-9　宅地建物取引士証の有効期間（5年）の更新 ……… 21
- □ 2-10　宅地建物取引士証の取り扱い
　　　　　──提出・返納は交付受けた知事に………………… 22

4 登録に付随する各種申請

- □ 2-11　登録事項と変更の登録申請 …………………………… 23
- □ 2-12　登録の移転──義務ではない ……………………… 24
- □ 2-13　死亡・登録後に登録欠格該当の場合は
　　　　　30日以内に届出の義務 …………………………… 25
- □ 2-14　申請又は死亡・登録後に登録欠格該当⇒登録消除 …… 26

5 専任の宅地建物取引士の設置義務

- □ 2-15　宅地建物取引業者の専任の宅地建物取引士の
　　　　　設置義務…………………………………………… 26
- □ 2-16　みなし専任 ……………………………………………… 28

Part3 業務運営体制上の規制

1 従業者証明書と事務所の必須3備品

- □ 3-1　従業者証明書を発行し、携帯させる義務 ……………… 29
- □ 3-2　事務所に必須の3備品 ………………………………… 29

2 契約行為を行う案内所等設置の届出と標識

☐ 3-3 契約行為を行う案内所等設置の際の事前届出 ………… 31

☐ 3-4 標識──全業務場所に掲げる ……………………………… 32

Part4 取引相手方を保護する措置

1 営業保証金

☐ 4-1 開業前の営業保証金の供託 ……………………………… 34

☐ 4-2 供託額と供託場所 …………………………………………… 35

☐ 4-3 有価証券による供託 ………………………………………… 35

☐ 4-4 供託した旨の届出がないときの措置 ………………… 35

☐ 4-5 事務所増設と営業保証金供託 …………………………… 36

☐ 4-6 主たる事務所移転で、もよりの供託所が
　　　　変わった場合の措置 ……………………………………… 36

☐ 4-7 営業保証金の還付 …………………………………………… 37

☐ 4-8 還付があった通知を受け2週間以内に
　　　　穴埋め供託の義務 ………………………………………… 38

☐ 4-9 営業保証金の取戻し ………………………………………… 38

☐ 4-10 営業保証金の取戻し手続
　　　　──公告不要な場合をおさえる ………………………… 39

2 宅地建物取引業保証協会

☐ 4-11 宅地建物取引業保証協会 ………………………………… 40

☐ 4-12 保証協会が必ずやらなければならない業務 ………… 40

☐ 4-13 社員業者の供託の免除 …………………………………… 41

☐ 4-14 弁済業務保証金分担金の納付と保証協会の報告 ……… 41

☐ 4-15 弁済業務保証金の供託 …………………………………… 42

☐ 4-16 弁済業務保証金の還付 …………………………………… 42

☐ 4-17 危ない社員に対する担保請求 ………………………… 43

☐ 4-18 還付を受ける手続と限度額 …………………………… 43

☐ 4-19 弁済業務保証金の還付後の手続の流れ ……………… 44

☐ 4-20 還付充当金を納付しないときの措置 ………………… 45

☐ 4-21 保証協会への納付を怠ると社員の地位を失う ……… 45

☐ 4-22 元社員への弁済業務保証金分担金の返還 …………… 46

☐ 4-23 一部の事務所を廃止した際の超過額の返還 ………… 47

Part5 媒介契約規制と報酬規制

1 媒介契約規制

□ 5-1　媒介契約の類型 …………………………………… 48
□ 5-2　媒介契約書を依頼者に交付する義務 ………… 49
□ 5-3　媒介契約書面に記載する事項 ………………… 49
□ 5-4　媒介価額についての根拠明示義務 …………… 50
□ 5-5　申し込みがあった旨の報告義務 ……………… 51
□ 5-6　専任媒介の特別規制
　　　　——有効期間の制限と特別に尽す義務………… 51
□ 5-7　媒介契約規制の代理契約への準用 …………… 53

2 報酬規制

□ 5-8　売買（交換）の媒介依頼者一方から受けられる
　　　　報酬限度額………………………………………… 53
□ 5-9　売買（交換）の代理依頼者等から受けられる限度額 … 54
□ 5-10　低廉な空家等の売買又は
　　　　交換の媒介をする場合の特例…………………… 55
□ 5-11　低廉な空家等の売買又は交換の代理における特例 …… 56
□ 5-12　一取引を複数業者が代理・媒介したときの報酬 ……… 57
□ 5-13　貸借の媒介に関する報酬額 …………………… 58
□ 5-14　貸借の代理に関する報酬 ……………………… 59
□ 5-15　権利金の授受のある場合の特例 ……………… 59
□ 5-16　規定外の報酬は受領も要求も禁止 …………… 60

Part6 重要事項の説明と契約内容記載書面の交付

1 重要事項の説明義務

□ 6-1　重要事項の説明
　　　　——だれが・だれに・いつ・どのように………… 61
□ 6-2　IT 重要事項説明 …………………………………… 62
□ 6-3　物件に関する共通の記載・説明事項 ………… 64
□ 6-4　契約条件に関する共通の記載・説明事項 …… 65
□ 6-5　売買（交換）の場合のその他の記載・説明事項 ……… 67
□ 6-6　貸借の場合のその他の記載・説明事項 ……… 69

□ 6-7 区分建物の特有の記載・説明事項 ……………………… 71

□ 6-8 既存建物特有の記載・説明事項 …………………………… 73

□ 6-9 未完成物件特有の記載・説明事項 ……………………… 73

□ 6-10 割賦販売に特有の記載・説明事項 ……………………… 73

2 供託所等に関する説明

□ 6-11 供託所等に関する説明 …………………………………… 74

3 契約内容を記載した書面（37条書面）の交付

□ 6-12 契約内容を記載した書面の交付義務 ………………… 74

□ 6-13 37条書面に必ず記載する事項 ………………………… 76

□ 6-14 定めがあれば記載する事項 …………………………… 77

Part7 その他の業務上の規制

1 業務上の一般規制

□ 7-1 業務処理の原則と従業者の教育の努力義務 ………… 79

□ 7-2 誇大（大げさな）広告やおとり広告は禁止 ………… 79

□ 7-3 未完成物件の広告・契約の時期の制限 ……………… 81

□ 7-4 取引態様を明示する義務 ……………………………… 82

□ 7-5 禁じ手1 手付貸与又は信用供与による契約誘引の禁止 … 82

□ 7-6 禁じ手2 重要な事項につき故意に
　　　　不告知・不実告知することの禁止 …………………… 83

□ 7-7 禁じ手3 いきすぎた契約勧誘と解除等妨害の禁止 …… 84

□ 7-8 守秘義務 ………………………………………………… 85

□ 7-9 不当な履行遅延の禁止 ………………………………… 86

2 業者自ら売主規制

□ 7-10 業者が売主の場合の8種類の規制 …………………… 87

□ 7-11 自己所有に属しない物件の売却制限 ………………… 88

□ 7-12 クーリング・オフ ……………………………………… 89

□ 7-13 クーリング・オフできない場所とできる場所 ……… 90

□ 7-14 クーリング・オフできなくなる場合 ………………… 91

□ 7-15 クーリング・オフの方法と効力 ……………………… 92

□ 7-16 損害賠償額の予定等の制限 …………………………… 93

□ 7-17 手付の額の制限等 ……………………………………… 94

□ 7-18 業者が売主で買主が非業者の場合に講ずべき保全措置 … 96

□ 7-19 保全措置の方法
　　　　——未完成物件では保管の方法は取れない………… 98
□ 7-20 保全措置を講じておく期間 ………………………… 99
□ 7-21 契約不適合責任の特約制限 ……………………… 100
□ 7-22 割賦販売における解除等の制限 ………………… 101
□ 7-23 割賦販売等における所有権留保と譲渡担保の制限 … 102
□ 7-24 住宅瑕疵担保履行法—法の制定理由と概要 ……… 103
□ 7-25 住宅販売瑕疵担保保証金の供託等 …………… 104
□ 7-26 供託宅地建物取引業者の供託所の
　　　　所在地等に関する説明………………………… 105
□ 7-27 住宅販売瑕疵担保責任保険契約 ……………… 105
□ 7-28 資力確保措置の状況についての届出 ………… 106
□ 7-29 資力確保措置の状況についての届出を怠ると ……… 106

Part8 監督・罰則

1 監督処分

□ 8-1 報告及び検査等 ……………………………… 108
□ 8-2 宅地建物取引業者に対する
　　　　指示処分・業務停止処分………………………… 109
□ 8-3 免許取消処分 ……………………………………… 111
□ 8-4 宅地建物取引士に対する指示処分・事務禁止処分 … 113
□ 8-5 宅地建物取引士又は同資格者に対する登録の消除 … 114
□ 8-6 聴聞と公告 ……………………………………… 115
□ 8-7 国土交通大臣免許業者への監督処分と
　　　　内閣総理大臣との協議………………………… 116

2 罰則

□ 8-8 罰則のポイント ………………………………… 117
□ 8-9 罰則一覧 （主なもの）………………………… 118

Part1 契約の成立

☐ 1-0　　権利能力——すべての話の前提として ……………… 123
☐ 1-1　　契約の成立 ………………………………………… 123
☐ 1-2　　契約成立の効果 …………………………………… 124
☐ 1-3　　無効な契約 ………………………………………… 124

Part2 制限行為能力者制度

☐ 2-1　　制限行為能力者制度と４タイプの制限行為能力者
　　　　　　及び保護者…………………………………………… 126
☐ 2-2　　未成年者が取り消せる行為 ……………………… 127
☐ 2-3　　成年被後見人が取り消せる行為 ………………… 128
☐ 2-4　　被保佐人が取り消せる行為 ……………………… 128
☐ 2-5　　被補助人が取り消せる行為 ……………………… 129
☐ 2-6　　追認と法定追認　制限行為能力者の相手方の保護１ … 129
☐ 2-7　　相手方の催告権制限行為能力者の相手方の保護２ … 130
☐ 2-8　　取消権の期間制限
　　　　　制限行為能力者の相手方の保護３……………… 130
☐ 2-9　　制限行為能力者の詐術
　　　　　制限行為能力者の相手方の保護４ ……………… 130

Part3 不完全な意思表示

☐ 3-1　　詐欺による意思表示 ……………………………… 131
☐ 3-2　　強迫による意思表示 ……………………………… 133
☐ 3-3　　通謀虚偽表示 ……………………………………… 133
☐ 3-4　　心裡留保 …………………………………………… 135
☐ 3-5　　錯誤による意思表示 ……………………………… 135

Part4 代理

☐ 4-1　　代理の要件——ここが出発点になる ………………… 139
☐ 4-2　　代理人の権限濫用 ………………………………… 139

□ 4-3　権限の定めのない代理人の権限 ……………………… 140
□ 4-4　顕名をしない場合 …………………………………… 140
□ 4-5　自己契約と双方代理は禁止 ………………………… 140
□ 4-6　代理権の自動消滅事由 ……………………………… 141
□ 4-7　代理人の行為能力 …………………………………… 141
□ 4-8　代理人が詐欺を受けた場合 ………………………… 142
□ 4-9　無権代理は本人が追認できる ……………………… 143
□ 4-10　相手方保護の制度
　　　　　——催告権と善意相手方の取消権 ……………… 143
□ 4-11　無権代理人の責任 …………………………………… 144
□ 4-12　表見代理 ……………………………………………… 144
□ 4-13　無権代理の関係一覧 ………………………………… 145
□ 4-14　無権代理と相続 ……………………………………… 145
□ 4-15　復代理人の権限等——復代理人は本人の代理人 …… 147
□ 4-16　復代理人の選任権とそれに伴う責任 …………… 147

Part5 契約履行途中のトラブル

1債務不履行

□ 5-1　債務不履行のタイプ ………………………………… 148
□ 5-2　期限の種類と履行期＝履行遅滞になる時期 ……… 148
□ 5-3　同時に履行の場合の履行遅滞 ……………………… 149
□ 5-4　債務不履行による損害賠償 ………………………… 149
□ 5-5　履行遅滞中又は受領遅滞中の履行不能と帰責事由 … 150
□ 5-6　過失相殺 ………………………………………………… 151
□ 5-7　損害賠償の範囲 ……………………………………… 151
□ 5-8　損害賠償額の予定
　　　　　——損害の証明を不要にできる特約 …………… 151
□ 5-9　金銭債務の特則 ……………………………………… 152

2契約の解除

□ 5-10　催告による解除 ……………………………………… 153
□ 5-11　催告によらない解除 ………………………………… 154
□ 5-12　債権者の責めに帰すべき事由による場合 ………… 154
□ 5-13　解除権の行使 ………………………………………… 155

☐ 5-14 条件に関する規定 ……………………………… 155
☐ 5-15 解除の効果としての原状回復義務 ……………… 157
☐ 5-16 解約手付の効力──手付だけの損を覚悟すれば
       契約を解除できる……………………………… 158

3 危険負担
☐ 5-17 債務者の危険負担等 ………………………… 159
☐ 5-18 建物売買で建物が滅失する3つの場面 ………… 160

Part6 契約の履行

1 物権変動と登記
☐ 6-1 物権変動の要件と時期 ……………………… 161
☐ 6-2 不動産物権変動の第三者対抗要件 …………… 162
☐ 6-3 登記を対抗要件とする物権変動1 …………… 162
☐ 6-4 登記を対抗要件とする物権変動2 …………… 163
☐ 6-5 登記なくして対抗できない者と登記なくして対抗できる者 … 164
☐ 6-6 権利者が虚偽登記を知りながら放置すると権利を失う … 166

2 債権の消滅──契約関係の終了
☐ 6-7 弁済提供 …………………………………… 166
☐ 6-8 債務を免れる供託原因 ……………………… 167
☐ 6-9 弁済費用 …………………………………… 167
☐ 6-10 弁済に関するその他のルール ………………… 167
☐ 6-11 第三者弁済と債務者の意思 …………………… 168
☐ 6-12 弁済者による代位の要件 ……………………… 169
☐ 6-13 代位についての対抗要件 ……………………… 170
☐ 6-14 弁済による代位の効果 ………………………… 170
☐ 6-15 受領権者としての外観を有する者に対する弁済 … 170
☐ 6-16 代物弁済 …………………………………… 171
☐ 6-17 相殺の要件(相殺に適した状態) ……………… 171
☐ 6-18 債権の対立があっても相殺できない場合1 ……… 173
☐ 6-19 債権の対立があっても相殺できない場合2 ……… 173
☐ 6-20 消滅時効にかかった債権で相殺できる場合 ……… 174
☐ 6-21 相殺の方法・効果 …………………………… 175

3 売主の契約不適合責任

☐ 6-22 契約内容不適合な目的物を引き渡された場合の
買主の追完請求権……………………………………… 175

☐ 6-23 買主の代金減額請求権 ……………………………… 176

☐ 6-24 買主の損害賠償請求及び解除権 …………………… 177

☐ 6-25 移転した権利が契約内容不適合の場合の
売主の担保責任……………………………………… 177

☐ 6-26 目的物の種類又は
品質に関する担保責任の期間の制限……………… 177

☐ 6-27 抵当権等がある場合の買主による費用の償還請求 … 178

☐ 6-28 担保責任を負わない旨の特約 ……………………… 178

☐ 6-29 権利を取得することができない等のおそれがある
場合の買主による代金の支払の拒絶……………… 179

☐ 6-30 抵当権等の登記がある場合の買主による
代金の支払の拒絶…………………………………… 179

Part7 時効

☐ 7-1 所有権の取得時効の要件 …………………………… 181

☐ 7-2 所有の意思の存否 …………………………………… 181

☐ 7-3 代理占有
——賃借人等の占有を通じて認められる占有…… 182

☐ 7-4 占有の承継——前主の占有も併合主張できる ……… 182

☐ 7-5 時効取得と登記 ……………………………………… 183

☐ 7-6 所有権以外の取得時効 ……………………………… 183

☐ 7-7 債権等の消滅時効 …………………………………… 184

☐ 7-8 時効の援用 …………………………………………… 185

☐ 7-9 時効利益の事前放棄の禁止 ………………………… 185

☐ 7-10 時効の遡及効 ………………………………………… 186

☐ 7-11 裁判上の請求等による時効の完成猶予及び更新 …… 186

☐ 7-12 強制執行等による時効の完成猶予及び更新 ………… 186

☐ 7-13 仮差押え等による時効の完成猶予 ………………… 187

☐ 7-14 催告による時効の完成猶予 ………………………… 187

☐ 7-15 協議を行う旨の合意による時効の完成猶予 ……… 187

□ 7-16　承認による時効の更新 …………………………………… 188

□ 7-17　時効完成後の債務の承認 ………………………………… 188

□ 7-18　時効の完成猶予又は更新の効力が及ぶ者の範囲 …… 189

□ 7-19　天災等による時効の完成猶予 ………………………… 189

Part8 債権担保の方法

1 抵当権　住宅ローンにはつきもの

1）抵当権の設定と対抗

□ 8-1　　抵当権 …………………………………………………… 190

□ 8-2　　抵当権の目的物 ………………………………………… 190

□ 8-3　　抵当権の設定と対抗 …………………………………… 191

2）抵当権の効力

□ 8-4　　抵当権の性質 …………………………………………… 191

□ 8-5　　抵当権に基づく妨害排除請求 ………………………… 192

□ 8-6　　買受人になれる者 ……………………………………… 193

□ 8-7　　抵当権の効力の及ぶ目的物 …………………………… 193

□ 8-8　　優先弁済を受けられる利息の範囲 …………………… 194

□ 8-9　　抵当権の順位上昇の原則 ……………………………… 194

□ 8-10　抵当権の順位の変更 …………………………………… 194

□ 8-11　抵当権の処分 …………………………………………… 195

3）抵当目的物の利用権者の立場

□ 8-12　同一不動産に設定された抵当権と賃借権の優劣 …… 196

□ 8-13　抵当権者の同意の登記がある場合の賃貸借の対抗力… 197

□ 8-14　抵当建物使用者の引渡しの猶予 ……………………… 197

4）抵当目的物の第三取得者の立場

□ 8-15　請求があれば、代価弁済で抵当権をなくせる ……… 198

□ 8-16　抵当権消滅請求 ………………………………………… 198

□ 8-17　第三取得者が出た場合のまとめ ……………………… 198

□ 8-18　法定地上権

　　　　──競売で敷地と建物の所有者が異なったとき… 199

□ 8-19　抵当地の上の建物の競売──一括競売できる ……… 200

5）根抵当権

□ 8-20　根抵当権　不特定の債権を、極度額の限度で担保 … 201

□ 8-21 　元本確定までの付従性・随伴性の否定 ················· 201
□ 8-22 　根抵当権と利息
　　　　　──2年分に限るという制限はない················ 202
□ 8-23 　根抵当権と抵当権の処分 ························· 202

2 保証

□ 8-24 　保証債務は書面による保証契約によって成立する ··· 203
□ 8-25 　保証債務の付従性と主たる債務者について
　　　　　生じた事由の効力·························· 204
□ 8-26 　保証債務の範囲も、主債務に付従 ············· 205
□ 8-27 　保証債権は主たる債権にお供する──随伴性 ········ 205
□ 8-28 　保証人は順序をわきまえよと抗弁できる ············ 205
□ 8-29 　保証人の要件 ······························· 206
□ 8-30 　主債務者の履行状況に関する情報提供義務 ········· 206
□ 8-31 　主債務者が期限の利益を喪失した場合の通知義務 ··· 207
□ 8-32 　連帯保証が普通の保証と異なる2点 ············· 207

3 連帯債務

□ 8-33 　連帯債務 ································· 209
□ 8-34 　連帯債務者に対する請求方法 ················· 209
□ 8-35 　連帯債務の絶対的効力事由 ··················· 209
□ 8-36 　相対的効力の原則 ························· 210
□ 8-37 　他の連帯債務者の抗弁援用
　　　　　──求償の手間を省くため·················· 211

Part9 賃貸借・借地借家法

1 賃貸借

□ 9-1 　賃貸借目的物の修繕等 ····················· 213
□ 9-2 　賃借人の費用償還請求権
　　　　　──必要費は直ちに有益費は契約終了後········· 213
□ 9-3 　賃借物の一部滅失等による賃料の減額等 ··········· 214
□ 9-4 　賃借人の無断で賃借権の譲渡・転貸をしない義務 ··· 214
□ 9-5 　裏切りとまで言えない場合は解除できない ········· 215
□ 9-6 　適法な（賃貸人の承諾がある）
　　　　　賃借権の譲渡の効果························· 215

□ 9-7　　適法な（賃貸人の承諾がある）
　　　　　賃借物の転貸があった場合……………………… 215
□ 9-8　　適法な転貸借があるとき、原賃貸借が債務不履行解除された
　　　　　──親ガメこければ子ガメもこけるのが原則…… 216
□ 9-9　　適法な転貸借があるとき、原賃貸借が合意解除された
　　　　　──親ガメが合意でこけても、子ガメはこけない… 217
□ 9-10　賃貸借の終了 ………………………………………… 217
□ 9-11　賃貸借の最長期 ……………………………………… 218
□ 9-12　賃借人の原状回復義務 ……………………………… 218

2 借地借家法　借家関係

□ 9-13　期間の定めのある借家契約の終了 ………………… 219
□ 9-14　正当事由ある更新拒絶をしても、
　　　　　居座り黙認で2弾目の法定更新…………………… 220
□ 9-15　期間1年未満の建物賃貸借 ………………………… 220
□ 9-16　期間の定めのない借家契約
　　　　　──賃貸人からの解約申し入れ制限……………… 221
□ 9-17　正当事由のある解約申入れをしても、
　　　　　居座り黙認で法定更新…………………………… 221
□ 9-18　一時使用が明らかである場合の建物賃貸借 ……… 222
□ 9-19　借家権の対抗要件 …………………………………… 222
□ 9-20　不動産の賃借人による妨害の停止の請求等 ……… 223
□ 9-21　対抗力ある不動産賃借権の賃貸人たる地位の移転 … 223
□ 9-22　賃貸人の地位の移転を対抗する要件 ……………… 224
□ 9-23　敷金、意義、返還時期、賃貸借当事者の交替と敷金… 225
□ 9-24　借家契約終了の通知は転借人にも必要 …………… 226
□ 9-25　大家が付加に同意した造作の買取り請求 ………… 227
□ 9-26　内縁者の居住用建物の賃貸借の承継 ……………… 228
□ 9-27　定期借家権──書面による事前説明が必要 ……… 228
□ 9-28　取り壊し予定の建物の賃貸借
　　　　　取り壊しまでの期間限定借家権…………………… 230

3 借地借家法　借地関係

□ 9-29　借地権の定義と扱い ………………………………… 230

□ 9-30　借地権の存続期間　　………………………………… 231
□ 9-31　期間満了時に建物がある場合の扱い　……………… 231
□ 9-32　建物があるのに借地契約の更新がないときの扱い … 232
□ 9-33　期間満了時に建物がない場合の扱い　……………… 232
□ 9-34　当初存続期間満了前に建物が滅失又は取り壊し、
　　　　　　再建築した場合………………………………… 233
□ 9-35　契約更新後に建物が滅失又は取り壊した場合　……… 234
□ 9-36　借地権の対抗要件　………………………………… 235
□ 9-37　建物滅失の場合の掲示による対抗力　……………… 235
□ 9-38　不動産の賃借人による妨害の停止の請求等　……… 236
□ 9-39　対抗力ある不動産賃借権の賃貸人たる地位の移転 … 236
□ 9-40　賃貸人の地位の移転を対抗する要件　……………… 237
□ 9-41　地主の承諾に代わる裁判所の許可　………………… 237
□ 9-42　借地権譲渡の承諾がないときの建物買取請求権　…… 238
□ 9-43　競売による取得者から
　　　　　　裁判所の許可の申立てができる………………… 238
□ 9-44　建物譲渡に伴う借地権（賃借権）の譲渡・転貸に賃貸人
　　　　　　（借地権設定者）が承諾しないときの救済策　…… 238
□ 9-45　借地上の建物の賃借人の保護　…………………… 239
□ 9-46　裁判所による借地条件の変更及び増改築の許可　… 240
□ 9-47　一般の定期借地権　………………………………… 241
□ 9-48　建物譲渡特約付借地権　…………………………… 241
□ 9-49　事業用定期借地権　………………………………… 242
□ 9-50　自己借地権——自己借地権を、限定的に認めた　…… 243
□ 9-51　借地借家法より借りている者に不利な特約は無効 … 243
□ 9-52　一時使用には、借りている者保護規定は適用しない… 243
□ 9-53　借賃・地代の増減額をめぐるトラブル処理　………… 244

Part10 物権のその他の事項

1 共有

□ 10-1　持分処分の自由と持分割合の推定　……………… 246
□ 10-2　共有物の使用　……………………………………… 246
□ 10-3　共有物の変更・管理・保存　……………………… 247

□ 10-4　共有物の管理者 ……………………………………… 248
□ 10-5　管理費用の負担 ……………………………………… 249
□ 10-6　共有物に関する債権 ………………………………… 249
□ 10-7　行き場のない持分の行方 …………………………… 250
□ 10-8　共有物の分割請求・不分割の特約 ………………… 250
□ 10-9　裁判による共有物の分割 …………………………… 250

２相隣関係

□ 10-10　隣地の使用請求 ……………………………………… 251
□ 10-11　公道に至るための他の土地の通行権 …………… 252
□ 10-12　継続的給付（ライフライン）を受けるための
　　　　　設備の設置・使用権 ……………………………… 253
□ 10-13　境界標の設置 ………………………………………… 254
□ 10-14　竹木の枝の切除及び根の切り取り ……………… 255
□ 10-15　境界線付近の建築の制限 ………………………… 255

３地役権

□ 10-16　地役権とは …………………………………………… 256
□ 10-17　地役権は要役地に付着・地役権の負担は
　　　　　　承役地に付着する……………………………… 256
□ 10-18　地役権の取得時効 …………………………………… 257
□ 10-19　地役権と登記 ………………………………………… 257

４抵当権以外の担保物権

□ 10-20　担保物権の効力と性質 …………………………… 258

１）留置権

□ 10-21　留置権の成立 ………………………………………… 259
□ 10-22　留置権のポイント …………………………………… 260

２）先取特権

□ 10-23　不動産賃貸の先取特権 …………………………… 261
□ 10-24　不動産保存・工事・売買の先取特権 …………… 261
□ 10-25　物上代位性 …………………………………………… 262

３）質権

□ 10-26　質権設定契約は要物契約 ………………………… 263

Part11 債権のその他の事項

1 債権譲渡

☐ 11-1　債権の譲渡性 ……………………………………… 265

☐ 11-2　預金債権又は貯金債権に係る
　　　　　譲渡制限の意思表示の効力…………………… 266

☐ 11-3　将来債権の譲渡性 ………………………………… 267

☐ 11-4　債権の譲渡の対抗要件 …………………………… 267

☐ 11-5　債権の譲渡における債務者の抗弁 …………… 269

☐ 11-6　債権の譲渡における相殺権 …………………… 269

2 売買・賃貸借以外の契約類型

1）委任

☐ 11-7　委任 ………………………………………………… 270

☐ 11-8　信頼関係で成り立つ委任の特色 ……………… 270

☐ 11-9　受任者の費用前払い請求権 …………………… 271

☐ 11-10　委任の終了事由 ………………………………… 272

2）請負

☐ 11-11　請負 ……………………………………………… 272

☐ 11-12　報酬の支払時期 ………………………………… 272

☐ 11-13　注文者が受ける利益の割合に応じた報酬 ………… 273

☐ 11-14　請負人の担保責任 ……………………………… 273

☐ 11-15　請負人の担保責任の制限 ……………………… 274

☐ 11-16　目的物の種類又は品質に関する
　　　　　担保責任の期間の制限…………………………… 274

☐ 11-17　注文者による契約の解除 ……………………… 275

3）使用貸借

☐ 11-18　成立と借用物受取り前の貸主による使用貸借の解除 …275

☐ 11-19　貸主の引渡義務 ………………………………… 276

☐ 11-20　使用貸借と賃貸借の違い等 …………………… 276

☐ 11-21　使用貸借の終了と解除 ………………………… 277

4）贈与

☐ 11-22　書面によらない贈与の履行完了前の撤回 ………… 277

☐ 11-23　死因贈与 ………………………………………… 278

　　□ 11-24　贈与者の引渡義務等 ……………………………………… 278
5) 消費貸借
　　□ 11-25　消費貸借のポイント ……………………………………… 279
　　□ 11-26　書面でする消費貸借 ……………………………………… 280

3 不法行為

　　□ 11-27　不法行為の基本型 ………………………………………… 281
　　□ 11-28　使用者等の責任 …………………………………………… 281
　　□ 11-29　土地の工作物等の占有者及び所有者の責任 ………… 283
　　□ 11-30　共同不法行為 ……………………………………………… 283
　　□ 11-31　その他の不法行為に関する規定・判例 ……………… 284

Part12　相続

1 相続人と相続分

　　□ 12-1　　相続人と相続分──死亡時配偶者と一定血族が相続人… 286
　　□ 12-2　　代襲相続
　　　　　　　──相続開始以前の死亡・相続欠格・廃除の場合… 287
　　□ 12-3　　親子同時死亡──孫がいれば代襲相続がある ……… 289
　　□ 12-4　　相続人の不存在 ………………………………………… 289

2 相続の承認と放棄

　　□ 12-5　　相続の承認と放棄 ……………………………………… 289
　　□ 12-6　　熟慮期間──承認するか放棄するかを選択できる … 290
　　□ 12-7　　承認・放棄の方法 ……………………………………… 290

3 配偶者居住権

　　□ 12-8　　配偶者居住権 …………………………………………… 291

4 遺産分割

　　□ 12-9　　遺産共有と遺産分割 …………………………………… 292
　　□ 12-10　遺産の分割前における預貯金債権の行使 ………… 293

5 遺言

　　□ 12-11　遺言能力 ………………………………………………… 294
　　□ 12-12　共同遺言の禁止 ………………………………………… 294
　　□ 12-13　遺言撤回自由の原則 …………………………………… 294

6 遺留分──兄弟姉妹以外の相続人の最低取り分

　　□ 12-14　遺留分──兄弟姉妹には遺留分はない ……………… 295

□ 12-15　遺留分に基づく遺贈等の遺留分侵害額の請求 ……… 296

□ 12-16　遺留分の放棄 …………………………………… 297

7 その他

1）共同相続における権利の承継の対抗要件

□ 12-17　共同相続における権利の承継の対抗要件 ………… 297

2）相続人以外の被相続人の親族の特別の寄与

□ 12-18　相続人以外の被相続人の親族の特別の寄与 ……… 298

Part13 区分所有法

1 一棟の建物と敷地

1）専有部分

□ 13-1　専有部分には、構造上・利用上の独立性が必要 …… 299

2）共用部分

□ 13-2　規約共用部分の対抗要件 ……………………… 300

□ 13-3　共用部分の所有関係 …………………………… 300

□ 13-4　共用部分の持分の分離処分の禁止 ……………… 301

□ 13-5　共用部分の保存・管理・変更 …………………… 301

3）敷地

□ 13-6　敷地 ……………………………………………… 302

□ 13-7　専有部分と敷地利用権は分離して処分できない …… 303

2 建物と敷地の管理

1）管理組合と管理者

□ 13-8　区分所有者の団体 ……………………………… 303

□ 13-9　管理者の選任・解任と管理者の権限 …………… 304

□ 13-10　管理組合法人

　　　　　　——管理組合は特別決議で法人になれる ……… 304

2）規約

□ 13-11　規約の設定、変更及び廃止 …………………… 305

□ 13-12　規約の保管及び閲覧 …………………………… 305

3）集会

□ 13-13　集会の招集 …………………………………… 306

□ 13-14　集会の招集通知 ……………………………… 306

□ 13-15　集会決議事項の制限、議決権行使方法、書面決議、占有者 … 307

3 特別管理　非常事態への対応

☐ 13-16　義務違反者に対する措置 ……………………………………… 308

☐ 13-17　復旧及び建替え ………………………………………………… 309

Part14 不動産登記法

1 登記記録の調査

☐ 14-1　　不動産登記制度 ………………………………………………… 311

☐ 14-2　　登記事項証明書の交付請求等 ………………………………… 311

☐ 14-3　　登記事項証明書の交付請求の方法 …………………………… 312

☐ 14-4　　登記記録の作成——表題部と権利部に区分 ………… 312

☐ 14-5　　表題部にする不動産の表示に関する登記の登記事項… 312

☐ 14-6　　権利部の区分と登記事項、同一不動産に登記された権利の順位… 313

2 登記の申請

1）登記の申請

☐ 14-7　　登記の申請方法 ………………………………………………… 314

☐ 14-8　　表題登記と表示登記の申請 …………………………………… 314

☐ 14-9　　権利登記の申請手続 …………………………………………… 316

☐ 14-10　共同申請の例外 ………………………………………………… 318

☐ 14-11　一括申請できる場合 …………………………………………… 318

☐ 14-12　所有権の保存の登記を申請できる者 ………………… 319

2）仮登記

☐ 14-13　仮登記ができる場合 …………………………………………… 320

☐ 14-14　仮登記の申請方法 ……………………………………………… 320

☐ 14-15　仮登記に基づく本登記の順位 ………………………… 321

☐ 14-16　所有権に関する仮登記に基づく本登記 …………… 321

☐ 14-17　仮登記の抹消 …………………………………………………… 322

3）付記登記とその他留意点

☐ 14-18　付記登記の順位 ………………………………………………… 322

☐ 14-19　その他の登記申請等の留意点 ………………………… 323

4）区分建物の登記

☐ 14-20　区分建物の特殊性と区分建物の登記 ……………… 324

☐ 14-21　区分建物の表題部の登記事項 ………………………… 324

☐ 14-22　敷地権付き区分建物になされた登記の効力 ………… 325

第3編　法令上の制限・税その他

Part1 都市計画法

1都市計画区域と用途地域等

- □ 1-1　都市計画区域の指定 ……………………………… 329
- □ 1-2　都市計画区域の区域区分 ………………………… 329
- □ 1-3　用途地域の指定 …………………………………… 330
- □ 1-4　用途地域の種類 …………………………………… 330
- □ 1-5　用途地域のはじまりの言葉の法則 ……………… 332
- □ 1-6　用途地域に定めること …………………………… 332
- □ 1-7　用途地域の規制を補う計画
　　　　──用途地域に重ねて指定………………………… 333
- □ 1-8　特定用途制限地域
　　　　──用途地域無指定の区域に定める……………… 335
- □ 1-9　特定街区──超高層ビル街を造る場合に定める …… 336
- □ 1-10　風致地区 ………………………………………… 336
- □ 1-11　準都市計画区域と地域地区 …………………… 337

2開発許可制度

1）開発行為の意味と開発許可の要否

- □ 1-12　開発行為 ………………………………………… 338
- □ 1-13　開発許可制度
　　　　──開発行為をするには知事の許可が必要……… 338
- □ 1-14　例外1．規模による許可不要 ………………… 339
- □ 1-15　例外2．農林漁業用の許可不要 ……………… 339
- □ 1-16　例外3．公共性がある場合の許可不要 ……… 340
- □ 1-17　例外4．応急軽易な場合の許可不要 ………… 340
- □ 1-18　国、都道府県等公的主体が行う場合の特例 ……… 340

2）開発許可の申請と開発許可の審査基準

- □ 1-19　許可申請に際しての公共施設管理者の同意等 ……… 342
- □ 1-20　申請書記載事項 ………………………………… 342
- □ 1-21　開発許可の一般的基準 ………………………… 343
- □ 1-22　市街化調整区域の基準 ………………………… 344

□ 1-23 用途地域無指定区域で
　　　　　開発許可をするときの建築制限……………………… 345
3）許可・不許可の処分から工事完了公告まで
□ 1-24 許可・不許可の通知と不服申立て ……………………… 346
□ 1-25 開発登録簿——予定建築物用途等を登録 …………… 346
□ 1-26 変更の許可等——原則として許可が必要 …………… 346
□ 1-27 開発許可に基づく地位の承継 ………………………… 347
□ 1-28 開発行為に関する工事の廃止 ………………………… 347
□ 1-29 工事完了届出・検査・公告 …………………………… 348
□ 1-30 開発行為により設置された公共施設の管理と
　　　　　その敷地の帰属………………………………………… 348
4） 開発許可に関連する建築制限等
□ 1-31 工事完了公告前の建築制限等 ………………………… 349
□ 1-32 開発区域内の工事完了公告後の建築等の制限 ……… 349
□ 1-33 用途地域の無指定区域で建築制限があった場合 …… 350
5）市街化調整区域の開発区域以外における建築許可制
□ 1-34 市街化調整区域の開発区域以外における建築許可制 … 350
□ 1-35 市街化調整区域で許可不要の建築行為 ……………… 350
□ 1-36 国、都道府県等公的主体が行う場合の許可の特例 … 351

3 都市施設と市街地開発事業
1） 都市施設
□ 1-37 都市施設は、どこに定めるのか ……………………… 352
□ 1-38 必ず定める都市施設 …………………………………… 352
2）市街地開発事業
□ 1-39 市街地開発事業を定めるところ ……………………… 353
3）都市計画事業
□ 1-40 都市計画事業と土地利用行為の制限 ………………… 354
□ 1-41 都市計画事業の認可又は承認の告示の効果 ………… 355

4 地区計画等
□ 1-42 地区計画
　　　　　——用途地域の定めがないところにも定められる… 355
□ 1-43 地区整備計画
　　　　　——市街化調整区域には最低限度は定められない … 356

□ 1-44　地区計画区域内の制限
　　　　──市町村長に対する事前届出・勧告制‥‥‥‥‥ 357

5 都市計画の決定手続

□ 1-45　都道府県と市町村の、主な権限の振り分け ‥‥‥‥ 358
□ 1-46　都道府県の計画と市町村の計画の調整 ‥‥‥‥‥‥ 359
□ 1-47　都市計画の決定等の提案制度 ‥‥‥‥‥‥‥‥‥‥ 359
□ 1-48　案作成時の公聴会の開催等 ‥‥‥‥‥‥‥‥‥‥‥ 359
□ 1-49　案作成後の公告縦覧手続 ‥‥‥‥‥‥‥‥‥‥‥‥ 359
□ 1-50　都市計画の決定 ‥‥‥‥‥‥‥‥‥‥‥‥‥‥‥‥ 360
□ 1-51　告示と縦覧 ‥‥‥‥‥‥‥‥‥‥‥‥‥‥‥‥‥‥ 360

Part2 建築基準法

1 集団規定

□ 2-1　敷地の接道義務──集団規定1 ‥‥‥‥‥‥‥‥‥‥ 361
□ 2-2　私道の変更又は廃止の制限 ‥‥‥‥‥‥‥‥‥‥‥ 363
□ 2-3　道路内の建築制限 ‥‥‥‥‥‥‥‥‥‥‥‥‥‥‥ 363
□ 2-4　壁面線の指定 ‥‥‥‥‥‥‥‥‥‥‥‥‥‥‥‥‥ 363
□ 2-5　用途制限──集団規定2 ‥‥‥‥‥‥‥‥‥‥‥‥ 364
□ 2-6　建蔽率（建築面積／敷地面積）の制限──集団規定3 ‥‥ 368
□ 2-7　容積率（延べ面積／敷地面積）の制限──集団規定4 ‥‥ 370
□ 2-8　1・2低専又は田園住居内の建築物の
　　　　高さ制限（絶対高さ制限）──集団規定5‥‥‥‥‥ 372
□ 2-9　高さ制限の適用地域地区と日影規制──集団規定6 ‥‥ 372
□ 2-10　防火・準防火地域内の建築物──集団規定7 ‥‥‥ 375
□ 2-11　屋根 ‥‥‥‥‥‥‥‥‥‥‥‥‥‥‥‥‥‥‥‥‥ 375
□ 2-12　隣地境界線に接する外壁 ‥‥‥‥‥‥‥‥‥‥‥‥ 376
□ 2-13　看板等の防火措置 ‥‥‥‥‥‥‥‥‥‥‥‥‥‥‥ 376
□ 2-14　建築物が防火地域又は準防火地域の
　　　　内外にわたる場合の措置‥‥‥‥‥‥‥‥‥‥‥‥ 376
□ 2-15　1・2低専内又は田園住居内の外壁の後退距離
　　　　──集団規定8‥‥‥‥‥‥‥‥‥‥‥‥‥‥‥‥ 377
□ 2-16　敷地面積の最低限度──200㎡超えない範囲で
　　　　──集団規定9‥‥‥‥‥‥‥‥‥‥‥‥‥‥‥‥ 377

　　□ 2-17　　集団規制の都市計画区域及び

　　　　　　　準都市計画区域外の区域内への適用⋯⋯⋯⋯⋯ 378

2 建築確認

　　□ 2-18　　建築確認が必要な場合一覧 ⋯⋯⋯⋯⋯⋯⋯⋯ 378

　　□ 2-19　　一般建築物が建築確認を要する場合 ⋯⋯⋯⋯⋯ 379

　　□ 2-20　　大規模建築物が建築確認を要する場合 ⋯⋯⋯⋯ 380

　　□ 2-21　　特殊建築物で特殊用途に供する床面積 200㎡ 超のものが

　　　　　　　建築確認を要する場合⋯⋯⋯⋯⋯⋯⋯⋯⋯⋯ 380

　　□ 2-22　　建築確認の手続 ⋯⋯⋯⋯⋯⋯⋯⋯⋯⋯⋯⋯ 382

　　□ 2-23　　工事完了検査の申請 ⋯⋯⋯⋯⋯⋯⋯⋯⋯⋯ 382

　　□ 2-24　　特殊・大規模建築物の検査済み証交付前の使用制限 ⋯ 383

　　□ 2-25　　建築又は建築物除却の届出義務

　　　　　　　——統計のための届出義務⋯⋯⋯⋯⋯⋯⋯⋯ 384

3 単体規定とその他の事項

　　□ 2-26　　単体規定

　　　　　　　（全国的に個々の建築物等に適用される）等 ⋯⋯ 384

　　□ 2-27　　法の適用除外 ⋯⋯⋯⋯⋯⋯⋯⋯⋯⋯⋯⋯⋯ 385

　　□ 2-28　　違反建築物に対する措置 ⋯⋯⋯⋯⋯⋯⋯⋯⋯ 386

　　□ 2-29　　建築協定を締結できる場所とその手続 ⋯⋯⋯⋯ 386

　　□ 2-30　　一人協定

　　　　　　　——3 年以内に土地所有者等複数になり発効⋯⋯ 387

　　□ 2-31　　転入者及び借家人に対する効力 ⋯⋯⋯⋯⋯⋯ 387

　　□ 2-32　　建築協定の変更と廃止 ⋯⋯⋯⋯⋯⋯⋯⋯⋯⋯ 387

Part3 土地区画整理法

1 土地区画整理事業と施行者

　　□ 3-1　　土地区画整理事業の特色 ⋯⋯⋯⋯⋯⋯⋯⋯⋯ 388

　　□ 3-2　　個人施行者 ⋯⋯⋯⋯⋯⋯⋯⋯⋯⋯⋯⋯⋯⋯ 389

　　□ 3-3　　土地区画整理組合 ⋯⋯⋯⋯⋯⋯⋯⋯⋯⋯⋯⋯ 389

　　□ 3-4　　土地区画整理事業施行会社 ⋯⋯⋯⋯⋯⋯⋯⋯ 391

　　□ 3-5　　地方公共団体等 ⋯⋯⋯⋯⋯⋯⋯⋯⋯⋯⋯⋯ 391

2 土地区画整理事業の施行

　　□ 3-6　　建築行為等の制限——事業施行を円滑に行うため ⋯ 392

□ 3-7 　　建築物等の移転及び除却 ………………………… 392

□ 3-8 　　換地計画──換地計画は重要な問題なので
　　　　　　慎重な手続で定められる ………………… 393

□ 3-9 　　未登記の権利者と権利の申告 ………………… 394

□ 3-10 　仮換地の指定 ………………………………… 394

□ 3-11 　仮換地の指定の効果
　　　　　　──使用収益権だけを仮換地へ移行 ……… 395

□ 3-12 　使用収益をする者がなくなった宅地の管理 ………… 396

□ 3-13 　仮換地の使用収益開始日を別に定めた場合 ……… 396

□ 3-14 　換地処分の手続 ……………………………… 397

□ 3-15 　換地処分の効果 ……………………………… 398

□ 3-16 　換地処分にともなう登記 …………………… 399

Part4 農地法

□ 4-1 　　農地の定義 …………………………………… 400

□ 4-2 　　3条許可　農地のままの権利移動
　　　　　　──農業委員会の許可 …………………… 400

□ 4-3 　　3条　無許可行為の効果 …………………… 401

□ 4-4 　　3条許可が不要な場合 ……………………… 401

□ 4-5 　　許可なく農地・採草放牧地を取得した場合の届出 … 402

□ 4-6 　　4条許可　農地転用の制限 ………………… 403

□ 4-7 　　4条　無許可の転用 ………………………… 403

□ 4-8 　　4条許可が不要な場合 ……………………… 404

□ 4-9 　　5条許可　転用目的の権利移動の制限 ………… 404

□ 4-10 　5条　無許可の転用目的の権利移動 ………… 405

□ 4-11 　5条許可が不要な場合 ……………………… 405

□ 4-12 　農地法3〜5条適用関係 …………………… 407

□ 4-13 　農地等賃貸借の対抗力等 …………………… 408

Part5 宅地造成及び特定盛土等規制法

1 基本概念の定義

□ 5-1 　　宅地、宅地造成、特定盛土等、土砂の堆積等の定義 … 408

2 宅地造成等工事規制区域内における規制

☐ 5-2　　宅地造成等工事規制区域の指定 ……………………… 410

☐ 5-3　　宅地造成等に関する工事の許可 ……………………… 411

☐ 5-4　　宅地造成等に関する工事の技術的基準等 ………… 411

☐ 5-5　　許可証の交付又は不許可の通知 …………………… 412

☐ 5-6　　許可の特例 …………………………………………… 412

☐ 5-7　　変更の許可等 ………………………………………… 412

☐ 5-9　　中間検査 ……………………………………………… 413

☐ 5-10　定期の報告 …………………………………………… 414

☐ 5-11　工事等の届出 ………………………………………… 414

☐ 5-12　土地の保全等 ………………………………………… 415

☐ 5-13　改善命令 ……………………………………………… 415

☐ 5-14　報告の徴取 …………………………………………… 415

3 特定盛土等工事規制区域内における規制

☐ 5-15　特定盛土等規制区域の指定 ………………………… 416

☐ 5-16　特定盛土等又は土石の堆積に関する工事の届出等 … 416

☐ 5-17　変更の届出等 ………………………………………… 417

☐ 5-18　特定盛土等又は土石の堆積に関する工事の許可 …… 417

☐ 5-19　特定盛土等又は
　　　　土石の堆積に関する工事の技術的基準等…………… 419

☐ 5-20　許可証の交付又は不許可の通知 …………………… 419

☐ 5-21　許可の特例 …………………………………………… 419

☐ 5-22　変更の許可等 ………………………………………… 420

☐ 5-23　完了検査等 …………………………………………… 420

☐ 5-24　中間検査 ……………………………………………… 420

☐ 5-25　定期の報告 …………………………………………… 421

☐ 5-26　工事等の届出 ………………………………………… 421

☐ 5-27　土地の保全等・改善命令 …………………………… 422

☐ 5-28　報告の徴取 …………………………………………… 422

4 造成宅地防災区域内における災害防止のための措置

☐ 5-29　造成宅地防災区域の指定 …………………………… 423

☐ 5-30　災害の防止のための措置・改善命令 ……………… 423

☐ 5-31　雑則と罰則 …………………………………………… 424

Part6 国土利用計画法とその他の法令

1 国土利用計画法

□ 6-1　国土法 23 条の事後届出制 ……………………… 426

□ 6-2　届出不要の場合 …………………………………… 430

□ 6-3　届出後の手続 ……………………………………… 430

□ 6-4　事後届出制以外の規制 …………………………… 432

2 その他の法令による制限

□ 6-5　行政法規の規制の原則パターン ………………… 432

□ 6-6　例外　許可権者が都道府県知事でない場合と、

　　　　届出制の場合…………………………………… 433

Part7 宅地建物の価格の評定

1 不動産の鑑定評価

□ 7-1　不動産鑑定評価の 3 手法 ……………………… 436

□ 7-2　収益還元法 ………………………………………… 436

□ 7-3　取引事例比較法 …………………………………… 438

□ 7-4　原価法 ……………………………………………… 439

□ 7-5　鑑定評価によって求める価格 …………………… 441

2 地価公示法

□ 7-6　法目的 ……………………………………………… 442

□ 7-7　標準地の選定 ……………………………………… 442

□ 7-8　標準地の価格の判定 ……………………………… 443

□ 7-9　標準地の価格等の公示 …………………………… 444

□ 7-10　公示に係る事項を記載した書面等の送付及び閲覧 … 444

□ 7-11　土地の取引を行う者の責務──指標とするよう努める … 445

□ 7-12　公示価格の効力──規準としなければならない …… 445

□ 7-13　公示価格を規準とするの意義 …………………… 446

Part8 土地建物に関する税

1 地方税

1）不動産取得税

□ 8-1　不動産取得税の基本枠組み ……………………… 448

☐ 8-2　新築住宅取得⇒課税標準から 1,200 万円控除 …… 450

☐ 8-3　特例適用住宅の敷地取得に対する減額 ………… 451

2）固定資産税

☐ 8-4　固定資産税の基本枠組み ……………………… 451

☐ 8-5　固定資産課税台帳の閲覧と
　　　　記載事項証明書の交付請求………………………… 453

☐ 8-6　新築住宅　3年間住宅部分 120㎡までの
　　　　税額を半額に………………………………………… 454

☐ 8-7　住宅用地の課税標準 …………………………… 454

2 国税

1）印紙税

☐ 8-8　印紙税の概要 …………………………………… 455

☐ 8-9　納税義務者について …………………………… 456

☐ 8-10　記載金額について …………………………… 456

☐ 8-11　納付方法と過怠税 …………………………… 457

2）登録免許税

☐ 8-12　登録免許税の基本枠組み …………………… 458

☐ 8-13　住宅用家屋に関連する税率の軽減 ………… 459

3）相続税・贈与税

☐ 8-14　相続税・贈与税 ……………………………… 460

☐ 8-15　相続時精算課税制度 ………………………… 460

4）譲渡所得への課税（所得税）

☐ 8-16　譲渡所得への課税 …………………………… 461

☐ 8-17　居住用財産譲渡の３つの特例 ……………… 462

☐ 8-18　特例①課税標準からの 3,000 万円特別控除 …… 463

☐ 8-19　所有 10 年超の居住用財産譲渡の軽減税率 ……… 464

☐ 8-20　所有 10 年超・居住 10 年以上の
　　　　居住用財産の買替え特例………………………… 465

☐ 8-21　住宅ローン減税　居住年から
　　　　最大 13 年間ローン残高 0.7% を減額 ………… 466

Part9 住宅金融支援機構

☐ 9-1　住宅金融支援機構の設置目的 ………………… 468

□ 9-2　住宅金融支援機構の業務
　　　　──1 証券化支援業務と直接融資業務…………… 469
□ 9-3　住宅金融支援機構の業務──2 その他の業務 ……… 469
□ 9-4　証券化支援業務 …………………………………… 470
□ 9-5　フラット 35 の利用条件 ………………………… 472

Part10 不当景品類及び不当表示防止法

1 不当表示の規制

□ 10-1　公正競争規約 …………………………………… 474
□ 10-2　不動産の表示に関する公正競争規約 1 ………… 474
□ 10-3　不動産の表示に関する公正競争規約 2 ………… 475
□ 10-4　不動産の表示に関する公正競争規約 3 ………… 477
□ 10-5　不動産の表示に関する公正競争規約 4 ………… 478

2 景品類の提供の制限

□ 10-6　不動産業における景品類の提供の制限に関する
　　　　公正競争規約………………………………………… 480
□ 10-7　違反に対する措置──措置命令 ………………… 481

Part11 土地・建物に関する知識

1 土地に関する知識

□ 11-1　各種地形の宅地への向き・不向き ……………… 482
□ 11-2　等高線と地形 ……………………………………… 485
□ 11-3　地質と液状化現象 ………………………………… 486

2 建物の知識

□ 11-4　木造建築物の耐震性強化の方法 ………………… 486
□ 11-5　木造建築物のその他の事項 ……………………… 487
□ 11-6　建築材料による構造の分類 ……………………… 488
□ 11-7　壁と柱、梁の構造形式 …………………………… 488
□ 11-8　コンクリートとモルタル ………………………… 489
□ 11-9　地震対策 …………………………………………… 489

第1編
宅地建物取引業法・関連法 　20問出題

　不動産屋さん（正式には宅地建物取引業者といいます）は、どのように開業するのか、開業したら、どのようなルールに従うのか。
　また、われわれが目指す宅地建物取引士の仕事と責務は何か、そして、どうしたらなれるのかを学びます。

凡例　✓チェック！で紹介している一問一答問題は、過去問題です。末尾の数字は、出題年です。**すべて正しい記述に直して紹介しています。**
Keyword と POINT は、当該学習事項の重要なところです。
【覚え方】は、ゴロ合わせや、お経読みの覚え方です。

学習の要点

YouTube 動画　【入門】
　　　　　宅地建物取引業法→

- **Part1**　**免許制度**　宅地建物取引業を開くためには免許を受けなければなりません。その手続を学びます。　⇨ P.3
- **Part2**　**宅地建物取引士**　宅地建物取引業者は一定数の不動産取引の専門家を置かなければなりません。その専門家が宅地建物取引士です。　⇨ P.16
- **Part3**　**業務運営体制上の規制**　宅地建物取引業者はその事務所に宅地建物取引士を置き、業務帳簿や従業者名簿を備えなければなりません。　⇨ P.29
- **Part4**　**取引相手方を保護する措置**　宅地建物取引業者は、トラブルに備え、一定額を供託するか、同業者団体に加入しなければなりません。　⇨ P.34
- **Part5**　**媒介契約規制と報酬規制**　宅地建物取引業者は、当事者となって宅地建物の売買（売り買い）をするほか、報酬を受け取って、他人の売買や貸借（貸し借り）の媒介（仲介）や代理（代わりに処理する）もできます。　⇨ P.48
- **Part6**　**重要事項の説明と契約内容記載書面の交付**　宅地建物取引業者は、契約締結前に、物件を取得しようとする者又は借りようとする者に、物件と取引条件の重要な事項を説明しなければなりません。また、契約締結後は、契約当事者に契約内容を記載した書面を交付しなければなりません。　⇨ P.61
- **Part7**　**その他の業務上の規制**　誇大広告の禁止やクーリング・オフなど、様々な規制があります。規制には、宅地建物取引業者の活動一般にかかるものと、宅地建物取引業者が売主で、買主が宅地建物取引業者でない場合にかかるものがあります。　⇨ P.79
- **Part8**　**監督・罰則**　法の規制が守られないときの、監督処分と罰則です。監督処分は、監督官庁からの違反是正の措置で、罰則は、裁判所からの制裁です。　⇨ P.108

学習の仕方

自分が、宅地建物取引業を開業するつもりになって、必要な手続きと営業上のルールを考えていきましょう。

Part 1

免 許 制 度

1 宅地建物取引業をするには免許がいる

　高価な不動産を扱う業界に不適格な者が参入しないよう、宅地建物取引業を開業するには、免許を受けなければなりません。その免許を受けなければならない宅地建物取引業とは、次に定義される活動です。

1-1 宅地・建物とは　　　　　　　　　　　　　　　　　2条1号

宅地	全国（正確には、用途地域*外）	建物が建っている土地、又は建てる目的で取引される土地
	用途地域内	**道路・公園**（広場）・**河川**（水路）**以外**の土地
建物	アパートの一室、事務所、倉庫等も含む。	

＊用途地域　土地の使い方（用途）、建蔽率、容積率等を定める基本的な都市計画。普通の平地には定まっている。第3編 1-3

✓ チェック！

1 □**用途地域内**　都市計画法に規定する工業専用地域内の土地で、建築資材置き場の用に供されているものは、法第2条第1号に規定する宅地に該当する。㉗

2 □**用途地域外**　都市計画法に規定する用途地域外の土地で、倉庫の用に供されているものは、法第2条第1号に規定する宅地に該当する。㉗

3 □**用途地域内**　地主Bが、都市計画法の用途地域内の所有地を、駐車場用地2区画、資材置場1区画、園芸用地3区画に分割したうえで、これらを別々に売却する場合は、宅地の売却である。⑬

1-2　宅地・建物の取引とは　　2条2号

（1）当事者となって、宅地・建物を売買又は交換※する

（2）媒介*1又は代理*2として、他人の宅地・建物の売買を成立させる

（3）媒介又は代理として、他人の宅地・建物の貸借を成立させることである。

※交換とは、財産権を移転し合うことだが、実質的には代金と財産権を移転し合う売買と変わらないので、以後売買という場合には交換を含んでいることとし交換という語は原則として省略します。

*1 媒介とは、契約当事者の双方を取り持つ行為で、契約の相手方を探してきて紹介すること。仲介とも言う。

*2 代理とは、当事者一方のために契約することを代わりに処理してあげること。代理では、契約は代理人が締結するが、契約締結の効果が及び契約当事者になるのは、代理を頼んだ人だ。

【注】当事者（代理人を介する場合を含む）となって、宅地・建物を貸借することは、宅地建物の取引ではないので、宅地賃貸や建物賃貸に免許は必要ない。

Keyword 地主（宅地賃貸人）・大家（建物賃貸人）に免許は不要

✓ チェック！

1□**当事者として分譲**　Aが、自己所有の宅地を10区画に区画割りして、多数のAの知人・友人に対して売却する場合、Aは、免許を必要とする。⑨

2□**代理人を介して分譲、分譲の代理**　Aがマンション1棟を買い取り、販売の代理をBに依頼して不特定多数に売却する場合、AもBも免許を要する。④⑤

3□**当事者として賃貸**　Aが、その所有地にマンションを建築したうえで、自ら賃借人を募集して賃貸する場合、Aは、免許を必要としない。①⑯⑬

4□**媒介を依頼して貸借、と、貸借の媒介**　Aが、複数の物件につきBに媒介を依頼し、賃借人に賃貸する行為を繰り返し行う場合、Aは、（当事者となって賃貸するので）免許を要しないが、Bは、（貸借の媒介をするので）免許を要する。⑭⑪

5□**代理人を介して貸借、と、貸借の代理**　Aが、自己所有地に自ら貸主となる賃貸マンションを建設し、借主の募集及び契約の代理をBに委託する

場合、Aは、（当事者となって賃貸するので）免許を要しないが、Bは、（貸借の代理をするので）免許を要する。⑲

6□**建築請負契約、と、ビルの管理**　建設会社が建築請負契約をすることやビル管理会社がマンションの管理をすることは免許が不要である。

1-3　業とするとは　宅地建物取引業法の解釈・運用の考え方（通達）
不特定多数を相手に、繰り返し（反復継続して）行うこと。

✓ チェック!

1□**一括売却**　甲が所有地を分割して、乙に一括して売却することは、業とするに当たらず、免許不要である。④

2□**公益法人にだけ売却**　Eが、その所有する都市計画法の用途地域内の農地を区画割りして、公益法人のみに対して反復継続して売却する場合は、（**不特定**多数と言え）業とするに当たり、Eは、免許を要する。⑯

3□**自己用として購入、と、業者を介して反復譲渡**　競売物件である宅地を自己用として購入する場合は免許を要しないが、営利を目的として競売物件である宅地を購入し、宅地建物取引業者を介して反復継続して売却する場合は免許を要する。⑤

1-4　免許の主体
免許は**個人**と**法人**が受けられる。

・両者は別個の権利義務の主体だから、個人免許を受け開業して成功したので、会社を設立して、会社名義で営業を継続する場合は、法人としての会社が新たに免許を受けなければならない。

・免許を受けた者を＜**宅地建物取引業者**＞という（略す場合は、**業者**という）。

1-5　免許を受けた地位の一身専属性
免許を受けた地位はその人限りのものだ（一身に専属する、という）

から、相続や法人の合併があっても、免許を受けた地位が相続人や合併会社に引き継がれることはない。

✓ チェック！

□ **相続人が新規に宅建業開始**　宅地建物取引業者Ａが死亡しその相続人Ｂが、Ａが所有していた土地を 20 区画に区分し、宅地分譲する場合、Ｂは、免許を受けなければならない。③

　ただし、取引の途中で免許が失効した場合に、その取引をやめてしまっては、相手方に迷惑になるので、免許失効時の残務処理は、免許がなくてもできるようにした。

1-6　免許失効時の残務処理には免許不要　　　　　76条

宅地建物取引業者が、**すでに締結した契約に基づく取引を結了する前**に、有効期間の満了、死亡、合併もしくは廃業等の届出又は免許の取り消しにより、**免許が失効**したときは、**元業者又はその一般承継人は、**当該業者が締結した契約に基づく**取引を結了する目的の範囲内においては、なお宅地建物取引業者**とみなす。

Keyword　免許失効時の残務処理には免許不要

✓ チェック！

□ **取引途中で免許失効**　土地を売却する契約をしていた業者が死亡した場合、相続人が、その土地を引渡し、登記を移転するためには、免許を受けなくともよい。②⑭

1-7　無免許営業と名義貸しの禁止　　　　　12・13条
（1）無免許営業・表示広告の禁止

　　　　無免許者は、　　①宅地建物取引業を営んではならない。
　　　　　　　　　　　　②営む旨の表示・広告をしてはならない。

（2）宅地建物取引業者の名義貸しの禁止

宅地建物取引業者は、自己の名義をもって、

①他人に、宅地建物取引業を営ませてはならない。

②他人に、営む旨の表示・広告をさせてはならない。

- **無免許営業、営業のための名義貸しの罰則**　3年以下の懲役もしくは300万円以下の罰金又はこれらの併科＝両方科す。宅建業法中、もっとも重い。

1-8　宅地建物取引業法の適用除外　　　　77・78条

（1）この法律の規定は、国及び地方公共団体には、適用しない。

（2）**信託会社**及び**信託**業務を兼営する**銀行**は、宅地建物取引業法の**免許に関する規定**は適用しない。

同会社・銀行は、宅地建物取引業法を営む旨を国土交通大臣に届け出れば、国土交通大臣免許を受けた宅地建物取引業者とみなされ、本法の適用を受ける。

POINT　信託は、大臣届出で業者とみなされる。

✓ チェック！

□**信託会社への本法の適用**　国土交通大臣に届け出て宅地建物取引業を営む信託会社は、免許取消処分を受けることはないが、指示処分は受けることがある。㉑

1-9　免許権者＝免許をする者　　　　　　3条

（1）一の都道府県内に事務所を設置⇒所在地管轄都道府県知事

（2）複数の都道府県に事務所を設置⇒国土交通大臣

- 知事免許は知事に直接申請する。国土交通大臣免許は、主たる事務所が所在する都道府県知事を経由して申請する。

1-10　事務所とは　　　　　　　　　　　施行令１条２号、通達

（１）宅地建物取引業を営む本店（主たる事務所）又は支店（従たる事務所）。

　　なお、本店は、直接宅地建物取引業法を営まなくても、支店で宅地建物取引業を営む限り事務所だが、支店は、直接宅地建物取引業を営む場合のみ事務所となる。

（２）名称のいかんを問わず、継続的業務施設で、宅地建物取引業に係る契約を締結する権限を有する使用人を置くもの。

（１）のなお、のこころ　支店が宅地建物取引業をやっている限り、その業務を統括する本店も、間接的には、宅地建物取引業をやっている。

✓ チェック！

1 □**支店でのみ宅建業**　A社が甲県に本店を、乙県に支店を有し、乙県の支店のみで宅地建物取引業を営もうとするとき、A社は、（甲県本店も事務所なので）国土交通大臣の免許を受けなければならない。⑫

2 □**本店でのみ宅建業**　A社が甲県に本店を、乙県に支店を有し、乙県の支店では、建物を自ら賃貸することだけを行い、本店では土地・建物の分譲等を行うとき、A社は、（乙県支店は事務所でないので）甲県知事の免許を受けなければならない。

2 免許の基準──ふさわしくない者には免許しない

　　下記の事由にあたる場合は、免許を受けられません。その時だけの事由（１）と５年間続く事由（２）〜（５）があります。

1-11　免許の基準（欠格事由）　　　　　　　　　　　　５条

（１）破産手続き開始の決定を受け復権を得ない者

（２）悪質な免許取消処分＊を受け、５年経過していない者

　　＊悪質な免許取消処分

　　ｉ 不正手段により免許を受けた、又は

ⅱ業務停止処分の事由に該当し情状が特に重い、もしくは

ⅲ業務停止処分に違反したことによる免許取消処分

(2)-1　法人が悪質な免許取消処分を受けた場合の、処分の聴聞公示日前60日以内の法人役員〔支配力ある者〕で、処分の日から5年経過しない者（**略すと**　聴聞公示日前60日以内の法人役員）

(2)-2　悪質な免許取消処分の聴聞期日場所の公示があってから、解散又は廃業の届出があった者で、廃業等の届出の日から5年経過しない者（**略すと**　廃業等による処分逃れ）

(2)-3　悪質な免許取消処分のための聴聞の期日場所の公示があってから、合併消滅又は廃業等の届出があった法人の、処分の聴聞公示日前60日以内の法人役員で、廃業等の届出等の日から5年経過しない者（**略すと**　処分逃れ法人の役員）

(3)懲役又は禁錮刑に処せられ執行終了等してから5年経過していない

(4)宅地建物取引業法違反・暴力犯・背任罪で罰金刑に処せられ執行終了等してから5年経過していない者

【注】ただし、（3）（4）は執行猶予期間が無事経過すれば、直ちに受けられる

(5)暴力団員*又は暴力団員でなくなってから5年経過していない者

　　*暴力団員による不当な行為の防止等に関する法律第2条第6号に規定する暴力団員

(6)宅地建物取引業に関し成年者と同一の行為能力がない未成年者（法定代理人から営業許可を受けていない未成年者）の法定代理人が免許欠格事由に該当*

　　*法定代理人から営業許可を受けていない未成年者も、一般には免許を受けられるが、受けた場合に実際に取引をするその法定代理人が免許欠格では、免許を受けられないということを言っている。なお、法定代理人から宅地建物取引業に関し営業許可を受けている未成年者は、自分自身が免許欠格でなければ、法定代理人に関係なく免許を受けられる。

(7)組織の中の政令使用人又は役員の1人でも免許欠格事由に該当

(8)暴力団員等がその事業活動を支配する者

(9)その他、

　　①5年以内に、宅地建物取引業に関し違法・不当なことをした、又は、現在不正・不誠実なことが明らか

②精神の機能の障害により宅地建物取引業を適正に営むに当たって必要な認知、判断及び意思疎通を適切に行うことができない者（規則3条の2）

この基準は、改正により、「成年被後見人、被保佐人」が免許欠格事由から外されたことにより、新たな欠格事由として加えられたものだが、この改正に関連して、法47条の3に「宅地建物取引業者（個人に限り、未成年者を除く。）が宅地建物取引の業務に関し行った行為は、行為能力の制限によっては取り消すことができない。」旨の規定が設けられた。令③

③事務所に必要な数の成年者である専任の宅地建物取引士を置いていない

ⓅⓄⒾⓃⓉ

破産者復権せず

悪質免取（めんとり）5年経過せず、法人役員・処分逃れ・処分逃れ法人の役員も含む

懲・禁執行終了から5年経過せず

業法違反・暴力犯・背任罪で罰金刑の執行終了から5年経過せず

暴力脱退5年経過せず

普通の未成年者の法定代理人が免許欠格

政令使用人・役員の一人でも免許欠格

✓チェック！

1□**破産者**　破産者であった個人Aは、復権を得れば、5年経過しなくとも、免許を受けることができる。㉑

2□**業務停止処分違反→免許取消処分**　宅建業者A社が業務停止処分に違反したとして、免許を取り消され、その取消しの日から5年を経過していない場合、A社は免許を受けることができない。⑲

3□**不正免許取得→免許取消処分・その法人の役員**　不正手段による免許取得を理由に免許を取り消されたA社の取締役Bは、当該取消に係る聴聞の期日等の公示の日の30日前に取締役を退任していても、免許を受けることができない。⑱

4□**執行猶予満了**　その支店の代表者が、刑法の傷害罪で懲役1年執行猶予2年の刑に処せられても、刑の執行猶予の言渡しを取り消されることなく猶予期間を満了すれば、A社は直ちに免許を受けられる。⑧

5□**過失致傷により罰金刑**　その代表取締役Bが、1年前に業務上過失致傷の罪により罰金10万円の刑に処せられているA社は、過失致傷罪は暴力犯ではないので、免許を受けられる。③

6□**業務妨害罪で罰金刑**　取締役Bが、3年前に、業務妨害罪により、罰金刑に処せられ、その執行を終えたA社は、業務妨害罪は暴力犯でないので、免許を受けられる。⑤

7□**5年以内に宅地建物取引業に関し不正又は不当な行為を行った**　Cが免許の申請前5年以内に宅地建物取引業に関し不正又は不当な行為をした場合には、その行為について刑に処せられていなかったとしても、Cは免許を受けることができない。㉘

1-12　免許後に免許欠格事由が生じると免許取消処分　66条1項

免許を受けた後、免許欠格事由（1-11）が生じると、免許取消処分を受ける（8-3の処分事由参照）。

✓ **チェック！**

□**暴行罪で罰金刑の役員**　A業者（法人）の取締役Bが、刑法208条の罪（暴行罪）により罰金刑に処せられた場合、A社の免許は取り消される。⑮⑰

3 免許制度に付随する各種の届出等

1-13　免許の有効期間と更新手続　3条、規則3条

（1）免許の有効期間は、5年。

（2）免許の更新を受けようとする者は、免許の有効期間満了の日の90日前から30日前までの間に免許申請書を提出しなければならない。

・所定の更新申請があった場合は、**有効期間の満了後**もその処分がなされる

までの間は、**従前免許は、なお有効**とする。ただし、**更新免許の有効期間5年**は、従前免許の有効期間が満了した日の翌日から起算する。

✓ チェック！

☐**免許更新**　業者C（国交大臣免許）の免許の有効期間が満了した場合、Cが当該有効期間が満了する日の90日から30日前まで、主たる事務所管轄知事を経由して国交大臣に更新申請をしていれば、Cは、宅地建物取引業の業務を行うことができる。⑥㉑

1-14　宅地建物取引業者名簿の備付け、一般への閲覧　　8・10条

　国土交通大臣又は都道府県知事は、宅地建物取引業者名簿を備え、免許をした宅地建物取引業者（及び都道府県知事の場合は、主たる事務所が当該都道府県にある国土交通大臣免許の宅地建物取引業者）に関する下記の事項を登載し、業者名簿閲覧所を設け、一般の閲覧に供しなければならない。

①免許証番号及び免許年月日
②商号又は名称
③事務所の名称及び所在地
④役員（個人業者本人）及び政令で定める使用人の氏名
⑤事務所ごとに置かれる専任の宅地建物取引士の氏名
⑥指示又は業務停止処分を受けたときは、その年月日及び内容
⑦宅地建物取引業以外の事業を行っているときは、その事業の種類

✓ チェック！

☐**業者名簿の閲覧と記載事項**　国土交通大臣及び都道府県知事は、宅地建物取引業者名簿をその閲覧所に備え、請求があったときは、一般の閲覧に供しなければならないが、この名簿には、宅地建物取引業者の業務停止処分の内容も記載される。④

1-15 名簿登載事項の変更の届出 9条

名簿登載事項 1-14 ②〜⑤は、変更があれば、**30 日以内**に、その旨を免許権者に届け出なければならない（国土交通大臣には、主たる事務所を管轄する知事経由で）。

②**商号又は名称**

③**事務所の名称及び所在地**

④**役員（個人業者本人）及び政令で定める使用人の氏名**

⑤**事務所ごとに置かれる専任の宅地建物取引士の氏名**

ＰＯＩＮＴ

名称（商号・事務所名称）・**所在**（事務所）・**幹部**（役員・政令使用人・専任の宅建士）氏名に**変更**あれば、**30 日以内に届出の義務**

【注】1-14 ⑦兼業事業の変更は（重要でないので）届出不要

✓ チェック！

1 □**役員の交代** 宅地建物取引業者Ａ（法人・甲県知事免許）の役員ａが退職し、後任にｂを充てた場合、当該役員の職が非常勤のものである場合も、Ａは、甲県知事に変更の届出をする必要がある。⑩②

2 □**専任宅建士の設置** 宅地建物取引業者Ｂ（甲県知事免許）が、その事務所に、成年者である宅建士Ｃを新たに専任の宅建士として置いた場合、Ｂは、30 日以内に、その旨を甲県知事に届け出なければならない。⑱

3 □**兼業業種の開始** 宅地建物取引業者Ｂ社（甲県知事免許）が建設業を営むこととなった場合は、その旨を甲県知事に届け出なくともよい。③

1-16 免許換え 7条

事務所の増設・廃止・移転により、**免許権者**（1-9）**が異なる**に至ったら、新免許と同じ手続（1-9）で、**免許換えの申請**をしなければならない。

• 知事免許への免許換えは知事に直接申請するが、**国交大臣免許への免許換えは、主たる事務所管轄知事を経由**して申請する。

- 免許換えを怠り営業をしていると、免許を取り消される（7-3）。
- 免許換えによる新免許を受けたときは、**従前免許は、その効力を失う**。
- 免許換え申請後、新免許の交付を受けるまでに、たまたま従前免許が満了となっても、**従前免許はなお有効**と扱われる。ただし、免許換えによる免許は**新免許**であり、**この場合も含め、有効期間の5年は新免許を受けたときから起算**する。

⇒【注】新免許の有効期間起算点が、免許の更新の場合（1-13）とは違うことに注意。

✓ チェック！

1□**大臣免許⇒知事免許へ**　甲県に本店、乙県に支店を設置したＡ社（国土交通大臣免許）は、乙県の支店を廃止し、本店を含むすべての事務所を甲県内にのみ設置して事業を営むこととした場合、直接、甲県知事へ免許換えの申請を行った。㉑①⑥⑦

2□**免許換え申請中に有効期間満了**　甲県知事への免許換え申請をした場合で、免許の有効期間の満了後に甲県知事の免許がなされたときは、甲県知事の免許の有効期間は、従前の免許の有効期間の満了の日の翌日から起算するのではなく、新免許のときから起算する。⑦

3□**宅建業をやらない事務所が増加**　甲県知事免許のＡが、乙県内で建設業を営んでいる法人Ｂを吸収合併して、Ｂの事務所をＡの支店とし、そこで建設業のみを営む場合、Ａは、国交大臣へ免許換えの申請をする必要はない。⑨

1-17　業務活動消滅の届出　　　　　11条
届出事由が生じた場合には、その日から**30日以内**に（**死亡**の場合、死亡を**知った日**から30日以内）免許権者に届け出＊なければならない。

＊国土交通大臣には、主たる事務所管轄知事経由で届け出る。
- 免許の失効時点　①②の場合⇒死亡・法人消滅時に権利主体性（人格）が消滅するので、その時点で免許も失効する。③〜⑤の場合⇒届出があった時点で、免許が失効する（11条2項）。

届出事由	届出義務者
①死亡	相続人（【注】30日以内の起算点注意）
②合併消滅	消滅した法人の代表役員
③破産手続開始の決定	破産管財人
④③以外の理由による解散	清算人
⑤宅建業を廃止（廃業）	本人又は法人の代表役員

✓ チェック！

1 □**死亡**　個人業者Ａ（甲県知事免許）が死亡した場合、Ａの相続人は、Ａが死亡した日からではなく、Ａが死亡したことを知った日から30日以内に、その旨を甲県知事に届け出なければならない。⑯㉔

2 □**合併消滅**　宅地建物取引業者Ａ社（甲県知事）が宅地建物取引業者Ｂ社（国土交通大臣免許）に吸収合併された場合、合併されたＡ社の代表役員は、Ｂ社に吸収合併された日から30日以内に、その旨をＡ社の免許権者である甲県知事に届け出なければならない。㉔

3 □**破産手続開始の決定**　宅地建物取引業者Ａ（甲県知事）が破産手続開始の決定を受けた場合、Ａの破産管財人は、破産手続開始の決定を受けたときから30日以内に、その旨を甲県知事に届け出なければならない。⑱

4 □**破産手続開始の決定**　宅地建物取引業者Ａ（甲県知事）が破産手続開始の決定を受けた場合、Ａの免許は、破産手続開始の決定を受けたことを甲県知事に届け出たときに失効する。②

5 □**解散**　宅地建物取引業者Ａ社（甲県知事）が株主総会で解散決議をして、解散した場合、Ａ社の清算人は、解散決議があった日から30日以内に、その旨を甲県知事に届け出なければならない。㉖

学習の指針

免許は、2問以上出る。定番は、**免許の要否**と**免許の基準**。次いで、**免許制度に関連する各種の届出**等。全パターンを紹介したので、徹底的にマスターしよう。

Part 2

宅地建物取引士

1 宅地建物取引士とその業務

　宅地建物取引業者が適正に業務を行えるよう、宅地建物取引業者の事務所等には、一定数の宅地建物取引士を置かなければなりません。

2-1　宅地建物取引士とは　　　　　　　　　　　　2条4号
①都道府県知事の行う宅地建物取引士資格**試験**に合格し、②その都道府県知事の**登録**を受け、③その知事から**宅地建物取引士証**の交付を受けた者である。

・宅地建物取引士資格試験には、国籍や年齢の制限は一切ない。

2-2　宅地建物取引士しかできない仕事　　　　　35・37条
（1）①重要事項の説明と、②同書面への記名
（2）契約内容を記載した書面（37条書面）への記名

✓ チェック！

□**宅建士しかできない仕事**　宅地建物取引士証を滅失した宅地建物取引士は、宅地建物取引士証の再交付を受けるまで、法第35条の規定による重要事項の説明をすることができない。⑬

2-3　業務処理の原則とその責務　　　　　15条、15条の2・3
（1）宅地建物取引士の業務処理の原則

　宅地建物取引士は、宅地建物取引業の業務に従事するときは、宅地又は建物の取引の専門家として、購入者等の利益の保護及び円滑な宅地又は建物の流通に資するよう、公正かつ誠実にこの法律に定める事務を行うとともに、宅地建物取引業に関連する業務に従事する者との連携に努めなければならない。

（2）宅地建物取引士の責務

①信用失墜行為の禁止　　宅地建物取引士は、宅地建物取引士の信用又は品位を害するような行為をしてはならない。

②知識及び能力の維持向上　　宅地建物取引士は、宅地又は建物の取引に係る事務に必要な知識及び能力の維持向上に、努めなければならない。

✓ チェック！

□**業務処理の原則とその責務**　「宅地建物取引士は、宅地建物取引士の信用又は品位を害するような行為をしてはならない」との規定には、「宅地建物取引業の業務に従事するときは」という限定はなく、したがって、宅地建物取引士の信用を傷つける行為の中には、宅地建物取引士の職務として行われるものに限らず、職務に必ずしも直接関係しない行為や私的な行為も含まれる。㉗

2 宅地建物取引士の登録

2-4　**登録には実務経験か国土交大臣指定講習の受講が必要**　18条1項

　合格＋2年以上の実務経験又は**国土交通大臣が実務経験者と同等以上の能力を有すると認める**（国土交通大臣の登録実務講習修了）⇒試験を行った知事の、試験に合格した旨の登録を受けられる。

・登録は義務ではない。試験合格後何年経っても受けられる。

・2以上の都道府県で試験に合格しても、一の都道府県の登録しか受けられない。

・登録には、有効期間はない。

・登録欠格事由に該当すると登録は受けられない。

✓ **チェック！**

1□ **登録を受ける知事は誰か**　Ｘは、甲県で行われた宅地建物取引士資格試験に合格した後、乙県に転居した。その後、登録実務講習を修了しても、乙県知事に対しては、法第18条第1項の登録を申請できない。⑳

2□ **登録には実務経験か国交大臣の実務経験同等認定が必要**　宅地建物取引士資格試験に合格した者で、宅地建物の取引に関し2年以上の実務経験を有するもの、又は国土交通大臣がその実務経験を有するものと同等以上の能力を有すると認めたものは、法第18条第1項の登録を受けることができる。⑳

2-5　登録の欠格事由1……免許と共通の欠格事由（1-11の①～⑤）
18条

（1）破産手続き開始の決定を受け復権を得ない者

（2）悪質な免許取消処分*を受け、5年経過していない者

　　　＊悪質な免許取消処分

　　　ⅰ不正手段により免許を受けた、又は

　　　ⅱ業務停止処分の事由に該当し情状が特に重い、もしくは

　　　ⅲ業務停止処分に違反したことによる免許取消処分

（2)-1 法人が悪質な免許取消処分を受けた場合の、処分の聴聞公示日前60日以内の法人役員〔支配力ある者〕で、処分の日から5年経過しない者（**略すと**　聴聞公示日前60日以内の法人役員）

（2)-2 悪質な免許取消処分の聴聞期日場所の公示があってから、解散又は廃業の届出があった者で、廃業等の届出の日から5年経過しない者（**略すと**　廃業等による処分逃れ）

（2)-3 悪質な免許取消処分のための聴聞の期日場所の公示があってから、合併消滅又は廃業等の届出があった法人の、処分の聴聞公示日前60日以内の法人役員で、廃業等の届出等の日から5年経過しない者（**略すと**　処分逃れ法人の役員）

（3）懲役又は禁錮刑に処せられ執行終了等してから5年経過していない

（4）宅地建物取引業法違反・暴力犯・背任罪で罰金刑に処せられ執行
終了等してから5年経過していない者

【注】ただし、（3）（4）は執行猶予期間が無事経過すれば、直ちに受けられる

（5）暴力団員*又は暴力団員でなくなってから5年経過していない者

＊暴力団員による不当な行為の防止等に関する法律第2条第6号に規定する
暴力団員

（6）精神の機能の障害により宅地建物取引業を適正に営むに当たって
必要な認知、判断及び意思疎通を適切に行うことができない者（規
則3条の2）

2-6 登録の欠格事由2……登録を受ける場合だけの欠格事由 18条

（1）宅地建物取引業に係る営業に関し成年者と同一の行為能力がない未
成年者（法定代理人から営業許可を受けていない普通の未成年者）*

＊普通の未成年者は、免許は法定代理人が免許欠格でなければ受けられたの
に、登録は法定代理人とは関係なく、およそ受けられない。これは、登録
は取引士となる前提要件で、普通の未成年者が取引士になることは妥当で
ないからである。

（2）悪質な登録消除処分*を受け、5年を経過していない者

＊悪質な登録消除処分（登録した者の登録を消す処分）

①不正手段により登録又は宅建士証の交付を受けたこと

②宅地建物取引士として事務の禁止処分の事由に該当し、情状が特に
重いこと、

③事務の禁止処分に違反したこと、又は

④宅地建物取引士資格者（2-4）が宅地建物取引士としての事務を行
い、情状が特に重いこと、

を理由とする登録の消除処分。

（3）悪質な登録消除処分逃れ*をして、5年を経過していない者

＊悪質な登録処分逃れとは、上記の（2）①～④のいずれかに当たるとして、
登録の消除の処分の聴聞の期日及び場所が公示された日後、登録の消除の申
請をして、当該登録を消除させること

（4）宅地建物取引士として事務の禁止の処分を受け、その禁止の期間

中に登録の消除の申請をした者で、その登録が消除され、まだその期間が満了しない者

ⓅⓄⒾⓃⓉ

普通の未成年者に悪質登録消除処分とその処分逃れは登録欠格
事務禁止処分を受けるとその期間中は再登録できない。

✓ チェック！

1 □**不正免許による免許取消**　不正手段により宅建業の免許を取得したとして、その免許を取り消された者は、その取消しの日から5年を経過しないと、登録を受けられない。①

2 □**不正免許による免許取消を受けた法人の役員**　宅地建物取引業者C（法人）が、不正の手段により免許を受けたとして免許を取り消された場合、当該取消しに係る聴聞の期日及び場所の公示の前日にCの役員であったDは、取消しの日から5年を経過しなければ、登録を受けることができない。⑨

3 □**普通の未成年者**　宅建業に係る営業に関し、成年者と同一の行為能力を有しない未成年者で、その法定代理人が3年前に建設業法違反で過料に処せられている者は、登録を受けられない。④

4 □**情状が重いため登録消除**　登録を受けている者で宅建士証の交付を受けていない者が重要事項説明を行い、その情状が特に重いと認められる場合は、当該登録の消除の処分を受け、その処分の日から5年を経過するまでは、再び登録を受けることができない。①

5 □**登録消除処分逃れ**　宅地建物取引士Aが、不正手段により登録を受けたとして登録の消除の処分に係る聴聞の期日及び場所が公示された日から当該処分についての決定がされる日までの間に、相当の理由なく登録の消除を申請した場合、Aは、当該登録が消除された日から5年を経過しなければ、新たな登録を受けることができない。⑫

6 □**事務禁止処分逃れ**　宅地建物取引士Aが、その事務に関し不正な行為をしたため、甲県知事から平成X年7月1日以後6月間宅地建物取引士としてすべき事務の禁止の処分を受け、同年8月1日Aの申請に基づく登録の消除が行われた場合、Aは、同年〔7・8・9・10・11・12〕月中は、登録を受けることができない。②

3 宅地建物取引士証

　宅地建物取引士の登録（宅地建物取引士資格登録）を受けている者は、**宅地建物取引士証**の交付を受けて、宅地建物取引士となれる。宅地建物取引士証の交付申請は、登録を受けた知事に、写真（6か月以内撮影）を添付して行う。ただし、

2-7　合格後1年超の交付申請には都道府県知事指定講習　22条の2
　試験合格後、1年を超えてから交付を受けようとする者は、**登録をした都道府県知事が指定する講習で、交付申請前6月以内**に行われるものを受講しなければならない。

2-8　宅地建物取引士証の記載事項　　　　　　　　　規則14条の11
氏名、住所、生年月日　　　　　　　　　　　写真
登録番号及び登録年月日、交付年月日、有効期間の満了日

・登録には有効期間がないが、宅地建物取引士証の有効期間は**5年**だ。

2-9　宅地建物取引士証の有効期間（5年）の更新　　　22条の3
　更新を受けようとする者は、登録をしている知事が指定する講習で、更新申請前6月以内に行われるものを受講しなければならない。

・この申請も、義務ではない。登録後何年経過しても申請できる。
・従事業者の商号名称は、登録事項ではあるが、宅建士証の記載事項ではない。
・新宅建士証の交付は、旧証と引換えに行う。
【注】実務経験同等講習は**大臣**登録講習（**2-4**）、宅建士証の交付は**知事**指定講習。

✓ チェック！

□**宅建士証の更新**　宅建士Ａ（甲県知事登録）は、宅地建物取引士証の有効

期間の更新を受けようとするときは、必ず甲県知事が指定する講習で交付の申請前6月以内に行われるものを受講しなければならない。⑱

2-10　宅地建物取引士証の取り扱い──提出・返納は交付受けた知事に
22条の2

（1）氏名・住所変更⇒変更の登録（2-11）と宅地建物取引士証の書換交付を申請しなければならない（規則14条の13）。書換られた宅建士証は従前宅建士証と引き換え交付される。

（2）宅地建物取引士証を紛失・汚損・毀損⇒登録知事に再交付申請ができる（14条の15）。その後、紛失宅建士証を発見⇒速やかに交付受けた知事に返納の義務。

（3）登録消除又は宅地建物取引士証が失効⇒速やかに交付受けた知事に返納の義務（22条の2）。

（4）事務の禁止処分を受けた⇒速やかに交付受けた知事に提出の義務⇒知事は、事務の禁止期間満了後、提出者から返還請求があれば返還する（22条の2）。

（5）取引関係者から提示の請求⇒提示しなければならない（22条の4）。

（6）重要事項の説明を行うとき⇒請求がなくても、提示しなければならない（35条）。

・なお、宅地建物取引士証の提示に当たり、個人情報保護の観点から、宅地建物取引士証の住所欄にシールを貼ったうえで提示しても差し支えない。ただし、シールは容易に剥がせるものとし、ペンなどで塗り潰したり、住所以外まで見えなくしてはならない。解釈・運用の考え方〔通達〕22条の4

【注】従事業者の変更は、宅建士証の書換交付申請は不要（変更の登録申請は必要2-11）。

【注】（4）は、**交付を受けた知事**へ提出。処分をした知事へ提出、ではない。

✓ チェック！

1□**亡失宅地建物取引士証を発見**　宅地建物取引士証を亡失してその再交付

を受けたが、亡失した宅地建物取引士証を発見したときは、速やかにその宅地建物取引士証をその交付を受けた都道府県知事に返納しなければならない。③

2□**書換が必要か**　宅地建物取引士が氏名又は住所を変更した場合、変更の登録の申請とあわせて宅地建物取引士証の書換交付の申請をしなければならないが、従事業者を変更したときは、変更の登録の申請は必要だが、宅地建物取引士証の書換交付申請は、不要である。④⑩⑫⑳

3□**事務禁止処分**　宅地建物取引士（甲県知事登録）が、乙県知事から事務の禁止の処分を受けた場合、その者は、速やかに甲県知事に宅地建物取引士証を提出しなければならない。③

4□**事務禁止処分の満了**　Aは事務禁止処分を受け、甲県知事に宅地建物取引士証を提出していたが、その処分の期間が満了したとき、甲県知事はAの請求があれば、宅建士証をAに返還しなければならない。⑪

5□**返納**　乙県内の業者Bの事務所の業務に従事している甲県知事登録の宅地建物取引士Aは、禁錮以上の刑に処せられ登録が消除された場合は、速やかに、宅地建物取引士証を甲県知事に返納しなければならない。⑱

4 登録に付随する各種申請

2-11　登録事項と変更の登録申請　　18条2項、20条

①**氏名**、生年月日　②**住所**　③**本籍**（日本国籍を有しない者は、**国籍**）及び性別　④宅地建物取引業者の業務に**従事**する者にあっては、当該**宅地建物取引業者の商号**又は**名称及び免許証番号**等

⇒**太字**部分に変更があれば、遅滞なく変更の登録を申請しなければならない。

【注】変更の登録には、申請期限はなく、遅滞なくすればよい。

【注】従事業者が**免許換え**（1-16）をすると、**免許証番号**が変わることに注意。

✓ **チェック!**

1□**勤務先（従事業者）変更**　甲県知事の登録を受けているAが宅地建物取

引業者Ｂから宅地建物取引業者Ｃへ勤務先を変更した場合、Ａは、甲県知事に遅滞なく変更の登録を申請しなければならない。③

2□**勤務先業者が廃業**　宅地建物取引士Ａが勤務する業者Ｂが廃業した場合、Ａは変更の登録の申請を、また、Ｂは廃業の届出（**1-17**）をしなければならない。⑤

3□**勤務先業者が商号変更**　業者Ａ（国土交通大臣免許）が宅建士Ｂ（甲県知事登録）を専任の宅建士として従事させている場合、Ａが商号を変更したときには、Ａはその旨を、甲県知事を経由して国土交通大臣に届け出なければならず、Ｂは甲県知事に変更の登録を申請しなければならない。⑧

4□**勤務先業者の免許換えによる免許証番号変更**　宅地建物取引業者Ａ社（甲県知事免許）が事務所を乙県に移転したため、乙県知事の免許を取得した場合、Ａ社の専任の宅地建物取引士であるＢは宅地建物取引士資格登録簿の変更の登録を申請しなければならない。⑯

2-12　登録の移転──義務ではない　　　　19条の2

　登録を受けている者が、登録都道府県**以外の都道府県の事務所に従事**している、又は**従事しようとするとき**は、登録知事経由で、その事務所を管轄する知事に対して、**登録の移転と宅地建物取引士証の交付**を申請することができる。

・ただし、事務の禁止期間中はできない。
・登録の移転は、登録を受けている者が業務に従事する場所を管轄する知事から宅建士証の交付を受けられるようにするための措置で、登録を受けている者の便宜のための制度だから、するかしないかは任意である。
・登録の移転により、従前の宅建士証は効力を失う。
・登録の移転申請とともに、移転先の知事に宅建士証の交付申請もできる。
・宅建士証の交付申請に対し、移転先知事は従前宅建士証と引換えに、従前宅建士証の**残存期間**を有効期間とする宅建士証を交付する。
・宅建士証の交付申請をするときは、知事指定の講習（**2-9**）を受講する必要はない（講習は5年に1度でよい）。

✓ チェック！

1 □ **住所変更でできるか**　登録を受けている者が、登録の受けた都道府県以外に住所を移転しただけの場合は、移転先の知事に登録の移転を申請できない。⑪

2 □ **登録の移転と宅地建物取引士証**　登録の移転を受けた者は、移転後の都道府県知事から宅地建物取引士証の交付を受けなければ、宅地建物取引士の業務を行えない。①②

3 □ **事務禁止処分と登録の移転**　乙県内の業者Bの事務所の業務に従事している甲県知事登録の宅地建物取引士Aが、乙県知事から事務禁止処分を受けたときは、その禁止の期間が満了してから、甲県知事経由で、乙県知事に登録の移転を申請できる。⑮

2-13　死亡・登録後に登録欠格該当の場合は30日以内に届出の義務

21条

（1）届出が必要な場合	届出義務者
①登録を受けていた者が**死亡**	相続人
②登録を受けている者が**登録欠格事由**[*]に該当	本人（下記⑤のときは本人又はその法定代理人もしくは同居の親族）
（2）**届出期限**　その日から（【注】死亡のときは、死亡を知った日から）**30日以内**	

[*]登録欠格事由　①破産手続開始の決定※　②悪質な免許取消処分（①不正手段により免許を受けた、又は②業務停止処分の事由に該当し情状が特に重い、もしくは業務停止処分に違反したことによる免許取消処分）関連　③懲役又は禁錮刑④業法違反・暴力犯・背任罪で罰金刑、暴力団員等（2-5・6）⑤精神の機能の障害により宅地建物取引業を適正に営むに当たって必要な認知、判断及び意思疎通を適切に行うことができない者（規則3条の2）　令②

※【注】業者が破産手続開始の決定を受けた場合は、破産管財人に届出義務（1-17）が課されているが、この場合は本人に届出義務が課されている。

✓ チェック！

□ **破産手続開始の決定**　宅地建物取引士Aが死亡したときはその相続人が、Aについて破産手続開始の決定があったときはA自らが、届出をしなければならない。⑥

2-14　申請又は死亡・登録後に登録欠格該当⇒登録消除

22条・68条の2、第1項1号

　都道府県知事は、次の一つに当たる場合、登録を消除しなければならない。

①本人から登録の消除の申請があったとき

②死亡又は登録後の登録欠格該当の届出があったとき

③死亡の届出がなくとも、その事実が判明したとき

④登録後に登録欠格該当の事実が生じたとき

⑤不正手段により受験し、合格の決定を取り消されたとき

- ④の登録の消除は、監督処分としての登録消除（**7-5**）だから、事前に聴聞が必要。
- 不正手段による受験の場合、**3年以内**の期間を定めて受験が禁止される（17条3項）。

5 専任の宅地建物取引士の設置義務

2-15　宅地建物取引業者の専任の宅地建物取引士の設置義務

31条の3、規則15条の5の3

（1）宅地建物取引業者は、その事務所に、業務従事者**5人に1人以上**の割合で、成年者である専任の宅地建物取引士を、置かなければならない。

（2）事務所以外でも、契約行為をする案内所等には、**1人以上の成年者である専任の宅地建物取引士を、置かなければならない。

（3）宅地建物取引士の退職や一般従業員の増加により、専任の宅地建物取引士の数が既定の数を下回ったときは、宅地建物取引業者は**2週間以内**に適合措置を取らなければならない。

- 専任とは、当該事務所に常勤して、専ら宅地建物取引業の業務に従事すること。

- 事務所以外の案内所等＊では、そこで契約行為を行う場合のみ、従業者が何人であっても、１人以上の専任の宅建士を置けばよい。
＊案内所等＝継続的業務施設、分譲案内所・分譲の代理・媒介の案内所、催し実施場所
- 複数の宅地建物取引業者が設置する案内所で、同一の物件につき、売主である宅地建物取引業者及び媒介又は代理を行う宅地建物取引業者が同一の場所において業務を行う場合には、いずれかの宅地建物取引業者が専任の宅地建物取引士を１人以上置けば法第15条第１項の要件を満たすものとする（通達）。
- 専任になれるのは成年者に限られるので未成年者が法定代理人から営業許可を得て宅建士になったとしても（**2-6**参照）、専任にはなれない。
- 適合措置とは、専任の宅建士を雇うか一般従業員の数を減らすことによって、専任の宅建士の数を法適合状態にすることだ。
- 専任の宅建士を雇った場合には、雇ってから30日以内に業者名簿の変更の届出（**1-15**）も必要になる。
- 専任の宅地建物取引士の設置義務に違反（規定数の専任の宅地建物取引士を置かない又は規定数を下回り２週間以内に適合措置を取らなかった）した場合には、業務停止処分の事由にあたり（**7-2**）、また、100万円以下の罰金刑に処せられる（**7-8**）。

✓ チェック！

1 □**契約行為を行う展示会場**　Ａが、宅地建物取引業者が業務に関し展示会を実施する場所であって、宅地又は建物の売買の契約を締結する国土交通省令で定める場所（業務に従事する者11名）における唯一の専任の宅建士であることは、法に違反しない。⑬⑭

2 □**契約行為を行う案内所**　案内所で宅地の売買契約の申込みを受けるときには、契約の締結を事務所で行うこととしても、案内所に専任の宅地建物取引士を設置する必要がある。⑥

3 □**不足となったとき**　宅地建物取引業者Ａ社（甲県知事免許）の唯一の専任の宅地建物取引士であるＢが退職したとき、Ａ社は２週間以内に新たな成年者である専任の宅地建物取引士を設置し、設置後30日以内にその旨を甲県知事に届け出なければならない。⑱

2-16　みなし専任　　　　　　　　　　　31条の3第2項

　業者本人又は法人の役員（業務執行役員、取締役又はこれらの準ずる者）が宅地建物取引士であるときは、その者が主として業務に従事する事務所等では、成年者である専任の宅地建物取引士とみなされる。

・未成年者でも、＜宅地建物取引士＞であり、かつ、＜業者本人又は法人業者の役員＞であるときは、**成年者である専任の宅地建物取引士**とみなされる。
・みなし専任における役員には、監査役は含まない。

未成年者の扱いの比較

	普通の未成年者	営業許可を受けた未成年者
	営業に関し成年者と同一の行為能力を	
	有しない	有する
業者免許	○受けられる	○受けられる
宅建士	×なれない	○なれる
成年者である専任の宅建士	×なれない	△みなされることはある

✓ チェック！

□**未成年者**　宅地建物取引業に係る営業に関し成年者と同一の行為能力を有する18歳未満の宅地建物取引士Eは、Aの役員であるときを除き、専任の宅地建物取引士となることができない。⑧改

学習の指針

宅地建物取引士も2問以上出題される。登録と登録関連の届出（申請）、宅地建物取引士証、専任の宅地建物取引士の設置義務から出題される。

Part 3

業務運営体制上の規制

適正な業務運営のため、従業者証明書と事務所に必須の３備品及び契約行為を行う案内所等設置の届出と標識掲示の規制があります。

1 従業者証明書と事務所の必須３備品

3-1　従業者証明書を発行し、携帯させる義務　　　48条1項

（1）宅地建物取引業者は、従業者に、その従業者であることを証する証明書を携帯させなければ、その者をその業務に従事させてはならない。

（2）従業者は、関係者から請求があれば、同証明書を提示しなければならない。

・従業者には、社長、アルバイトも含む。令⑤

✓ チェック！

□**従業者証明書の提示**　取引関係者から従業者証明書の提示の請求があったときは、宅地建物取引士証の提示をもってこれに代えることはできない。⑲

3-2　事務所に必須の３備品　　　48条3項、49条、46条4項

宅地建物取引業者は、その事務所ごとに、（1）（2）を備え※、公衆の見やすい場所に、（3）を掲示しなければならない。

（1）**従業者名簿**（48条3項）―最終記載から10年間保存

①従業者氏名、従業者証明書の番号、主たる職務内容、宅建士である
か否かの別、当該事務所の従業者となった年月日、当該事務所の従
業者でなくなったときは、その年月日等を記載しなければならない。

②取引関係者から請求があったときは、その者の閲覧※に供しなけれ
ばならない。

③最終記載から10年間保存しなければならない。

（2）**業務に関する帳簿**（49条）−各事業年度末日から5年間保存

①取引のあったつど、「その年月日、宅地建物の所在及び面積その他
取引の相手方の住所・氏名・取引金額、報酬の額等」を記載しなけ
ればならない。

②各事業年度末日から5年間*保存しなければならない。

＊自ら売主となる新築住宅にあっては、引渡し年月日、保険加入している保険法人
の名称等も記載して、最終記載から10年間保存しなければならない。

（3）**国土交通大臣が定めた報酬額**（5-8～13　46条4項）

※（1）従業者名簿と（2）業務に関する帳簿は、ファイル又は磁気ディスクへの記録で代
えられ、（1）従業者名簿の閲覧は当該ファイル又は磁気ディスクに記録されている事
項を紙面又は入出力装置の映像面に表示する方法で行える。令⑤

Keyword　従業者名簿は、10（じゅう）年保存。
業務帳簿の保存年限5年は、免許の有効期間と同じ。

✓ チェック！

1 □**備付**　従業者名簿を、それぞれの事務所ごとに作成して備え付け、主た
る事務所に一括して備え付けることはしなかったことは違反しない。⑨

2 □**保存年限**　宅地建物取引業者は、従業者名簿を、最終記載日から10年
間保存しなければならない。②

3 □**記載事項等**　業者が宅地の購入をしようとしている者に対して行った
「事務所ごとに従業者名簿を備えていますので、ご希望なら閲覧してくだ
さい。今お見せした私の従業者証明書の番号も記載されています。」とい
う説明は適切である。⑧

4 □**保存年限**　宅地建物取引業者は、その業務に関する帳簿を、各事業年度
の末日をもって閉鎖し、閉鎖後5年間当該帳簿を保存しなければならな

い。⑫

5□**記載方法等**　宅地建物取引業者は、その事務所ごとに、その業務に関する帳簿を備え宅建業に関し取引のあったつど、取引の年月日、その取引に係る宅地又は建物の所在及び面積その他の一定の事項を記載しなければならない。⑱㉑

2 契約行為を行う案内所等設置の届出と標識

3-3　契約行為を行う案内所等設置の際の事前届出　　　50条2項
　契約の申込みを受け、又は契約を締結する案内所等*を設置した宅地建物取引業者は、**業務開始10日前までに①所在地管轄知事と②免許権者**（免許をした国土交通大臣又は都道府県知事）に届け出なければならない。

＊案内所等＝継続的業務施設、分譲案内所、分譲の代理・媒介の案内所、催し実施場所
・免許権者が、国交大臣の場合、所在地管轄知事を経由して届け出る
・届出内容　①所在地、②業務内容、③業務期間、④専任宅建士の氏名。
・届出義務を負うのは、施設を設置した業者。
【注】契約行為をしない案内所等の場合は、届出は必要ない。

✓ **チェック!**

1□**契約行為を行う案内所**　宅地建物取引業者A（甲県知事免許）が甲県に建築した一棟100戸建てのマンションを、宅地建物取引業者B（国土交通大臣免許）に販売代理を依頼し、Bが当該マンションの隣地（甲県内）に案内所を設置して契約を締結する場合、Bが、法第50条第2項で定める届出を、案内所の所在地を管轄する甲県知事及び甲県知事を経由して国交大臣に、業務を開始する10日前までにしなければならない。⑯②

2□**契約行為を行わない案内所**　業者Aは、20区画の一団の宅地分譲に際し、見学者の案内のみを行う現地案内所を設置したが、当該案内所について都道府県知事に届出をしなかったことは違反ではない。⑧

3-4　標識──全業務場所に掲げる　　　50条1項

　宅地建物取引業者は、事務所・案内所等＊・分譲所在場所ごとに、公衆の見やすい場所に標識を掲げなければならない。

＊案内所等＝継続的業務施設、分譲案内所、分譲の代理・媒介の案内所、催し実施場所
【注】契約行為を行わない、専任の宅建士を置かない単なる案内業務だけを行う案内所等
　　　にも標識は掲げなければならない。

- 標識には、専任の宅建士を置くべき施設にはその氏名を記載。
  置かない施設には、分譲所在場所を除き、クーリング・オフ制度の適用ある旨を記載。
- 分譲の代理・媒介の案内所には、売主の商号又は名称及び免許証番号も記載。
- 分譲所在場所の標識は野外に掲げることになる。
- 掲示するのは、**施設を設置した業者**であるが、野外に掲げる分譲所在場所の標識は**分譲業者**である。

✓ チェック！

1　□**主たる事務所**　宅地建物取引業者は、その主たる事務所に免許証を掲げなくとも、国土交通省令に定める標識を掲げればよい。⑮

2　□**契約行為を行う案内所**　業者Aが業者Bに販売代理を依頼して、Bが案内所を設けて、売買契約の申込みを受ける場合、Bは、その案内所の見やすい場所に、専任の宅地建物取引士の氏名を表示した標識を掲げなければならない。また、その標識には、Aの商号又は名称及び免許証番号も記載しなければならない。⑤⑬㉔

3　□**契約行為を行わない案内所**　業者が契約行為等を行わない案内所を設置した場合も、法50条に規定する標識を掲げなければならない。⑨⑳

4　□**分譲所在場所**　宅地建物取引業者A（甲県知事免許）が、売主である業者B（甲県知事免許）から、120戸の分譲マンションの販売代理を一括して受け、当該マンションの所在する場所以外の場所にモデルルームを設けて、売買契約の申込みを受ける場合、Bは、マンションの所在する場所に自己の標識を掲示する必要があるが、Aは、その必要はない。⑭

5　□**共同展示会場**　複数の宅地建物取引業者が、業務に関し展示会を共同で

実施する場合、その実施の場所に、すべての業者が自己の標識を掲示しなければならない。⑪

6□**一時的かつ移動が容易な施設への標識**　宅地建物取引業者が、一団の宅地建物の分譲を案内所を設置して行う場合、その案内所が一時的かつ移動が容易な施設であるときは（継続的業務施設ではないので専任の宅建士を置く必要はない〔2-15〕が、クオフ制度の対象となる施設〔7-13〕なので）、当該案内所には、クーリング・オフ制度の適用がある旨等所定の事項を表示した標識を掲げなければならない。令①

なお、カッコ内は筆者注記

＜参考＞事務所と案内所等の規制の比較

	事務所	契約行為をする案内所等	案内業務だけの案内所等
設置の届出等	業者名簿の変更の届出（1-15）又は免許換え（1-16）	業務開始10日前までに届け出る（4-3）	不要
業務期間	制限なし	届け出た期間内	制限なし
営業保証金	必要（3-1）	不要	不要
従業者名簿・業務帳簿・報酬額掲示	必要（4-2）	不要	不要
専任の宅建士	5人に1人以上（2-15）	1人以上（2-15）	不要
クーリング・オフ	できない（6-4）	できない（6-4）	できる（6-4）
標識	必要（4-4）	必要（4-4）	必要（4-4）

学習の指針

1問出題される。事務所の必須3備品と案内所等への規制を整理。

Part 4

取引相手方を
保護する措置

　免許を受けても、取引の相手方を保護するため、営業保証金を供託するか、宅地建物取引業保証協会に入会しなければ、開業できません。

　そのうち、営業保証金は、取引相手方に対する営業上の保証金を個人供託する制度です。

1 営業保証金

4-1 開業前の営業保証金の供託　　　　　　　　　　25条

　宅地建物取引業者は、営業保証金を供託し、その供託物受入れの記載のある供託書の写しを添付して、その旨を**免許権者*に届け出た後**でなければ、事業を開始してはならない。広告もしてはならない。

*免許権者＝免許を受けた国土交通大臣又は都道府県知事

✓ チェック！

1 □ **営業開始時期**　業者は、免許を受けても、営業保証金を供託し、その旨の届出をするまでは、宅地建物の売買契約はもとより、広告をすることもできない。⑤⑭

2 □ **営業開始時期違反の罰則**　Aは、営業保証金を供託しても、その旨を甲県知事に届け出た後でなければ、事業を開始することができず、これに違反したときは、6月以下の懲役に処せられることがある。⑥

3 □ **営業開始時期**　業者は、主たる事務所と従たる事務所を設けて免許を受けた場合、主たる事務所について営業保証金を供託し届け出ても、従たる事務所の営業保証金を供託し、届け出ない限り、主たる事務所でも営業を開始してはならない。④

4-2　供託額と供託場所　　　　　　　　25条、令2条の4

（1）**供託額**　主たる事務所につき⇒1,000万円

　　その他の事務所につき、事務所ごとに⇒500万円

（2）**供託場所**　免許を受けた事務所すべての分を一括して、主たる事務所（本店）のもよりの供託所に供託する。

4-3　有価証券による供託　　　　　　　25条、規則15条

　一定の有価証券は、額面金額を下記換算率で金銭換算し、供託できる。なお、有価証券と現金をまぜて供託することもできる。

国債証券	額面金額の100%
地方債証券、政府保証債証券	額面金額の　90%
その他国土交通省令で定めた有価証券	額面金額の　80%

• 供託した旨の届け出をしないで開業してしまうと、監督処分の業務停止処分の事由に（**7-2**）あたるほか、6月以下の懲役もしくは100万円以下の罰金又はこれらの併科（両方科す）の罰則を受ける（**7-9**）。

換算率【覚え方】　と（国債10割）く（地方債9割）は（その他8割）しないわ、有価証券

✓ チェック！

□ **地方債証券の評価**　業者（事務所数1）がその事業を開始するため営業保証金として金銭及び地方債証券を供託する場合、地方債証券の額面金額が1,000万円であるときは，金銭の額は100万円でなければならない。⑧

4-4　供託した旨の届出がないときの措置　　25条6・7項

（1）宅地建物取引業者が免許を受けた日から**3月以内**に供託した旨の届出をしないときは、免許権者は、その届出をすべき旨の催告をしなければならない。

（2）宅地建物取引業者が（1）の催告が到達した日から**1月以内**に供託した旨の届出をしないときは、免許権者は、その免許を取り消すことができる。

Keyword　さ（3）い（1）こくして、取り消せる

✓ チェック！

□**供託した旨の届出がないときの措置**　業者が免許を受けた日から3月以内に営業保証金を供託した旨の届出をしないときは、免許権者はその届出をすべき旨を催告し、その催告が到達した日から1月以内に供託した旨の届出をしないときは、免許権者は、その免許を取り消すことができる。㉓

4-5　事務所増設と営業保証金供託　　　26条

　宅地建物取引業者が開業後、新たに事務所を設置したときは、事務所ごとに500万円の営業保証金を、主たる事務所のもよりの供託所に供託し、その旨を免許権者に届け出た後でなければ、その事務所での事業を開始してはならない。

・案内所を設置しても、営業保証金を供託する必要はない。

✓ チェック！

□**案内所と供託**　Aは、マンション3棟を分譲するための現地出張所を甲県内に設置した場合、営業保証金を追加して供託しなくとも、当該出張所でマンションの売買契約を締結することができる。⑲⑮

4-6　主たる事務所移転で、もよりの供託所が変わった場合の措置
　　　　　　　　　　　　　　　　　　　　　　　　　　　29条

（1）**金銭のみ**で供託
　⇒現供託所に対し、新供託所への**保管替え**を請求しなければならない
（2）**有価証券がらみ**（有価証券だけ、又は有価証券＋金銭）で供託

⇒新供託所へ**新たに供託**　（二重供託）しなければならない

Keyword　金銭だけなら保管替え　有価証券がらみは新たに供託

✓ チェック！

1 □**有価証券がらみで供託**　本店ａと支店ｂを設けて、額面金額 1,000 万円の国債証券と 500 万円の金銭を供託して営業している業者Ａは、ｂを本店とし、ａを支店としたときは、遅滞なく、営業保証金を移転後の主たる事務所ｂのもよりの供託所に新たに供託しなければならない。㉖㉗

2 □**金銭のみで供託**　宅地建物取引業者Ａ（甲県知事免許）が、営業保証金を金銭のみで供託している場合で、免許換えにより主たる事務所のもよりの供託所が変更したとき、Ａは、遅滞なく、変更前の供託所に対し、変更後の供託所への営業保証金の保管替えを請求しなければならない。⑫⑱

4-7　営業保証金の還付　　　　　　　　　　　　　27 条

　宅地建物取引業者と**宅地建物取引業に関し取引**をした者（宅地建物取引業者に該当する者を除く）は、その取引により生じた債権に関し、宅地建物取引業者が供託した営業保証金について、その債権の弁済を受ける権利を有する。

・宅地建物取引業に関する取引＝当事者となって、宅地・建物を売買すること又は、代理又は媒介として、他人の宅地・建物の売買を成立させること又は、他人の宅地・建物の貸借を成立させること。

　したがって、宅地建物取引業者に事業資金を貸している銀行や、宅地建物取引業者の依頼を受け広告をしてやった広告代理店は、営業保証金から還付を受けることはできない。また、業者が賃貸をした時の賃借人も還付は受けられない。

【注】平成 29 年施行の改正で、**営業保証金・弁済業務保証金制度の弁済対象者から宅地建物取引業者が除外された**ことに注意。

✓ チェック！

1 □**還付請求できる債権**　業者との取引により生じた、内装業者の内装工事

代金債権は、当該業者が供託した営業保証金から弁済を受けることはできない。②⑬

2□**還付限度額**　業者Ａの設置した支店ａで宅地建物取引業に関する取引をした者は、その支店ａにおける取引により生じた債権に関し、500万円を限度としてではなく、Ａが供託した全額（1,500万円以上）を限度額として、Ａの供託した営業保証金の還付を請求することができる。⑨

3□**手付金等保全措置との関係**　売主の業者Ａ社が倒産した場合、買主のＢは、Ａ社の講じた手付金等の保全措置により連帯保証したＤ銀行に対し、すでに交付した手付300万円の返還を求めることができるとともに、その取引により生じた損害があるときは、Ａ社が供託していた営業保証金から弁済をするよう求めることができる。⑤

4-8　還付があった通知を受け2週間以内に穴埋め供託の義務　28条
　宅地建物取引業者は、免許権者から不足額を供託すべき旨の**通知書の送付を受けた日から2週間以内**にその**不足額を供託**し、供託したときは、**2週間以内**にその旨を免許権者に**届け出**なければならない。

ΡΟΙΝΤ

アナ埋め供託の通知を受けたら**2週間以内**に供託の義務、
⇒供託したら**2週間以内**に届け出の義務

✓ チェック！

□**還付があったときの措置**　宅地建物取引業者Ａ（甲県知事免許）は、取引の相手方の権利の実行により営業保証金の額が政令で定める額に不足することとなったときは、甲県知事から不足額を供託すべき旨の通知書の送付を受けた日から2週間以内にその不足額を供託し、供託したときは、2週間以内にその旨を甲県知事に届け出なければならない。⑪⑯㉑

4-9　営業保証金の取戻し　　　　　　　　　　　　　　30条
左欄にあたる事由が生じた場合、右欄の者は営業保証金を取り戻せる。

①個人業者が死亡、法人業者が合併消滅	業者の承継人 (相続人、合併会社)
②有効期間が満了した免許の更新をしなかった	業者であった者又は その承継人
③破産、解散、廃業の届出により免許が失効	
④免許を取り消された	
⑤一部事務所を廃止し、供託すべき額を超過した	業　　者
⑥有価証券がらみで供託していた業者が主たる事務所の移転により、新供託所に新たに供託した (4-6)	
⑦個人供託業者が保証協会社員となり供託を免除された (4-13)	

- ①〜④の場合、免許失効後も、業者であった者又はその承継人は、未結取引の結了までは業者とみなされるので (1-6)、その間は、取戻しはできない。

4-10 営業保証金の取戻し手続──公告不要な場合をおさえる 30条
(1) 営業保証金の取戻しは、当該営業保証金につき還付を受けられる権利を有する者に対し、6月を下らない一定期間内に申し出るべき旨**公告**し、その申出がなかった場合でなければ、これをすることができない。
(2) ただし、**4-9⑥⑦の場合及び⑥⑦以外の場合も、取戻し事由発生から10年経過後**は、取戻し請求権が時効にかかっている (**権利7-7**) ので、公告をしないで取戻しができる。

✓ チェック!

☐**営業保証金の取戻し**　主たる事務所とその他の事務所2つを設けて、2,000円の営業保証金を個人供託して営業していた業者が、宅地建物取引業保証協会の社員となったときは、直ちに、営業保証金として供託していた2,000万円を取り戻せる。①

2 宅地建物取引業保証協会

　営業保証金は高額なので、その50分の3の負担で、営業保証金と同等の保証を提供するのが宅地建物取引業保証協会です。

4-11　宅地建物取引業保証協会　　　　　64条の2・4

　宅地建物取引業保証協会は、宅地建物取引業者だけをメンバー（社員）とする一般社団法人（一般社団法人法に基づく非営利の社団法人）で、国土交通大臣から宅地建物取引業保証協会の指定を受けたもの。

- 現在2団体ある（公益社団法人全国宅地建物取引業保証協会、公益社団法人不動産保証協会）が、業者は、どちらか**一つの団体にしか入れない。**

✓ チェック!

1 □ **社員の資格**　宅地建物取引業保証協会の社員は、宅地建物取引業者に限られる。⑭

2 □ **重ねて加入できるか**　保証協会に加入することは宅地建物取引業者の任意であるが、一の保証協会の社員となった後に、重ねて他の保証協会の社員となることはできない。⑲

4-12　保証協会が必ずやらなければならない業務　　　64条の3

①社員と宅地建物取引業に関し取引をした債権者（社員が社員となる前に取引をした者を含み、宅地建物取引業者である者を除く*）に対する弁済業務

②社員の取引についての苦情の解決、解決結果の社員への周知　令⑤

③業務従事者に対する研修

Keyword　必ずやらなければならない弁済・苦・研の業務

*【注】平成29年施行の改正で、**営業保証金・弁済業務保証金制度の弁済対象者から宅地建物取引業者が除外された**ことに注意。

- なお、一般保証業務※及び手付金等保管事業、宅地建物取引業者を社員と
する一般社団法人による業務従事者に対する研修費用の助成を行うことが
できる。さらに、これら以外も国土交通大臣の承認を得て実施できる。

※一般保証業務　社員である宅地建物取引業者が受領した支払金又は預り金の返還債務等
を連帯して保証する業務

4-13　社員業者の供託の免除　　　　　　　64条の13
宅地建物取引業保証協会の社員には、営業保証金の供託義務を**免除**する。

つまり　保証協会の社員になれば、営業保証金を供託しないでも開業で
きる。

4-14　弁済業務保証金分担金の納付と保証協会の報告　　64条の9
（1）**納付期限**
　　　①保証協会に加入しようとする業者は、**加入しようとする日**までに
　　　②保証協会の社員業者が、新たに事務所を設置したときは、その
　　　　日から**2週間以内**に、弁済業務保証金分担金を保証協会に金銭
　　　　で納付しなければならない。
（2）**納付額**
　　　①主たる事務所につき　　　　　　　　60万円
　　　②その他の事務所につき、事務所ごとに　30万円
（3）保証協会は、新たに**社員が加入**し又は**社員がその地位を失った**と
　　　きは、直ちに、その旨を**当該社員業者が免許を受けた国土交通大
　　　臣又は都道府県知事**に報告しなければならない（64条の4）。

ＰＯＩＮＴ

保証協会社員になるには、供託額の**50分の3**を**金銭納付**。
事務所増設は**2週間以内**に納付の義務。
【注】供託のように有価証券は認められず、必ず金銭で納付しなければならない。

4-15　弁済業務保証金の供託　　　　　　64条の7

弁済業務保証金分担金の納付を受けた保証協会は、その日から**1週間以内**に、納付額に相当する額の弁済業務保証金を供託しなければならない。

• 供託場所は、法務大臣及び国土交通大臣が指定した供託所で、東京法務局が指定されている。なお、有価証券で供託することもできる。

✓ チェック！

☐ **弁済業務保証金分担金と弁済業務保証金**　宅地建物取引業者Aは、弁済業務保証金分担金を金銭をもって保証協会に納付しなければならないが、保証協会は、弁済業務保証金を国債証券その他一定の有価証券をもって供託所に供託することができる。⑩

4-16　弁済業務保証金の還付　　　　　64条の8第1項

宅地建物取引業保証協会の社員と宅地建物取引業に関して取引をした者（社員が社員となる前に取引をした者を含み、宅地建物取引業者である者を除く*）は、弁済業務保証金から還付を受けられる。

*【注】平成29年施行の改正で、**営業保証金・弁済業務保証金制度の弁済対象者から宅地建物取引業者が除外された**ことに注意。

つまり　免許を受けてから保証協会の社員になるまでの間に、その業者と宅地建物取引業に関して取引をした債権者（宅地建物取引業者を除く）も弁済を受けられる。

ⓅⓄⒾⓃⓉ

保証協会は、**免許後の相手方には、宅地建物取引業者を除き、全員弁済**する。

✓ チェック！

☐ **還付を受けられる債権**　Aは、今年**1月8日に免許**を受け、2月8日にBに宅地を売却し、3月8日に営業保証金を供託した旨の届出をし、4月8

日にCに宅地を売却し、5月8日に保証協会の社員となり、6月8日にD
に宅地を売却し、7月8日に「営業保証金供託済みの届出前に営業を開始
し、その情状が特に重い」として免許を取り消された場合、BCD全員が、
保証協会が供託した弁済業務保証金から弁済を受ける権利を有する。③

4-17　危ない社員に対する担保請求　　　　　64条の4第3項

　保証協会は、社員が社員となる前に宅地建物取引業に関する取引をし
ており、その債権に関し、弁済業務保証金から弁済（還付）が行われる
ことにより弁済業務の円滑な運営に支障を生ずるおそれがあると認める
ときは、当該社員に担保の提供を求めることができる。

✓ チェック！

□**危ない社員に対する担保請求**　保証協会は、その社員が社員となる前に宅
　建業に関し取引をした者から、取引により生じた債権に関して弁済を受け
　ることができる額について認証の申出があった場合に、弁済が行われるこ
　とにより弁済業務の円滑な運営に支障があると認めるときは、当該社員に
　対し、担保の提供を求めることができる。③

4-18　還付を受ける手続と限度額　　　　　64条の8第1・2項

（1）債権者が弁済（還付）を受けようとするときは、弁済を受けるこ
　　　とができる額につき、**保証協会の認証**（確認）を受けなければな
　　　らない。
（2）弁済を受けられる限度額は、＜業者が社員でないとしたならば、
　　　その者が供託しなければならない**営業保証金の相当額**＞の範囲内
　　　である。

Keyword　保証協会の認証・弁済限度額は、営業保証金相当額

✓ チェック！

1□**還付の手続**　保証協会の供託した弁済業務保証金について、その還付請

求をしようとする場合は、当該保証協会の認証を受けた後、法務大臣及び国土交通大臣の定める供託所に請求しなければならない。⑨

2□**還付限度額**　宅地建物取引業保証協会の社員と宅建業に関し取引をした者は、その取引により生じた債権に関し、当該社員が社員でないとしたならば、その者が供託しなければならない営業保証金の相当額の範囲内で還付を受ける権利を有する。①

3□**還付限度額**　保証協会へ納付した弁済業務保証金分担金が150万円である業者と取引をして損害を被った者が保証協会から弁済を受けることができる額は、最高2,500（150×50／3）万円である。⑥

4□**還付認証の限度額**　Aは保証協会の社員が社員となる前に宅建業にかかる取引をして、その取引について損害賠償債権が発生したが、Aが弁済業務保証金から弁済を受けるために保証協会から認証を受けられる限度額は、当該業者が社員でないとしたならば供託すべき営業保証金相当額である。④

4-19　弁済業務保証金の還付後の手続の流れ

64条の8第3項、64条の10

取引上の債権者が、保証協会の認証を受け、弁済業務保証金から還付を受ける。

⬇

①供託所から国交大臣に、**国交大臣から保証協会**に通知＊

▽

②保証協会は**通知書の送付を受けてから2週間以内**に還付相当額の弁済業務保証金を**供託**しなければならない。

③保証協会は、還付にかかる**社員（元社員）に通知**

▽

④社員（元社員）は、**通知を受けた日から2週間以内**に還付額に相当する額の**還付充当金を保証協会に納付**しなければならない。

＊宅地建物取引業保証協会弁済業務保証金規則3・4条

4-20　還付充当金を納付しないときの措置

64条の10第3項、64条の15

（1）社員が還付充当金を納付すべき通知を受けた日から**2週間以内**に納付しないと、その者は社員の地位を失う。

（2）社員の地位を失うと、営業保証金の供託義務が復活し、社員の地位を失った日から**1週間以内**に、営業保証金を主たる事務所のもよりの供託所に供託し、その旨を免許権者に届出なければならない。

• 供託しないまま営業していると、業務停止処分の事由に該当する（**7-2**）。

✓ チェック！

□**還付充当金の納付**　保証協会の社員Aは、保証協会から還付充当金を納付すべき旨の通知を受けた場合、その日から2週間以内に、当該還付充当金を納付しなければ社員の地位を失う。⑧⑫⑬⑭⑱

4-21　保証協会への納付を怠ると社員の地位を失う　64条の9・15

（1）還付充当金以外の納付義務（事務所増設の場合の弁済業務保証金分担金 **4-14**、特別弁済業務保証金分担金*）も、納付を怠ると、社員の地位を失う。

（2）社員の地位を失った日から1週間以内に、営業保証金を主たる事務所のもよりの供託所に供託し、その旨を免許権者に届出なければならない。

***特別弁済業務保証金分担金**　保証協会が、還付の際のアナ埋め供託の準備金が不足しそうなときに、社員に対し臨時徴収するもの。納付の通知を受けた社員は1月以内に納付しなければならない（64条の12第3・4項）。

• 供託しないまま営業していると、業務停止処分の事由に該当する（**7-2**）。

✓ チェック！

1□**供託義務復活**　270万円の弁済業務保証金分担金を納付して保証協会の社員となった者が、保証協会の社員の地位を失ったときは、その日から1週間以内に4,500（270×50／3）万円の営業保証金を供託しなければならない。この期間内に供託しないときは甲県知事から業務停止処分を受けることがある。②⑦

2□**弁済業務保証金分担金未納**　甲保証協会の社員A（国土交通大臣免許）が新たに従たる事務所を設置した場合、Aは、その日から2週間以内に、弁済業務保証金分担金を納付しないと、甲保証協会の社員たる地位を失うのみならず、国土交通大臣から業務停止を命ぜられることがある。⑤

3□**特別弁済業務保証金分担金未納**　保証協会の社員は、保証協会から特別弁済業務保証金分担金を納付すべき旨の通知を受けた場合で、その通知を受けた日から1か月以内にその通知された額の特別弁済業務保証金分担金を保証協会に納付しないときは、当該保証協会の社員の地位を失う。⑳

4-22　元社員への弁済業務保証金分担金の返還　　　　64条の11
　保証協会は6月以上の期間を定めて、社員であった者の取引上の債権者に保証協会の認証を受けるよう公告し、申出があれば債権者に弁済の後、社員であった者に返還する。

• ただし、保証協会が社員であった者に対して債権を有する場合*には、その債権に関し弁済が完了するまでは、返還しなくともよい。

＊たとえば　還付充当金の納付（**4-19**）がまだない場合など。

✓ チェック！

□**保証協会が社員に対して債権を有する場合**　保証協会は、社員に対して債権を有する場合は、当該社員が社員の地位を失ったときでも、その債権に関し弁済が完了するまで弁済業務保証金分担金をその者に返還する必要はない。⑪

4-23　一部の事務所を廃止した際の超過額の返還　　64条の11

　一部の事務所を廃止したため、弁済業務保証金分担金の超過額が生じた場合、保証協会はその額を供託所から取戻し、**公告をしないで**社員に返還する。

✓ チェック！

□**一部事務所を廃止した場合**　保証協会の社員Aがその一部の事務所を廃止したため、保証協会が弁済業務保証金分担金をAに返還しようとするときは、保証協会は、弁済業務保証金の還付請求権者に対し、一定期間内に認証を受けるため申し出るべき旨の公告を行う必要はない。⑮⑰

学習の指針

営業保証金と保証協会からも、例年1問ずつ出題される。納付額と供託額、還付があったときの手続等、営業保証金供託の場合と比較して整理しておこう。

Part 5

媒介契約規制と報酬規制

　媒介とは、売主・貸主と買主・借主を仲介する＝取り持って取引をまとめることです。媒介は、宅地建物取引業者の主要な業務です。媒介に成功した宅地建物取引業者は、依頼者から報酬を受け取れます。

1 媒介契約規制

5-1　媒介契約の類型

```
　　　　　　　　　　　　　　　　　　明示義務のない一般媒介契約
　　　　　　一般媒介契約　　　　　　（だまって依頼できる）
　　　　　　（重ねて依頼できる）
　　　　　　　　　　　　　　　　　　明示義務のある一般媒介契約
媒介契約　　　　　　　　　　　　　　（依頼する旨告知義務がある）

　　　　　　　　　　　　　　　　　　専任媒介契約
　　　　　　専任媒介契約　　　　　　（自己発見取引はできる）
　　　　　　（重ねて依頼できない）
　　　　　　　　　　　　　　　　　　専属専任媒介契約
　　　　　　　　　　　　　　　　　　（自己発見取引もできない）
```

- 依頼者が重ねて他業者に依頼できるのが**一般媒介契約**、他業者に重ねて依頼できないのが**専任媒介契約**である。
- 専任媒介には、その業者が探した相手としか契約できない特約がついたもの（**専属専任媒介契約**）と、その特約がつかないものがある。専属専任では、依頼者が自分で探してきた者に売る（**自己発見取引**）ことも禁止される。

✓ チェック！

□**専属専任の意味**　専属専任媒介契約を締結した依頼者Ａは、重ねて他業者に媒介を依頼することはできず、また、Ａの親族と直接売買契約を締結す

48

ることもできない。⑥⑰

5-2　媒介契約書を依頼者に交付する義務　　34条の2第1項

（1）宅地建物取引業者が、宅地・建物の売買（交換）の媒介契約を締結したときは、遅滞なく契約内容記載書面を作成して記名押印し*、依頼者に交付しなければならない。

（2）宅地建物取引業者は、（1）の書面交付に代えて、依頼者の承諾*を得て、当該書面に記載すべき事項を電磁的方法（電子情報処理組織を使用する方法その他の情報通信の技術を利用する方法をいう）であって、（1）の記名押印に代わる措置を講ずるものとして国土交通省令で定めるものにより提供することができる。

*【注】ここで記名押印するのは、宅地建物取引業者だ。宅地建物取引士ではない。
　【注】貸借の媒介契約は、規制対象ではない！
*【注】承諾は、書面又は書面へ出力できる方法によるものとする。

✓ チェック!

□**賃貸借の媒介**　業者Aが、オフィスビルの所有者Bから賃貸借の媒介を依頼され、依頼に係る媒介契約を締結したとき、Bに対し、書面の作成及び交付を行わなかったことは、法に違反しない。⑮

5-3　媒介契約書面に記載する事項　　34条の2第1項

①物件の特定表示

②売買すべき価額

③媒介契約のタイプ（一般媒介か、専任媒介か。一般媒介なら明示義務があるか否か）

④当該建物が既存の建物であるときは、依頼者に対する建物状況調査を実施する者のあっせんに関する事項

⑤有効期間及び解除に関する事項

⑥報酬に関する事項

⑦依頼者が特約違反をして契約を成立させたときの措置

⑧その媒介契約が、国土交通大臣が定める標準媒介契約約款に基づくも
　のであるか否かの別
⑨指定流通機構への登録に関する事項

- ④は、国土交通省令で定める、建物の構造耐力上主要な部分及び雨水の浸
　入を防止する部分の調査を行う者（**既存住宅状況調査技術者**）のあっせん
　に関する事項である。平成30年4月施行改正。依頼者があっせんを希望
　しなかった場合は、「なし」と記載しなければならない。㉚
- ⑦は、たとえば、専任媒介契約で、依頼者が他の業者に重ねて依頼し契約
　をしてしまったときの違約金の定めなど。
- ⑧は、標準媒介契約約款を使えと言っているのではなく、この書式に基づ
　いたかどうかを書いておけと言っている。
- ⑨は指定流通機構に物件を登録するかどうかを記載する。

✓ チェック！

1□**媒介契約書面記載事項**　業者が宅地・建物の売買・交換の媒介契約の依
　頼者に交付すべき書面には、その媒介契約が国土交通大臣の定める標準
　媒介契約約款に基づくものであるか否かの別を記載しなければならな
　い。⑦
2□**媒介契約書面記載事項**　専任媒介契約を締結した場合は、媒介契約書面
　には、依頼者が他の宅地建物取引業者の媒介又は代理によって売買又は交
　換の契約を成立させたときの措置を記載しなければならない。⑨⑪

5-4　媒介価額についての根拠明示義務　　34条の2第2項
（1）業者は、売買すべき価額（交換の場合は評価額）について意見を
　　　述べるとき、その根拠を明らかにしなければならない*。
（2）この規定に反する特約は、無効とする。

- 根拠は書面で述べる必要はなく、口頭でよい。
*根拠を示さなければならないのは、売買すべき価額に意見を述べるときだけでよい。

✓ **チェック!**

□**根拠の明示**　依頼者Bとの間で、専任媒介契約を締結した業者Aは、自ら適正と評価する売買価額とBの希望価額とが異なる場合には、同種の取引事例等その根拠を明らかにして、Bに対し意見を述べることができる。①

5-5　申し込みがあった旨の報告義務　　　　　34条の2第8項

（1）媒介契約を締結した宅地建物取引業者は、当該媒介契約の目的物である宅地又は建物の売買又は交換の申込があった時は、遅滞なく、その旨を依頼者に報告しなければならない。

（2）この規定に反する特約は、無効とする。

つまり　媒介を受けた業者が、媒介物件を買いたい旨の申込があったときは、遅滞なく依頼者に報告しなければならない。専任であるか否かを問わない。また、専任媒介契約における報告義務（**5-6**（3））とは別である。
【注】この義務は、平成29年施行改正法で追加された。

5-6　専任媒介の特別規制――有効期間の制限と特別に尽す義務
　　　　　　　　　　　　　　　　　　　　　　　　34条の2第3～9項

（1）**有効期間**

　①有効期間は、**3月**を超えることができない。これより長い期間を定めても、その期間は3月とする。

　②有効期間は、依頼者の申出がある場合に限り、3月を限度に更新できる。

（2）**登録義務**

　①専任媒介契約　――契約締結の日から休業日を除く**7日**以内に、

　②専属専任媒介契約―契約締結の日から休業日を除く**5日**以内に、

　⇒国土交通大臣の指定した流通機構＊にその物件に関する情報〔①物件の所在、規模、形質、②売買すべき価額　③法令上の制限で主要なもの④専属専任か否か等〕※1を登録し、同機構が発行した登録を

証する書面を遅滞なく依頼者に引き渡さなければならない。※2

⇒登録物件につき契約が成立した場合、業者は、遅滞なく、その旨と〔①登録番号②取引価格③契約成立年月日〕※3を指定流通機構に通知しなければならない（成約報告）。

（3）報告義務

①専任媒介契約を締結した業者は、　　**2週間に1回以上**　　〕

②専属専任媒介契約を締結した業者は、**1週間に1回以上**　　〕

⇒依頼者に対して、その業務処理状況を報告しなければならない。報告は、書面でなくてもよい。

（4）上記に反する特約で、依頼者に不利なものは無効とする。

＊指定流通機構　業者が加入しているオンラインの情報交換システムで、国土交通大臣が指定した一般社団又は一般財団法人。

※1【注】媒介依頼者の氏名は登録しない（プライバシーである）。⑩㉗

※2【注】宅地建物取引業者は、（2）の登録を証する書面の引渡しに代えて、依頼者の承諾を得て、当該書面において証されるべき事項を電磁的方法であって国土交通省令で定めるものにより提供することができる。（12項）

※3【注】物件の所在（住所）は、通知しない（物件所在は、登録番号でわかる）。⑳

有効期間の制限と登録・報告義務【覚え方】ゴロ合わせ

<u>3か月</u>　【有効期間の制限】浮気はできない【専任】

<u>な（7日）ご（5日）</u>やの　　　　【登録義務】

<u>兄(にい)（2・1週間）</u>ちゃん　　　　【報告義務】

✓ チェック！

1□**専任媒介契約の有効期間と更新**　専任媒介契約の有効期間は3月を超えることができず、3月より長い期間を定めたときは、その期間は3月とされるが、当該有効期間は、依頼者の申出があれば、更新の時から3月を超えない範囲で更新してもよい。⑫⑭⑮

2□**自動更新の特約**　業者Aは、Bとの間で専任媒介契約を締結する際、「有効期間満了により自動更新するものとする」旨の特約を定めても、無効となる。⑬⑲

3□**相手方探索方法（登録義務）**　業者が専属専任媒介契約を締結したときは、業者は、契約の相手方の探索のため、指定流通機構に当該宅地を登録

しなければならない。④

4□**指定流通機構への登録事項**　登録に係る宅地の「所有者の氏名及び住所」は、指定流通機構へ登録すべき事項ではない。⑩

5□**登録を証する書面**　宅地建物取引業者Ａと宅地の所有者Ｂが専任媒介契約を締結した場合、Ａが、当該宅地について指定流通機構に登録をし、当該登録を証する書面の発行を受けたとき、Ａは、その書面を遅滞なくＢに引き渡さなければならない。⑪⑳

6□**成約報告**　Ｂ所有宅地の売却にかかる専任媒介契約を、Ｂと締結した業者Ａは、物件情報を指定流通機構へ登録後、当該宅地の売買の契約が成立したとき、遅滞なく、当該宅地の登録番号、取引価格及び売買の契約の成立した年月日を当該指定流通機構に通知しなければならない。⑩⑳

7□**申込みがあった場合の報告義務**　宅地建物取引業者Ａが、ＢからＢ所有の中古マンションの売却の依頼を受け、Ｂと専任媒介契約（専属専任媒介契約ではない媒介契約）を締結した場合、Ａは、２週間に１回以上当該専任媒介契約に係る業務の処理状況をＢに報告しなければならないが、これに加え、当該中古マンションについて購入の申込みがあったときは、遅滞なく、その旨をＢに報告しなければならない。㉙

5-7　媒介契約規制の代理契約への準用　　　　　34条の3
媒介契約規制を定めた34条の2の規定は、宅地建物取引業者に宅地又は建物の売買又は交換の**代理**を依頼する契約について準用する。

・代理とは、当事者一方の代りに契約を処理してあげること。

2 報酬規制

5-8　売買（交換）の媒介の依頼者一方から受けられる報酬限度額
報酬額告示
消費税課税事業者が、媒介依頼者一方から受けられる報酬限度額は、

　左欄の代金額に対応する右欄の計算をした金額となる。

代金額*（交換⇒高いほうの評価額）	限度額（消費税込み）
200万円以下	〔代金額×**5**%〕　　　　× 1.1※
200万円超 400万以下	〔代金額×**4**%＋**2**万円〕× 1.1※
400万円超	〔代金額×**3**%＋**6**万円〕× 1.1※

＊代金額は、消費税を含まない本体価格とする。ただし、宅地売買は、もともと非課税。
※消費税免税事業者は、1.04となる。0.04 ＝ 4%は、仕入れにかかる消費税相当額。

消費税抜きの報酬本体価格では、2～6の数字が1回ずつ出てくる。

5%	
4%＋2	× 1.1
3%＋6	

たとえば　1,000万円の宅地の売買（**A例**とする）の媒介では、依頼者一方から、36 × 1.1=39.6万円　まで受け取れる。

• 契約当事者双方から依頼を受けていれば、それぞれの依頼者から限度額の範囲内で受け取れる。**A例**では、それぞれの依頼者から　39.6万円受け取れる。

5-9　**売買（交換）の代理依頼者等から受けられる限度額**　報酬額告示
　代理の依頼者から受けられる報酬限度額は、媒介依頼者の一方から受けられる報酬限度額の2倍以内とする。依頼者と相手方の双方から受ける場合も同様とする。

• 代理と媒介の報酬計算の違いは、A例の媒介では、媒介依頼者の一方から、39.6万円を超える額を、受け取ることはできない。同物件の代理では、依頼者と相手方の双方から受け取る合計額が39.6 × 2 ＝ 79.2万円に収まっていれば、依頼者又は相手方の一方から、39.6万円を超える額を受け取れる。
　要するに、当事者双方から受け取れる報酬総額は同じだが、代理のほう

が、配分の融通がきく。Ａ例の代理では、依頼者から60万円、相手方から79.2-60=19.2万円受け取ることもできる。媒介の場合は、一方から60万円も受け取ってはアウトだ。

✓ チェック！

1□**土地付建物の売買の媒介**　宅地建物取引業者Ａ（消費税課税事業者）が売主Ｂ（消費税課税事業者）からＢ所有の土地付建物〔代金は5,300万円（消費税額300万円を含む。）〕の媒介依頼を受け、買主Ｃとの間で売買契約を成立させた場合、ＡがＢから受領できる報酬の限度額（消費税額を含む。）は、1,716,000円である。⑯②③改題（**注**　計算式（5000×0.03+6）×1.1）

2□**宅地の交換の媒介**　甲所有の宅地（1,800万円）と乙所有の宅地（2,000万円）の交換について、甲から媒介の依頼を受けたＡと、乙から媒介の依頼を受けたＢとが共同して、交換契約を成立させ、Ａが甲から71万円、Ｂが乙から71万円を受領した。④改題（**注**　一方から72.6=（2000×0.03+6）×1.1）万円が上限額）

3□**宅地の売買の代理**　消費税課税事業者Ａが、Ｂの代理依頼を受けて、Ｂが所有する宅地を代金5,000万円で売却する契約を成立させた場合のＢから受けられる報酬限度額は、343.2万円である。（**注**　計算式（5,000×0.03+6）×1.1×2）⑦⑱改題

5-10　低廉な空家等の売買又は交換の媒介をする場合の特例　報酬額告示

低廉な空家等（売買・交換の価格が**400万円**（消費税含まず。交換の場合高いほうの価額で判断）以下の宅地・建物）の売買又は交換の媒介であって、通常の売買又は交換の媒介と比較して現地調査等の費用を要するものについて、宅地建物取引業者が空家等の売買又は交換の媒介に関して依頼者（**売主又は交換する者に限る**）から受けることのできる報酬の額は、

18万円（＋消費税）を限度として、**通常の媒介報酬限度額**に媒介契約の締結に際し、あらかじめ依頼者に対して説明し、合意した**現地調査等の費用相当額**を合計した額とする。

- 買主からの依頼による場合は、本特例は適用できない。従来のままの計算である。

- **具体例**　土地（代金 350 万円。消費費税相当額を含まない）の売買について、Aが売主Dから媒介を依頼され、現地調査等の費用が通常の媒介に比べ2万円（消費税相当額を含まない）多く要する場合、その旨をDに対して説明した上で、AがDから受け取ることができる報酬の上限額は 198,000 円である。㉚改題

⇒ 350 × 4% +2=16　が**通常の媒介報酬限度**額（税含まず）。これに、合意した**現地調査等の費用相当**額2万円（税含まず）を上乗せし（18 万円）、これに消費税を加える。18 × 1.1＝198,000（円）。

5-11　**低廉な空家等の売買又は交換の代理における特例**　報酬額告示

　　低廉な空家等（売買・交換の価格が **400 万円**（消費税含まず。交換の場合高いほうの価額で判断）以下の宅地・建物）の売買又は交換の代理であって、通常の売買又は交換の代理と比較して現地調査等の費用を要するものについて、宅地建物取引業者が空家等の売買又は交換の代理に関して依頼者（**売主又は交換する者に限る**）から受けることのできる報酬の限度額は、

　　「**通常の媒介報酬の限度額＋低廉物件の媒介の特例報酬額**（18 万円（＋消費税）を限度として、通常の媒介報酬限度額に、あらかじめ合意した現地調査等の費用相当額を合計した額　**5-10**)」となる。依頼者と相手方の双方から受ける場合も同様とする。

- 買主からの依頼による場合は、本特例は適用できない。従来のままの計算である。

- **具体例**　宅地（代金 200 万円。消費税等相当額を含まない。）の売買の代理について、通常の売買の代理と比較して現地調査等の費用が8万円（消費税等相当額を含まない。）多く要した場合、売主Bと合意していた場合には、AはBから 308,000 円を上限として報酬を受領することができる。令①改題

⇒低廉物件の特例の適用があるから、本物件の売買の代理の報酬限度額は、**「通常の媒介報酬の限度額＋低廉物件の媒介の特例報酬額**（18万円（＋消費税）を限度として、通常の媒介報酬限度額に、あらかじめ合意した現地調査等の費用相当額を合計した額　5-10）」となる。よって、限度額は税抜きで、200×5％＋（200×5％＋8）＝28（万円）。税込みでは、28×1.1＝308,000となる。

5-12　一取引を複数業者が代理・媒介したときの報酬　　通達

　報酬額制限は、一取引の総額を制限するものだから、**一取引に複数業者が関与**したときも、関与した業者の受ける報酬の**総額**が、**国土交通大臣の定める額を限度**とするものでなければならない。

たとえば　代理業者と媒介業者が関与した場合、又は複数の代理業者が関与した場合は、その業者全員が受け取れる報酬総額は、**≪売買の媒介依頼者一方から受けられる報酬限度額≫**の**2倍**以内でなければならない。

✓ チェック！

1□**複数業者の関与**　土地付新築住宅（代金3,000万円。消費税等相当額を含まない。）の売買について、Aは売主から代理を、Bは買主から媒介を依頼され、Aは売主から211万2,000円を、Bは買主から105万6,000円を報酬として受領したことは違反である。㉗改題　（**注**　代理業者と媒介業者が関与した場合、その業者全員が受け取れる報酬総額は、≪売買の媒介依頼者一方から受けられる報酬限度額≫の2倍以内でなければならない。⇒Aは、105.6｛(3000×0.03+6)×1.1｝×2（211.2）－Bの受領額105.6を限度として受け取れる。しかし、Aだけで211万2,000円受領しているから違反。

2□**複数業者の関与**　Aは売主から代理の依頼を、Bは買主から媒介の依頼を、それぞれ受けて、代金4,000万円の宅地の売買契約を成立させた場合、Aは売主から272万2,000円、Bは買主から138万6,000円の報酬をそれぞれ受けては、違反となる。⑳改題（**注**（双方から受けられる限度額は、272.2〔(4000×0.03+6)×1.1×2〕万円）

5-13　貸借の媒介に関する報酬額　　　報酬額告示

（1）依頼者双方から受けられる報酬額総額（消費税込み）は、借賃*¹1.1月分※¹に相当する金額以内とする*²。

（2）ただし、居住用建物の賃貸借では、依頼者一方から受けられるのは、**媒介の依頼を受けるに当たって依頼者の承諾を得ている場合を除き**、借賃の1月分の0.55倍*²に相当する額以内とする。承諾を得ている場合は、依頼者双方から受けられる報酬総額は、借賃1.1月分である。

*1報酬計算の基礎となる借賃は、消費税相当額を含まない本体価格とする。なお宅地と居住用建物の賃貸借は非課税。*2使用貸借は、通常の借賃を基準として計算する。
※1消費税免税事業者は、1.04月分、※2では0.52倍となる。

ⓅⓄⒾⓃⓉ

貸借の媒介は、原則　双方からの総額規制

　⇒**居住用建物**の特例・一方からの額規制

　⇒**依頼を受けるにあたって承諾**⇒双方からの総額規制に戻す

✓ チェック！

1□**建物貸借の媒介**　業者（消費税課税事業者）Aは、貸主B及び借主Cとの間で建物の貸借の媒介契約を締結し、その1か月後にBC間の建物の貸借契約を成立させたことの報酬として、B及びCそれぞれから建物の借賃の1.1月分ずつを受領したことは違反である。⑱改題

2□**居住用建物の貸借の媒介**　業者Aが単独で行う居住用建物の貸借の媒介に関して、Aが依頼者の一方から受けることができる報酬の上限額は、当該媒介の依頼者から報酬請求時までに承諾を得ている場合には、借賃の1.1か月分である、という記述は誤りである。⑳改題　（**注**　承諾は、媒介の依頼を受けるに当たって得なければならない）

3□**居住用建物の貸借の媒介**　宅地建物取引業者A（消費税納税事業者）が、B所有の居住用建物について、媒介により貸主Bと借主Cとの賃貸借契約（1月分の借賃は9万円）を成立させた場合、Aは、BとCの承諾を得ても、Bから99,000円、Cから99,900円を受領しては、違反である。⑰改題

4□**居住用建物の貸借の媒介**　業者Ａ（消費税課税事業者）は、Ｂ所有の居住用建物につきＢ及びＣから媒介の依頼を受け、Ｂを貸主、Ｃを借主とする定期借家契約（借賃月 13 万円）を成立させた場合、ＡがＢ及びＣから受け取ることができる報酬の限度額は、Ｂ及びＣの承諾を得ているときを除き、それぞれ 71,500 円である。⑲改題

5□**事業用建物の貸借の媒介**　業者Ａが単独で行う事業用建物の貸借の媒介に関して、Ａが依頼者の双方から受ける報酬の合計額が借賃の 1.1 か月分以内であれば、Ａは依頼者の双方からどのような割合で報酬を受けてもよい。⑳⑮改題

5-14　貸借の代理に関する報酬　　　　　　報酬額告示

　代理の依頼者から受けられる報酬額は、借賃 1.1 月分*に相当する金額以内とする（使用貸借は、通常の借賃を基準）。依頼者と相手方の双方から受ける場合も同様である。

＊消費税免税事業者の場合は、1.04 月分となる。

・居住用建物の特例がないのを除き、媒介の場合と同様である。

5-15　権利金の授受のある場合の特例　　　　報酬額告示

　宅地又は建物（居住用建物は除く【注】）の賃貸借に際し、権利金（権利設定の対価で返還されないもの）の授受があったときは、その**権利金を売買代金とみなして**売買の場合の計算方法で算出した額を上限として報酬を受け取れる。

【注】居住用建物では、この計算（権利金計算）はできない!!

✔ チェック！

□**事務所ビルの貸借の媒介**　Ａ（消費税の課税事業者）は、甲の媒介依頼を受けて、甲所有の事務所ビルの１室を権利金（権利設定の対価として支払われる金銭で、返還されないもの）300 万円（税抜き）、借賃月額 13 万円で、賃貸借契約を成立させ、甲から 15 万円の報酬を受領したことは、違反しない。⑤⑥改題（**注**　一方からの限度額は、権利金計算をすると、

（300 × 4%＋ 2）× 1.1 ＝ 14 × 1.1＝15.4（万円）である）

5-16 　規定外の報酬は受領も要求も禁止　　46条2項、47条2号
（1）宅地建物取引業者は、規定外の報酬をいかなる名義をもってして
　　も受け取ってはならない。
（2）不当に高額な報酬を、要求してもならない。

- ただし、依頼者の依頼によって行った広告料実費額や調査費用は報酬では
ないから、この限りではない。これらは、媒介が成功しなくても請求でき
るし、成功した場合も報酬とは別に請求できる。
- 受領禁止違反には、100万円以下の罰金。要求禁止違反には、1年以下
の懲役もしくは100万円以下の罰金又は併科の罰則がある。

✓ チェック！

1□**特別の広告料**　業者Aが宅地の売買の媒介をするに当たり、特に依頼者
から依頼されて広告を行った場合には、当該売買が不成立に終わったとき
でも、Aは、その広告料金相当額を依頼者から受け取ることができる。⑨
2□**依頼がなかった広告料**　宅地建物取引業者Aが、建物の貸借の媒介をす
るに当たり、依頼者からの依頼に基づくことなく広告した場合には、その
広告が貸借の契約の成立に寄与したときでも、Aは、報酬とは別に、その
広告料金を請求できない。㉖

学習の指針

媒介契約規制で1問、報酬規制で1問。すくなくとも2問は出る。

Part 6

重要事項の説明と契約内容記載書面の交付

　契約成立前に、物件を取得し又は借りようとする者に物件と取引条件についての重要事項を説明します。そして、契約成立後には、契約当事者に契約内容を記載した書面を交付します。いずれも重要な局面です。

1 重要事項の説明義務

6-1　重要事項の説明※——だれが・だれに・いつ・どのように　35条
（1）**だれが**……　　宅地建物取引に関与した宅地建物取引業者は、
（2）**だれに**……　　物件を取得しようとする者、又は、借りようとする者に対し、
（3）**い　つ**……　　契約が成立するまでの間に、
（4）**どのように**……宅地建物取引士をして、宅地建物取引士の記名のある、物件に関する重要な事項を記載した書面を交付し※、説明させなければならない。宅地建物取引士は、説明をするとき、相手方に対し、宅地建物取引士証を提示しなければならない。

　　　　　　　　　　ただし、**物件を取得しようとする者又は借りようとする者が、宅地建物取引業者**である場合は、宅地建物取引士の記名のある、物件に関する重要な事項を記載した書面を交付すればよく※、説明は不要である。交付するのは宅地建物取引士でなくともよい。したがって宅地建物取引士証の提示も不要である。（ただしは、29年施行改正）

61

※宅地建物取引業者は、書面の交付に代えて、交付の相手方の承諾を得て、宅地建物取引士に、当該書面に記載すべき事項を電磁的方法であって宅地建物取引士の記名に代わる措置を講ずるものとして国土交通省令で定めるものにより提供させることができる。8・9項　なお、承諾は、用いる電磁的方法（電子メールによる方法、WEBでのダウンロードによる方法、CD-ROMの交付等）やファイルへの記録の方式（使用ソフトウェアの形式やバージョン等）を示した上で、書面に出力できる方法又は書面で得るものとする。電磁的情報は、書面に出力できる形式で提供されなければならないとともに、記録された記載事項が改変されていないことを確認できる措置を講じなければならない。提供にかかる宅地建物取引士が明示されていなければならない。また、電子書面の保存方法を説明しなければならない。

- 記名も説明も、業者の業務に従事する宅建士であればよく、専任でなくてもよい。
- 重要事項説明（重要事項記載書面の交付*）は、同意があっても省略できない。
- 一つの取引で複数の宅地建物取引業者が説明義務を負うことがある（チェック1参照）。複数の宅地建物取引業者が説明義務を負う場合は、いずれかの宅地建物取引業者の宅地建物取引士が代表して説明してよい。ただし、重要事項説明書面には、いずれもの宅地建物取引業者の表示と宅地建物取引士の記名が必要である。

　また、一つの取引で複数の宅地建物取引業者が重要事項記載書面の交付義務を負う場合*も、書面にいずれもの宅地建物取引業者の表示と宅地建物取引士の記名が必要である。

＊物件を取得しようとする者又は借りようとする者が宅地建物取引業者の場合

6-2　IT重要事項説明　宅地建物取引業法の解釈・運用の考え方：通達

　テレビ会議等のITを活用して重要事項を説明する場合は、次の事項を満たすときに限り、対面による重要事項の説明と同様に取り扱う。

（1）宅地建物取引士及び説明を受けようとする者が、図面等の書類及び説明内容につき十分理解できる程度に映像を視認でき、かつ、双方が発する音声を十分に聞き取ることができるとともに、双方向でやりとりできる環境において実施していること。

（2）宅地建物取引士により記名された重要事項説明書及び添付書類を、説明を受けようとする者にあらかじめ交付（電磁的方法による提供を含む。）していること。

（3）説明を受けようとする者が、重要事項説明書及び添付書類を確認しながら説明を受けることができる状態にあること並びに映像及び音声の状況について、重要事項の説明を開始する前に確認していること。

（4）宅地建物取引士が、宅地建物取引士証を提示し、重要事項の説明を受けようとする者が、当該宅地建物取引士証を画面上で視認できたことを確認していること。

✓ チェック！

1□ **複数業者が関与した場合**　売主A、Aの媒介業者B及び買主の媒介業者Cの三者がいずれも宅地建物取引業者である場合は、B及びCのみならず、Aも、買主（宅地建物取引業者ではない）に対して法第35条に規定する重要事項の説明をすべき義務を負う。⑮

2□ **複数業者が関与した場合**　業者A及びBが、共同で宅地の売買の媒介をするため、協力して一の重要事項説明書を作成し、重要事項についてAの宅建士aとBの宅建士bに分担して説明させる場合には、aとbが記名した重要事項説明書を交付させなければならない。⑩

3□ **説明時期**　C所有乙建物のDへの賃貸を宅地建物取引業者Eが媒介し、当該賃貸借契約が成立したとき、EはDに対し、宅地建物取引士をして、法第35条の規定に基づく書面を交付し説明をさせたことは、違反である。（∵契約が成立してから説明をさせるのは違反）。令④

4□ **説明場所、省略できるか**　35条書面の交付及び重要事項の説明は、事務所以外の場所で行ってもよいが、当事者の承諾があっても省略できない。ただし、業者間取引の場合は、説明すべき相手方業者に、宅建士をして記名させた説明事項を記載した書面を交付すればよい。④⑯改題

5□ **宅建士の資格**　業者が重要事項の説明をさせる宅建士は、必ずしも成年者である専任の宅建士である必要はない。⑫

6□ **IT重要事項説明**　宅地建物取引士は、テレビ会議等のITを活用して重要事項説明を行うときも、相手方の承諾があっても宅地建物取引証の提示を省略することはできない。㉚

6-3　物件に関する共通の記載・説明事項* 　　35条1項1〜4号

①**登**記簿上の権利関係

②契約内容の別（契約目的が宅地か建物か・契約が売買か貸借か）に応じた**法**令上の制限（都市計画法、建築基準法 その他の法令に基づく制限）

③建物の貸借の場合を除き、**私**道に関する負担に関する事項

④飲用水、電気及びガスの**供**給並びに排水のための施設の整備の状況（これらの施設が整備されていない場合においては、その整備の見通し及びその整備についての特別の負担に関する事項）

＊取得しようとする者又は借りようとする者が宅地建物取引業者の場合は、説明は不要。

- ①は、宅地又は建物の上に存する登記された権利の種類・内容と登記名義人又は表題部所有者の氏名又は名称。
- ②は、物件が宅地であるか建物であるか、又、契約が売買であるか貸借であるかに応じて、何を説明すべきか政令で定めてある。

　たとえば、＜宅地の売買・貸借＞又は＜建物の売買＞では、都市計画法の開発許可や建築基準法の建蔽率（けんぺいりつ）（建築面積／敷地面積）・容積率（延べ面積／敷地面積）、用途制限（法令2-5）の説明が必要だが、＜建物の貸借＞ではいずれも必要ない。

【注】**建物貸借で説明が必要な法令上の制限**は、**新住宅**市街地開発法第32条1項、**新都市基盤**整備法第51条1項及び**流通業務**市街地の整備に関する法律第38条1項の規定に基づく制限で、当該建物に係るもの、だけである（施行令3条3項）。

- ③は、敷地の中に私道が含まれるか、含まれる場合は、その面積、有償・無償の別など。私道の負担がなければ、私道負担なしと説明する。
- ④の整備についての特別の負担とは、下水道整備の個人負担金など。

【覚え方】見ただけではわかりにくい　**登**（とう）・**法**（ほう）・**私**（し）・**供**（きょう）〜（と、お経のように読む）。

✓ チェック！

1 □**抵当権の登記**　業者Aが、BC間の建物貸借契約の媒介に際し、抵当権の登記に関し、「建物の引渡しの時期までには必ず抵当権の登記を抹消できる

から、Cには内密にしておいてほしい」旨のBの依頼にかかわらず、Cに対して重要事項として、当該登記について説明したことは、違反しない。⑨

2□**容積率及び建蔽率（区分建物貸借）** 業者Aが、ＢＣ間の区分建物の貸借契約の媒介に際し、建築基準法に規定する容積率及び建蔽率に関する制限があるときに、その制限内容を説明しなかった。⑰

3□**宅地貸借** 宅地の貸借の媒介の場合、当該宅地が都市計画法の第一種低層住居専用地域内にあり、建築基準法第56条第1項第1号に基づく道路斜線制限があるときに、その概要を説明しなかったことは違反である。㉗

4□**建物貸借** 建物の貸借の媒介の場合、当該建物が新住宅市街地開発事業により造成された宅地上にあり、新住宅市街地開発法第32条第1項に基づく建物の使用及び収益を目的とする権利の設定又は移転について都道府県知事の承認を要する旨の制限があるときに、その概要を説明しなかったことは違反である。㉗

5□**建物貸借** 建物の貸借の媒介の場合、当該建物が都市計画法の準防火地域内にあり、建築基準法第62条第1項に基づく建物の構造に係る制限があるときに、その概要を説明しなかった。㉗

6□**供給並びに排水のための施設** 建物の売買の媒介を行う場合、飲用水、電気及びガスの供給並びに排水のための施設が整備されていないときは、その整備の見通し及びその整備についての特別の負担に関する事項を説明しなければならない。㉔

7□**登記時期** 重要事項説明において、取引物件の登記簿の表題部に記載されている所有者の氏名については説明したが、移転登記の申請の時期については説明しなかった。④

8□**引渡し時期** 業者Aが、売主Ｂ、買主Ｃの建物の売買の媒介をしたが、Aは、ＢＣの合意が不確定であった引渡し時期について、売買契約が成立するまでの間に、Ｃに説明しなかったことは違反しない。⑤⑨

6-4 契約条件に関する共通の記載・説明事項*

35条1項7〜13号

①**手付、権利金など、代金、交換差金及び借賃以外に授受される金銭の額及び当該金銭の授受の目的**

②契約の**解**除に関する事項

③**損害**賠償額の予定又は違約金に関する事項

④手付金等を受領しようとする場合の**保全**措置の概要

⑤50万円以上の支払金又は預り金を受領しようとする場合において、**保全**措置を講ずるかどうか、及びその措置を講ずる場合におけるその措置の概要

⑥代金又は交換差金に関する金銭の貸借のあっせんの内容及び当該あっせんに係る金銭の貸借が成立しないときの措置（ローンをあっせんするときの内容や、**ローン**が不成立のときの措置）

⑦**契約不適合責任の履行**に関し保証保険契約の締結等を講ずるかどうか、及びその**措置**を講ずる場合におけるその措置の概要

＊取得しようとする者又は借りようとする者が宅地建物取引業者の場合は、説明は不要。

- ①の手付とは、売買契約で契約締結時に買主が売主に交付する金銭等。契約があったことの証拠として授受するのだが、それ以外にも手付だけの損を覚悟すれば契約をやめにできるという効力をもたされることもある（解約手付という **7-17**）ので、その授受の目的を説明する。権利金とは、賃貸借契約の際に権利設定の対価として支払われる金銭。

- ③損害賠償の予定とは、契約違反で、損害賠償が問題になった場合は、これだけの額で決着をつけようという特約（第2編権利 **5-8**）。違約金とは、損害賠償とは別に違約＝契約違反の場合に罰金として取れる金額の特約。

- ④保全措置＊¹とは、業者が自ら売主で、非業者（業者でない者）が買主の場合、非業者保護のため、＜引き渡しも登記もしないで一定を超える代金充当金を受け取ろうとするならその前に保全措置＞を講じなければならないのだが、その措置の概要を説明する（**7-18**）。

＊1**保全措置**　売主業者が倒産でもして物件の引き渡しができなくなったときにすでに支払った代金充当金を保存して買主に返せるようにする措置。

- ⑦**契約不適合責任**＊²の履行の措置とは、当該責任の履行に費やす費用が巨額になり、売主業者が履行できなくなることがある。そこで、その責任の履行（責任を果たす）のため、保険をかけておく等の措置が制度化されたが、それらの措置を講じるかどうかを説明せよとした。

＊２　**契約不適合責任**　不動産の売主が目的物の種類又は品質が契約の内容に適合しない
　　場合に買主に負う責任で、買主は①履行の追完請求、②代金減額請求、③損害賠償の
　　請求、④契約の解除ができる。権利6-22～

【覚え方】手・解・損・保全・ローンに契約不適合責任履行の措置～

　　　　　　（と、お経読み）。

✓ チェック！

1□**手付金の額**　売買での重要事項説明書面には、「50万円未満の額の手付
　金を授受する場合の当該手付金の額」も必ず記載しなければならない。⑨

2□**契約解除に関する**　契約解除については、特に定めをしなかったが、重
　要事項説明（35条）書面にはその旨記載し説明した。が、契約書面（37
　条書面）には記載しなかった、ことは正しい。⑬（**注**　解除に関する事項
　は、35条書面には必ず記載しなければならない（**5-13**②）が、37条
　書面には定めがある限りで記載すればよい。**5-23**）。

3□**手付金等保全措置**　業者自ら売主となって工事完了前のマンションの売
　買契約を締結する場合、保全措置について、保証委託契約によって手付金
　等の保全措置を講ずることとし、その措置の概要は説明したが、保証保険
　契約については説明しなかった。①

4□**預り金保証措置**　取引対象となる宅地又は建物に関し50万円の預り金
　を受領しようとする場合において、法第64条の3第2項の規定による保
　証の措置等を講ずるかどうかは、法第35条の説明義務がある。③

6-5　売買（交換）の場合のその他の記載・説明事項＊　規則16条の4の3
　宅地売買（交換）では①②③④、**建物**売買（交換）では**全部**説明する。
　①宅地造成等規制法により指定された**造成宅地防災区域内**
　②土砂災害防止対策推進法により指定された**土砂災害警戒区域内**
　③津波防災地域づくり法により指定された**津波災害警戒区域内**
　④水防法の規定により当該宅地又は建物が所在する市町村の長が提供す
　　る図面（**水害ハザードマップ**）に当該宅地・建物の位置が表示されて
　　いるときは、当該図面における当該宅地・建物の所在地　令③
　⑤**石綿の使用の有無の調査の結果**が記録されているときは、その内容

⑥建築物の耐震改修促進法に基づき、**耐震診断**を受けたものであるとき
は、その内容（**昭和56年6月1日以降に新築着工したものを除く。**）
⑦住宅品質確保法による**住宅性能評価**を受けた新築住宅である旨

＊取得しようとする者が宅地建物取引業者の場合は、説明不要。

- ①②③④は人命にかかわることだから、宅地の売買だけでなく、宅地の貸借、建物の売買・貸借でも説明事項である。
- ⑤の石綿の使用の有無の調査結果記録は、調査記録がなければ説明不要。
- ⑥は、耐震診断を受けていなければ説明不要。さらに、**昭和56年6月1日以降に新築着工した**ものであるときは、耐震診断を受けていても説明不要である。

そのこころ　56年6月1日以降に新築着工したものは、宮城県沖地震の結果、強化された耐震基準（新耐震基準と言われる）によっているから耐震性は問題ない。

Keyword	**ゴロッ（昭和56年）と倒れて新耐震は、耐震診断を受けていても説明不要**

- ⑦は、建物貸借の場合は説明不要だ。

✓ チェック！

1□**耐震改修促進法に基づく耐震診断**　指定確認検査機関、建築士、登録住宅性能評価機関又は地方公共団体による耐震診断を受けた建物（昭和56年5月31日以前に新築着工したもの）の売買の媒介における重要事項説明においては、耐震診断を受けた旨を説明しなければならない、とするのは誤り（耐震診断を受けた旨ではなく、耐震診断の内容を説明しなければならない）。令④

2□**耐震改修促進法に基づく耐震診断**　昭和60年10月1日に新築の工事に着手し、完成した建物の売買の媒介を行う場合、当該建物が指定確認検査機関による耐震診断を受けたものであっても、その内容は説明する必要はない。㉓㉕

3□**品確法による住宅性能評価**　新築住宅の売買契約の際に行う重要事項の説明では、住宅の品質確保の促進等に関する法律第5条第1項に規定する住宅性能評価を受けた住宅である場合は、その旨を説明しなければならない。⑯

6-6 貸借の場合のその他の記載・説明事項* 規則16条の4の3

宅地貸借では①～④及び⑧～⑬を、**建物**貸借では①～⑫を説明する。

①宅地造成等規制法により指定された**造成宅地防災区域内**

②土砂災害防止対策推進法により指定された**土砂災害警戒区域内**

③津波防災地域づくり法により指定された**津波災害警戒区域内**

④水防法の規定により当該宅地又は建物が所在する市町村の長が提供する図面（**水害ハザードマップ**）に当該宅地・建物の位置が表示されているときは、当該図面における当該宅地・建物の所在地　令③

⑤**石綿の使用の有無の調査の結果**が記録されているときは、その内容

⑥建築物の耐震改修促進法に基づき、**耐震診断**を受けたものであるときは、その内容（**昭和56年6月1日以降に新築着工**したものを除く。）

⑦**台**所、浴室、便所その他の当該建物の設備の整備の状況

⑧契約期間及び契約の**更新**に関する事項

⑨当該宅地又は建物（専有部分）の**用**途その他の利用に係る制限に関する事項（区分建物の場合は、その旨の規約があるとき）

⑩敷金その他いかなる名義をもって授受されるかを問わず、契約終了時において精算することとされている金銭の**精算**に関する事項

⑪**管理**が委託されているときは、その委託を受けている者の氏名・住所（法人の場合は、その商号・名称及び主たる事務所の所在地）

⑫借地借家法の**定期**借地権又は**定期**借家、もしくは高齢者居住安定確保法の**終身**建物賃貸借であるときは、その旨

⑬契約終了時における当該宅地の上の建物の**取壊し**に関する事項を定めようとするときは、その内容

＊借りようとする者が宅地建物取引業者の場合は、説明は不要。

- ⑧は、定めがなければ、定めなしと説明する。
- ⑩の敷金とは、建物賃借人が賃借物を使用収益しているときに負うことのある債務（延滞賃料や賃借物を壊した場合の弁償金）の担保（引き当て）とするため、賃貸人に差し入れる金銭。賃貸借終了後、賃借人が不動産を明渡した後、明渡しまでに生じたこれら債務に充当した残額につき、賃借人に返還請求権が生じる（第2編権利**9-23**）。

- ⑫の定期借地権・定期借家権とは、更新されない借地権・借家権（第2編権利 Part9）。

【覚え方】①～⑥は、売買と共通で、覚えておかなくとも、出題されれば、判断がつく。

　　　　　⑦～⑬は、台・更・用／精・管・定期に終身取壊し　と覚える。

　　　　　だいこうよう　で、いったん切って、お経のように読み込む。

　　　　　だいこうよう　　せいかん　ていきに　しゅうしんとりこわし♪

✓ チェック！

1□**品確法による住宅性能評価**　建物の貸借の媒介において、当該建物が住宅品質確保法による住宅性能評価を受けた新築住宅であるときは、その旨を借主に説明しなくともよい。⑱

2□**造成宅地防災区域**　建物の貸借の媒介において、当該建物が宅地造成等規制法により指定された造成宅地防災区域内にあるときは、その旨を借主に説明しなければならない。⑲

3□**台所、浴室等の設備の整備状況**　事業用建物の賃貸借の媒介を行うに当たっても、居住用建物と同様に、台所、浴室等の設備の整備状況について説明しなければならない。⑯

4□**契約期間及び契約の更新に関する事項**　業者が建物の貸借の媒介を行う場合、契約期間及び契約の更新に関する事項の定めがないときは、その旨説明しなければならない。⑩

5□**契約終了時精算金銭に関する事項**　敷金その他契約終了時に精算することとされている金銭の精算に関する事項は、マンション（区分所有建物）の貸借の媒介の際の重要事項説明では、必ず説明しなければならない。⑧

6□**敷金の保管方法**　マンション貸借の媒介に際して、敷金額は説明したが、その保管方法については、説明しなかった。⑥⑧

7□**定期建物賃貸借**　建物の貸借の媒介において、当該貸借が借地借家法第38条第1項の定期建物賃貸借である場合は、貸主がその内容を書面で説明したときでも、媒介をした宅地建物取引業者は、定期建物賃貸借である旨を借主に説明しなければならない。⑫

6-7 区分建物の特有の記載・説明事項[*]

35条1項6号、規則16条の2

売買では**全部**、**貸借**では③⑧を説明する。

①**敷**地利用権の種類及び内容
②**共**用部分に関する規約の定めがあるときは、その内容（以下規約関係は、定め〔案を含む〕がある場合に限る）
③**専**有部分の用途その他の利用の制限に関する規約の定めがあるときは、その内容
④建物又は敷地の一部を特定の者にのみ使用を許す旨（**専用使用権**）の規約があるときは、その内容
⑤計画的な維持修繕費、通常の管理費用等所有者が負担しなければならない費用を特定の者にのみ**減免**する旨の規約の内容
⑥**計**画的な維持修繕費の積立てを行う旨の規約及び既に積み立てた額
⑦所有者が負担する通常の**管理費用**の額
⑧**管理**が委託されているときは、その**委託先**の氏名・住所（法人の場合は、その商号・名称、主たる事務所の所在地）
⑨建物の維持**修繕**の**実施**が**記録**されているときは、その内容

＊取得しようとする者又は借りようとする者が宅地建物取引業者の場合は、説明は不要。

- ①敷地利用権とは、区分建物の敷地を正当に使用できる権利のことで、所有権・借地権等である。
- ②共用部分とは、区分所有者が共同使用する部分で、ロビー、廊下などのように初めから共同使用することが決まっているものと集会室・ゲストルームのように規約で設定するものがある。ここでいう共用部分に関する規約とは、集会室やゲストルームを設定する規約のことだ。
- ③専有部分とは各住戸のことだが、その利用制限に関する規約とは、例えば、居住用に限り事業用としての利用の禁止、フローリングへの貼替工事、ペット飼育、ピアノ使用等の禁止又は制限に関する規約上の定めが該当する。これは、**貸借の場合でも説明が必要**だ。
- ④専用使用権とは、1階バルコニーの前庭の使用権を、面している専有部分の区分所有者に与えるとか、駐車場の利用権を特定の区分所有者に与える場合だ。

71

- ⑤計画的な維持修繕費や管理費用の減免規約とは、たとえばその区分所有建物を建設した地主にだけ上記費用を減免する規約など。
- ⑥⑦は、**滞納**がある場合には、それも説明しなければならない。
- ⑧は管理状態を問い合わせる便宜のために説明する。**貸借の場合にも説明**する。
- ⑨は、記録がある限りで説明すればよい。

【覚え方】敷・共・専・専・減・計・管に管理委託先と修繕実施記録と覚える。

　　　　しききょう　せんせんげんけいかん　～

　　　　かんりーいたくさきにしゅうぜんじっしきろく～（と、お経のように読み込む）

✓ チェック！

1 □**敷地に関する権利の種類及び内容―貸借の場合**　区分所有建物の貸借の重要事項の説明において、当該一棟の建物の敷地に関する権利の種類及び内容を説明しなくともよい。⑪

2 □**共用部分に関する規約の定め**　区分所有建物の売買の重要事項説明において、業者は、共用部分に関する規約が未だ案であるときでも、その内容を説明しなければならない。⑮

3 □**専有部分の用途その他の利用の制限に関する規約の定め**　マンションの貸借の重要事項の説明において、専有部分の用途その他の利用の制限に関する規約の定め（その案を含む。）がなかったので、そのことについては説明しなかった。⑬⑱

4 □**管理受託者の氏名・住所**　区分所有建物の売買に際して、当該建物の管理が委託されているときは、その受託者の氏名及び住所を説明すれば足り、委託されている管理の内容を説明する必要はない。②⑦

5 □**修繕の実施状況**　Aは、マンションの売買の媒介を行うに際し、当該マンションの管理組合及び管理業者に確認したところ、修繕の実施状況の記録が保存されていなかったため、購入者にこの旨説明し、修繕実施状況については説明しなかった。⑭

6-8　既存建物特有の記載・説明事項*　　　35条1項6号の2

当該建物が**既存の建物**であるときは、**建物を取得しようとする者**には、下記イ及びロの事項を説明。

建物を借りようとする者には、下記イの事項を説明。

イ　建物状況調査（実施後1年を経過していないもの）を実施しているかどうか、及びこれを実施している場合におけるその結果の概要

ロ　設計図書、点検記録その他の建物の建築及び維持保全の状況に関する書類で国土交通省令で定めるもの（建築確認申請書、確認済証、検査済証等）保全の状況

＊取得しようとする者又は借りようとする者が宅地建物取引業者の場合は、説明は不要。
【注】平成30年4月1日施行改正法。

6-9　未完成物件特有の記載・説明事項*　　　35条1項5号、規則16条

未完成物件は、完了時における形状、構造のほか、**宅地では接する道路の構造・幅員**、建物では内装・外装の構造・仕上げ等も。図面が必要であれば図面も交付する。

＊取得しようとする者又は借りようとする者が宅地建物取引業者の場合は、説明は不要。

✓ チェック！

□**未完成宅地の説明事項**　造成工事完了前の宅地の売買における重要事項説明の際、造成工事完了時の当該宅地の形状・構造を説明したが、当該宅地に接する道路の構造・幅員を説明をしなかったことは、違反である。⑥

6-10　割賦販売に特有の記載・説明事項*1　　　35条2項

割賦販売（引渡し後1年以上の期間にわたり、かつ、2回以上の分割払い）*2を行おうとするときは、上記までの事項のほか次の事項。

①現金販売価格　②割賦販売価格　③引渡しまでに支払う金銭（頭金）の額及び1回あたりの賦払金の額並びにその支払の時期及び方法

＊1割賦販売の買主が宅地建物取引業者の場合、説明は不要。

＊2 現在では、住宅購入の際はローンを組んで売主業者に全額支払うのが一般的で、売主業者と直接、割賦販売契約をすることはあまりない。

2 供託所等に関する説明

6-11　供託所等に関する説明　　　　　　　　　　35条の2

　宅地建物取引業者は、宅地建物取引業者の相手方等（宅地建物取引業者に該当するものを除く※）に対して、契約が成立するまでの間に、下記区分に応じた下記事項の説明をするようにしなければならない。

営業保証金供託業者	供託している供託所及びその所在地＊
保証協会社員	社員である旨、当該社団法人名・住所、事務所所在地ならびに弁済業務保証金を供託している供託所、その所在地

※【注】平成29年改正法である。＊【注】供託額までは説明不要

✓ チェック！

□**供託所等に関する説明**　Aは、買主Dに対し、土地付建物の売買契約を締結する前に、営業保証金を供託した主たる事務所のもよりの供託所・その所在地ついて説明するようにしなければならないが、供託額は説明しなくてよい。⑰

3 契約内容を記載した書面（37条書面）の交付

6-12　契約内容を記載した書面の交付義務　　　　　37条

（1）宅地建物取引業者は、宅地・建物につき
　①自ら<u>当事者として売買契約を締結したときはその相手方</u>に、
　　【売主業者】☞相手方】
　②<u>当事者を代理又は媒介をして売買もしくは貸借契約を成立させた</u>ときは、<u>その契約の両当事者</u>に、

【当事者☞ 売買又は貸借の**媒介・代理業者** ☞当事者】

契約成立後遅滞なく、契約内容を記載した書面を交付しなければならない。＊

（２）宅地建物取引業者は、同書面を作成したときは、宅地建物取引士（専任でなくてもよい）に、同書面に記名させなければならない。

＊ 宅地建物取引業者は、書面の交付に代えて、交付の相手方の承諾を得て、当該書面に記載すべき事項を電磁的方法であって宅地建物取引士の記名に代わる措置を講ずるものとして国土交通省令で定めるものにより提供することができる。4項
　なお、承諾は、用いる電磁的方法やファイルへの記録の方式を示した上で、書面に出力できる方法又は書面で得るものとする。電磁的情報は、書面に出力できる形式で提供されなければならないとともに、記録された記載事項が改変されていないことを確認できる措置を講じなければならない。提供にかかる宅地建物取引士が明示されていなければならない。また、電子書面の保存方法を説明しなければならない。令⑤

✓ チェック！

1 □**適用範囲**　法第 37 条の書面の交付は、建物の賃貸借の媒介の場合でも省略できない。交付場所はどこでもよい。⑤

2 □**誰に交付か**　売主Ａ、買主Ｂの間の宅地の売買について業者Ｃが媒介をした場合、Ｃは、Ｂに対しては 37 条書面を交付したが、Ａに対しては交付しなかったことは、違反である。⑧

3 □**誰に交付か**　建物賃貸借契約において、貸主には代理業者Ａが、借主には媒介業者Ｂがおり、Ｂが契約書面を作成したときは、借主及び貸主に同書面を交付すればよく、貸主の代理業者Ａには、交付しなくてもよい。⑰

4 □**説明は必要か**　業者Ｃは、ＡとＢの契約が成立したので、宅地建物取引士に記名させ、ＡとＢに対して契約書面を交付したが、書面に記載された事項を説明しなかった。⑰

5 □**記名**　法第 35 条に規定する重要事項を記載した書面には宅地建物取引士Ｃが記名をしたが、法第 37 条に規定する書面には、専任の宅地建物取引士Ｄが記名したことは違反しない。⑭

6 □**宅建士証の提示**　宅地建物取引士が 37 条書面を相手方に交付する場合には、宅地建物取引士は、当該相手方から請求があったときに宅地建物取引士証を提示すれば足りる。⑪

6-13　37条書面に必ず記載する事項　　　37条

（1）売買の場合	（2）貸借の場合
①**当事者**の氏名（法人の場合、名称）住所	
②**物件の特定表示**	
②-2 当該建物が**既存の建物**であるときは、建物の構造耐力上主要な部分等の状況について当事者の双方が確認した事項*	
③代金額、支払い時期・方法（**買主の義務**）	借賃額・支払時期・支払方法（**借主の義務**）
④引渡し時期、⑤移転登記申請時期（**売主の義務**）	引渡し時期（**貸主の義務**）

【注】**貸借**では、登記時期は、記載しない。**なんで**　一般に貸借では登記はしない。
*「建物の構造耐力上主要な部分等の状況について当事者の双方が確認した事項」（一般には建物状況調査（**5-3**④）の結果の概要）がない場合は、同事項は「なし」と記載する。

ⓅⓄⒾⓃⓉ

必ず記載する事項の共通点　②-2以外の共通点は、契約の核心部分であって、それを定めなければ、売買（貸借）契約が成立しない事項である。

✓ チェック！

1 □**登記された権利の種類及び内容**　当該宅地上に存する登記された権利の種類及び内容並びに登記名義人は37条書面に記載する必要はない。⑬

2 □**借賃の額並びにその支払の時期及び方法**　借賃の額並びにその支払の時期及び方法は、宅地の貸借の37条書面の必ず記載の事項である。⑦⑫

3 □**建物の引渡しの時期**　A社は、建物の貸借を媒介し、当該賃貸借契約を成立させた。この際、当該建物の引渡しの時期に関する定めがあったが、法第35条の重要事項の説明において、既に借主へ伝達していたことから、37条書面にはその内容を記載しなかったことは、違反である。㉔

6-14　定めがあれば記載する事項　　　　　　37条
売買では全部、貸借では①②③⑤

①**手付金又は権利金等代金又は借賃以外の金銭の授受に関する定めがあるときは、その額並びに当該金銭の授受の時期及び目的**

②契約の**解**除に関する定めがあるときは、その内容

③**損**害賠償額の予定又は違約金に関する定めがあるときは、その内容

④代金又は交換差金についての金銭の貸借（**ローン**）のあっせんに関する定めがある場合においては、当該あっせんに係る金銭の貸借が成立しないときの措置

⑤火災その他**不**可抗力による損害の負担に関する定めがあるときは、その内容

⑥**契約不適合責任**についての定め、又は、契約不適合担保責任の履行に関して講ずべき保証保険契約の締結その他の措置についての定めがあるときは、その内容

⑦宅地建物に係る**租税公課**の負担に関する定めがあるときは、その内容

- ⑤の、天災その他不可抗力による損害の負担の定めとは、売買契約成立後、天災その他不可抗力によって、売買目的物が滅失（例：落雷で建物滅失）した場合の扱いに関する。民法は、この場合、建物は引き渡せなくなったので、代金の支払いも拒絶できるとする（権利 **5-17**）。もし、これを特約で変更したらそれを記載する。

- ⑥前段の契約不適合責任についての定めとは、（後段が契約不適合責任を果たすための措置であるのに対し）、契約不適合責任の内容に関する特約だ。民法は、契約不適合責任として①履行の追完②代金減額③損害の賠償④契約の解除を認めているが、これらを認めないとする特約等だ。

- ⑥後段の契約不適合責任履行の措置とは、不動産の売主が目的物に契約内容不適合なときに買主に負う責任が巨額になり、売主業者が払えないことがある。そこで、契約不適合責任の履行（責任を果たす）のため、保険をかけておく等の措置が制度化されたが、それらの措置のことだ。

- ⑦の租税公課の負担割合とは、例えば固定資産税の負担割合だ。

【注】貸借では、④ローンのあっせんに関する定め　⑥契約不適合責任に関する特約等　⑦租税公課の負担に関する定めは、仮に定めがあっても記載不要。

ⓅⓄⒾⓃⓉ

定めがあれば記載する事項の共通点　特約で定める、契約の派生的な事項だ。
【覚え方】特約があれば記載する、**手・解・損・ローン**に**不・契**（契約不適合担保責任特約・契約不適合担保責任履行の措置）・**租**。貸借では、**ローン**に**契・租**は説明不要。

✓ チェック！

1□**不可抗力による損害の負担**　業者自ら売主として法37条に規定する書面を交付する場合、天災その他不可抗力による損害の負担について、不確定な要素であったので、これを定めず、買主の承諾を得て、その記載を省略したことは違反でない。②

2□**不可抗力による損害の負担**　天災その他不可抗力による損害の負担に関する定めがあるときは、その内容は、建物の貸借の契約を成立させた場合に、37条書面に必ず記載しなければならない。⑪

3□**契約不適合担保責任についての定め**　業者が建物の貸借の媒介を行う場合、契約不適合担保責任についての定めがあるときでも、その内容を37条書面に記載しなくともよい。⑱

学習の指針

重要事項説明は3問以上、37条書面も1・2問は、必ず出る。まんべんなく、おさえておくことが必要である。

Part 7

その他の業務上の規制

　以上の重要規制のほか、適正な不動産取引が行われるよう、さまざまな角度からの規制があります。大別して、業者間取引にもかかる**一般規制**と業者間取引にはかからない**業者自ら売主規制**があります。

　一般規制の冒頭では、業務処理の原則と従業者の教育の努力義務を掲げています。

1 業務上の一般規制

7-1　業務処理の原則と従業者の教育の努力義務

31条1項、31条の2

（1）業務処理の原則

　宅地建物取引業者は、取引の関係者に対し、信義を旨とし、誠実にその業務を行わなければならない。

（2）従業者の教育

　宅地建物取引業者は、その従業者に対し、その業務を適正に実施させるため、必要な教育を行うよう努めなければならない。

7-2　誇大（大げさな）広告やおとり広告は禁止　　　32条

　宅地建物取引業者は、その業務に関して広告をするときは、当該広告に係る

①宅地又は建物の所在、規模、形質

②現在もしくは将来の利用の制限、

③環境、

④交通その他の利便、又は、

⑤代金、借賃等の対価の額もしくはその支払方法もしくは代金もしくは
　交換差金に関する金銭の貸借のあっせんについて、

著しく事実に相違する表示をし、又は実際のものよりも著しく優良であ
り、もしくは有利であると人を誤認させるような表示をしてはならな
い。

- 広告媒体は、新聞・雑誌、立て看板、放送、インターネット等どのような
  ものでも、規制の対象になる。
- 広告自体の規制だから、誇大な広告をすれば、取引にいたらなくても、ま
  た、見た人が信じなくても違反である。
- 実在しない・実在するが売約済み等で取引できない・実在するが客寄せ目
  的で取引する意思がない物件の広告をし、実際は他の物件を販売しよう
  とする、いわゆる「おとり広告」は、本条に違反する。
- 利用の制限を表示しないで、実際よりも優良・有利と誤認させる場合も誇
  大広告にあたる。㉚
- **監督処分と罰則**　誇大広告禁止に違反すると、業務停止処分の事由（**8-2**）
  であり、6月以下の懲役もしくは100万円以下の罰金又はこれらの併科
  の罰則がある（**8-9**）。

✓ チェック！

1 □ **広告の責任主体**　宅地建物取引業者Aは、媒介物件の売却の依頼を直接
　受けた宅地建物取引業者Bが作成した広告を、そのまま掲載して、A名義
　のチラシを作成し、配布した場合でも、その広告内容によっては、責任を
　問われることがある。⑥

2 □ **虚偽広告**　その業務に関する広告について著しく事実に相違する表示を
　行った業者Aは、取引の成立に至らなくても、監督処分及び罰則の対象と
　なる。⑭⑰

3 □ **おとり広告の罰則**　新聞折込広告で、実際に取引する意思のない物件を
　分譲すると広告した場合、6月以下の懲役に処せられることがある。⑤

7-3　未完成物件の広告・契約の時期の制限　　33条・36条

工事に必要な許可等の前は【広告】と【売買の契約】・【売買の代理・媒介】は禁止

宅地造成・建築工事完了前・　　▼工事に必要な許可等の処分　→

未完成物件は▼**工事に必要な許可等の処分**　以降でなければ、**業務に関する広告**と**売買（交換）の契約・売買（交換）の代理・媒介**をしてはならない。

【注】**貸借の代理・媒介**はしてもよい。

【注】売買（交換）契約の締結時期の制限は、業者間取引の場合はもとより、業者が買主の場合にもかかる。

- 工事に必要な許可等とは、開発許可、建築確認等だ。禁止が解かれるには、許可等が現実に下りていなければならない。申請中では、なお禁止される。
- 契約締結時期の制限は、業者が買主の場合にもかかることに注意。㉚

✓ チェック！

1 □**広告時期の制限**　業者Aが、建築確認を申請中の建売住宅につき「宅地造成完了、建築確認申請済」と表示した広告を出して、その広告を見た業者でないCと、建築確認後に土地付住宅の売買契約を締結した場合、宅地建物取引業法に違反する。④

2 □**契約締結時期の制限**　業者Aが自ら売主となり、業者である買主Bと新築分譲マンションについて、建築確認を受ける前に売買契約を締結したことは違反である。⑱⑲

　この場合、売主が業者でなくとも違反である。㉚

3 □**貸借の媒介**　都市計画法29条1項の許可を必要とする宅地について、Bが開発行為を行い貸主として貸借をしようとする場合、業者Aは、Bがその許可を受ける前であっても、Bの依頼により当該宅地の貸借の広告をすることはできないが、当該宅地の貸借の媒介をすることはできる。⑲

7-4 取引態様を明示する義務　　　　　　34条

宅地建物取引業者は、宅地建物取引に関する

①広告をするときと、

②注文を受けたときは遅滞なく、

取引態様の別を明示しなければならない。

- 取引態様の別とは、代理・媒介で関与するのか、契約当事者となるのかの別だが、具体的には、「売主」、「貸主」、「代理」又は「媒介（仲介）」の別をこれらの用語を用いて表示しなければならない（不動産の表示に関する公正競争規約）。

  なお、当事者となって行う貸借（転貸も含む）は、宅地建物取引ではない（**1-2**）ので、「貸主」である旨の取引態様は明示しなくても、本義務には違反しない。

- 取引態様を明示した広告を見た客から注文を受けたときも、再度取引態様を明示すべきである。

✓ チェック！

1 □**広告**　業者Aが自ら売主となって工事完了前の分譲住宅の販売広告をする場合、Aは、自己が売主である旨の表示を省略することができない。②

2 □**広告を見た顧客から注文**　業者は、取引態様の明示がある広告を見た顧客から注文を受けたときは、取引態様の問い合わせがなくても、取引態様の明示をする必要がある。③ 令⑤

3 □**自ら貸主の場合**　業者が、建物を転貸するための広告をする際は、自らが契約の当事者となって貸借を成立させる旨を明示しなくとも、取引態様の明示義務に違反しない。㉔

7-5 禁じ手1 手付貸与又は信用供与による契約誘引の禁止　　47条

　宅地建物取引業者は、その業務に関して、宅地建物取引業者の相手方等に対し、手付について**貸付**その他**信用の供与**をすることにより契約の締結を誘引してはならない。

- **手付貸与による契約誘引**とは、「手付金は貸しますから、契約をしてしまいましょう」などと契約をすすめること。**信用供与による契約誘引**とは、「手付は後日でいいですよ」とか「手付は分割払いでいいですよ」などと言って契約をすすめること。
- **手付の減額**や**手付金の借り入れをあっせん**することは禁止されない。
- 誘引行為があれば、契約しなくても、また相手にされなくても違反である。

✓ チェック！

1□**手付貸付のあっせん**　宅地建物取引業者Aは、建物の売買の媒介をするに当たり、買主が手付金を支払えなかったので、手付金に関し銀行との間の金銭の貸借のあっせんをして、当該建物の売買契約を締結させたことは、違反しない。⑫
2□**手付の減額**　Aは、B及びCに対し、手付金について当初Bが提示した金額より減額するという条件でBC間の売買契約の締結を誘引し、その契約を締結させたことは、法第47条（業務に関する禁止事項）の規定に違反しない。⑪
3□**手付貸与による契約誘引**　Aは、建物の売買の媒介に関し、買主に対して手付の貸付けを行う旨を告げて契約の締結を勧誘した。これは、売買契約は成立しなかったとしても違反である。㉑

7-6　禁じ手2　重要な事項につき故意に不告知・不実告知することの禁止
47条

　宅建業者は、その業務に関し、相手方等に対し、契約締結の勧誘のため、又はその契約申込みの撤回・解除もしくは取引により生じた債権の行使を妨げるため、次の事項につき、**故意に事実を告げず、又は不実のこと（ウソ）を告げてはならない。**
①重要事項の説明・供託所等に関する説明事項、契約内容記載書面の記載事項。
②宅地建物の所在、規模、形質、現在もしくは将来の利用の制限、環境、交通等の利便、代金、借賃等の対価の額もしくは支払方法その他の取引条件又は当該宅地建物取引業者もしくは取引の関係者の資力もしく

は信用に関する事項であって、宅地建物取引業者の**相手方等の判断に重要な影響を及ぼすこととなるもの。**

- つまり、およそ相手方等の判断に重要な影響を及ぼすこととなる事項について、うそをついたり、知っていて黙っていることを禁じた。

✓ **チェック！**

□**重要な事項の告知義務**　宅地の売買の媒介において、当該宅地の周辺環境について買主の判断に重要な影響を及ぼす事実があったため、買主を現地に案内した際に宅地建物取引士でないＡの従業者が当該事実について説明したことは違反ではない。⑳

7-7　禁じ手3 いきすぎた契約勧誘と解除等妨害の禁止　47条の2

宅地建物取引業者又はその従業者は、

契約勧誘のため

・おどす（威迫）
・利益を生ずることが確実であると誤解させるべき断定的判断の提供
・物件の将来の環境又は交通その他の利便について誤解される断定的判断の提供
・正当な理由なく、契約を締結するかどうかを判断する時間を与えない
・勧誘に先立って宅地建物取引業者の商号又は名称及び勧誘者の氏名並びに契約の締結について勧誘をする目的である旨を告げずに、勧誘を行う。令⑤
・相手方等が当該契約を締結しない旨の意思（当該勧誘を引き続き受けることを希望しない旨の意思を含む。）を表示したにもかかわらず、当該勧誘を継続する
・迷惑を覚えさせるような時間に電話し、又は訪問する
・深夜又は長時間の勧誘その他の私生活又は業務の平穏を害するような方法によりその者を困惑させることが、禁止される。

また、

申し込みの撤回・契約の解除を妨害するため

・おどす（威迫）
・契約の申し込みの撤回を行うに際し、既に受領した預り金を返還する
　ことを拒む
・手付を放棄して契約の解除を行うに際し、正当な理由なく、当該契約
　の解除を拒み、又は妨げることが、禁止される。

• なお、本規定違反は、故意であることを要しない。

✓ チェック！

1 □ **交通利便についての断定的判断の提供**　Aの従業者が、宅地の販売の勧
　誘に際し、買主に対して「この付近に鉄道の新駅ができる」と説明したが、
　実際には新駅設置計画は存在せず、当該従業者の思い込みであった場合は、
　宅建業法に違反する。⑳
2 □ **勧誘目的不告知**　A社の従業員は、勧誘に先立ってA社の商号及び自ら
　の氏名を告げてから勧誘を行ったが、勧誘の目的が投資用マンションの売
　買契約の締結である旨を告げなかったことは違反である。㉔

7-8　守秘義務　　　　　　　　　　　　　　　　　45条
（1）宅地建物取引業者及びその従業者は、正当な理由がなければ、業
　　務上知り得た秘密を他に漏らしてはならない。
（2）宅地建物取引業を営まなくなった後、又は、従業者でなくなった
　　後も、同様とする。

• 秘密を守る義務は、**終生の義務**だ。秘密は、業者でなくなった後も、又は
　従業者でなくなった後も守らなければならない。
• ただし、**正当な理由**があれば、秘密を漏らすこともできる。正当な理由と
　は、警察や税務署からの問合せを受けた場合、裁判所で証言する場合など
　だ。また、前に述べた、重要な事項の告知義務が、秘密を漏らす正当な理
　由となることがある。

1 □ **守秘義務**　宅地建物取引業者は、宅地建物取引業を営まなくなった後においても、本人の承諾のある場合でなければ、その業務上取り扱ったことについて知り得た秘密を他に漏らしてはならない。⑦

2 □ **守秘義務**　宅地建物取引業者Ａ社は、業務上知り得た秘密について、正当な理由がある場合でなければ他にこれを漏らしてはならないが、Ａ社の従業者ａも、専任の宅地建物取引士であるか否かにかかわらず同様に秘密を守る義務を負う。⑯

3 □ **守秘義務違反の監督処分と罰則**　業者Ａが、正当な理由なく、その業務上取り扱ったことについて知り得た秘密を他人に漏らした場合、Ａは、甲県知事から業務停止処分を受けることがある他、罰則の適用を受けることもある。⑲

4 □ **個人情報の保護に関する法律との関係**　宅地建物取引業者は、個人情報の保護に関する法律第２条第３項に規定する個人情報取扱事業者に該当しない場合でも、業務上取り扱った個人情報について、正当な理由なく他に漏らせば、秘密を守る義務に違反する。㉔

7-9　不当な履行遅延の禁止　　　　　　　　　44 条

　宅建業者は、その業務に関してなすべき**宅地若しくは建物の登記**若しくは**引渡し**又は**取引に係る対価の支払**を不当に遅延する行為をしてはならない。

- 不当な履行遅延をしてはならないのは、当然のことだ。なお、違反には、6月以下の懲役もしくは 100 万円以下の罰金又は併科の罰則がある。

- 本条の履行の遅延の禁止の対象行為は、「宅地若しくは建物の登記若しくは引渡し又は対価の支払」に限られていることに注意。

✔ チェック！

1 □ **廃業届出後の不当な履行遅延**　業者Ａが廃業の届出をした後においても、Ａは、届出前に締結した宅地分譲の契約に基づく当該宅地の引渡しを不当に遅延する行為をしてはならない。⑧

2□**不当な履行遅延の対象行為**　不当な履行遅延の禁止（法第44条）は、宅地若しくは建物の登記若しくは引渡し又は取引に係る対価の支払を対象とするのみであり、宅地建物取引業者が、媒介を依頼した他の宅地建物取引業者へ報酬を支払うことを拒む行為は、不当な履行遅延には該当しない。㉔㉖

2 業者自ら売主規制

　宅地建物取引業者が売主で、買主が非業者の場合、力関係がプロの業者のほうに傾くので、それを対等にするべく、特別な規制がなされます。

7-10　業者が売主の場合の8種類の規制

（1）業者が売主で、買主が非業者の場合、次の8種類の規制がかかる。

①**自己所有に属しない物件の売却制限**　業者は、自分のものでない物件を、原則として、売ってはならない。

②**クーリング・オフ**　落ち着いて考えられない場所でした契約申込や契約は、買主の頭が冷えたら（クーリング）やめられる（オフ）。

③**損害賠償額の予定等の制限**　契約違反で契約をやめにする場合の損害賠償額と罰金についての特約は、合計して代金額の2割を超えては定められない。

④**手付の額等の制限**　手付は、すべて解約手付の効力《手付だけの損を覚悟すれば契約をやめられる》を与える。その手付は代金額の2割を超えては受け取れない。

⑤**契約不適合担保責任の特約制限**　目的物件の種類、品質に契約不適合がある場合の売主の担保責任に関して、不適合状態についての告知期間を目的物の引き渡し日から2年以上とする特約を除き、民法の定めより買主に不利にしてはならない。

⑥**手付金等保全措置**　引渡し前に一定を超える代金充当金を受け取ろうとするなら、その前に受け取る代金充当金を保全する措置を講じなければならない。

⑦**割賦販売における解除等の制限**　割賦販売では、賦払い金の支払い
　が遅れても、書面で催告して 30 日以上支払いがなかった場合でな
　ければ契約を解除できない。

⑧**割賦販売等における所有権留保等の禁止**　割賦販売等では、代金額
　の３割を超える額を受ける前に登記は移さなければならない。

（２）これらは、一般消費者保護が目的だから、買主も業者である**業者
　間取引**には、かからない。

【覚え方】　①自己所有に属しない、②事務所等＊を、③予定して、④手付を
　　　　　打ったが、⑤契約不適合があり、⑥ぼーぜん（保全）自失で、⑦⑧
　　　　　カップ（割賦）を落とした。

＊事務所等はクーリング・オフをあらわす（事務所等で契約をした場合はクーリング・オフ
できない）。

7-11　自己所有に属しない物件の売却制限　　33 条の２

原則	業者は、**自己所有に属しない物件**（他人所有物件と**未完成物件**）は売れない（予約もダメ）
例外	①**他人所有物件**は、取得契約（予約でもよいが、条件付はダメ）をしていれば売れる ②**未完成**（工事完了前）**物件**は、手付金等保全措置を講じてあれば売れる。

【注】他人所有物件は、手付金等保全措置を講じても売れない。
【注】本規制は、業者間取引には、適用されない。

・違反は、監督処分（業務停止処分）の対象となるが、罰則はない。

✓ チェック！

1 □**規制の枠組み**　業者は、自己所有に属しない宅地又は建物について、法
　で定める一定の場合を除いて、自ら売主となる売買の予約を締結すること
　をしてはならない。⑬

2 □**取得契約前に売却**　業者は、他人所有の宅地について、自己への購入契
　約をする前に、自ら売主として非業者と売買契約を締結することは、違反
　である。⑬

3 □**停止条件付取得契約**　Ｂ所有地について、業者Ａが、Ｂの代替地取得を

停止条件としてBと売買契約を締結し、自ら売主となって業者でないCと売買契約を締結したことは違反である。③⑤⑪⑰

4□**手付金等保全措置を講じた**　業者Aが、自ら売主として、B所有の宅地を業者でないCに売却しようとする場合、AがCから受け取る手付金について手付金等の保全措置を講じたとしても、AB間の宅地の譲渡に関する契約がないままに、Aが、Cと売買契約を締結することは違反となる。⑨

5□**業者間取引**　業者Eは、Fの所有する宅地を取得することを停止条件として、業者Gとの間で自ら売主として当該宅地の売買契約を締結したことは、違反でない。⑮

6□**未完成物件**　業者Aは、B所有の、宅地造成完了前の甲宅地につき、非業者Cから受け取る手付金について手付金保全措置を講じておけば、Cとの間で売買契約を締結することができる。㉑（注　「B所有の、宅地造成完了前の甲宅地」とは、他人所有物件でもあり、取得契約が必要にも思われる。が、物件が未完成の時点では、完成物件は存在せず、したがって、誰の所有にも属さない状態だから、未完成物件は他人所有物件ではありえず、「B所有の、宅地造成完了前の甲宅地」とあっても、未完成物件とだけ考え、手付金等保全措置を講じれば、非業者に売れる、とされた。）

7-12　クーリング・オフ　　　　　　　　　37条の2

　業者自ら売主となる宅地・建物の売買契約で、落ち着いて考えられない場所で、業者以外の者が買受け申込みや売買契約を締結した場合には、一定期間内に、無条件で、申込みの撤回又は契約の解除ができる。

つまり　落ち着いて考えられない場所で、非業者が、買受け申込みや契約締結をしてしまった場合は、頭を冷やして（クーリング）申し込みの撤回（オフ）又は契約解除をできる。

【注】本規制は、業者間取引には、適用されない。

✓ チェック!

1□**業者でない者が売主で業者が買主**　業者でない者が売主で業者が買主である売買契約には、クーリング・オフの規定の適用はない。①

2□業者が非業者間の売買を媒介　業者が、テント張りの案内所において、業者でない売主と業者でない買主の宅地の売買契約の締結を媒介した場合、買主は、当該売買契約を法37条の2の規定により解除することはできない。⑦

7-13 **クーリング・オフできない場所とできる場所**　　　37条の2

（1）クーリング・オフできない場所＝事務所等

①事務所　　　　　　　　　　　　　　　　　　　　　　　落ち着いて
②契約行為をする案内所等　　　　　　　　　　　　　　考えられる
③申込者・買主が、説明を受ける旨を申し出た　　　　　　▽
　場合の自宅又は勤務先　　　　　　　　　　　　　ク・オフできない

（2）クーリング・オフできる場所＝①〜③（事務所等）以外の場所
　　⇒落ち着いて考えられない⇒ク・オフできる

- 契約行為＝宅地建物取引にかかる契約〔予約を含む〕をし、又は契約申込みを受ける。
- 案内所等＝継続的業務施設、分譲案内所、分譲の代理・媒介の案内所、催し実施場所
- 事務所・契約行為をする案内所等は、売主業者のもののほか**売主業者から代理・媒介の依頼を受けた他の業者**のものも含む。
- 案内所等は、**土地に定着した建物内**に設置されたものに限る
　⇒［モデルルームはク・オフできない
　　テント張り案内所はク・オフできる
【注】自宅・勤務先は、申込者等が説明を受ける旨申し出た場合のみ、ク・オフできない場所となる。

- 申込み場所と契約締結場所が異なる場合は、申込みが決定的に重要なので（**そのこころ**　申込みがあれば、業者の承諾により、契約は成立してしまう）、**申込み場所を基準**にクーリング・オフできるかどうかを決める。
　⇒［キャバレーで申込み⇒事務所で契約　⇒ク・オフできる
　　事務所で申込み　⇒キャバレーで契約⇒ク・オフできない

✓ チェック！

1 □ **事務所で契約** 売買契約の締結が業者の事務所で行われた場合は、業者
でない買主は、業者が法37条の2の規定の適用について書面で説明しな
くても、当該契約を解除することができない。⑤

2 □ **業者の申し出た買主の勤務先で契約** 非業者の買主は、業者の申し出に
より、買主の勤務先で締結した売買契約を、解除することができる。⑥⑫

3 □ **説明を受ける旨申し出た自宅で申込み** 非業者の買主Bは、物件の説明
を自宅で受ける申し出を行い、説明後、買受けを申し込んだ。後日、ホテ
ルのロビーで売買契約を締結した場合、Bは売買契約の解除はできない。
⑭

4 □ **テント張り案内所で申込み** 買受け申込みが、宅地分譲のためのテント
張りの案内所で行われ、売買契約が、当該業者の事務所で締結された場合、
非業者の買主は、当該申込みの撤回等をすることができる。③⑱

7-14 クーリング・オフできなくなる場合　　　　37条の2

クーリング・オフできる場合でも次の（1）又は（2）に該当すると
きは、クーリング・オフできなくなる。

（1）業者が買主に、＜クーリング・オフできる旨とその方法＞を書面＊
で告知した場合は、告知があった日から起算して**8日**経過したとき

（2）買主が、物件の引渡しを受け、代金の全額を支払ったとき

＊**書面記載事項**　①申込者・買主の氏名（商号・名称）住所、②売主業者の商号・名称・
住所・免許証番号③告知日から8日経過する日まで、引渡しを受け、かつ、代金全額支払っ
た場合を除き、書面でク・オフできる④ク・オフの場合は、損害賠償・違約金の請求はで
きない⑤ク・オフは、その旨記載した書面を発信したとき効力を生ずる⑥ク・オフの場合、
申込・契約締結の際手付金その他金銭が支払われているときは、業者は遅滞なく、全額返
還する。令③

（1）は、たとえば　月曜の1日に告知を受けていれば翌週月曜の8日まで
ならク・オフできる（○印）。火曜の9日にはできない（×印）。

告知　月（1）○　火（2）○　水（3）○　木（4）○　金（5）○
**　　　土（6）○　日（7）○　月（8）○　火（9）×**

✓ チェック！

1 □ **ク・オフできる旨口頭で告知** 法37条の2の規定に基づく売買契約の

解除に関し、売主業者が買主に対し、売買契約の解除ができる旨及びその
方法について口頭でのみ説明を行った場合、当該宅地の引渡しを受けてい
なければ、当該告知から何日を経過していても、買主は契約の解除が可能
である。⑯

2□**ク・オフにつき書面で告知**　買主Eはホテルのロビーにおいて買受けの
申込みをし、その際にAからクーリング・オフについて書面で告げられ、
契約を締結した。この場合、Eは、当該宅地の代金の80%を支払ってい
たが、当該契約の締結の日から8日を経過するまでは、契約の解除をする
ことができる。⑳

3□**引渡しを受けたが代金の一部が未済**　Aが業者でないBと別荘地の売買
契約をテント張りの現地案内所で締結した場合、Aが土地の引渡しと移転
登記を完了しても、Bは、代金の一部が未済であれば、当該契約を解除す
ることができる。④

4□**引渡しを受け、代金を全部支払い**　業者でないBがホテルのロビーにお
いて買受けの申込みをし、当該場所において売買契約を締結した場合、既
に当該土地付建物の引渡しを受け、かつ、代金の全部を支払ったときは、
売主業者Aが法37条の2に規定する内容について書面で説明していなく
とも、Bは当該契約を解除することができない。⑰

5□**クーリング・オフ告知書面**　クーリング・オフ告知書面には、「告げられ
た日から起算して8日を経過する日までの間は、『宅地又は建物の引渡しを
受け、かつ、その代金の全部を支払った場合を除き』、書面により買受けの
申込みの撤回又は売買契約の解除を行うことができる」、と記載しなければ
ならない。㉘

6□**クーリング・オフ告知書面**　宅建業者の売主Aが、宅建業者Bの媒介
により宅建業者でないCと新築マンションの売買契約を締結した場合、
クーリング・オフについて告げる書面には、BではなくAの商号又は名
称及び住所並びに免許証番号を記載しなければならない。㉚

7-15　クーリング・オフの方法と効力

（1）クーリング・オフは書面で行わなければならない。申込み者等が、
　　その書面を発したときに、クーリング・オフの効力が生じる。

（２）業者は、クーリング・オフされたことによって、損害賠償や違約
　　金の請求はできない。すでに手付金等を受け取っていた場合、速
　　やかに返還しなければならない。

（３）以上の規定に反する特約で、申込み者等に不利なものは無効とする。

（３）のたとえば　書面告知後５日以内ならク・オフできる、という特約は、
書面告知後８日以内ならク・オフできる、という法の定めより買主に不利な
ので無効である。無効の場合は、法の定めどおり、書面告知後８日以内なら
ク・オフできることになる。

✓ チェック！

1□**ク・オフの方法と効力発生時期**　非業者Ａは、業者Ｂに対し、Ｂが売主
である宅地建物について、Ａの自宅付近の喫茶店で、その買受け申込みを
した。Ａは、申込みの撤回を書面により行う必要があり、その効力は、Ａ
が申込みの撤回を行う旨の書面を発した時に生ずる。⑬

2□**買主に不利な特約**　非業者が、業者と銀行のロビーで契約をした際に、
業者が、クーリング・オフできる旨の書面に「５日経過したら解除できな
くなる。」と記載しても無効だが、「20日経過したら解除できなくなる。」
と記載した場合は有効である。⑧

3□**債務不履行解除との関係**　業者Ａが、業者でないＢから喫茶店で宅地の
買受けの申込みを受け、Ｂと宅地の売買契約を締結した場合、ＡがＢに法
37条の２の規定により契約を解除できる旨告げ、同条の規定に基づき解
除できる期間を経過したときでも、Ｂは、Ａに債務不履行があれば、不履
行を理由に契約を解除することはできる。⑧（注　クーリング・オフと債
務不履行解除（第２編権利5-10・11）は別問題である）

7-16　損害賠償額の予定等の制限　　　　　38条

（１）業者自ら売主で、買主が業者以外の場合に、債務不履行解除に伴
　　う**損害賠償額の予定**[*1]と**違約金**[*2]は、**合算して代金額の10分
　　の2**を超えることとなる定めをしてはならない。

（２）超えた場合は、超える部分は無効となる。

＊1 **損害賠償額の予定**　契約違反（債務不履行）の事実さえ証明すれば、損害があった
　　ことや損害額を証明しなくても、予定した額を損害賠償として請求できるという特約。
＊2 **違約金**　契約違反があった時に損害賠償とは別に罰金を取るという特約（第2編権
　　利5-5）。

✓ チェック!

1 □**代金額2割の損害賠償額の予定を定めた場合**　業者Aが、自ら売主とし
て、業者でないBと宅地の売買契約において、当事者の債務不履行を理由
とする契約の解除に伴う損害賠償の額を売買代金の額の2割と予定した場
合には、違約金を定めることはできない。⑩⑦

2 □**損害賠償額の予定等が代金額2割を超えた場合**　契約に「債務不履行に
よる契約の解除に伴う損害賠償額の予定及び違約金の合計額を代金の額の
3割とする」旨定めた場合、その定めは、当該合計額につき代金額の2割
を超える部分は、無効である。⑪

3 □**損害賠償額の予定等が代金額2割を超えた場合**　業者Aが自ら売主とし
て、業者でない買主Bと宅地（価格5,000万円）の売買契約を締結した
場合、「債務不履行による契約解除に伴う損害賠償の予定額と違約金の額
をそれぞれ1,000万円とする」旨の特約をした場合でも、損害賠償と違
約金を合計した額は1,000万円となる。⑧

4 □**損害賠償の予定額を定めなかった場合**　業者Aと非業者Bの売買契約の
締結に際して、当事者の債務不履行を理由とする契約の解除に伴う損害賠
償の予定額の定めをしなかった場合は、実際に生じた損害額を立証により
請求することができる。⑰

7-17　手付の額の制限等　　　　　　39条
（1）業者が自ら売主で、買主が業者以外の場合に、宅地又は建物の売
　　買契約に際して業者が手付を受領したときは、その手付がいかな
　　る性質のものであっても、買主は手付を放棄して、当該業者はそ
　　の倍額を現実に提供して、契約の解除をすることができる。ただ
　　し、相手方が契約の履行に着手した後は、この限りでない。
（2）業者自ら売主で、買主が業者以外の場合に、代金額（消費税込）
　　10分の2を超える額の手付を受領することはできない。

（3）（1）・（2）に反して、買主に不利な特約は、無効とする。

（1）は、つまり　業者が手付を受領した以上、相手方が契約の履行に着手*するまでは、買主は手付を放棄して、売主はその2倍を**現実に提供**して、契約を解除できる。この効力を持たされた手付を**解約手付**という。
買主が手付放棄で契約を解除するときは、その旨意思表示するだけでよいが、売主が契約を解除する場合は、その旨意思表示するだけでは足らず、手付の倍額の金銭を**現実に提供**しなければならない。

*売主の履行の着手＜物件の引渡しと登記の準備ができたことを買主に伝えた時点＞⇒
　その時まで、買主は手付を放棄し契約を解除できる。
　買主の履行の着手＜手付以外に代金に充当する金銭を支払ったとき＞⇒その時まで、
　売主は手付の2倍を**現実に提供**して契約を解除できる。
【注】自分が履行に着手していても相手方が履行に着手していなければ、手付による解除
　はできる。

（3）のたとえば　≪売主業者は、手付を返せば解除できる≫という特約は、売主からの解除は手付倍返しが必要である解約手付より買主に不利だから無効。≪買主は手付の半額を放棄すれば解除できる≫という特約は、買主が解除するためには手付全額を放棄しなければならない解約手付よりも買主に有利だから有効である。

【注】本規制は、業者間取引には、適用されない。

✓チェック！

1□**業者間取引**　手付の額の制限　業者Aが自ら売主となって、宅地を、業者である買主Bに代金6,000万円で売却する契約を締結した場合、Bが自ら手付金を3,000万円とする申し出を行い、Aがこの手付金を受領しても、宅地建物取引業法違反とはならない。①

2□**解約手付の効力**　Aが当該建物の売買契約締結時に、手付金として500万円をBから受領している場合に、Bが契約の履行に着手していないときは、Aは、Bに500万円を償還しても、当該売買契約を解除することはできない。⑲

3□**売主に履行の着手がある**　宅地建物取引業者が、建物の販売に際して、当該建物の売買契約の締結後、既に購入者に対する建物引渡債務の履行に着手していたため、買主からの当該売買契約の手付放棄による解除を拒ん

だことは、違反ではない。⑱

4□買主に履行の着手がある　宅地建物取引業者でない買主Ｂが手付を支払った後、代金の一部を支払った場合は、宅地建物取引業者Ａは、手付の倍額を償還することによる契約解除はできない。⑭

5□買主に有利な特約　業者でない買主Ｂが業者Ａに手付を支払った際、Ａが契約の履行を完了するまでは、Ｂは、手付を放棄して契約の解除をすることができることとしたことは、違反しない。④

6□買主に有利な特約　相手方が契約の履行に着手するまでは、買主は手付金の半分を放棄して、契約を解除することができる旨の定めをすることができる。⑮

7□買主に有利な特約　業者Ａが、自ら売主として、業者でないＢと建物の売買契約を締結するに際して、Ｂが契約の履行に着手するまでにＡが売買契約の解除をするには、手付の３倍に当たる額をＢに償還しなければならないとの特約を定めることができる。⑳

8□買主に不利な特約　売主業者Ａと非業者の買主Ｂとのマンションの売買契約において、Ｂの履行着手前ならば、Ａは手付金の全額を返還して、契約を解除することができる旨の特約は、無効である。⑬

9□代金額２割超の手付　業者Ａは、自ら売主として工事完了前マンションを非業者Ｂに4,000万円で売却する契約を締結したとき、Ｂから、手付金として1,000万円を受領し、その際保険事業者と保証保険契約を締結して、当該保険証券をＢに交付した。これは、法に違反する。②⑯

10□代金額２割を超える手付の扱い　売主業者Ａと非業者の買主Ｂとのマンションの売買契約において業者Ａが代金額２割を超えて手付を受け取った場合は、買主が手付放棄で解除した際には、売主業者は代金額２割を超える部分を買主に返還しなければならない。⑧

7-18　業者が売主で買主が非業者の場合に講ずべき保全措置
41条・41条の2

（1）未完成物件
　引渡しも登記（所有権保存又は移転）もしないで、**代金額5％**、又は**1,000万円超**の代金充当金を受け取ろうとするなら、その前に手付金

等保全措置*を講じなければならない。

（2）完成物件

　引渡しも登記（所有権保存又は移転）もしないで、**代金額 10%**、又は**1,000 万円超**の代金充当金を受け取ろうとするなら、その前に手付金等保全措置*を講じなければならない。

＊手付金等保全措置　売主業者が倒産等して買主が契約を解除したときに、すでに支払った代金充当金が、必ず戻ってくる措置。

- 保全措置の対象となる代金充当金とは、手付、内金、一時金等名目のいかんを問わない。契約締結前に受け取った申込み証拠金も、契約を締結し代金充当扱いにすれば保全措置の対象となる。
- 保全措置は、既に受け取った代金充当金と受け取ろうとする代金充当金の全額につき講じなければならない。
- 保全措置を講ずべきときに講じない場合には、買主は、手付金等を支払う約束をしていたときでも、支払わないことができる（41条4項等）。当然だ。

【注】本規制は、業者間取引には、適用されない。

✓ チェック！

1□**業者間取引**　業者Aは、造成工事完了前の宅地を自ら売主として売却するため、他の業者Bにその代理を依頼し、業者Cに1億円で売却する契約を締結した場合、Aは、Cから手付金3,000万円を受け取るときは、法41条の規定に基づく手付金等の保全のための措置を講じなくともよい。⑦

2□**未完成物件**　業者Aは、自ら売主となって、建築工事完了前の建物を、業者でない買主Bに代金6,000万円で譲渡する契約を締結し、後日手付金等の保全措置を講ずることとして、手付金500万円を受け取ったことは、違反する。⑤

3□**未完成物件**　業者Bが自ら売主となって、宅地建物取引業者でないCと1億円のマンションの売買契約（手付金1,500万円、中間金1,500万円、残代金7,000万円）を建築工事完了前に締結し、その引渡し及び登記の移転を残代金の支払と同時に行う場合、Bは、手付金の受領前及び中間金の受

領前それぞれについて、保全措置を講じなければならない。⑲

4□契約時に未完成だが手付金等受領時には完成　業者Aが、自ら売主として、業者でないBと建築工事完了前の分譲住宅の売買契約（代金5,000万円、手付金200万円、中間金200万円）を締結した後、分譲住宅の引渡し及び登記前に中間金を受け取る場合、この時点では当該住宅の建築工事が完了していても、手付金及び中間金について保全措置を講じなければならない。⑨

5□完成物件　業者Aは、自ら売主となって、業者でないBと1億円の造成工事完了済み宅地の売買契約（手付金900万円、中間金4,100万円、残代金5,000万円）を締結し、宅地の引渡し及び登記の移転を中間金の支払いと同時とした場合、Aは、手付金等保全措置を講じないで、手付金を受領することができる。②①⑰

6□完成物件　Aは、Bとの間で建築工事が完了した1億円の新築マンションの売買契約を締結し、法41条の2に規定する手付金等の保全措置を講じたうえで、当該マンションの引渡し前に2,000万円を手付金として受領できる。⑮

7□保全措置が不要な場合　業者Aは、土地付建物（価格1億5,000万円）を、建築工事の完了前に自ら売主として業者でない買主Bに販売し、買主Bは、中間金6,000万円を1月後に、残代金6,970万円を所有権移転登記完了後にそれぞれ支払うこととされている。この場合、Aは、残代金の受領については、手付金等保全措置を講じる必要はない。③

8□保全措置を講じない場合の買主の支払い拒否　買主Dとの売買において、法に規定する手付金等の保全措置が必要であるにもかかわらず、業者Aが当該措置を講じない場合は、Dは、手付金等を支払わないことができる。⑭

7-19　保全措置の方法——未完成物件では保管の方法は取れない
41条・41条の2

　保全措置には①銀行等による保証、②保険事業者による保険、③指定保管機関による保管の方法がある。完成物件では、どの方法も取れるが、未完成物件では、③指定保管機関による保管の方法は、取れない。

そのこころ　未完成物件では手付金等を当てにして工事を完成させることもあるので、手付金等が引き渡しまで業者のもとに一度も渡らない③の方法は、未完成物件にはなじまない。

- ①**銀行等による保証**　は、業者が受領した手付金等を返さなければならなくなった場合に、銀行等にその債務を連帯して保証（第2編権利 Part8）してもらう方法で、業者が、銀行等に保証委託契約をし、その契約に基づき銀行等が手付金等の連帯保証を約する書面を買主に交付する。

- ②**保険事業者による保険**　は、保険会社に、業者が受領した手付金等を返せなくなった場合に、買主に生じた損害を埋めてもらう方法で、業者と保険事業者の間で保証保険契約を結び、かつ、保険証券を買主に交付する。

- ③**指定保管機関による保管**　は、売主業者に代わり、保管機関が手付金等を預かり、業者が倒産等した場合には、保管機関が買主に返す方法。保管機関には、宅地建物取引業保証協会などが指定されている。業者が指定保管機関と、業者に代わって手付金等を受領・保管してもらう契約（手付金等寄託契約）を結び、かつ、買主と、寄託金の返還を目的とする債権につき質権設定契約を結び、手付金等寄託契約と質権設定契約を証明した書面を買主に交付する。

✓ チェック！

☐ **未完成物件**　Aは、宅地建物取引業者でない買主Bとの間で建築工事完了前の建物を 4,000 万円で売却する契約を締結し 300 万円の手付金を受領する場合、指定保管機関による保管により保全措置を講じることはできない。㉕㉚

7-20　保全措置を講じておく期間　41 条・41 条の2
保全措置は、買主が引渡しを受けるまで講じておかなければならない。

- 買主が引渡しを受ければ、いったん講じた保全措置を解除してもよい。

✓ **チェック！**

□**保全措置が必要な期間**　工事完了前の住宅の売買につき、売主業者が買主から保全措置が必要となる額の手付金等を受領する場合において、売主が銀行との間で締結する保証委託契約に基づく保証契約は、建築工事の完了までの間を保証期間とするものでは不足であり、買主が当該住宅の引渡しを受けるまでとしなければならない。㉚

7-21　契約不適合責任の特約制限　　　　　　　40条

（1）宅地建物取引業者は、自ら売主となり、宅地建物取引業者以外の者が買主となる宅地又は建物の売買契約において、その目的物が種類又は品質に関して**契約の内容に適合しない場合**におけるその**不適合を担保する責任**に関し、**買主が契約不適合を通知すべき期間を、その目的物の引渡しの日から2年以上とする**特約を除き、**民法566条に規定**するものより**買主に不利となる特約**をしてはならない。

（2）（1）に反する特約は、無効とする。

つまり　民法566条は、「売主が種類又は品質に関して契約の内容に適合しない目的物を買主に引き渡した場合において、**買主がその不適合を知った時から1年以内にその旨を通知した場合には、買主は、①履行の追完の請求、②代金の減額の請求、③損害賠償の請求及び④契約の解除をすることができる**（通知しないときは①～④の請求はできなくなる）。ただし、売主が引渡しの時にその不適合を知り、又は重大な過失によって知らなかったときは、この限りでない。」と定める。

　したがって、契約内容不適合な場合に、①～④の責任追及手段を認めないとする特約や、契約不適合を知った旨の通知期限を引渡しの日から2年未満とする特約は無効となる。また、契約不適合責任の追及に起点を固定した期間制限を設ける特約も無効となる。

　無効となった場合は、民法の定めたとおりの責任を負う。

【注】本規制は、業者間取引には、適用されない。

1□不適合担保責任を負う期間　宅建業者Aが土地付建物の売買契約を締結する場合、買主との間で、「売主は、売買物件の引き渡しの日から１年間に限り当該物件の種類又は品質に関して契約の内容に適合しない場合におけるその不適合を担保する責任を負う」とする旨の特約は、契約不適合を担保する責任に、起点を固定した期間制限を設けていない民法より買主に不利なので、設けることはできない。令④

2□不適合担保責任を負う期間　宅建業者Aが非業者のEとの間で締結する建物の売買契約において、Aは当該建物の種類又は品質に関して契約の内容に適合しない場合におけるその不適合を担保すべき責任を一切負わないとする特約を定めた場合、この特約は無効となり、Bは、契約不適合を知ったときから１年以内にその旨を通知すれば、担保責任が消滅時効にかかるまで、責任追及できることになる。令②

7-22　割賦販売における解除等の制限　　　　42条

　宅地建物取引業者は、宅地建物取引業者でない者との宅地建物の割賦販売で、賦払金（分割金）の支払いがないときは、「直ちに契約を解除できる」とか、「残金を一挙に請求できる」という定めがあるときでも、賦払金の支払いがないときに、

① 30 日以上の期間を定めてその支払いを書面で催告（催促）し、

②その期間内にその義務が履行されないときでなければ、

契約を解除したり、期限の到来していない賦払金の支払いを一挙に請求することはできない。

POINT

賦払金の支払いがない⇒書面で催告⇒ 30 日以上の相当期間⇒期間内に義務履行がない⇒契約の解除・残額の請求

□賦払金の支払い遅延に 20 日の期間を定めた支払い催告　A社は、宅地建物取引業者でない買主Cとの間で、割賦販売の契約を締結したが、Cが賦

払金の支払いを遅延した。Ａ社は 20 日の期間を定めて書面にて支払いを催告したが、Ｃがその期間内に賦払金を支払わなかったため、契約を解除した。これは、違反である。㉓

7-23　割賦販売等における所有権留保と譲渡担保の制限　42・43条

（1）割賦販売をした宅地建物取引業者は、物件を引き渡し、かつ、**代金額の3割を超える額の支払いを受けるまでに、登記等の売主の義務**を履行しなければならない。

　　　ただし、買主が、登記をした後の代金債務について、これを担保するための抵当権等の登記を申請し、又はこれを保証する保証人を立てる見込みがないときは、この限りでない。

（2）割賦販売をした宅地建物取引業者は、物件を引き渡し、かつ、3割を超える支払いを受けたら、**担保目的で物件を譲り受けて**はならない。

（3）提携ローン付き販売の場合も、実質支払い（業者に直接支払った頭金＋ローン返済額）が3割を超えたら、所有権留保と譲渡担保をしてはならない。

（1）のこころ　割賦販売の売主業者は物件を引き渡しても、残代金支払いの確実な担保とするため、登記を移さないことがある。これを**所有権留保**という。しかし、登記がないと、売主業者が倒産でもした場合は、業者の債権者に対して、引き渡しを受けた物件を自分のものだと主張できず取り上げられてしまう。それはかわいそうなので、**代金額の3割を超える額の支払いを受ける**までに、**登記等の売主の義務***を履行しなければならないとした。

***登記等の売主の義務**とは、登記（所有権移転の登記または所有権保存の登記）の申請に協力することを指している。

（1）のただしは、つまり　買主が残代金債務を担保する抵当権等の登記申請に協力しない又は保証人を立てないことが明らかなときは、業者としても登記をするのが不安であろうから登記をしなくてもよい。

（2）のこころ　担保目的で物件を譲り受けるとは、いったん買主に登記をするが、残債務の支払いを確実にしてもらうように、売主業者に登記を戻し

てしまうことをいう（譲渡担保という）。しかし、これは、はじめから所有権留保をするのと変わらない。そこで、代金額3割を超える支払いを受けたら、これをしてはならないとした。

（3）のこころ　提携ローン付き販売とは、買主が銀行等からローンを組み、業者に代金を支払ってしまうのだが、買主の銀行への返済につき、支払いを受けた業者が保証人となっているものをいう。この場合は割賦販売ではないのだが、業者が買主の保証人になっているので、買主のローン返済がないときのリスクは業者がかぶる。そのため、業者は、（1）（2）の場合と同じく所有権留保や譲渡担保をしたくなるので、これらに対する制限をした。

✓ チェック！

□ **賦払金と所有権移転登記**　業者Aは、業者でないBとの間で宅地の割賦販売の契約（代金3,000万円）を締結し、当該宅地を引き渡した。この場合は、Aは、Bから900万円の賦払金の支払いを受けるまでに、当該宅地にかかる所有権移転の登記をしなければならない。㉑

7-24　住宅瑕疵担保履行法－法の制定理由と概要

　住宅品質確保促進法（住宅の品質確保の促進等に関する法律）は、新築住宅の売主業者に対して、民法上の責任より重い、**特定住宅販売瑕疵担保責任**＊を定めた。

＊**特定住宅販売瑕疵担保責任**　新築住宅の構造耐力上主要な部分及び雨水の浸入を防止する部分に瑕疵＊があるとき、売主業者に損害賠償義務と買主からの契約の解除のほか、瑕疵部分の**修繕義務**を認めており、**責任期間**も引渡から原則として10年に延長された（同法94・95条）。

＊この法律において「瑕疵」とは、種類又は品質に関して契約の内容に適合しない状態をいう。（同法2条5項）

せっかく定めたこの責任をきちんと履行してもらうため、**住宅瑕疵担保履行法**（特定住宅瑕疵担保責任の履行の確保等に関する法律）が、新築住宅の売主業者にあらかじめ**資力確保措置**をとることを義務付けた。

【注】本法が新築住宅の売主業者に義務付けた資力確保措置は、宅建業法上の業者自ら売主規制ではないが、＜売主業者にのみ課される、業者間取引には適用がない＞という点で、業者自ら売主規制と共通点があるので、ここで取り上げることにする。

資力確保措置には、

（1）住宅販売瑕疵担保保証金を供託（同法 11 条）……特定住宅瑕疵
　　担保責任の問題が生じた場合、賠償金等に充てる資金を供託して
　　おく。

（2）国土交通大臣指定の保険法人の保険に加入（同法２条）……特定
　　住宅販売瑕疵担保責任の履行によって生じた損害について保険金
　　を支払ってくれる保険に加入する方法がある。

　保証金の供託を選択した宅地建物取引業者は、次のとおり供託をしなけれ
ばならない。

7-25　住宅販売瑕疵担保保証金の供託等　住宅瑕疵担保履行法 11 条
　自ら売主となって新築住宅を宅地建物取引業者でない買主に引き渡し
た宅地建物取引業者は、当該基準日から３週間以内までの間において、
当該基準日前 10 年間に自ら売主となる売買契約に基づき買主に引き渡
した新築住宅について、**住宅販売瑕疵担保保証金**を、当該宅地建物取引
業者の主たる事務所の最寄りの供託所に、**供託**していなければならない。
令④⑤

【注】資力確保措置は、買主も業者の業者間取引の場合には必要ない。もちろん、業者が
代理媒介で関与した場合も必要ない。令①

• 基準日は、毎年３月 31 日である。
• 供託金算定の基準となる引渡戸数からは、保険の方法による資力確保措置
　をとった新築住宅は除く。
• 当該住宅の床面積が 55㎡以下であるときは、新築住宅の合計戸数の算定
　に当たって、２戸をもって１戸と数える。
• 住宅販売瑕疵担保保証金の供託をし、その額が、基準日において、販売新
　築住宅の合計戸数を基礎として算定する基準額を超えることとなった場
　合、当該宅地建物取引業者は、免許を受けた国土交通大臣又は都道府県知
　事の承認を受けた上でその超過額を取り戻すことができる。16・９条

□**新築住宅の合計戸数の算定**　Aが住宅販売瑕疵担保保証金の供託をする場合、当該住宅の床面積が55㎡以下であるときは、新築住宅の合計戸数の算定に当たって、2戸をもって1戸と数えることになる。㉕㉘

7-26　供託宅地建物取引業者の供託所の所在地等に関する説明 同15条

（1）供託業者は、自ら売主となる新築住宅の買主に対し、当該新築住宅の売買契約を締結するまでに、その住宅販売瑕疵担保保証金の供託をしている供託所の所在地及び表示等を記載した書面を交付して説明しなければならない。

（2）供託業者は、書面の交付に代えて、買主の承諾を得て、当該書面に記載すべき事項を電磁的方法により提供することができる。

✓ チェック！

□**供託所の所在地等の説明**　自ら売主として新築住宅を販売する宅地建物取引業者は、住宅販売瑕疵担保保証金の供託をする場合、当該新築住宅の売買契約を締結するまでに、当該新築住宅の買主に対し、当該供託をしている供託所の所在地、供託所の表示等について記載した書面を交付して説明しなければならない。㉒㉖

7-27　住宅販売瑕疵担保責任保険契約 同2条6項

住宅販売瑕疵担保責任保険契約とは、次に掲げる要件に適合する保険契約をいう。

（1）宅地建物取引業者が保険料を支払うことを約するものであること。

（2）構造耐力上主要な部分及び雨水の浸入を防止する部分に瑕疵があった場合に、業者が当該特定住宅販売瑕疵担保責任を履行したときは業者の請求に基づき、業者が同責任を履行しないときは買主の請求に基づき、損害をてん補するものであること。

（3）損害をてん補するための保険金額が2,000万円以上であること。

（4）買主が引渡しを受けた時から10年以上有効であること。

（5）国土交通大臣の承認を受けた場合を除き、変更又は解除をすることができないこと。

✓ チェック！

□**住宅販売瑕疵担保責任保険契約**　住宅販売瑕疵担保責任保険契約を締結している宅地建物取引業者は、当該保険に係る新築住宅に、構造耐力上主要な部分及び雨水の浸入を防止する部分の瑕疵（構造耐力又は雨水の浸入に影響のないものを除く。）がある場合に、特定住宅販売瑕疵担保責任の履行によって生じた損害について保険金を請求することができる。㉗

7-28　資力確保措置の状況についての届出　　　同12条

　自ら売主として新築住宅を業者でない買主に引き渡した業者は、基準日から3週間以内に、当該基準日に係る資力確保措置（住宅販売瑕疵担保保証金の供託及び住宅販売瑕疵担保責任保険契約の締結）の状況について、免許を受けた国土交通大臣又は都道府県知事に届け出なければならない。

✓ チェック！

□**資力確保措置の状況の届出**　新築住宅を宅地建物取引業者でない買主に引き渡した宅地建物取引業者は、基準日ごとに基準日から3週間以内に、当該基準日に係る資力確保措置の状況（住宅販売瑕疵担保保証金の供託及び住宅販売瑕疵担保責任保険契約の締結）について、その免許を受けた国土交通大臣又は都道府県知事に届け出なければならない。㉓ 令②

7-29　資力確保措置の状況についての届出を怠ると　同41・13・39条

（1）50万円以下の罰金に処せられる。

（2）当該基準日の翌日から起算して**50日**を経過した日以後においては、新たに自ら売主となる新築住宅の売買契約を締結してはならない*こととされる。

＊違反は、1年以下の懲役もしくは100万円以下の罰金又は併科に処せられる。

✓ チェック！

□**資力確保措置の状況の届出をしない**　自ら売主として新築住宅を宅地建物取引業者でない買主に引き渡した宅地建物取引業者は、基準日に係る資力確保措置の状況の届出をしなければ、当該基準日の翌日から起算して50日を経過した日以後においては、新たに自ら売主となる新築住宅の売買契約を締結してはならない。㉔㉚

学習の指針

広告規制、広告・契約締結時期の制限で1・2問、業務上の禁じ手で1問、業者自ら売主規制からは手付規制から1問、クーリング・オフから1問、手付金等保全措置から1問、契約不適合担保責任から1問。クーリング・オフは、全肢使って問われるが、これ以外は、混合問題で出ることが多い。割賦販売規制は、あまり出ない。住宅瑕疵担保履行法も、必ず1問出る。多様な規制なので、アナを作らないよう学習していこう。

Part 8

監督・罰則

　宅地建物取引業法の各種の規則が守られないときには、監督官庁からの監督処分と裁判所からの罰則が問題となります。

1 監督処分

　監督処分は、本法が守られなかった場合に、監督官庁が行う違反状態是正及び再発防止のための措置である。左記の者に右の処分が行われる。

宅地建物取引業者	指示	業務停止	免許取消
宅地建物取引士	指示	事務禁止	登録消除
〃　　資格者*			登録消除

＊宅地建物取引士資格登録を受けている者で、宅地建物取引士証の交付を受けていないもの

8-1　報告及び検査等　　　　　　　　　　　　71・72条

（1）国土交通大臣は、宅地建物取引業を営むすべての者に対して、都道府県知事は、当該都道府県の区域内で宅地建物取引業を営む者に対して、その業務について必要な**報告**を求め、又はその職員に事務所その他その業務を行う場所に立ち入り、帳簿、書類その他業務に関係のある物件を検査させることができる。

（2）国土交通大臣は、すべての宅地建物取引士に対して、都道府県知事は、その登録を受けている宅地建物取引士及び当該都道府県の区域内でその事務を行う宅地建物取引士に対して、その事務について必要な**報告**を求めることができる。令⑤

（3）国土交通大臣はすべての宅建業者に対して、都道府県知事は当該

都道府県の区域内で宅建業を営む宅建業者に対して、必要な**指導**、**助言**及び**勧告**をすることができる。

8-2 宅地建物取引業者に対する指示処分・業務停止処分　　65条

（1）**処分内容**

①**指示処分**　違反状態是正のため、必要な措置を指示する。

②**業務停止処分**　１年以内の期間、業務の全部又は一部の停止を命ずる。

（2）**処分事由**

①**指示処分**

ⅰ宅地建物取引業法に違反した。

ⅱ業務に関し取引の関係者に損害を与えた、又は損害を与えるおそれが大きい。

ⅲ業務に関し取引の公正を害する行為をした、又は取引の公正を害するおそれが大きい。

ⅳ業務に関し他の法令に違反し、宅地建物取引業者として不適当であると認められる。

ⅴ宅地建物取引士が監督処分を受けた場合に、宅地建物取引業者の責めに帰すべき理由がある。

②**業務停止処分**

ⅰ業務に関し他の法令に違反し、宅地建物取引業者として不適当である。

ⅱ宅地建物取引士が監督処分を受けた場合において、宅地建物取引業者の責めに帰すべき事由がある。

ⅲ次にあげる、宅地建物取引業法の違反がある

□名義貸しの禁止□専任の宅地建物取引士の設置□営業開始時期の制限※□営業保証金の不足額の供託※□誇大広告の禁止□自己所有に属しない宅地建物の売却制限□取引態様の明示□媒介契約書面交付及び価格の根拠明示□重要事項の説明□契約締結等の時期の制限□契約書面の交付□手付金等の保全措置□所有権留保等の禁止□不当な履行遅延の禁止□守秘義務□報酬の制限□業務に

関する禁止事項□従業者証明書を携帯させる義務・従業者名簿を備付ける義務□事務所新設にともなう弁済業務保証金分担金の納付義務※□還付充当金の納付義務※□特別弁済業務保証金分担金の納付義務※□社員の地位を失ったときの営業保証金の供託義務※　等

ⅳ 国土交通大臣又は都道府県知事の行った指示処分に従わない

ⅴ 宅地建物取引業法に基づく国土交通大臣又は都道府県知事の処分に違反した

ⅵ 宅地建物取引業に関し、不正又は著しく不当な行為をしたとき

ⅶ 営業に関し成年者と同一の能力を有しない未成年者である場合において、その法定代理人が、5年以内に宅地建物取引業に関し、不正又は著しく不当な行為をしたとき、又は、法人である場合において、その役員又は政令で定める使用人、もしくは、個人である場合において、その政令で定める使用人のうちに、5年以内に宅地建物取引業に関し、不正又は著しく不当な行為をした者があるに至ったとき

（3）処分権者

①免許権者（免許をした国土交通大臣又は都道府県知事）

②その場所を管轄する都道府県知事

ただし、（2）②※印のものは、免許権者のみ処分を行える

（4）処分をした都道府県知事の通知義務

都道府県知事は、他の免許権者の免許を受けた宅地建物取引業者に対して指示処分または業務停止処分をしたときは、遅滞なく、その旨を、当該免許権者に通知しなければならない（70条第3項）。

（2）はつまり　宅建業法違反がある以上、例外なく、監督処分の事由にはなる。

他の法律違反や違法とまでも言えない不当な行為が監督処分の理由になるためには、**業務関連性**が必要である。

✓ チェック！

1□**業務関連性**　自己所有地の売却に伴う譲渡所得の脱税につき税法違反で

罰金刑に処せられた者を取締役とする業者Ａ社は、宅建業法上の監督処分を受けることはない。②

2□**業務関連性**　業者Ａは、自ら貸主となり、オフィスビル一室の賃貸借契約をした際、借主に対し重要事項の説明を行わなかったが、これで指示処分を受けることはない。⑭

3□**宅建士の処分に責任**　宅地建物取引業者Ａの専任の宅建士が事務禁止処分を受けた場合に、Ａの責めに帰すべき理由があるときは、Ａも指示処分を受けることがある。⑳㉚

4□**指示処分の処分権者**　甲県知事から免許を受けたＡが、乙県内で行う建物の売買に関し、取引の関係者に損害を与えるおそれが大であるときは、Ａは、甲県知事から指示処分を受けることがあるが、乙県知事からも指示処分を受けることがある。⑲

5□**取引態様明示義務違反**　業者は、取引態様の別を明示すべき義務に違反する広告をした場合、業務停止処分を受けることがある。⑩

6□**業務停止の内容と処分権者**　甲県に本店、乙県に支店を有する業者Ａが、支店において宅地の売買契約を締結した場合に37条書面を交付しなかったときは、乙県知事は、1年以内の期間を定めて、支店だけでなく、本店における業務の停止を命ずることができる。⑦

8-3　免許取消処分　　　　　66・67条
（1）処分事由
　①**取り消さなければならない事由**
　　ⅰ免許を受けた後、免許欠格事由（**1-11**）にあたることとなった場合
　　ⅱ免許換え（**1-16**）をしなければならない事由に該当しながら、していないことが判明した。
　　ⅲ免許を受けてから1年以内に事業を開始せず、又は、引き続いて1年以上事業を休止したとき
　　ⅳ廃業等の届出がなく、廃業等の事実が判明したとき
　　ⅴ不正手段により免許を受けたとき
　　ⅵ業務停止処分の事由にあたりその情状が特に重いとき、又は、業

務停止処分に違反したとき

②**取り消すことができる事由**

ⅰ 免許に付された条件に違反したとき

ⅱ 宅地建物取引業者又はその事務所を確知できないため官報・公報
で公告し、30 日を経過しても宅地建物取引業者から申し出がな
いとき

（2）**処分権者**

免許権者（免許をした国土交通大臣又は都道府県知事）**だけ**

Keyword 免許取消し処分をできるのは、免許権者だけ。

✓ チェック！

1□**役員が暴行罪で罰金刑**　甲県知事の免許を受けているＥ社の取締役Ｆ
が、刑法第 208 条（暴行）の罪により罰金の刑に処せられた場合、（Ｅ社
は免許欠格事由に該当することになったので、）Ｅ社の免許は取り消され
る。⑰⑮

2□**専任宅建士が懲役刑**　業者Ａ（法人）の従業者で、役員又は政令で定め
る使用人ではないが、専任の宅建士であるＤが、刑法第 246 条（詐欺）
の罪により懲役の刑に処せられたとき、（Ａは免許欠格事由になったわけ
ではないので）このことを理由としてＡの免許が取り消されることはない。
⑩

3□**復権得た破産者が役員就任**　業者Ｂ社に、かつて破産宣告を受け、既に
復権を得ている者が役員として就任する場合、その就任をもって、Ｂ社の
免許が取り消されることはない。⑳

4□**免許換え違反**　甲県内にのみ事務所を設置している業者Ａが乙県内にも
事務所を有することとなった場合で、国土交通大臣の免許を受けていない
ことが判明したとき、甲県知事は、Ａの免許を取り消さなければならない。
⑧

5□**1 年以上の事業不開始・休止**　甲県知事の免許を受けたＡが免許を受け
てから 1 年以内に事業を開始しない場合において、Ａに相当の理由がある
ときも、甲県知事は、Ａの免許を取り消さなければならない。⑥

6□**業務停止処分違反**　宅地建物取引業者Ａ（甲県知事免許）が乙県の区域

内における業務に関し同条の規定に違反し、乙県知事から業務停止処分を受けた場合で、Aがその処分に違反したとき、甲県知事は、Aの免許を取り消さなければならない。⑩

7□営業保証金不足額の供託義務違反　Aは、営業保証金の還付が行われ、営業保証金が政令で定める額に不足することになったときは、その旨の通知書の送付を受けた日から2週間以内にその不足額を供託しなければ、免許取消の処分を受けることがある。⑳

8□処分権者　業者A（甲県知事免許）が、乙県区域内におけるAの業務に関し乙県知事から受けた業務停止の処分に違反した場合、乙県知事は、Aの免許を取り消すことができない。⑫

9□処分権者　宅地建物取引業者A（甲県知事免許）が、乙県の区域内の業務に関し乙県知事から指示を受け、その指示に従わなかった場合で、情状が特に重いときにも、国土交通大臣は、Aの免許を取り消すことができない。⑪

8-4　宅地建物取引士に対する指示処分・事務禁止処分 68条1・2項
（1）処分内容
　①指示処分　違反状態是正のため、必要な措置を指示する。
　②事務禁止処分1年以内の期間を定め、宅地建物取引士としてすべき事務を禁止。

（2）処分事由
　①指示処分
　　ⅰ業者に、自己が専任の宅地建物取引士として従事している事務所以外の事務所の専任の宅地建物取引士である旨の表示をすることを許し、業者がその旨の表示をした
　　ⅱ他人に、自己の名義使用を許し、他人がその名義を使用し宅地建物取引士である旨の表示をした
　　ⅲ宅地建物取引士として行う事務に関して不正又は著しく不当な行為をした
　②事務禁止処分
　指示処分の事由にあたる又は指示に従わない

（3）処分権者

　登録をした都道府県知事とその場所を管轄する知事。

（4）処分をした都道府県知事の通知義務

　都道府県知事は、他の都道府県知事の登録を受けている宅地建物取引士に対して指示処分または事務禁止処分をしたときは、遅滞なく、その旨を当該宅地建物取引士の登録をしている都道府県知事に通知しなければならない（70条4項）。

✓ **チェック！**

1□**名義貸し**　都道府県知事は、その登録を受けている宅地建物取引士が、他人に自己の名義の使用を許し、その他人がその名義を使用して宅地建物取引士である旨の表示をしたとき、当該宅地建物取引士に対し、必要な指示をすることができる。⑰

2□**重説で宅建士証不提示**　宅地建物取引士は、宅地建物取引士証を提示することなく重要事項説明を行ったときは、宅地建物取引士としてすべき事務を行うことを禁止されることがある。⑥

8-5　**宅地建物取引士又は同資格者に対する登録の消除**

　　　　　　　　　　　　　　　　　　　　　　　　　68条の2

（1）宅地建物取引士についての事由

　①登録を受けた後、登録欠格事由にあたることとなった
　②不正手段により登録を受けた
　③不正手段により宅地建物取引士証の交付を受けた
　④事務禁止処分を受ける事由にあたり、情状が特に重い
　⑤事務禁止処分に違反した

（2）宅地建物取引士資格者についての事由

　①（1）①②にあたる
　②宅地建物取引士がする事務を行い、情状が特に重い

（3）処分権者

　登録をした都道府県知事だけ

> **Keyword** 登録消除処分をできるのは、登録知事だけ !!

✓ チェック!

1□ **66条1項8号処分**　宅地建物取引士が取締役をしている宅地建物取引業者が、不正の手段により宅地建物取引業の免許を受けたとして、その免許を取り消されるに至った場合、当該宅地建物取引士はその登録を消除される。⑭

2□ **暴行罪で科料**　登録を受けている者が暴行罪を犯し、科料に処せられた場合、当該登録をしている都道府県知事は、当該登録を消除しなければならないわけではない。①

3□ **名義貸し**　甲県知事の登録を受けた宅地建物取引士BがCにBの名義の使用を許し、CがBの名義を使用して宅地建物取引士である旨の表示をした場合に、その情状が特に重いときは、甲県知事は、Bの登録を消除しなければならない。③

4□ **宅建士事務に関し不正行為**　甲県知事の登録を受けている宅地建物取引士が、乙県内において宅地建物取引士として行う事務に関し不正な行為をした場合で、情状が特に重いとき、甲県知事は、当該宅地建物取引士の登録を消除しなければならない。⑧

5□ **宅地建物取引士資格者が重要事項説明**　宅地建物取引士資格者が、重要事項説明を行い、書面に記名押印し、情状が特に重い場合は、登録を消除される。⑦

6□ **宅地建物取引士資格者にも登録消除はあるのか**　Aが役員をしている業者B社が、不正の手段により宅地建物取引業の免許を受けたとしてその免許を取り消された場合、Aは、宅地建物取引士証の交付を受けていなくとも、その登録を消除される。⑤

8-6 聴聞と公告　　　　69条、70条
（1）すべての処分で聴聞
　国交大臣又は都道府県知事が監督処分を行おうとするときは、行政手続法の意見陳述のための手続区分にかかわらず、**聴聞**を行わなければな

らない。

（2）免許取消・業務停止処分の公告

　　国交大臣又は都道府県知事は、宅地建物取引業者に対し**業務の停止**又は**免許取消処分**をしたときは、その旨を**公告**しなければならない。

ＰＯＩＮＴ

事前聴聞はすべての処分で必要だが、
事後の公告は、業者に対する業務停止と免許取消だけ

✓ チェック！

1□**事前聴聞**　国交大臣又は都道府県知事が監督処分を行おうとするときは、例外なく、行政手続法の意見陳述のための手続区分にかかわらず、事前聴聞を行わなければならない。㉔㉓㉑⑭

2□**公告**　国交大臣又は都道府県知事は、業者に対し業務の停止又は免許取消処分をしたときは、その旨を公告しなければならないが、指示処分をしたときは、公告をする必要はない。㉔㉒㉑⑳
　また、宅地建物取引士に処分をしたときは、公告はしない。

8-7　国土交通大臣免許業者への監督処分と内閣総理大臣との協議

71条の2

　　国土交通大臣は、その免許を受けた業者に、監督処分をしようとするときは、あらかじめ、内閣総理大臣に協議しなければならない。

✓ チェック！

□**内閣総理大臣との協議**　国土交通大臣は、宅地建物取引業者Ｃ社（国土交通大臣免許）が宅地建物取引業法第37条に規定する書面の交付をしていなかったことを理由に、Ｃ社に対して業務停止処分をしようとするときは、あらかじめ、内閣総理大臣に協議しなければならない。㉔

2 罰則

罰則は、本法違反の場合に科される裁判所からの制裁である。

8-8　罰則のポイント　　　　　　　　79〜86条

（1）免許制度にさからう行為はきつく処罰される（**7-8**参照）。

（2）業務運営体制上の規制*違反には、すべて罰則（罰金）が科される。これに対し、業務上の規制違反で罰則があるのは、誇大広告の禁止違反、契約内容記載書面（37条書面）の交付義務違反などにとどまる。

（3）罰金よりも軽い過料の制裁は、宅地建物取引士の違反行為に科される。

（4）雇い主と行為者の両方を処罰する両罰規定がある。

＊**業務運営体制上の規制**　【業者名簿の変更の届出・専任の宅地建物取引士の設置義務・契約行為をする案内所等の事前届出・標識の掲示・事務所に必須の三備品（報酬額掲示・業務に関する帳簿・従業者名簿）の掲示又は備置、従業者証明書を携帯させる等】違反には、すべて罰金の罰則が設けられている。

＊**両罰規定**　業務に関する違反行為につき、行為者を罰するほか、業務主である宅地建物取引業者に対しても、罰金刑が科される。行為者と業務主の両方を罰するから両罰規定という。とくに、不正手段により免許を受けた・無免許営業をした・名義貸しをした・業務停止処分に違反した・事実不告知等をした場合には、業務主である法人に対して**1億円以下**の罰金を科す。

✓ チェック！

1□**専任の宅建士の設置義務違反**　宅地建物取引業者は、事務所に置かなければならない専任の宅建士が退職して欠員を生じた場合、2週間以内に是正措置を講じないと、業務停止処分を受けることはあるが、罰則の適用を受けることもある。④

2□**誇大広告罰則**　業者は、販売する宅地又は建物の広告に著しく事実に相違する表示をした場合、6月以下の懲役又は100万円以下の罰金に処せられることがある。⑳

3□**37条違反**　宅地建物取引業者が、交付すべき37条書面に、宅建士を

して記名押印させなかったときは、指示処分を受ける他、罰金に処せられることがある。⑩

4□**守秘義務違反**　業者の使用人は、正当な理由なくして、業務を補助したことについて知り得た秘密を他に漏らした場合、50万円以下の罰金に処せられることがある。①

5□**両罰規定**　法人である宅地建物取引業者の代表者が宅地又は建物の売買に関し誇大広告を行った場合、その代表者だけでなく、当該法人が罰金の刑に処せられる。⑦

6□**宅建士への罰則**　宅地建物取引業者が、宅建士をして取引の相手方に対し重要事項説明をさせる場合、宅建士は、取引の相手方から請求がなくても、宅建士者証を相手方に提示しなければならず、提示しなかったときは、罰金に処せられることはないが、過料に処せられることはある。㉕

8-9　罰則一覧　（主なもの）

（1）**3年以下の懲役もしくは300万円以下の罰金又はこれらの併科**
——不正手段により免許を受けた／無免許営業／名義貸しをして営業をさせた／業務停止処分に違反

（2）**2年以下の懲役もしくは300万円以下の罰金又はこれらの併科**
——重要な事実の不告知

（3）**1年以下の懲役もしくは100万円以下の罰金又はこれらの併科**
——不当に高額の報酬要求

（4）**6月以下の懲役・100万円以下の罰金又はこれらの併科**——営業保証金を供託した旨の届出前に営業開始／誇大広告／不当な履行遅延、手付貸与等による契約締結の誘引

（5）**100万円以下の罰金**——規定を超える報酬の受領

（6）**50万円以下の罰金**——免許申請書又は添付書類に虚偽記載／無免許で表示又は広告／名義貸しにより表示又は広告をさせた／専任宅建士の設置義務違反／業者名簿の変更の届出義務違反／契約行為をする案内所等の事前届出義務違反／37条違反／標識の掲示義務違反・事務所に必須の3備品（報酬額掲示・業務に関する帳簿／従業者名簿）の掲示又は備置義務違反・虚偽記載／従業者証明書を携

帯させる義務違反／守秘義務違反／信託会社等の営業の届出義務違
反

（7）**10万円以下の過料**──宅地建物取引士証の返納・提出義務違反
／重要事項説明の際の宅地建物取引士証の提出義務違反

学習の指針

監督処分は、全肢使って出ることが多い。罰則は、その他の問題との混
合問題で出ることが多い。いずれも、テキストと講義で示したポイント
をおさえれば、まず得点できます。

第2編
土地建物に関する権利関係

14問出題

不動産取引について、一般的なルールを学習します。取引には、民法が適用されます。不動産の貸し借りには、借りている者を保護する特別なルールが定められています（借地借家法）。また、マンションには、区分所有法がルールを定めています。さらに、不動産の登記についても学習します。

凡例　✓ **チェック!** で紹介している一問一答問題は、過去問題です。末尾の数字は、出題年です。**すべて正しい記述に直して紹介しています。**
Keyword と **POINT** は、当該学習事項の重要なところです。
【覚え方】は、ゴロ合わせや、お経読みの覚え方です。

学習の要点

YouTube 動画 【入門】
土地建物に関する権利関係→

Part1　**契約の成立**　契約はどうしたら成立するか。成立するとどうなるかを学びます。
　⇨ P.123

Part2　**制限行為能力者制度**　未成年者など一般より判断力が低い者を保護する制度です。
　⇨ P.126

Part3　**不完全な意思表示**　だまされたり、おどされたりしてした、又は本心がないのに
した契約の効力です。　⇨ P.131

Part4　**代理**　契約を、本人に代わって代理人にしてもらう制度です。　⇨ P.139

Part5　**契約履行途中のトラブル**　契約違反や、契約をやめにすることについてです。
　⇨ P.148

Part6　**契約の履行**　契約を実行することです。不動産の売買では、売主は物件を引き渡
して、買主は、代金を支払います。　⇨ P.161

Part7　**時効**　事実状態が継続するだけで、権利変動する制度です。　⇨ P.181

Part8　**債権担保の方法**　契約の効力を確実にする方法です。保証や抵当権という制度が
あります。　⇨ P.190

Part9　**賃貸借・借地借家法**　不動産を貸し借りする契約についてです。　⇨ P.213

Part10　**物権のその他の事項**　共同所有や、物についての各種の権利です。　⇨ P.246

Part11　**債権のその他の事項**　各種の契約や不法行為（違法な権利侵害行為）について
です。　⇨ P.265

Part12　**相続**　人が死亡した際の、財産の引継ぎです。　⇨ P.286

Part13　**区分所有法**　マンションなど建物を区分けして所有する仕組みです。　⇨ P.299

Part14　**不動産登記法**　取引安全のため不動産の権利関係を記録して公に示す制度です。
　⇨ P.311

学習の仕方

不動産の売買契約の成立から、終了まで、どのような問
題が生じ、どのようなルールが適用されるかを、具体例
に即して理解していきます。

Part 1

契約の成立

　人間関係は人と人の約束＝契約によって築かれます。契約の成立とその効果を見てみましょう。

1-0　権利能力──すべての話の前提として　　　　　　　3条1項
　人は、生まれると同時に権利義務の主体となれる。

• 権利義務の主体となれることを**権利能力**があるという。

1-1　契約の成立
　契約は、当事者が「契約をしましょう」という意思（考え）を言葉や態度で表示し、それが一致すれば成立する（原則）。

たとえば　Aさんが、「この建物を5000万円で買いませんか」とBさんに言ったのに対し、Bさんが「買いましょう」と言えば5000万円の建物売買契約が成立する。実際には契約書を取り交わすが、これは契約した証拠を残すためで、法律的には言っただけで契約は成立する。
例外　契約成立のため、書面（又は電磁的記録）の作成を要求する民法446条（保証契約 **8-24**）等

1-2　契約成立の効果
契約が成立すると、当事者間で約束したとおりの権利と義務が発生する。

建物売買契約の結果生じる権利と義務

	売主	買主
権利	代金支払い請求権	建物の引渡し請求権
義務	建物の引渡し義務	代金支払い義務

＊さらに、売主は、買主に対し、登記、登録その他の売買の目的である権利の移転についての対抗要件を備えさせる義務も負う。560条

契約が成立しても、なんら権利・義務が発生しない無効の場合もある。

1-3　無効な契約　　　　　　　　　　　　　90条等
（1）**公序良俗**に反する契約は、無効（90条）。
（2）**意思無能力**＊状態でした契約は、無効（3条の2）。
（3）**実現不可能**なことを目的とする契約は、無効ではない、とされた。

（1）はつまり　公序良俗とは公の秩序と善良な風俗ということで、それに反するとは、要するに反社会的ということだ。例えば、覚せい剤の売買契約、殺人請負契約、法外な高利で金を貸す契約などが、これに当たる。これらは、法律上の効力を認めるわけにいかないので、無効である。
（2）はつまり　意思無能力とは、判断力ゼロの状態だ。例えば、泥酔状態であったり、寝ぼけて右も左もわからない場合だ。このような状態では有効な意思表示はできないので、契約のようなことが行われても、無効である。
（3）はつまり　実現不可能なことを目的とする契約、例えば、夜空に浮かぶ月の売買契約や契約締結前に焼失してしまっていた建物の売買契約などが、これに当たる。夜空の月や焼失してしまった建物を引き渡すことはおよそ不可能なので、従来、そのような契約は無効だと考えられていた。しかし、無効であって、なんら権利義務が生じないとしてしまうと、何らかの事情で、売主の過失で、買主に損害が生じても、損害賠償の請求もできないことになる。そこで、「契約に基づく債務の履行がその契約の成立の時に不能であっ

たことは、第415条（債務不履行を理由とする損害賠償）の規定によりその履行の不能によって生じた損害の賠償を請求することを妨げない。412条の2第2項」という規定が置かれた（令和2年）。とすると、実現不可能なことを目的とする契約も、まったく無効なのではないことになる。

なお、**他人の物（権利）の売買**、たとえば隣人の家を売ってしまうような場合は、これを引き渡すことは物理的に可能なので、従来からも有効だとされている。有効だから、他人の物（権利）の売買における売主は、その権利を他人から取得して買主に移転する義務を負う、ことになる。561条

✓ チェック！

1 □**乳幼児**　父母とまだ意思疎通することができない乳児も、不動産を所有することができる。㉕
　∵意思疎通できない乳児も権利能力はある。

2 □**焼失建物の売買**　Ａ所有の甲建物につきＡＢ間で売買契約が成立したが、甲建物は、契約締結前に近所の火災からの類焼により焼失していた場合、ＡはＢの債務不履行を理由とする損害賠償請求をすることができることがある。⑲改題

3 □**他人の物（権利）の売買**　ＢがＡから買い受けた建物がＣの所有であった場合でも、ＡＢ間の契約は有効に成立する。⑪

4 □**意思無能力**　ＡＢ間で、5か月後に実施される試験にＢが合格したときにはＡ所有の甲建物をＢに贈与する旨を書面で約したが、その約定の時点でＡに意思能力がなかったときは、Ｂは、本件試験に合格しても、本件約定に基づき甲建物の所有権を取得することはできない。㉚

Part 2

制限行為能力者制度

未成年者など判断力が低い人を保護するのが、制限行為能力者制度です。

2-1 制限行為能力者制度と４タイプの制限行為能力者及び保護者 4条〜

判断力が低い**制限行為能力者**を保護するため、制限行為能力者がした**法律行為***は、あとで不利だと思えば、本人又は保護者が**取り消せる**※ものとした。

*契約（1-1）のように意思表示が中味になっている権利義務の発生要件。単に**行為**ともいう。
※取り消せる行為は、取り消すまでは有効だが、取り消しがあると、初めから無効であったものとみなされる（121条）。
（**注意**）ただし、成年被後見人と被保佐人が免許欠格事由から外されたことと整合させるため、宅建業法47条の３に「宅地建物取引業者（個人に限り、未成年者を除く。）が宅地建物取引業の業務に関し行った行為は、行為能力の制限によっては取り消すことができない。」という規定が置かれた。令③

制限行為能力者には、次の４タイプあり、それぞれ保護者が付く

タイプ	プロフィール	保護者
未成年者*¹	満18歳未満の者　　4条	法定代理人*²
成年被後見人	事理弁識能力を欠く常況にあり、後見開始の審判※受けた者　　7条	成年後見人
被保佐人	事理弁識能力が著しく不十分であり、保佐開始の審判※を受けた者　　11条	保佐人
被補助人	事理弁識能力が不十分であり、補助開始の審判※を受けた者　　13条	補助人

*１ **婚姻適齢**　婚姻は、18歳にならなければ、することができない。731条　婚姻適齢と成人年齢は同じである。もちろん男女の別なく、また法定代理人の同意も不要である。
*２ **法定代理人**とは、身代わり（代理）で法律行為を行えることが定まっている者。未成年者の法定代理人は一般には親（親権者という818条）。親がない場合は、最後に親権を行う者が未成年後見人を指定するか、未成年被後見人又はその親族その他の利害関係人の請求により家庭裁判所が未成年後見人を選任し、その者が法定代理人と

126

なる（838・839条）。㉖ **令②**

※各種の審判は、本人や配偶者等の請求によって、家庭裁判所が行う（7・11・15条等）。なお、比較的能力の高い人に行う**補助開始の審判**は、本人の意思を尊重して、<u>本人の請求又は同意がある場合にだけできる（15条2項）</u>。⑳

✓ チェック！

□**成人年齢**　18歳の者は成年であるので、その時点で、携帯電話サービスの契約や不動産の賃貸借契約を1人で締結することができる。　**令③改題**

2-2　未成年者が取り消せる行為　　　　　　　　4〜6条

（1）原則＝**勝手にやった行為**（同意・許可のない行為）は、**取り消せる**。

（2）例外＝**得する行為**（単に権利を得、又は義務を免れる法律行為）は、勝手にやっても**取り消せない**。

そのこころ　親の庇護（ひご）下にあるので、親の同意・許可のない行為は、原則取り消せるとするが、得する行為は、取り消す必要はないので、取り消せないとする。

• 保護者（親又は未成年後見人）が個々の行為をすることに**同意**を与えていたり、営業の範囲を定めて**営業の許可**をしていた場合は、その範囲内の行為は取り消せない。

• 保護者は、未成年者の**法定代理人**でもある（824条）ので、未成年者の身代わりで法律行為をすることもできる＊。

＊ただし、親権者とその子との**利益が相反する行為**（例：親権者の債務のため子の不動産に抵当権を設定）又は親権を行う複数の子相互の**利益が相反する行為**（例：遺産分割協議）については、親権者は、その子（複数の子のために親権行使をする場合は、その一方）のために**特別代理人**の選任を家庭裁判所に請求しなければならない（826条）。㉖

✓ チェック！

1□**営業許可された未成年者**　営業を許可された未成年者は、その営業に関しては成年者と同一の行為能力があるので、その営業のための商品を仕入れる売買契約を行うのに、父母の同意は不要である。㉕

2□**親権を行う複数の子相互の利益相反行為**　Aが死亡し、Aの妻Bと嫡出でない未成年の子CとDが相続人となった場合に、CとDの親権者である母EがCとDを代理してBとの間で遺産分割協議を行っても、本来特別代

理人を選任してやらせるべきだったのであるから、無権代理行為（4-8）であり、有効な追認がない限り無効である。㉗

2-3　成年被後見人が取り消せる行為　　　　　　　　　　9条
日常生活上の行為以外は、すべて（同意を得た行為も、得する行為も）取り消せる。

そのこころ　判断力が最も低いので、原則なんでも取り消せるものとする。
- 日常生活上の行為以外の行為は、保護者である成年後見人が身代わりで行える（代理　859条1項）が、**居住用不動産**を処分（売ったり、抵当権を設定する）するには家庭裁判所の許可が必要である（859条の3）。

✓ チェック！
1 □ **同意を得て行った行為**　成年被後見人が成年後見人の事前の同意を得て土地を売却した場合、成年後見人は、当該意思表示を取り消すことができる。⑮⑳
2 □ **得する行為**　成年被後見人が第三者との間で建物の贈与を受ける契約をした場合は、成年後見人は当該行為を取り消すことができる。㉖
3 □ **居住用建物の売却**　成年後見人が、成年被後見人に代わって、成年被後見人が居住している建物を売却する場合には、家庭裁判所の許可を要する。㉖

2-4　被保佐人が取り消せる行為　　　　　　　　　　13条
（1）原則＝**勝手にやった行為**（同意のない行為）も、**取り消せない**。
（2）例外＝**一定の重大行為**[*1]は、保佐人の同意[*2]（又はこれに代わる家庭裁判所の許可[*3]）が必要であり、勝手にやると**取り消せる**。

そのこころ　判断力は4類型中2番目に高いので、原則勝手にやっても取り消せず、一定の重大行為だけ勝手にやれば取り消せるとした。
＊1 勝手にやると取り消せる**重大な行為**とは、
　①借金をする、又は他人の保証人になる
　②不動産の売買契約や不動産に抵当権をつける契約

③土地について 5 年、建物について 3 年を超える※賃貸借
④相続の承認・放棄、遺産の分割等　（13 条 1 項）
⑤上記行為を制限行為能力者の法定代理人として行う

※**超える**　3 年を超えるとは、3 年 1 日からをいう。これに対し、3 年以上とは 3 年ちょうどからをいう。また、3 年未満は、2 年 364 日までをいう。これに対し、3 年以下は、3 年ちょうどまでをいう。**超える・未満**は基準の数字を含まないが、**以上・以下**は、基準の数字を含む。

＊2 保佐人が、**居住用不動産を処分**（売ったり、抵当権を設定したり）**することに同意するには**家庭裁判所の許可が必要である（876 条の 5）。

＊3 保佐人が被保佐人の利益を害するおそれがないにもかかわらず同意しないとき、家庭裁判所は、被保佐人の請求により、保佐人の同意に代わる許可を与えることができる。

2-5　被補助人が取り消せる行為　　　　　　　　　　　17 条

（1）原則＝**勝手にやった行為**（同意のない行為）も、**取り消せない。**

（2）例外＝**一定の重大行為中の特定行為**＊¹ は、補助人の同意＊²（又はこれに代わる家庭裁判所の許可＊³）が必要であり、勝手にやると**取り消せる。**

そのこころ　判断力は 4 類型中最も高いので、勝手にやったら取り消せる行為を、被保佐人が取り消せる行為中の一定行為だけとした。

＊1 勝手にやると取り消せる行為は、**2-4** の勝手にやると取り消せる重大行為のなかの一定行為につき、請求により家庭裁判所がその旨の審判をする。

＊2 補助人が、**居住用不動産を処分**（売ったり、抵当権を設定したり）**することに同意するには**家庭裁判所の許可が必要である（876 条の 10）。

＊3 補助人が被補助人の利益を害するおそれがないにもかかわらず同意しないとき、家庭裁判所は、被補助人の請求により、補助人の同意に代わる許可を与えることができる。

2-6　追認と法定追認　制限行為能力者の相手方の保護 1 121 ～ 125 条

（1）**追認**　取り消せる行為をした制限行為能力者が能力者となって、かつ取消権を有することを知った場合、又は保護者は、取り消せる行為を追認することができ、追認すると当該行為は、もう取り消せなくなる。令⑤

（2）**法定追認**　追認できる者（行為能力者となった取り消せる行為をした制限行為能力者又は保護者）が、追認意思が明らかな行為をすると、追認したとみなされる。

法定追認事由	具体例
履行	成人した未成年者が、その土地を引き渡してしまう
履行の請求	未成年者の保護者が相手方に代金の支払いを請求する
権利の譲渡	未成年者の保護者が代金債権を第三者に譲渡する

2-7　相手方の催告権　制限行為能力者の相手方の保護2　　20条
　相手方は制限行為能力者側（成年被後見人・未成年者を除く）に、追認するのかどうかを催告（催促）でき、確答（返事）の発信がなければ、
（1）保護者に催告した場合⇒追認
（2）被保佐人・被補助人に催告した場合⇒取り消し、と扱う。

【注】成年被後見人・未成年者に催告しても、無効！
そのこころ　これらの者は通知を受け取る能力もない。

2-8　取消権の期間制限　制限行為能力者の相手方の保護3　　126条
　追認できるときから5年又は行為のときから20年経過すると、取り消せなくなる。

✓ チェック！

□**未成年者の取消の期間制限**　未成年者が土地を売却した場合、行為の時からではなく、成年者になった時から5年経過すると、取り消せなくなる。②

2-9　制限行為能力者の詐術　制限行為能力者の相手方の保護4　　21条
　制限行為能力者が、相手方に能力者と信じさせる、又は、親や保佐人・補助人の同意を得たと詐術（ウソ）を用いたときは、取り消せなくなる。

学習の指針

10年で4回程度の出題頻度。出題は、4タイプの制限行為能力者を並べて又は意思無能力の場合も加えて問うことが多い。手続的な細かいことが出たら、消去法で解く。

Part 3

不完全な意思表示

　だまされ、又はおどされてした契約や、本心のない契約をした場合には、関係者の利益を不当に侵害しない限りで、取り消せたり、無効の主張ができたりします。

＜1＞**詐欺による意思表示**　Aが、自己所有建物を建物価格の相場が激落しているので（実はウソ）今売らないと損だよ、とだまされて売ってしまった場合の話だ。だましたのが売った相手方の場合と契約当事者以外の第三者の場合につきルールが定まっている。

3-1　詐欺による意思表示　　　　　　　　　　　96条

（1）①相手方の詐欺による意思表示は、取り消せる。

　　　②第三者が詐欺を行った場合は、相手方が、詐欺につき知り（悪意 *1)、又は知ることができた（善意だけど過失あり）ときには、その意思表示を取り消すことができるが、相手方がその事実を知らない（善意*2)で、そのことに過失のないときは、その意思表示を取り消せない。

（2）詐欺による意思表示の取り消しは、取り消しまでに利害関係をもった第三者が、詐欺につき善意で過失のないときには、対抗*3 することができない。※

　　　第三者が、詐欺につき悪意又は善意だけど過失ありのときは、取り消しを対抗できる。

＊1**悪意**とは、知っているということ。＊2**善意**とは、知らないということ。
※この場合は、善意無過失の第三者は、取得した権利を取り消し者に対抗できることになる。
＊3**対抗**できるとは、法的に主張できるということ。

（1）①のこころ　相手方の詐欺により意思表示をさせられてしまった者は、保護する必要がある。

②のこころ　第三者（契約当事者以外の者）がだまし、相手方がそのことを知っていたか知りえたときは、相手方は、第三者の詐欺を悪用しているので、だまされた者を保護すべきで、だまされた者は取り消せるとする。相手方がその事実を知りえなかった（善意・無過失）ときは、詐欺に無関係な相手方を保護すべきで、取り消せないとする。

（2）のこころ　利害関係をもった第三者が詐欺を知らないで、過失もなかったときは、詐欺に関係ない第三者を保護すべきで、だまされた者は詐欺による取り消しを、利害関係をもった第三者に対抗＝主張できないとする。第三者が悪意又は善意だけど過失ありの場合には、第三者は、だまされていることを悪用しているので、だまされた者を保護すべきで、だまされた者は取り消しを対抗できるとする。

※善意無過失の第三者が取得した権利を対抗するには、登記をしている必要はない（判例）。

• 詐欺を理由に契約を取り消した場合、既に履行された状態は原状回復しなければならない（売買契約の結果、代金を支払い、登記を移していたならば、取消しにより、登記は戻し、代金は返還しなければならない）が、原状回復相互は、同時履行の関係（**5-3** 参照）となる。㉚

✓ チェック！

1□第三者の詐欺　Aが、Bの欺罔行為によって、A所有の建物をCに売却する契約をした場合、Aは、Bの欺罔行為をCが知っている（悪意）か知りえた（善意だが過失あり）ときでないと売買契約を取り消すことはできない。⑭改題

2□詐欺取消しと第三者　A所有地を、AがBに、BがCに売り渡したが、CがAB間の売買契約はBの詐欺によることを知りえなかった場合（善意無過失）は、後に、AがBの詐欺を理由にAB間の売買契約を取り消しても、Cは、Aに同土地の所有権の取得を対抗できる。⑧⑭改題

＜2＞強迫による意思表示　Aが、あなたの建物を売らないと殺すよとおどされて売ってしまった場合の話だ。おどしたのが売られた相手方でも契約当事者以外の第三者でも、同じルールが適用される。

3-2　強迫による意思表示　　　　　　　　　　　　69条

（1）強迫（おどす）による意思表示は、誰の強迫でも、取り消すことができる。

（2）強迫による取り消しは、取り消しまでに利害関係をもった第三者に、その善意悪意を問わず、対抗することができる。

そのこころ　おどされて意思表示をさせられた者は、うっかりだまされた者より強く保護しなければならないので、①第三者がおどした場合も無条件で取り消せる、また、②利害関係をもった第三者が善意であっても取り消しを対抗できるとする。

✓ チェック！

1□**第三者の強迫**　Aが第三者Cの強迫によりBとの間で売買契約を締結した場合、Bがその強迫の事実を知っていたか否かにかかわらず、AはAB間の売買契約に関する意思表示を取り消すことができる。⑲

2□**強迫取消しと利害関係をもった第三者との関係**　Aがその所有地を、Bに強迫されBに譲渡し、移転登記をした後、善意のCが、Bからその土地を賃借して、建物を建て、保存登記をした場合は、後に、AがBの強迫を理由にAB間の売買契約を取り消せば、Cに対して土地の明渡し及び建物の収去を請求でき、Cは、これを拒めない。①③⑩

＜3＞**通謀虚偽表示**　A所有地につき、Aが強制執行を逃れるため、売る意思はなくBと通謀して売買契約を装った場合のように、相手方と相談して虚偽の契約をした場合の話だ。

3-3　通謀虚偽表示　　　　　　　　　　　　94条

（1）相手方と通じてした虚偽の意思表示は、無効とする。

（2）虚偽表示による無効は、虚偽表示により生じた虚偽の権利関係に利害関係をもった善意の第三者に対抗できない。

（1）のこころ　共謀してウソの契約をしているのだから、法的効力を認める必要はない。

（2）のこころ　ウソ契約を信じて利害関係を持ってしまった第三者は保護する必要がある反面ウソ契約をした者には、表示どおりの責任を取らせてもよい。そこで、善意の第三者には無効だと主張できなくする。その結果、有効だったと同様になる。なお、虚偽表示者は不当な行為をしたので善意の第三者はできるだけ保護すべきで過失があってもよい。登記がなくてもよいと扱う。

- 第三者には、直接の第三者から転売を受けた転得者も含む。
- 第三者が、虚偽の法律関係に直接利害関係を持っていない場合は、虚偽表示者は、無効を対抗できる（チェック4）。

✓ チェック！

1□相手方及び利害関係を持った第三者との関係　A所有地につき、Aが強制執行を逃れるため、売る意思はなくBと通謀して売買契約を装った場合、その契約は無効である。⑯　その後、Bの債権者である善意のCが、甲土地を差し押さえた場合、AはAB間の売買契約の無効をCに主張することができない。㉗

2□第三者に過失があり、登記がない場合　Aは、その所有する甲土地を譲渡する意思がないのに、Bと通謀して、Aを売主、Bを買主とする甲土地の仮装の売買契約を締結した。このあと、善意のCがBから甲土地を買い受けた場合、Cに過失があり、かつ、いまだ登記を備えていなくても、AはAB間の売買契約の無効をCに主張することができない。⑦㉗

3□直接の第三者は善意又は悪意だが、転得者は善意　AがBと通謀して登記名義をBに移転したところ、Bは、その土地をCに譲渡し、さらに、CがDに譲渡した場合、Dは善意であれば、Cの善意悪意にかかわらず、Aに対し所有権を主張することができる。⑤㉗

4□仮装売買をした人に金銭を貸し付けた第三者　Aが所有する甲土地につき、AとBが通謀の上で売買契約を仮装し、AからBに所有権移転登記がなされた場合に、Bが甲土地の所有権を有しているものと信じてBに対して金銭を貸し付けたCは、土地の仮装売買に利害関係をもったわけではないので、AはCに虚偽表示の無効を対抗できる。㉔ 類㉗

＜4＞**心裡留保**　売るつもりはないのに、売ろうと言った場合の話だ。

3-4　心裡留保 (しんりりゅうほ)　　　　　　　　93条

（1）意思表示は、表意者がその真意ではないことを知ってしたとき
　　　であっても、そのためにその効力を妨げられない。
　　　ただし、相手方がその意思表示が表意者の真意ではないことを知
　　　り（悪意）、又は知ることができたとき（善意だが過失あり）は、
　　　その意思表示は、無効とする。

（2）（1）ただし書の規定による意思表示の無効は、善意の第三者に対
　　　抗することができない。

（1）はつまり　表意者がその真意ではないことを知ってした意思表示とは、
本心を隠した意思表示なので、心裡留保という。冗談、戯言のたぐいだ。取
引の場で、あれは冗談だよ、で済ますわけにはいかないので、言ったとおり
有効と扱うのを原則とするが、相手方が冗談であること知っていたり（悪意）、
知ることができた（善意だが過失あり）場合は、冗談で済ませてよいので、
無効とする。

（2）はつまり　心裡留保による意思表示が無効となる場合（相手方悪意又
は善意だが過失あり）でも、その意思表示を前提に新たな利害関係を持った
者が、心裡留保につき知らなかった（善意）ときは、やはり冗談で済ますわ
けにはいかないので、無効を対抗できないとする。

＜5＞**錯誤による意思表示**　勘違い（錯誤）で契約をした場合だが、勘違い
　　　には、① 100 万円で売るつもりが 10 万円で売ろうと言い間違えた
　　　場合と、② 100 万円の絵画を 10 万円の価値しかないと勘違いして
　　　10 万円で売ろうと言ってしまった場合がある。①を**意思を欠く錯誤**、
　　　②を**基礎事情の錯誤**といい、それぞれルールを設けている。

3-5　錯誤による意思表示　　　　　　　　　95条

（1）意思表示は、意思表示に対応する意思を欠く錯誤（**意思を欠く
　　　錯誤**）があった場合、その錯誤が法律行為の目的及び取引上の社
　　　会通念に照らして重要なものであるときは、取り消すことができ
　　　る＝**意思を欠く錯誤**は、**重要であれば取り消せる**。

（2）意思表示は、法律行為の基礎とした事情についてのその認識が真実に反する錯誤（**基礎事情の錯誤**）があった場合、その事情が表示されており、かつ、その錯誤が法律行為の目的及び取引上の社会通念に照らして重要なものであるときは、取り消すことができる＝**基礎事情の錯誤**は、それが**表示されており、重要であれば取り消せる。**

（3）錯誤が表意者の重大な過失によるものであった場合には、次に掲げる場合を除き、（1）（2）による意思表示の取り消しをすることができない。
①相手方が表意者に錯誤があることを知り、又は重大な過失によって知らなかったとき。
②相手方が表意者と同一の錯誤に陥っていたとき。

（4）（1）による意思表示の取り消しは、善意でかつ過失がない第三者に対抗することができない。

（1）はつまり　意思表示に、表示に対応する意思を欠く錯誤があった場合は、それが重要なものであるときは、取り消すことができる。例えば、自己所有の自動車を100万円で売却するつもりで、言い間違えで10万円で売却すると言ってしまった場合は、10万円で売るつもりはないので、意思を欠く錯誤だ。そして、価格の言い間違いは重要なので、取り消すことができる。重要部分で表示に対応する意思を欠くのに、表示に拘束させるのは酷だからである。

（2）はつまり　意思表示の基礎事情についての錯誤は、その事情が表示されており、かつそれが重要な場合に限り取り消せる。例えば、100万円の絵画を10万円の価値しかないと勘違いして10万円で売ろうと言った場合は、10万円で売ろうという意思表示に錯誤はなく、意思表示の基礎とした事情に錯誤があった場合だ。この場合、売ろうとするものの価値に関する錯誤だから重要な錯誤であることは間違いないが、それだけで常に取り消せるのではなく、「10万円の価値のものだ。」との認識が表示されていた場合に限り取り消せる。

そのこころ　表示されていない意思表示の基礎事情についての錯誤で取り消せては、相手方に不測の損害を与える。

（3）はつまり　意思の錯誤でも基礎事情の錯誤でも、錯誤が意表者の重大な過失による場合は、いわば自業自得なので取り消しできなくする。ただし、

①相手方が錯誤に陥っていることを知っていたり、知らないことに重大な過失があったときと、②相手方自身も同じ錯誤に陥っていたときは、取り消されても不測の損害はないので、なお取り消せるとする。

（4）はつまり　錯誤を理由とする取り消しは、錯誤があった法律行為に利害関係を持った第三者が、錯誤があったことを過失なく知らなかったときは、取り消しを主張できない。錯誤に無関係の第三者を保護するためだ。

例題（令和2年1回）【問6】　AとBとの間 で令和2年7月11日 に締結された売買契約に関する次の記述のうち、民法の規定によれば、売買契約締結後、AがBに対し、錯誤による取り消しができるものはどれか。

1　Aは、自己所有の自動車を100万円で売却するつもりであったが、重大な過失によりBに対して10万円で売却すると言ってしまい、Bが過失なく「Aは本当に10万円で売るつもりだ」と信じて購入を申し込み、AB間に売買契約が成立した場合

2　Aは、自己所有の時価100万円の壺を10万円程度であると思い込み、Bに対し「手元にお金がないので、10万円で売却したい」と言ったところ、BはAの言葉を信じ「それなら10万円で購入する」と言って、AB間に売買契約が成立した場合

3　Aは、自己所有の時価100万円の名匠の絵画を贋作だと思い込み、Bに対し「贋作であるので、10万円で売却する」と言ったところ、Bも同様に贋作だと思い込み「贋作なら10万円で購入する」と言って、AB間に売買契約が成立した場合

4　Aは、自己所有の腕時計を100万円で外国人Bに売却する際、当日の正しい為替レート（1ドル100円）を重大な過失により、1ドル125円で計算して「8,000ドルで売却する」と言ってしまい、Aの錯誤について過失なく知らなかったBが「8,000ドルなら買いたい」と言って、AB間に売買契約が成立した場合

解答解説

1×取り消せない。　100万円で売るつもりで、10万円で売りたいといったことは、意思を欠く錯誤だが、重大な過失によるもので、相手方がその錯誤につき善意無重過失のときは、取り消しできない。

2×取り消せない。　100万の壺を10万と思い込み、10万で売却した

いと言ったのは、基礎事情に関する錯誤だが、この錯誤は、相手方に、その事情を基礎事情とした（価値10万だから売る）ことが表示されていないと取り消せない。

　本肢では表示されていないので、取り消せない。

3〇取り消せる。名画を贋作だと思い込んだのは、基礎事情の錯誤だが、そのことは表示されている。そして、相手方Bも同一の錯誤に陥っているので、仮にAに重大な過失があっても、取り消せる。

4×取り消せない。取り消せない。為替レートを1ドル100円のところ125円と勘違いしたのは基礎事情の錯誤だが、これは表示されておらず、しかも重大な過失があるので、重過失のない相手方に取り消すことはできない。以上 **3-5**

Part 4

代　理

　代理は、本人の身代わりで代理人が契約をすると、本人に契約の効果が生じるという制度です。交渉事が苦手な人が、契約を代わりに行ってもらう場合などに利用されます。

4-1　代理の要件──ここが出発点になる　　　　　　　　　99条
　　代理人の行為の効果が、本人に生じるためには、
①身代わりをしようとする者に、代理権があり、
②相手方に、本人の身代わりであることを示して（顕名^{けんめい}という）、
③相手方と契約をする、ことが必要である。

・代理権は、法律が定めている場合（**法定代理**）と、本人が与える場合（**任意代理**）がある。本人が代理権を与える行為を、**授権行為**という

4-2　代理人の権限濫用　　　　　　　　　　　　　　　107条
　　代理人が**自己又は第三者の利益を図る目的**で代理権の範囲内の行為をした場合において、相手方がその目的を知り、又は知ることができたときは、その行為は、代理権を有しない者がした行為とみなす。

そのこころ　形式的には、代理行為の要件があっても**自己又は第三者の利益を図る目的**があり、相手方もそれを知りうる場合まで代理行為として有効としては本人の利益を害するので、**無権代理行為**（4-9）と扱う。
　例えば　代理人Ｂが売買代金を着服する意図で売買契約を締結し、相手方Ｃが本件契約の締結時点でこのことを知っていた場合は、代理行為として

無効となり、本件契約の効果は本人Ａに帰属しない。㉚

4-3　権限の定めのない代理人の権限　　　　103条
　保存行為又は代理の目的物（又は権利）の性質を変えない範囲での**利用**もしくは**改良**を目的とする行為を代理できる。

せつめい　授権行為はあったが、代理権の範囲をはっきりと定めていなかった場合は、上記のことだけ代理できる。**処分行為**は代理できない。

4-4　顕名をしない場合　　　　100条
（1）代理人が顕名をしないと、代理人自身が契約当事者になってしまう。
（2）ただし、相手方が、代理人であることを知っているか、又は、知ることができた場合は、本人に契約の効果が及ぶ。

（1）のこころ　代理人が身代わりであることを示さなければ相手方は、代理人自身の行為と思ってしまう。
（2）のこころ　相手方が、代理人であることを知っているか、又は、知ることができた場合は、顕名があったと同じだから、有効な代理とする。

✓ チェック！

□**顕名をしないとき**　Ｂの代理人Ｃが、代理人である旨をつげなくても、ＡがＣはＢの代理人であることを知っていれば、ＣはＢを代理してＡと契約することができる。⑰

4-5　自己契約と双方代理は禁止　　　　108条
（1）代理人は、本人を代理して自分と契約する（**自己契約**）ことや、当事者双方の代理人となって契約（**双方代理**）をしてはならない（しても無権代理行為（**4-9**）となる）。
（2）ただし、この禁止は、本人の利益を守るためだから、本人が事前に許諾、又は事後に追認（承認）すれば有効な代理となる。

(1) のこころ 自己契約や双方代理では、代理人が一人で全部決めることになるので、本人の利益を害する。よって、原則的に禁止する。

✓ チェック！

□**自己契約** Aが、Bに代理権を授与してA所有の土地を売却する場合、Bは、Aの同意がなければ、この土地の買主になることができない。⑫⑳

4-6 代理権の自動消滅事由 111条

本　人：死亡、破産手続開始の決定（委任による代理の場合）

代理人：死亡、破産手続開始の決定、後見開始の審判

【注】本人が後見開始の審判を受けたことは代理権消滅事由ではない。

✓ チェック！

□**代理人が後見開始の審判を受けた** 代理人は、行為能力者であることを要しないが、代理人が後見開始の審判を受けたときは、代理権が消滅する。㉖

4-7 代理人の行為能力 102条

（1）制限行為能力者が代理人としてした行為は、行為能力の制限によっては取り消すことができない。

（2）ただし、制限行為能力者が他の制限行為能力者の法定代理人としてした行為については、取り消すことができる。

(1) のこころ 代理人の行為の効果は本人に及ぶから、制限行為能力者の保護を理由に制限行為能力者の代理行為を取り消す根拠はなく、また、任意代理の場合は、自らが制限行為能力者を代理人に選任しているので、取り消せなくとも自業自得である。

(2) のこころ 代理人の効果が及ぶ本人が制限行為能力者である場合は、制限行為能力者の保護を理由に代理行為を取り消す根拠があり、また、法定代理の場合は、本人が代理人を選任したわけではないので、取り消せないと不都合。

✓ **チェック！**

□ **代理人の行為能力**　未成年者AがBから代理権を与えられて契約を締結した場合、Bは、親権者の同意がないことを理由として、Aが締結した契約を取り消すことはできない。③

4-8　代理人が詐欺を受けた場合　　　96・101条

（1）相手方が代理人をだまして契約をした場合、本人が取り消せる。

（2）ただし、委託された代理人がだまされていても、本人が悪意なら、取り消すことができない。

（3）代理人が第三者からだまされた場合は、相手方がその事実を知り、又は知ることができた場合のみ本人は取り消せる。

（1）のこころ　代理人の行為の効果は本人に及んでくるので、代理人がだまされてした契約を切実に取り消したいのは本人である。

（2）のこころ　代理人がだまされていることを委託した本人が知っていた場合は、全体としてだまされたとは言えない。101条3項

（3）のこころ　第三者の詐欺の場合は相手方がそのことを知り、又は知ることができた場合のみ取り消せる（**3-1**）からである。

✓ **チェック！**

1 □ **代理人が相手方からだまされた**　相手方が代理人をだましていたときは、原則として、本人が当該契約を取り消すことができるが、例外として、本人が代理人がだまされているのを知りつつ代理人に対して相手方との契約を指図（さしず）したものであるときには、本人は取り消せない。②⑬

2 □ **代理人が第三者からだまされた**　Aが、Bに土地売却に関する代理権を与えたところ、Bは第三者Cにだまされて、善意・無過失のDと売買契約を締結した場合は、第三者Cが代理人Bをだましたことを相手方Dが過失なく知らなかったのであるから、本人Aは契約を取り消すことができない。④改題

4-9　無権代理は本人が追認できる　　　　　　　113・116条

（1）代理権が全くない代理行為、又は、与えられた代理権の範囲を超えた代理行為を**無権代理**という。

（2）無権代理行為は、そのままでは無効だが、本人が、相手方に追認すれば、契約のときに遡って効力を生ずる（本人に効果が及ぶ）。

【注】追認があった場合、その時から有効になるのでなく、契約時に遡って有効となる。

• 無権代理人に追認しても、相手方がそのことを知るまでは対抗できない（113条2項）。

✓ チェック！

1□**本人の追認権**　Bの代理人としてAにB所有地を売却したCが代理権を与えられていなかったとしても、後に、Bが当該契約をAに対して追認すれば、Aは同地を取得することができる。⑰

2□**追認の効力発生時期**　代理権を有しない者がした契約を本人が追認する場合、その契約の効力は、別段の意思表示がない限り、契約をした時点に遡って生ずる。㉖

4-10　相手方保護の制度——催告権と善意相手方の取消権 114・5条

（1）相手方は、相当期間を定め、追認するかどうか、本人に催告できる。
　⇒確答（返事）しなければ追認拒絶とみなす。

（2）善意の相手方は、本人の追認前ならば、自分の方から取り消し（本人又は無権代理人に対して行う）て無効確定させ、追認できなくすることもできる。
　⇒追認があると、取り消せなくなる。また、取り消しがあると、追認できなくなる。

Keyword　善意相手方の取消権と本人の追認権は、早い者勝ち

✓ チェック!

□**善意の相手方の取消権**　Bが無断でAを代理して、善意のCと契約した場合、Cは、AC間の契約を、Aが追認するまでは取り消すことができる。④

4-11　無権代理人の責任　　　　　　　　　　117条

（1）本人の追認を得られず、かつ、相手方が無権代理につき**善意・無過失**であったときは、相手方は無権代理人に、**契約を代わって履行するか**、又は**損害を賠償する**かを、選択して請求できる。

（2）ただし、無権代理人が制限行為能力者のときは、この責任追及はできない。

✓ チェック!

□**無権代理人の責任**　無権代理人Aは、本人Bが追認を拒絶したときは、自ら契約を履行する責任を負うことがある。⑨

　さらに、①相手方が無権代理につき**善意・無過失**である場合に、②相手方の誤信に本人が原因を作っていたときは、本人に責任を取らせることもできる（**表見代理**）。

4-12　表見代理　　　　　　　　　109・111・112条

　無権代理でも、

①**相手方が、善意・無過失**（代理権があると信ずる正当な理由がある）

②**本人が、誤解の原因を作っていた**（ⅰ**授権表示**・ⅱ**小さな授権**・ⅲ**以前に授権**）

　　ⅰ授権表示　**例**　授権していないのに委任状を与えていた。

　　ⅱ小さな授権　**例**　土地の賃貸借契約の代理権を与えていたのに売ってしまった。

　　ⅲ以前に授権　**例**　以前に代理権を与えたが、代理人が後見開始の審判（又は破産手続開始の決定）を受け、代理権が消滅していた（**4-5** 参照）。

本人に契約の履行を請求できる。

POINT

善意・無過失の相手方は、**本人が誤解の原因をつくった**場合には、
本人に責任追及できる＝表見代理。

✓ チェック！

1□**以前に授権の表見代理**　Bから代理権を与えられたAが破産手続開始の決定を受けたが、なおBの代理人として、B所有地をCに売却した場合、Cが善意無過失であれば、その売買契約は有効である。⑥⑧

2□**表見代理不成立**　BがCに対し、Aは自己の代理人であると表示していたが実は代理権を与えていなかった場合に、CがAに代理権はないことを過失により知らなかったときは、AがBを代理してCとした契約は有効とならない。⑱

4-13　無権代理の関係一覧

本人

無権代理人 ―――― **相手方**

(1) 本人⇒相手方へ　【追認*／追認拒絶権　4-9】

　＊無権代理人にした追認は、相手方が知るまで対抗できない

(2) 相手方⇒本人へ　【追認催告権　4-10】⇒返事なし⇒追認拒絶

(3) 相手方（善意者のみ）⇒本人又は無権代理人へ　【取消権　4-10】
～追認とは早い者勝ち

(4) 相手方（善意無過失者のみ）⇒無権代理人へ【責任追及　4-11】。
本人が誤解の原因を作れば、⇒本人にも
責任追及できる【表見代理　4-12】

4-14　無権代理と相続　　判例

(1) 息子が親の土地を無権代理により処分した後、親が死んで息子が

　　　単独相続した場合

　　　⇒息子が行った無権代理行為の効果は、直接に息子と相手方との間
　　　　に生じる（判例）

　　　＊親が生前、無権代理行為の追認を拒絶した場合は、その後息子が
　　　　親を相続しても、無権代理行為は有効にならない。令①

　（2）息子が単独相続ではなく、共同相続した場合（無権代理人が本人
　　　を共同相続）

　　　⇒共同相続人の全員が共同して追認したときを除き、無権代理行為
　　　　は、無権代理人の相続分に相当する部分においても当然に有効と
　　　　なるものではない（判例）。

　（3）逆に、息子が先に死亡して、親が息子を相続した場合

　　　⇒親は、息子が行った無権代理行為を追認拒絶できるが、相手方が
　　　　善意無過失のときに負う無権代理人の責任（**4-11**）の承継を免
　　　　れることはできない（判例）。

（1）のこころ　無権代理人は本人の追認権も追認拒絶権も、相続により引
き継ぐが、自ら無権代理行為をしながら追認拒絶をするのは、**信義則**＊上、
許されないので、追認がなくても、当然に追認したものとして、有効なもの
としてしまう（判例）。

＊**信義則**　社会生活上、関係者の正当な期待に添うよう行動しなければならないという原則。

（2）のこころ　無権代理行為を当然有効とすると、無権代理をしなかった
他の相続人の迷惑となる。

（3）のこころ　親は無権代理をしたわけではないので追認を拒絶できるが、
相続は、権利だけでなく義務も引き継ぐものだから、子が善意無過失の相手
方に負った責任（**4-11**）を相続することは免れない。

✓ チェック！

1□無権代理人が本人を単独相続　子Aが、父B所有の宅地を、Bに無断で
　Bを代理して、Cに売却する契約をした後、Bが急死して、AがBを単独
　で相続した場合、AはCに対して当該土地を引き渡さなければならない。
　⑤⑳

2□無権代理人が本人を共同相続　子Aが、父B所有の宅地を、Bに無断で
　Bを代理して、Cに売却する契約をした後、Bが急死して、AとAの兄X

がBを共同相続した場合、Aのした売買契約は、Aの相続分に相当する部分においても、有効となるものではない。⑯

3 □**本人が無権代理人を単独相続**　子Aが、父B所有の宅地を、Bに無断でBを代理して、Cに売却する契約をした後に、Aが急死して、BがAを単独で相続した場合、Bは追認を拒絶できるが、CがAの無権代理につき善意無過失であれば、CはBに対して損害賠償を請求することができる。⑯

　代理人が忙しいとき、お手伝いとして頼めるのが、**復代理人**だ。復代理人は、代理人と同一の権利義務を有する代理人のコピー人間だ。

4-15　復代理人の権限等──復代理人は本人の代理人　　107条
　復代理人は、本人及び第三者に対して、代理人と同一の権利・義務を有する。

つまり　復代理人は、代理人の代理人ではなく、本人の代理人だ。本人の身代わりであることを示して（顕名）、第三者と契約すれば、本人に契約の効果が及ぶ（**4-1**）。

4-16　復代理人の選任権とそれに伴う責任　　104~6条
（1）本人に見込まれてなった**任意代理人**は、
　　①本人の許諾を得たとき、又は
　　②やむを得ない事情があるときでなければ復代理人を選任できない。
　　　その代わり、本人に対し、復代理人の選任監督上の責任しか負わない。
（2）好きでなったわけではない法定代理人は、いつでも復代理人を選任できる。その代わり、復代理人の行為につき全責任を負うのを原則とする。

✓ チェック！

□**任意代理人の復代理人選任権**　Aは不動産の売却をBに委任し、代理権をBに付与した場合、Bは、やむを得ない事由があるときは、Aの許諾を得なくとも、復代理人を選任することができる。⑲

Part 5

契約履行途中の
トラブル

1 債務不履行

債務不履行とは、契約違反、約束違反です。

5-1 債務不履行のタイプ
（1）**履行遅滞** 履行しなければならないとき（履行期）に履行できる
　　のに、正当な理由なく、履行しない。
（2）**履行不能** 履行しようにも、履行できなくなってしまった。
（3）**不完全履行** 債務の履行として給付はなされたが、それが債務の
　　本旨に従っていない不完全なものである場合。

（1）はたとえば 10月1日に建物を引き渡すと約束したのに引き渡さない。
（2）はたとえば 建物を引き渡すと約束したが、失火で建物を焼失させてしまった。
（3）はたとえば 期日に引き渡した建物が欠陥住宅であった。

5-2 期限*の種類と履行期＝履行遅滞になる時期　　　　412条

期限の種類	たとえば	履行期（履行遅滞になる時期）
確定期限	10月10日に引き渡す	債務者が期限到来後に履行の請求を受けたとき又は期限到来を知ったときのいずれか早いとき
不確定期限	父が亡くなったら払う	債務者が期限到来を**知ったとき**
期限の定めなし	いつでも払う	債権者から請求を受けたとき

＊**期限**とは、将来発生することが確実な事情をいう。

✓ **チェック！**

□**不確定期限付き債務**　不確定期限付き債務の債務者は、期限到来を知らなくても、期限到来後に履行の請求を受けたときから遅滞の責任を負う。令②

5-3　同時に履行の場合の履行遅滞　　　　　　　　　　　533条

　同時に履行する場合＊¹は、履行期がきても、相手方が履行の提供をしない間は、（こちらには**同時履行の抗弁権**＊²があるので）履行遅滞にはならない。

＊１ 売買のようにお互いが債務を負う**双務契約**では、特約がない限り同時履行関係である（533条）。

＊２ **同時履行の抗弁権**　同時に履行の場合、相手方が履行の提供をするまでは、こちらも履行をしないと主張できる＝履行しなくても履行遅滞とならない権利。

✓ **チェック！**

1 □**同時履行の関係か**　マンションの売買契約に基づく買主の売買代金支払債務と、売主の所有権移転登記に協力する債務は、特別の事情のない限り、同時履行の関係に立つ。㉗

2 □**同時履行の場合の履行遅滞**　同時に履行すべき場合に、売主Ａが定められた履行期に引き渡しをしなくとも、買主Ｂが、代金3,000万円の提供をしないときには、Ａは履行遅滞とならない。⑩

5-4　債務不履行による損害賠償　　　　　　　　　　　415条

（１）債務者がその**債務の本旨に従った履行をしない**とき又は**債務の履行が不能**であるときは、債権者は、これによって生じた**損害の賠償**を請求することができる。ただし、その債務の不履行が契約その他の債務の発生原因及び取引上の社会通念に照らして**債務者の責めに帰することができない事由**によるものであるときは、この限りでない。

（２）（１）により損害賠償の請求をすることができる場合において、債権者は、次に掲げるときは、債務の**履行に代わる損害賠償**の請求をすることができる。

①債務の**履行**が**不能**であるとき。

②債務者がその債務の**履行**を**拒絶**する**意思**を**明確**に**表示**したとき。

③債務が契約によって生じたものである場合において、その契約が**解除**され、又は債務の不履行による契約の**解除権が発生**したとき。

（1）はつまり　債務不履行があると、債権者はこれによって生じた損害の賠償を請求できるが、債務者が債務者の責めに帰することができない事由によるものであることを証明したときは債務者は免責される。

（2）はつまり　その際、①履行不能②債務者履行拒絶意思を明確表示③契約が解除され又は解除権が発生したときは、**履行に代わる損害賠償**の請求ができる。

5-5　**履行遅滞中又は受領遅滞中の履行不能と帰責事由**　413条の2

（1）債務者がその債務について遅滞の責任を負っている間に当事者双方の責めに帰することができない事由によってその債務の履行が不能となったときは、その履行の不能は、**債務者の責めに帰すべき事由**によるものとみなす。

（2）債権者が債務の履行を受けることを拒み、又は受けることができない場合において、履行の提供があったとき以後に当事者双方の責めに帰することができない事由によってその債務の履行が不能となったときは、その履行の不能は、**債権者の責めに帰すべき事由**によるものとみなす。

たとえば　売主が、建物を履行期に引き渡さないでいたところ、落雷により建物が滅失した場合、売主の責めに帰すべき事由による履行不能となる（1）。買主が、売主が建物を引き渡そうと提供したのに、それを拒んでいたところ、落雷により建物が滅失した場合、買主の責めに帰すべき事由による履行不能となる（2）。

そのこころ　履行遅滞中又は受領遅滞中に当事者双方の責めに帰することができない事由によってその債務の履行が不能となったときは、結局は、債務者（売主）又は債権者（買主）の責めに帰すべき事由によるものと評価できる。

5-6 過失相殺 418条

債務の不履行又はこれによる損害の発生若しくは拡大に関して**債権者に過失**があったときは、裁判所は、これを考慮して、損害賠償の責任及びその額を定める。

なお 債務者の主張がなくとも、裁判所は職権で過失相殺をすることができる。

5-7 損害賠償の範囲 416条

（1）債務の不履行に対する損害賠償の請求は、これによって通常生ずべき損害の賠償をさせることをその目的とする。

（2）特別の事情によって生じた損害であっても、当事者がその事情を予見すべきであったときは、債権者は、その賠償を請求することができる。

✓ チェック！

1□**履行遅滞の効果** AがB所有建物を買い受け、履行期に代金を提供し、相当期間を定めて建物の引き渡しを請求したにもかかわらず、Bが建物の引き渡しをしないので、AがCの建物を賃借せざるを得なかった場合、Aは、売買契約の解除のほかに、Bに損害賠償を請求することができる。⑧

2□**履行遅滞中の不可抗力による目的物の滅失** A所有家屋についてのAB間での売買契約で、代金を受領し、引き渡し期日も過ぎたのに、Aがその引き渡しをしないでいたところ、その家屋が類焼によって滅失した場合、その履行の不能は、債務者Aの責めに帰すべき事由によるものとみなされる。①改題

5-8 損害賠償額の予定 ── 損害の証明を不要にできる特約 420条

（1）当事者は、債務不履行につき損害賠償額を予定できる。

（2）損害賠償額の予定を定めた場合も、本来の履行の請求や契約解除をすることはできる。

（3）違約金の定めをした場合は、別段の意思表示がなければ、損害賠償額の予定と扱う。

（1）は、つまり　この特約をしておくと、債務不履行の事実さえ証明すれば、損害額を証明しなくとも、予定された賠償額を請求できる。

なんで　そういう内容の特約だからだ。

⇒当事者は、実際の損害はもっと少ないとか多いという主張ができないが、裁判所は法外な予定額の場合は、公序良俗違反（**1-3（1）**）となる限度で減額できる。

・賠償の予定は、金銭でなくともよい。

（3）は、つまり　違約金とだけ定めた場合は、損害賠償額の予定を定めたものと扱う。

✓ チェック！

1□**損害賠償額の予定の効果**　Ａ所有の土地について、ＡＢ間で売買契約を締結した際に、Ｂの債務不履行によりＡが売買契約を解除する場合は手付金相当額を損害賠償の予定とする旨を定めていた場合には、Ａの損害が手付金相当額を超えていても、Ａは手付金相当額以上に損害賠償請求はできない。⑯

2□**違約金**　ＡがＢから土地建物を購入する際、違約金1,000万円の合意をしたが、Ｂの債務不履行を理由に契約が解除された場合、Ｂは、実損害額が違約金よりも少ないことを立証して、違約金の減額を求めることはできない。⑥

3□**暴利行為**　ＡＢ間の土地売買契約中の履行遅滞の賠償額の予定の条項によって、ＡがＢに対して、損害賠償請求をする場合に、裁判所は、賠償額の予定の合意が、暴利行為として公序良俗違反となる場合には、賠償額の減額をすることができる。⑭

5-9　金銭債務の特則　　　419条・111条

（1）金銭債務の不履行では、損害を証明しなくても、法定利率*（それより高い約定利率を定めていた場合は、その利率）によって定める損害賠償（遅延損害金）を請求できる。

（2）債務者は、（1）の損害賠償については、不可抗力を抗弁とすることができない。

（1）のこころ　金銭債務が履行されなかった場合、少なくとも利息相当額の損害は生じているからである。

なお、金銭債務の不履行では、実損害を証明しても利息相当額を超える額は請求できない。

＊改正法施行時の法定利率は年3%とし、その後3年ごとに見直しを行う変動利率となる（404条）。

（2）は、つまり　金銭債務は、履行期に遅れた以上、債務者の責めに帰すべき事由がない不可抗力の場合でも抗弁とできない＝言い訳とできない、損害賠償責任を負わされる。

✓ チェック！

1 □ **金銭債務の不履行による遅延損害金の請求**　金銭債務の不履行については、債権者は、損害の証明をすることなく、損害賠償の請求をすることができる。②

2 □ **不可抗力で金銭債務が不履行になった場合**　AB間の金銭消費貸借契約において、借主Bは当該契約に基づく金銭の返済をCからBに支払われる売掛代金で予定していたが、その入金がなかった（Bの責めに帰すべき事由はない）ため、返済期限が経過してしまった場合、金銭債務の不履行については、不可抗力をもって抗弁できないため、BはAに対して遅延損害金の支払い義務を負う。㉔

2 契約の解除

債務不履行の効果として、契約を解除（やめる）できる場合があります。

5-10　催告による解除　　　　　541条
当事者の一方がその債務を履行しない場合において、相手方が相当の期間を定めてその**履行の催告**をし、その期間内に**履行がない**ときは、相手方は、**契約の解除**をすることができる。ただし、その期間を経過したときにおける債務の不履行がその契約及び取引上の社会通念に照らして**軽微**であるときは、この限りでない。

つまり　履行遅滞又は追完可能な不完全履行の場合は、相当期間を定めて履行の催告をして、その期間内に履行がないときに解除できる。ただし**債務不履行が軽微**なものである場合は、解除することはできない。

5-11　催告によらない解除　　　　　　　　　　542条

次に掲げる場合には、債権者は、前条の催告をすることなく、直ちに契約の解除をすることができる。

①債務の全部の**履行**が**不能**であるとき。

②**債務者**がその債務の全部の履行を**拒絶**する意思を**明確**に**表示**したとき。

③債務の一部の履行が不能である場合又は債務者がその債務の一部の履行を拒絶する意思を明確に表示した場合において、**残存する部分のみでは契約をした目的を達することができない**とき。

④契約の性質又は当事者の意思表示により、**特定の日時又は一定の期間内に履行をしなければ契約をした目的を達することができない**場合において、**債務者が履行をしないでその時期を経過した**とき。

⑤前各号に掲げる場合のほか、債務者がその債務の履行をせず、債権者が**5-10**の催告をしても契約をした**目的を達するのに足りる履行がされる見込みがない**ことが明らかであるとき。

つまり　**契約目的が達成できない債務不履行の場合**は、催告をしないで契約を解除できる。契約目的達成不能とは、①履行不能②債務者の明確な履行拒絶③一部の履行不能または履行拒絶があり、残りの部分では契約目的が達成できない場合④定期に履行がなければ契約目的達成できない場合に、その時期を徒過した⑤その他、**催告をしても契約目的が達成できる見込みがないことが明らかな場合**等である。

5-12　債権者の責めに帰すべき事由による場合　　　543条

債務の不履行が**債権者の責めに帰すべき事由**によるものであるときは、債権者は、**5-10・11**の規定による契約の解除をすることができない。

5-13　解除権の行使　　　　　　　　540・544条

（1）相手方に対する**一方的意思表示**でよい。いったん行えば撤回できない。

（2）当事者が複数のとき、全員一律に法律関係が決まるように、その**全員から**、又は、**その全員に対してのみ**解除しなければならない。この場合、一人につき解除権が消滅したときは、他の者についても消滅する。

条件に関する規定がいくつかあり、そこから出題されることがある。

条件とは、＜将来発生することが不確実な事情＞をいう。

【例】「剛田が**住宅ローンを組めれば**、住宅を購入する。」と、意思表示した場合、太字部分が条件だ。

この場合のように、＜契約等の効力発生を条件成就にかからせる＞場合を、**停止条件**という（条件成就まで契約の効力発生を停止させている、という意味）。停止条件が成就したときは、その時点から契約等の効力が発生することになる。

逆に、「剛田が住宅ローンを組めなければ、住宅購入契約は解消する。」というように、＜契約等の効力解消を条件成就にかからせる＞場合を、**解除条件**という（条件成就により契約の効力を解消（解除）させる、という意味）。

5-14　条件に関する規定　　　　　　　128〜130条

（1）**条件付権利の侵害の禁止**　条件付権利は、条件成否未定の間でも侵害してはならず、侵害すれば条件成就のときに**不法行為責任（Part11）**が生じる。

（2）**条件付権利の処分、相続等**　条件付権利は条件成否未定の間でも、保存（仮登記等⇒Part14）、処分（譲渡等）、相続等できる。

（3）**条件の成就の妨害**
　①条件成就により不利益を受ける当事者が故意に条件成就を妨害したとき、相手方は、条件成就とみなせる。

②条件が成就することによって利益を受ける当事者が不正にその条件
を成就させたときは、相手方は、その条件が成就しなかったものと
みなすことができる（130条）。

（1）は、たとえば　抽選前の他人の宝くじを破いてはならず、破いてしまっ
て、もし当選した場合は、不法行為責任を負う。

（2）は、たとえば　抽選前の宝くじでも、相続や譲渡の対象となる。

（3）は、たとえば　チェック3参照

✓ チェック！

1□**停止条件付契約の効力**　AとBは、A所有の土地をBに売却する契約を
締結し、その契約に「AがCからマンションを購入する契約を締結するこ
と」を停止条件として付けた場合に、停止条件の成否未定の間は、A所有
の土地をBに売却するAB間の契約の効力は生じていない。⑪

2□**条件成就の妨害**　Aは、Bとの間で、AがA所有の不動産を一定期日ま
でに売却でき、その代金全額を受領することを停止条件として、B所有の
不動産を購入する売買契約を締結した。この場合、Aが、A所有の不動産
の売買代金の受領を拒否して、故意に停止条件の成就を妨げたとき、Bは、
その停止条件が成就したものとみなすことができる。⑪⑮⑱㉓

3□**条件付権利の侵害**　Aは、自己所有の甲不動産を3か月以内に、1,500
万円以上で第三者に売却でき、その代金全額を受領することを停止条件と
して、Bとの間でB所有の乙不動産を2,000万円で購入する売買契約を
締結した。停止条件の成否が未定である間に、Bが乙不動産を第三者に売
却し移転登記を行い、Aに対する売主としての債務を履行不能とした場合
でも、停止条件が成就した場合には、AはBに、Aの乙不動産を購入で
きるという期待利益の侵害を理由に、損害賠償の請求ができる。㉓

4□**条件付権利の相続**　停止条件付きの売買契約の買主の地位は、条件成就
前でも、相続できる。譲渡もできる。仮登記もできる。⑪⑮⑱㉓

5□**停止条件成就の効果**　AとBとの間で、5か月後に実施される試験にB
が合格したときにはA所有の甲建物をBに贈与する旨を書面で約した場
合、Bは、本件試験に合格したときは、本件約定の時点にさかのぼって甲
建物の所有権を取得するのではなく、合格した時点で甲建物の所有権を取

得する。㉚

5-15　解除の効果としての原状回復義務　　545・546条

（1）契約解除により、移転した権利は復帰するので、各当事者は原状
　　回復（もとに戻す）義務を負う。
（2）ただし、解除前に利害関係をもって登記（又は権利取得の対抗要件）
　　までした第三者の権利を害することはできない。
（3）金銭を返還するときは、その受領のときから利息を付けなければ
　　ならない。金銭以外の物を返還するときは、その受領のとき以後に
　　生じた果実をも返還しなければならない。
（4）解除権の行使は、損害賠償の請求を妨げない。

（1）の、なお　原状回復義務相互は、**同時に履行**の関係となる。
（2）は、つまり　登記（又は権利取得の対抗要件）までした第三者には、
契約解除による権利の復帰を対抗できない。第三者が解除原因を知っていた
場合でも、対抗できない。

✓ チェック！

1□**同時履行の関係か**　マンションの売買契約がマンション引渡し後に債務
　不履行を理由に解除された場合、売主の代金返還債務と、買主の目的物返
　還債務は、同時履行の関係に立つ。㉗
2□**解除前に利害関係をもった第三者・登記あり**　Aの所有地がAからB、
　BからCへと売り渡され、C名義の所有権移転登記がなされた後、AがB
　の債務不履行に基づきAB間の売買契約を解除した場合、CがAの解除
　原因を知っていたとしても、Aは、その所有権をCに対抗することができ
　ない。③⑯㉑
3□**解除前に利害関係をもった第三者・登記なし**　Aの所有地がAからB、
　BからCへと売り渡されたが、登記名義はAのままであった場合、AがB
　の債務不履行に基づきAB間の売買契約を解除すれば、Aは、未登記の第
　三者Cに、権利の復帰を対抗できる。⑭

5-16　解約手付の効力
──手付だけの損を覚悟すれば契約を解除できる　　557条

（1）買主が売主に手付を交付したときは、

- 買主は手付を**放棄**し
- 売主はその倍額を**現実に提供**して、契約の解除をすることができる。

ただし、その相手方が契約の**履行に着手**＊した後は、この限りでない。

（2）解除をされても、相手方は損害賠償の請求はできない。

（1）の【注】 自分が履行に着手していても、相手方が履行に着手していなければ、解除できる。

＊**履行の着手**の具体的な時点は、

- 売主の履行の着手は、物件の引渡しと登記の準備ができたことを買主に伝えた時点
  ⇒そのときまで、買主は手付を放棄し契約を解除できる。
- 買主の履行の着手は、手付以外に代金に充当する金銭を準備し、売主に伝えた又は支払ったとき
  ⇒そのときまで、売主は手付の2倍を現実に提供して契約を解除できる。

（2）のこころ　手付放棄又は手付倍返しには、損害賠償の趣旨も含まれているからである。

✓ チェック！

1 □**買主からの解除**　買主が手付交付後、中間金の支払いを済ませた場合でも、契約に別段の定めがなく、売主が履行に着手していなければ、買主は、手付を放棄して、当該契約を解除することができる。④

2 □**売主からの解除**　解約手付の授受があり、手付受領者から解約手付の約定に基づき売買契約を解除する場合は、手付受領者は、単に口頭で手付の額の倍額を償還することを告げて受領を催告したり、「手付の倍額を償還して、契約を解除する。」という意思表示を書面で行ったりするだけでは足りず、手付の倍額を現実に提供しなければならない。⑫㉒

3 □**売主からの解除──履行の着手**　宅地建物取引業者Aが、自ら売主として宅地建物取引業者でない買主Bとの間で宅地の売買契約を締結し、その日にBから手付金を受領し、翌日、内金を受領した。その2日後、AがBに対して、手付の倍額を償還することにより契約解除の申出を行った場合、Bは、契約の履行に着手したとしてこれを拒むことができる。㉒

4 □買主の履行の着手　Ａがその所有する甲建物について、Ｂとの間で、Ａを売主、Ｂを買主とする売買契約を締結した場合、Ｂが手付を交付し、履行期の到来後に代金支払の準備をしてＡに履行の催告をした場合は、Ｂに履行の着手があるので、Ａは、手付の倍額を現実に提供しても契約の解除をすることができない。令②

3 　危険負担

　危険負担とは、双務契約（売買等）の一方の債務が債務者の責めに帰すべき事由によらないで履行不能となった場合に、その債務の債権者の負う反対給付債務がどのような影響を受けるのかという問題です。

　建物売買契約で、建物が**引渡し前**に、売主の**責めに帰すことができない事由**により、**滅失**した場合、建物の引き渡し債務は、履行不能となる。履行不能の場合、債権者＝買主はその債務の履行を請求することができません（４１２条の２）。しかし、売買契約からは、代金の支払い債務も生じていたが、その代金支払い債務はどうなるだろう。それが**危険負担**の問題です。

　民法は、双務契約（売買等）の一方の債務が債務者の責めに帰すべき事由によらないで履行不能となった場合に、債権者は反対給付の履行を拒むことができるとしています。

5-17　債務者の危険負担等　　　　　　　　　　536条
（１）**当事者双方の責めに帰することができない事由**によって**債務を履行することができなくなった**ときは、**債権者**は、反対給付の**履行を拒むことができる**。
（２）**債権者の責めに帰すべき事由によって債務を履行することができなくなったときは、債権者は、反対給付の履行を拒むことができない**。この場合において、債務者は、自己の債務を免れたことによって利益を得たときは、これを債権者に償還しなければならない。

つまり　建物の売買契約で、建物の引き渡し前に、落雷で滅失した場合、買主は代金支払い債務の履行を拒むことができる。

・民法の定めは、当事者は通常はこうするだろうという趣旨だから、特約で別段の定めをすることはできる。たとえば、建物の売買契約で、建物の引き渡し前に、不可抗力で滅失した場合、買主は代金支払い債務を履行しなければならない、とすれば、落雷によって目的物が滅失しても、買主は代金を支払わなければならない。

✓ チェック！

1□**引き渡し前に落雷で建物全壊**　建物の売買契約後、建物の引き渡し前に落雷で全壊した場合、買主は代金支払い債務の履行を拒むことができる。⑧改題

2□**危険負担にともなう損益相殺**　ＡとＢとの間で締結された委任契約において、委任者Ａが受任者Ｂに対して報酬を支払うこととされていた場合、Ａの責めに帰すべき事由によって履行の途中で委任が終了した場合、Ｂは報酬全額をＡに対して請求することができるが、自己の債務を免れたことによって得た利益をＡに償還しなければならない。令②

建物売買契約で建物が滅失する場面が3回出てきた。まとめておこう。

5-18　建物売買で建物が滅失する3つの場面

（1）契約締結《前》に滅失していた　⇒　契約当初から履行不能（1-3）
　　　なお、債務不履行を理由とする損害賠償請求は可能。412条の2
（2）契約締結《後》引き渡し《前》の滅失は、
　　　売主に責任あり⇒債務不履行を理由とする損害賠償請求（5-4：履行に代わる損害賠償）と契約解除（5-11：催告によらない解除）
　　　売主に責任なし⇒危険負担（5-17：売主は何も引き渡さなくともよく、また買主も、代金支払い義務を拒絶できる。）と契約解除（5-11：催告によらない解除）

Part 6

契約の履行

1 物権変動と登記

　不動産の売買契約をすれば、目的不動産の所有権が売主から買主に移ります。また、抵当権設定契約をすれば、目的不動産に抵当権が設定されます。このように物権が移転したり設定されたりすることを**物権変動**といいます。

　この物権変動は、いつどういうことをしたときに生じるのでしょうか。

> **6-1　物権変動の要件と時期**　　　　　　　　　　176条
>
> 　物権変動は、**原則**として、意思表示＝契約をしただけで、その時点で生じる。
>
> 　**例外**として、特約があれば、その特約のとおりに変動する。

つまり　不動産の売買契約をしただけで、その時点で所有権は移転する。もし、代金支払いの時点又は引き渡しの時点で所有権は移転すると特約すれば、そのとおりに移転する。

たとえば　Aを売主、Bを買主として、丙土地の売買契約が締結され、代金の完済までは丙土地の所有権は移転しないとの特約が付された場合には、当該売買契約締結の時点では丙土地の所有権はBに移転せず、移転するのは、代金を完済した時である。㉙

　ただ、このルールだけでは、売主が二重に譲渡した場合には、買い受けた二人とも所有者だということになり、決着が付けられない。

　そこで、民法は登記制度を用意し、そこに登記をしておかなければ、物権変動の当事者以外の第三者には、物権変動があったことを対抗できないとした。

161

6-2　不動産物権変動の第三者対抗要件　　　　　177条

不動産に関する物権変動は、**登記**をしなければ当事者（及びその地位をそのまま引き継ぐ相続人）以外の**第三者**には対抗できない。

つまり　二重譲渡の場合は、登記をしなければ、先に売買契約をしていたとしても、他の二重譲受人に所有権の取得を対抗できない。逆に、後に売買契約をした者も先に登記をしておけば、自己の所有権取得を対抗できる。

ただし　物権変動の**当事者**及びその**相続人**には、登記なくして物権の取得を主張できる。

✓ チェック！

□**二重譲渡の場合の決着のつけ方**　Aがその所有する甲土地をFとGとに対して二重に譲渡してFが所有権移転登記を備えた場合に、Gは、AG間の売買契約の方がAF間の売買契約よりも先になされたことを立証しても、Fに対して自らが所有者であることを主張することができない。㉒㉔

　なお、Fが所有権移転登記を備えた場合、Gへの甲土地の所有権移転は履行不能になった（**5-1の（2）**）ので、GはAに対して債務不履行に基づく損害賠償を請求できる（**5-4の①**）。㉔

原則として、物権変動はすべて登記を第三者対抗要件とする。

6-3　登記を対抗要件とする物権変動1　　　　　177条

（1）贈与（死因贈与）・特定遺贈・遺産分割による権利の取得
（2）抵当権・不動産賃借権・地上権等の設定

✓ チェック！

□**抵当権の設定**　Cが、A所有の甲地に抵当権の設定を受け、登記を得た場合には、Aから甲地を譲り受け、所有権移転登記を受けたBに対して、甲地に抵当権を設定したことを主張することができる。⑮

6-4　登記を対抗要件とする物権変動2　　　177条

（1）取り消しにより権利が復帰したことを取り消し**後**の権利取得者に
　　主張するとき
（2）解除により権利が復帰したことを解除**後**の権利取得者に主張する
　　とき
（3）時効により権利を取得したことを時効完成**後**の権利取得者に主張
　　するとき

（1）のこころ　取り消しによる権利の復帰と取り消し後の権利の譲渡が、
取り消された者を起点とする二重譲渡類似となるからである。

　【注】取り消し**前**の権利取得者には登記なくして取り消しによる権利の復帰を対抗でき
　　　る。が、詐欺取り消しは、善意無過失の第三者に対抗できない（**3-1**）。

（2）のこころ　解除による権利の復帰と解除**後**の権利の譲渡が、解除され
た者を起点とする二重譲渡類似となるからである。

　【注】解除**前**の権利取得者には、その者が未登記であれば解除による権利の復帰を対抗
　　　できる。しかし、その者が登記をしていれば、解除を対抗できない（**5-15**）。

（3）のこころ　時効による権利の復帰と時効完成**後**の権利の譲渡が、時効
完成当時の所有者を起点とする二重譲渡類似となるからである。

　【注】時効完成**当時**の所有者に対しては、登記なくして時効取得を主張できる。

そのこころ　物権変動の当事者関係になるからである（**6-5**）。

✓ チェック！

1□**詐欺取り消し者へ権利の復帰**　不動産売買契約に基づく所有権移転登記
　がなされた後に、売主が当該契約を詐欺によるものとして取り消した場合、
　売主は、その旨の登記をしなければ、当該取消後に当該不動産を買主から
　取得して所有権移転登記を経た第三者に所有権を対抗できない。⑳
2□**解除者への権利の復帰**　A所有の甲地がAからBに売り渡され、B名義
　の所有権移転登記がなされた後、AがAB間の契約を解除したが、所有権
　登記をBから回復する前に、CがBから甲地を購入しかつ所有権登記を受
　けたときは、Cは甲地の所有権をAに対抗できる。⑬
3□**強迫取消し者への権利の復帰**　土地がC→B→Aへと転々譲渡され、C

Bの売買がBの強迫を理由に取り消された場合、①B→Aの契約がCの取り消し前になされたときは、Cは、強迫取り消しをもって利害関係を持った第三者Aに登記なくして対抗できるが、②B→Aの契約がCの取り消し後になされたときは、取り消しによるC←Bの物権の復帰とB→Aの契約がBを起点とする二重譲渡類似となるので、Cは登記がなければ所有権を主張できない。㉒

4□取得時効による権利の取得　A所有地につきBの取得時効が完成する前に、AがCに同地を売却し、Bの時効完成当時の土地所有者はCであった場合は、時効取得者Bは、（物権変動の当事者関係になる）Cに対しては、登記なくして土地の時効取得を主張できる。㉒

5□取得時効による権利の取得　A所有地につきBの取得時効が完成した後、AがCに同地を売却した場合は、A→Bの取得時効とA→Cの売却が、Aを起点とする二重譲渡類似となるので、BはCに対して登記がなければ土地の所有権を主張できない。⑦

6-5　登記なくして対抗できない者と登記なくして対抗できる者
177条
（1）その物件に**正当な利害関係を有する**第三者には、登記なくして権利取得を対抗できない。
（2）その物件に**正当な利害関係を有しない**次の者には、権利者は登記なくして権利主張できる。
①物権変動の当事者（売主、時効完成当時の原権利者等）及びその相続人
②無権利者－虚偽登記名義人、虚偽契約による譲受人、不法占拠者等
③詐欺、強迫によって他人の登記の申請を妨げ、自分への登記をした者
④他人のため登記を申請する義務があるのに、自分への登記をした者
⑤上記3・4に準ずるほど悪質な者＝背信的悪意者

そのこころ　登記制度は、正当な利害関係もつ者相互の優劣を決める制度だから、その物件に正当な利害関係を有しない者には、権利者は登記なくして権利主張できる。

✓ チェック！

1 □土地賃借人　Aは、自己所有の土地をBに売却したが、Bはまだ所有権移転登記を行っていない場合、Aからこの土地を賃借し、その上に自己名義で保存登記をした建物を所有しているCに対し、Bは、当該土地の所有権を対抗できず、土地賃貸人たる地位も主張できない。⑩

2 □建物賃借人　Aは、自己所有建物をBに売却したが、Bはまだ所有権移転登記を行っていない場合、Aからこの建物を賃借し、引渡しを受けて適法に占有しているCに対し、Bは、同建物の所有権を対抗できず、建物賃貸人たる地位も主張できない。⑯

3 □売主の相続人　Aは、自己所有の甲地をBに売却したが、AからBに対する所有権移転登記は行われていない場合に、Aの死亡によりCが単独相続し、甲地について相続を原因とするAからCへの所有権移転登記がなされたときに、Bは、登記なくして、甲地の所有権を売主Aの相続人Cに主張できる。⑰⑧

4 □無権利者　甲土地の所有者Aと売買契約を締結して所有権を取得したBは、所有権移転登記を備えていない場合でも、正当な権原なく甲土地を占有しているCに対し、所有権を主張して甲土地の明渡しを請求することができる。⑲

5 □共同相続人が勝手に単独登記　相続財産に関する不動産について、遺産分割前に単独の所有権登記をした共同相続人から移転登記を受けた第三取得者に対し、他の共同相続人は、自己の持分を登記なくして対抗できる。㉚
そのこころ　第三取得者は、勝手に単独登記をした相続人の持分以外、つまり、他の共同相続人の持分については、無権利だからである。

6 □背信的悪意者　A所有地を取得したBがまだ移転登記をしていないことに乗じ、Bに高値で売りつけ不当な利益を得る目的でAをそそのかし、Aから当該土地を購入して移転登記を受けたCに、Bは登記なくして、当該土地の所有権を対抗できる。⑩

なお、背信的悪意者からの譲受人に対しては、その者も背信的悪意者でない限り、登記なくして権利主張できない。㉔令④

6-6　権利者が虚偽登記を知りながら放置すると権利を失う　判例

権利者が、虚偽の登記に自ら関与した場合はもとより、虚偽の登記があることを**知りながら放置**しただけでも、**虚偽登記名義人を権利者と信じた＝善意の第三者**（虚偽登記名義人からの譲受人）には、自己の権利を対抗できなくなる。

そのこころ　虚偽の登記を知りながら放置するのは、実質的に虚偽表示と同じだから、虚偽表示無効は善意の第三者に対抗できない（**3-3**）という定めを類推適用（似た状況に適用）する。

✓ チェック！

□**虚偽登記を自ら作出**　Cは債権者の追及を逃れるために売買契約の実態はないのに登記だけBに移し、Bがそれに乗じてAとの間で売買契約を締結した場合には、ＣＢ間の売買契約が存在しなくとも、Aは所有権を主張することができる。㉒

2 債権の消滅──契約関係の終了

債務者が弁済しようとしたのに債権者が受け取らない場合、債務者に債務不履行責任を負わせるのは不都合なので、債務者が**弁済の提供**をすれば、債務者は債務不履行責任を負わないこととしました。

6-7　弁済提供　492条

債務者は、**弁済の提供***のときから、一切の債務不履行責任を免れる。

***弁済の提供**　弁済の準備をして、債権者の受領をうながすこと。

- 弁済の準備の程度は、債権者が受け取ろうとすれば直ちに受け取れるようにする（**現実の提供**）のが原則だが、債権者が**受領拒絶**をしている場合は、弁済の準備をしたことを通知してその受領を催告すれば足りる（493条）。これを**口頭の提供**という。

さらに債務者は供託*をすれば、債務そのものを免れることもできる。ただし、供託をするには、次の供託原因が必要である。

***供託**とは、法務局等の指定の場所に、債務者が弁済すべきものを預けておき、債権者が受け取ろうとすれば受け取れるようにしておく制度。

6-8 債務を免れる供託原因　　　　　494条
（1）債権者が受領を拒み、又は、受領できない。
（2）弁済者が過失なく債権者を確知できない。

• **受領を拒み**とは、債務者が弁済の提供をしたのに、受け取りを拒絶すること。
受領できないとは、債権者が行方不明であるなどの場合。
債権者を確知できないとは、債権者側に共同相続があり、だれがその債権を相続したのかわからない場合など。

6-9 弁済費用　　　　　485条
弁済費用は、特約がなければ債務者（売買における所有権移転登記の費用については、売主）が負担する。

• なお、**契約の費用**（契約書の紙代等）は両当事者が等しい割合で負担する（558条）。

6-10 弁済に関するその他のルール　　　　　484・487条
（1）弁済の場所につき別段の定めがない場合、特定物の引渡しは債権発生のときにその物が存在した場所において、その他の弁済は、債権者の現在の住所でしなければならない。
（2）弁済者は、弁済受領者に、受取証書（領収書）の交付を請求できる。受取証書（領収書）の交付と弁済は、同時履行の関係にある（判例）。
（3）債務者が同一債権者に複数の債務を負うとき、弁済として提供した給付が総債務に不足するとき、どの債務に充当するかは弁済者が指定できる（488条）。
しかし、元本と利息では、まず利息に充当しなければならない（491条）。

（2）の、なお　抵当債務の弁済、と、抵当権設定登記の抹消は、弁済が先履行になる。

また、債権証書＝借用書等の返還と弁済では、弁済が先履行になる（489条）。

✓ チェック！

1 □ **同時履行か**　貸金債務の弁済と当該債務の担保のために経由された抵当権設定登記の抹消登記手続とは、同時履行の関係には立たず、貸金債務の弁済が先履行である。⑮⑪

2 □ **弁済の充当**　AがBに対し弁済期にある代金債権とそれより先に弁済期の到来した貸金債権を有する場合に、Bから代金債権の弁済として代金額の支払いを受けたとき、Aは、Bの意思に反しては、代金債権より先にその貸金債権に充当することはできない。⑪

6-11　第三者弁済と債務者の意思　　　　　474条

（1）債務の弁済は、第三者もすることができる。

（2）弁済をするについて**正当な利益を有する者**でない第三者は、債務者の意思に反して弁済をすることができない。ただし、**債務者**の意思に反することを債権者が知らなかったときは、この限りでない。

（3）弁済をするについて**正当な利益を有する者**でない第三者は、**債権者**の意思に反して弁済をすることができない。ただし、その第三者が債務者の委託を受けて弁済をする場合において、そのことを債権者が知っていたときは、この限りでない。

（4）（1）～（3）は、その債務の性質が第三者の弁済を許さないとき、又は当事者が第三者の弁済を禁止し、もしくは制限する旨の意思表示をしたときは、適用しない。

（2）の本文は、つまり　「弁済をなすにつき正当な利益を有する者でない第三者」は、債務者の意思に反して弁済しても無効＝弁済の効力が生じない。反面、「弁済をなすにつき正当な利益を有する者」は、債務者の意思に反しても弁済しても有効である。

ここで「弁済をするについて**正当な利益を有する者**」とは、ある債務につい

ての**保証人**のほか、**抵当債務**（抵当権が設定された債務）については**物上保証人**（自己の不動産に他人の債務のため抵当権を設定した者）・**抵当目的物の第三取得者**（抵当権付き物件をつかまされた者）などである。

そのこころ　抵当債務を支払わないと、抵当権を実行され、不利益を被る。また、地代については**借地上の建物の賃借人**が地代弁済について正当な利益を有する者である。

そのこころ　借地料を支払わないと借地権者は借地契約を解除されるが、その結果退去を要求されるのは、建物賃借人である。なお、債務者の親兄弟というだけでは正当な利益を有しない。

（2）のただしは、つまり　「弁済をなすにつき正当な利益を有する者でない第三者」は、債務者の意思に反して弁済しても無効であるが、これだけでは、債務者の意思に反していることを知らない債権者が受けた弁済が、後に無効になるおそれがある。そこで、「弁済をするについて正当な利益を有する者でない第三者」の 弁済が債務者の意思に反する場合であっても、債務者の意思に反することを債権者が知らなかったときには、その弁済は有効とした。

（3）のこころ　債権者は、見知らぬ第三者から弁済をしたい旨の申し出 があっても、拒絶することができるようにした。

（4）は、つまり　絵をかいてもらう債務や歌を歌ってもらう債務などは、第三者の弁済がなじまない。また、当事者間で第三者の弁済を禁止し、もしくは制限する旨の特約をした場合は、特約を優先する。

✓ チェック！

1□**債務者の兄は弁済できるか**　AのBからの借入金100万円につき、Aの兄Cは、Aの意思に反しては、Bに弁済することはできないが、BがAの意思に反していることを知らなかったときはこの限りではない。⑤改題

2□**借地上の建物の賃借人**　借地上の建物の賃借人は、借地料の支払債務に関して利害関係を有するので、借地人の意思に反しても、債務を弁済することができる。⑰

6-12　弁済者による代位の要件　　　499条
債務者のために弁済をした者は、債権者に代位する。

つまり　債務者のために弁済した者は、債権者に代位＝成り代われる⇒その具体的意味は、**6-14**

6-13　代位についての対抗要件　　　　　　　500条
　11-4（467条）は、**6-12**の場合（**弁済をするについて正当な利益を有する者**が債権者に代位する場合を除く）について準用する。

つまり　弁済について正当な利益を有する者でない第三者が代位したことを債務者及び第三者に対抗するためには**11-4**（467条　債権譲渡の対抗要件　債権者から債務者への通知又は債務者の承諾）の手続きを踏まなければならない。反面、弁済をするについて正当な利益を有する者が債権者に代位する場合は、その手続きを踏まなくても、代位したことを対抗できる。

6-14　弁済による代位の効果　　　　　　　501条
　6-12・13により債権者に代位した者は、債権の効力及び担保としてその債権者が有していた一切の権利を行使することができる。

つまり　債権者に代位したということの具体的な意味である。簡単に言えば、債権者に成り代われる。

6-15　受領権者としての外観を有する者に対する弁済　　478条
　受領権者（債権者及び法令の規定又は当事者の意思表示によって弁済を受領する権限を付与された第三者をいう。以下同じ。）以外の者であって取引上の社会通念に照らして**受領権者としての外観を有する者**に対してした弁済は、その弁済をした者が**善意**であり、かつ、**過失がなかった**ときに限り、その効力を有する。
つまり　受領権者でなくとも、その外観を有する者に対する弁済は、弁済者の**善意・無過失**を要件として有効とする。

✓ チェック！

□**受領権者としての外観を有する者に対する弁済**　借地権者Aは、土地賃貸
人の代理人と称して借賃の請求をしてきた無権限者に対し債務を弁済した場
合、その者に弁済受領権限があるかのような外観があり、Aがその権限がある
ことについて善意、かつ、無過失であるときは、その弁済は有効である。⑰

6-16　代物弁済 　　　　　　　　　　　　482条

　弁済をすることができる者（「弁済者」という）が、債権者との間で、
債務者の負担した給付に代えて他の給付をすることにより**債務を消滅さ
せる旨の契約をした場合**において、**その弁済者が当該他の給付をしたと
きは**、その給付は、弁済と同一の効力を有する。

• 不動産の所有権の移転で代物弁済する場合には、所有権移転の登記をした
時点で弁済としての効力が生じる（判例）。

✓ チェック！

1□**不動産での代物弁済**　債務者Aが不動産の所有権をもって代物弁済の目
的とする場合、債権者Bへの所有権移転登記その他第三者に対する対抗要
件を具備するため必要な行為を完了しなければ、弁済としての効力は生じ
ない。⑫
2□**代物弁済の要件**　借地人が地代の支払を怠っている場合、借地上の建物
の賃借人は土地賃貸人の承諾がなければ、地代について金銭以外のもので
代物弁済することができない。⑳

　二人が互いに同種の目的を有する債務を負担する場合において、双方の債
務が弁済期にあるときは、各債務者は、その対当額について一方的意思表示
によってその債務を免れることができる。これを**相殺**という。

6-17　相殺の要件（相殺に適した状態）　　505・507条

（1）2人が互いに同種の目的を有する債務を負担する。

（2）両債務が弁済期にあること。

（3）当事者が相殺を禁止し、又は制限する旨の意思表示がない。

（4）履行地は異なっていてもよい。

（1）について　この要件（同種目的を要する債務）があるから、相殺は、事実上金銭債権だけでしか問題にならない。

（2）について　相殺する自分の債権（自働債権）は、弁済期が到来していなければならないが、相手方のもつ債権（受働債権）は、弁済期未到来でも、債務者が期限の利益を放棄すれば弁済期到来とすることができる。

（3）の意思表示は、善意・無重過失の第三者には対抗することができない。悪意又は善意だが重過失ある第三者には対抗できる。

✓ チェック！

□**Aから相殺できるか**　AがBに対して貸金債権・甲債権を、BがAに対して貸金債権・乙債権を有している次の各場合に、Aから相殺できるか。

（ア）「甲債権は弁済期の定めがなく、乙債権は弁済期到来前にAがBに対して期限の利益を放棄する旨の意思表示をした。」場合⇒甲債権は弁済期にあり（∵弁済期の定めがない債権はいつでも支払える　**5-2**参照）、乙債権もAが期限の利益を放棄したので弁済期にあり、両債権とも弁済期にあり、Aは相殺できる。

（イ）「甲債権は弁済期が到来しており、乙債権は弁済期の定めのない。」場合⇒甲債権は弁済期が到来しており、乙債権も弁済期にあり、Aは相殺できる。

（ウ）「甲債権は弁済期の定めがなく、乙債権は弁済期が到来している。」場合⇒甲債権は弁済期にあり、乙債権も弁済期が到来しているので、Aは相殺できる。

（エ）「甲債権は弁済期未到来であり、乙債権は弁済期が到来している。」場合⇒Aの有する甲債権が弁済期未到来である以上、Aは相殺できない。要するに、Aが相殺できないのは、Aの有する甲債権が弁済期未到来の場合だけである。令⑤

6-18 債権の対立があっても相殺できない場合1

不法行為等により生じた債権を受働債権とする相殺の禁止 511条

次に掲げる債務の債務者は、相殺をもって債権者に対抗することができない。

①悪意による不法行為に基づく損害賠償の債務

②人の生命又は身体の侵害による損害賠償の債務（①を除く）

①のたとえば 売買契約の買主が代金を支払わないので、売主が腹を立て、買主を殴打し（悪意による不法行為）、治療費等の損害賠償債務をわざと負って、代金は払わなくてよい、代金債権は私が負った損害賠償債務と相殺だ、などとすることは許されない。ただし、損害賠償債権を買主が第三者から譲り受けた場合は、売主は代金債権と相殺してもよい。

①の相殺禁止のこころ 上記のような、不法行為の誘発を防止するため。

②のたとえば 売主が車を運転中、前方不注意で人をはねたところ、たまたまそれが買主であった場合、治療費等の損害賠償債務は、代金債権と相殺する、などとすることは許されない。

②の相殺禁止のこころ 人の生命又は身体の侵害による損害賠償の債務は、被害者救済のため現実弁償が必要だからである。

②のなお 相殺が禁止される債務には、債務不履行に基づく生命・身体の侵害による損害賠償の債務も含まれる。例えば、医療事故や労災事故等の事例で債務不履行による損害賠償債権が成立した場合。

①②以外の不法行為に基づく損害賠償債務は相殺可能である。

✓ チェック！

□**悪意による不法行為者からの相殺の禁止** AがBに対し、Bの悪意による不法行為によって発生した損害賠償債権を有し、BはAに対して貸金債権を有する場合、Bは、Bの債権をもって相殺をすることはできない。⑦改題

6-19 債権の対立があっても相殺できない場合2

差押えを受けた債権を受働債権とする相殺の禁止 511条

差押えを受けた債権の第三債務者は、**差押え後に取得**した債権による

相殺をもって差押債権者に対抗することはできないが、**差押え前に取得**した債権による相殺をもって対抗することができる。

そのこころ　債権差押えにより、実質的に債権者は差押債権者に移行するので、その後第三債務者が債権者に対する債権を取得しても、実質的には債権の対立は生じない。よって、相殺を対抗できないとする。これに対し、差押え前から反対債権を取得していた場合は、債権の対立により生じた、相殺できるという期待を保護する必要があるので、相殺を対抗できるとする。反対債権の弁済期が、差押え当時に到来していない場合でもよい。

✓ **チェック！**

1□**差押え前から有する債権と相殺**　BはAに建物の賃料債権を有し、AはBに対して貸付金債権を有し、いずれもその弁済期が8月31日に到来する場合に、8月20日にBのAに対する建物の賃料債権が差押えられた。この場合、Aは、8月31日に、Bに対する貸付金債権を自働債権として、賃料債務と対当額で相殺することができる。⑯

2□**差押え後に取得した債権と相殺**　X年11月1日にAのBに対する売買代金債権（支払期日同年12月1日）がAの債権者Cにより差し押えられた場合、Bは、同年12月2日から12月1日までの間にAに対する別の債権を取得しても、同年12月1日に売買代金債務と当該債権を対等額で相殺することはできない。㉚

6-20　消滅時効にかかった債権で相殺できる場合　508条

時効によって消滅した債権が、その消滅以前に相殺適状にあった場合は、その債権者は相殺することができる。

そのこころ　相殺適状時にあえて相殺と言わなくても、債権債務は決済されたと思うのが普通なので、その思いを保護した。

✓ **チェック！**

1□**消滅時効にかかった債権と相殺**　AがBに対して商品の売買代金請求権

を有しており、それが平成 16 年 9 月 1 日をもって時効により消滅した場
合、Aは、同年 9 月 2 日に、このBに対する代金請求権を自働債権として、
同年 8 月 31 日に弁済期が到来した賃料債務と対当額で相殺することがで
きる。⑯

2 □**消滅時効前には相殺適状がなかった場合**　BがAに対しX年 9 月 30 日
に消滅時効の期限が到来する貸金債権を有していた場合に、AがBに対す
る売買代金債権を 10 月 1 日から有するに至っても、Aが当該消滅時効を
援用したときは、Bは売買代金債務と当該貸金債権を対等額で相殺するこ
とはできない。㉚

6-21　相殺の方法・効果　　　　　　　506・505 条
（1）相手方に対する一方的意思表示によって行う。この意思表示に条
　　　件や期限を付けられない。
（2）相殺の意思表示は、相殺に適するようになった時にさかのぼって
　　　その効力を生じる。
（3）相殺により、各債務者は、対等額（同じ額）について債務を免れる。

---

3 売主の契約不適合責任

　売主が引き渡した物が契約の内容に適合しないものであるとき、買主は、
売主に対し、目的物の修補、代替物の引き渡し又は不足分の引き渡しによる
履行の追完＊を請求することができます。

＊不完全な給付を行った債務者が改めて完全な給付を行うこと。

6-21　契約内容不適合な目的物を引き渡された場合の
　　　 買主の追完請求権　　　　　　　562 条
（1）**引き渡された目的物**が種類、品質又は数量に関して契約の内容に
　　　適しないものであるときは、**買主は、売主に対し**、目的物の修補、
　　　代替物の引き渡し又は不足分の引き渡しによる**履行の追完を請求**
　　　することができる。

　　　ただし、売主は、買主に不相当な負担を課するものでないとき
　　は、買主が請求した方法と異なる方法による履行の追完をするこ
　　とができる。
（2）**（1）の不適合が買主の責めに帰すべき事由**によるものであるとき
　　は、買主は、（1）による履行の追完の請求をすることができない。

（1）は、つまり　引き渡された物が契約内容不適合の場合、①目的物の修補、
②代替物の引渡し又は③不足分の引渡しによる履行の追完を請求することが
できる。
ただしは、つまり　追完方法は、原則として買主が選択できるが、売主は、買
主に不相当な負担を課さなければ、買主の請求とは異なる方法で追完すること
ができる。たとえば、購入したファンヒーターが初期不良で消火してしまうの
で、販売店に交換を求めたが、販売店は修理で対応する、といった場合だ。

　追完請求に対し追完がなされなかったり、そもそも追完が不能であったり
するときは、代金の**減額請求**ができる。

6-23　買主の代金減額請求権　　　　563条

（1）6-22（1）本文に規定する場合において、買主が相当の期間を
　　定めて**履行の追完の催告をし、その期間内に履行の追完がない**と
　　きは、買主は、その不適合の程度に応じて代金の**減額**を請求する
　　ことができる。
（2）（1）の規定にかかわらず、次に掲げる場合には、買主は、**（1）の
　　催告をすることなく、直ちに代金の減額**を請求することができる。
　　①**履行の追完が不能**であるとき。
　　②売主が**履行の追完を拒絶する意思を明確に表示**したとき。
　　③契約の性質又は当事者の意思表示により、**特定の日時又は一定の
　　　期間内に履行をしなければ契約をした目的を達することができな
　　　い**場合において、売主が履行の追完をしないでその時期を経過し
　　　たとき。
　　④①〜③に掲げる場合のほか、買主が（1）の催告をしても履行の

　　追完を受ける見込みがないことが明らかであるとき。
（3）（1）の不適合が**買主の責めに帰すべき事由による**ものであるとき
　　は、買主は、（1）（2）の規定による**代金の減額の請求**をするこ
　　とができない。

つまり　追完可能の場合は、**追完催告をして**、追完がなされなかったときに
代金の減額を請求でき、追完が不能又は無意味の場合は、**無催告**で代金減額
の請求ができる。

6-24　買主の損害賠償請求及び解除権　　　　　　　564条

　　6-22・23は、5-4（415条 債務不履行による損害賠償）による
損害賠償の請求並びに5-10・11（541条及び542条 催告による解
除・催告によらない解除）による解除権の行使を妨げない。

つまり　契約内容不適合の場合、**追完請求**、**代金減額請求**のほか一般的な**債
務不履行を理由とする損害賠償請求や契約の解除**もできる。

6-25　移転した権利が契約内容不適合の場合の売主の担保責任
　　　　　　　　　　　　　　　　　　　　　　　　　　　565条

　　6-22～24は、売主が買主に移転した権利が契約の内容に適合しな
いものである場合（権利の一部が他人に属する場合においてその権利の
一部を移転しないときを含む）について準用する。

つまり　移転した**権利**が契約内容不適合（一部が他人の権利で移転できない、
地上権等、抵当権等が付着している場合）の場合も、履行の追完請求、代金
減額請求、損害賠償請求、契約の解除の4つの救済手段が、適用される。

6-26　目的物の種類又は品質に関する担保責任の期間の制限　566条
　　売主が**種類又は品質**に関して契約の内容に適合しない目的物を買主に

引き渡した場合において、**買主がその不適合を知った時から1年以内に
その旨を売主に通知しない**ときは、買主は、その不適合を理由として、
履行の追完の請求、代金の減額の請求、損害賠償の請求及び契約の解除
をすることができない。ただし、**売主が引渡しの時にその不適合を知り、
又は重大な過失によって知らなかった**ときは、この限りでない。

つまり　「物の**種類・品質・数量**に関する契約不適合」のうち、「物の**種類・
品質**に関する契約不適合」に**期間制限**を設けた。「物の**数量**に関する契約不
適合」と「**権利**に関する契約不適合」には**期間制限はない**。
　期間制限の意味は、**不適合を知った時から1年以内に不適合である旨を通
知しなければ**、原則として、売主の**担保責任を追及する権利**が**失権**する。通
知をすれば、権利は保存され、消滅時効が完成するまで、権利を行使できる。
なお、「物の**数量**に関する契約不適合」と「**権利**に関する契約不適合」は、
通知をしなくても消滅時効が完成するまでは権利を行使できる。

なお　「通知」としては、不適合の種類やおおよその範囲を通知すればよい。

6-27　抵当権等がある場合の買主による費用の償還請求　　570条
　買い受けた不動産について契約の内容に適合しない先取特権、質権又
は抵当権が存していた場合において、買主が費用を支出してその不動産
の所有権を保存したときは、買主は、売主に対し、その費用の償還を請
求することができる。

6-28　担保責任を負わない旨の特約　　572条
　売主は、契約内容 **6-22**（562条1項本文）又は **6-25**（565条）
に規定する場合における担保の責任を負わない旨の特約をしたときで
あっても、知りながら告げなかった事実及び自ら第三者のために設定し
又は第三者に譲り渡した権利については、その責任を免れることができ
ない。

6-29 権利を取得することができない等のおそれがある場合の
買主による代金の支払の拒絶　　　　　　　　　577条

　売買の目的について権利を主張する者があることその他の事由により、買主がその買い受けた権利の全部若しくは一部を取得することができず、又は失うおそれがあるときは、買主は、その危険の程度に応じて、代金の全部又は一部の支払を拒むことができる。ただし、売主が相当の担保を供したときは、この限りでない。

6-30 抵当権等の登記がある場合の買主による代金の支払の拒絶
577条

（1）買い受けた不動産について契約の内容に適合しない**抵当権**の**登記**があるときは、買主は、**抵当権消滅請求**の手続が終わるまで、その代金の支払を拒むことができる。この場合において、売主は、買主に対し、遅滞なく抵当権消滅請求をすべき旨を請求することができる。

（2）前項の規定は、買い受けた不動産について契約の内容に適合しない**先取特権**又は**質権**の**登記**がある場合について準用する。

✓ チェック！

1□**修理の請求・代金減額請求**　甲自動車の売買において、買主Bが甲自動車の引渡しを受けたが、エンジンに契約の内容に適合しない欠陥があることが判明した場合、Bは売主Aに対して、甲自動車の修理を請求することができる。

　　また、甲自動車に契約の内容に適合しない修理不能な損傷があることが判明した場合、Bは売主Aに対して、売買代金の減額を請求することができる。**6-22・23 令③**

2□**契約の解除**　甲自動車の売買において、買主Bが引渡しを受けた甲自動車が故障を起こしたときは、修理不能であれば直ちに代金減額の請求又は契約を解除できるが、修理可能であれば、履行の追完（修理）すべきことを催告し、期間内に追完がなされないときに代金減額の請求又は契約の解除をできる。**6-23、5-10・11 令③**

3□**数量不足**　甲土地の売買において、甲土地の実際の面積が本件契約の売買代金の基礎とした面積より少なかった場合、買主Bはその旨をAに通知しなくとも、代金の減額を請求することができる。**6-26** 令②

4□**売主が契約不適合を知っていた**　売買目的物の引渡しの時点で目的物が品質に関して契約の内容に適合しないことを売主Aが知っていた場合には、当該不適合に関する請求権が消滅時効にかかっていない限り、買主BはAの担保責任を追及することができる。**6-26** 令③

5□**買主が権利取得できないおそれがある**　甲自動車の売買において、甲自動車について、第三者Cが売主A所有ではなくC所有の自動車であると主張しており、買主Bが所有権を取得できないおそれがある場合、Aが相当の担保を供したときを除き、BはAに対して、売買代金の支払を拒絶することができる。**6-29** 令③

学習の指針

売買目的物に欠陥がある場合は、定番問題であったが、2020 年の民法改正で抜本的に改正されたので、改正後の過去問は、少ない。

Part 7

時　効

事実状態の継続だけで、権利義務が変動するのが時効です。

- 事実上の権利行使状態が続いた場合に、権利を取得させるのが**取得時効**で、
- 権利を行使しない状態が続いた場合に、権利を消滅させるのが**消滅時効**です。

7-1　所有権の取得時効の要件　　　　　　　　　　162 条
所有の意思＊¹ で、平穏かつ公然と他人の物を**一定期間**＊²、**占有**する。

＊１ **所有の意思**とは、所有者になるつもりの意思ということだが、これは心の中でどう思っ
　　ていたかではなく、占有するに至った事情から客観的に判定する。⇒ **7-2**
＊２ 一定期間とは、**占有を開始した時**に、
　　・**善意・無過失**であれば 10 年
　　・**悪意又は善意でも過失あり**であれば、20 年である。

7-2　所有の意思の存否
（１）売買契約の結果、買主が占有開始⇒所有の意思あり
（２）他人の土地を不法に占拠開始　　⇒所有の意思あり
（３）賃貸借契約に基づき賃借人として占有開始⇒**所有の意思なし**

（３）のこころ　他に賃貸人＝所有者がいることを認めたうえでの占有だか
らである。

✓ チェック！

□**所有の意思**　Aが 20 年間平穏かつ公然と占有を続けた場合、その占有が

賃借権に基づくものであるときは、Aはその所有権を時効取得できない。
⑯

7-3　代理占有──賃借人等の占有を通じて認められる占有　181条

　自己占有していた者が、他人に占有をさせてやる場合には、その**他人**（占有代理人）**の占有を通じてなお、自分自身も占有するとみなされる**（代理占有）。

・取得時効の要件となる占有は、代理占有でもよい。

✓ チェック！

□**代理占有による占有の継続**　Aが善意無過失でB所有地の占有を開始し、所有の意思をもって、平穏かつ公然に7年間占有を続けた後、Cに3年間賃貸した場合、Aは、その土地の所有権を時効取得することができる。④

7-4　占有の承継──前主の占有も併合主張できる　187条

　買受や相続により、前の占有者の占有を引き継いだ（承継）ときには、承継人の選択により、自己の占有期間だけを主張してもよいし、前の占有者の占有期間を併せて主張してもよい。

【注】前の占有者の占有期間を併せて主張する場合は**前の占有者の善意・悪意も承継**する。

✓ チェック！

□**占有の承継**　A所有の土地を、Bが平穏・公然・善意・無過失に所有の意思をもって8年間占有し、CがBから土地の譲渡を受けて2年間占有した場合、当該土地の真の所有者はBではなかったとCが知っていたとしても、Cは（前の占有者Bの善意を承継するので）10年の取得時効を主張できる。⑯ 令②

7-5 時効取得と登記　　　　　　　　　　　　　　判例 177 条

（１）時効完成**当時**の所有者に対しては、登記なくして時効による権利
　　　取得を対抗**できる**。

（２）時効完成**後**に時効完成当時の所有者から権利を取得した者に対し
　　　ては、登記なくして時効による権利の取得を対抗**できない**。

（３）時効完成**後**の権利取得者が登記をした後に、当該不動産の時効取
　　　得者が、その後引き続き時効取得に必要な期間占有を継続したと
　　　きは、占有者は、登記なくして時効による権利取得を対抗できる。
　　　判例　令⑤

（１）のこころ　物権変動の当事者関係になるからである。　**6-2 参照**

（２）のこころ　物権変動の第三者関係になるからである。　**6-2 参照**

（３）のこころ　時効完成後の権利取得者が登記をした時点から、時効取得
者の占有継続により再度の時効が進行し、その時効が完成すれば、登記なく
して時効による権利取得を対抗できる、ことになる。なお、時効完成後の権
利取得と登記具備が抵当権の場合でも、時効取得者の占有継続による再度の
時効が完成すれば、（時効による所有権の原始取得の結果）当該抵当権は消
滅するに至る、とされる。判例　令⑤。

✔ チェック！

□**時効と登記**　甲土地をBが時効取得した場合、時効完成前に甲土地の所有
　　者であったAから甲土地を買い受けたCに対して、Bは、登記がなくても、
　　時効による甲土地の所有権の取得を対抗できる。⑩㉒

7-6 所有権以外の取得時効　　　　　　　　　　　　163 条

　　所有権以外の財産権を、**自己のためにする意思**をもって、平穏に、かつ、
公然と行使する者は、⎡ 20 年（悪意又は善意だけど過失あり）又は
　　　　　　　　　　　　⎣ 10 年（善意・無過失）を経過した後、
その権利を取得する。

- 地上権、**継続的に行使され外形上認識できる地役権**（283条1項）、**土地賃借権**などが取得時効の対象となる。

【注】地役権は、すべて取得時効の対象になるのではない。

7-7 債権等の消滅時効　　　　　　　　166、167条

（1）債権は、次に掲げる場合には、時効によって消滅する。

　①債権者が権利を行使することができる＊ことを知ったときから、5年間行使しないとき。

　②権利を行使することができるときから10年間行使しないとき。ただし、人の生命又は身体の侵害による損害賠償請求権については、20年間行使しないとき。

（2）債権又は所有権以外の財産権は、権利を行使することができるときから20年間行使しないときは、時効によって消滅する。

＊権利を行使することができるとき＝権利行使に法律上の障害がないとき
- 確定期限付き債権（10月1日に払う）⇒期限到来のとき
- 不確定期限付き債権（父が死んだら払う）⇒期限到来のとき
- 期限の定めのない債権（いつでも払う）⇒債権成立のとき

（1）はつまり　二本立ての時効期間のうち、いずれか早い方の経過により時効は完成する

（2）は、たとえば　所有権に設定された地上権、地役権などは、20年間行使しないと消滅する。

【注】所有権は、消滅時効にはかからない。私有財産制では、当然のこと。

✓ チェック！

□**所有権の消滅時効？**　Aが有する所有権は、取得のときから20年間行使しなかった場合でも、時効により消滅することはない。⑰

そのこころ　時効により消滅するとすれば、当該所有権は国庫に帰属することになるが、これは私有財産制のもとでは認めがたい。

7-8 時効の援用　　　　　　　　　　　　　145条

　時効は、当事者（消滅時効にあっては、保証人、物上保証人、第三取
得者その他権利の消滅について正当な利益を有する者を含む。）が援用
しなければ、裁判所がこれによって裁判をすることができる。

つまり　時効を援用できるのは、時効により利益を受ける者だが、消滅時効
にあっては、債務者のほか、**保証人**が主債務の消滅時効を援用できる。**物上
保証人**、抵当不動産の**第三取得者**は、被担保債権の消滅時効を援用できる。
援用の結果、保証債務の付従性により保証債務を免れることになり（**8-25**）、
また、抵当権の付従性により抵当権の負担を免れることになる（**8-4**）。
　これに対し、**後順位抵当権者**は、先順位抵当権者の被担保債権の消滅時効
を援用できない。援用できれば、後順位抵当権の順位が上昇する（**8-9** 参照）
ので、問題になったが、判例は援用を認めなかった。㉚

✓ チェック！

1□**消滅時効の援用権者**　AがBに対して有する100万円の貸金債権につ
　き、Cが自己所有の不動産にAの債権の担保として抵当権を設定（物上保
　証）している場合、Cは、Aの債権の消滅時効を援用してAに抵当権の抹
　消を求めることができる。⑨
2□**後順位抵当権者**　後順位抵当権者は、先順位抵当権の被担保債権の消滅
　時効を援用することができない。㉚

7-9 時効利益の事前放棄の禁止　　　　　　　146条

　時効の利益は、時効完成前には放棄できない。

たとえば　時効完成前に、時効の援用はしませんなどという特約をしても無効
になる。
そのこころ　これを認めるとサラ金などは貸し金の際、この特約を迫り、時
効制度が無に帰してしまう。

7-10　時効の遡及効　　　　　　　　　　144条
時効の効力は、その起算日にさかのぼる。

たとえば　Aの所有する甲土地をBが時効取得した場合、Bが甲土地の所有権を取得するのは、取得時効の完成時ではなく、甲土地を占有開始した時点である。㉙

7-11　裁判上の請求等による時効の完成猶予及び更新　　147条
（1）次に掲げる事由がある場合には、その事由が終了するまでの間は、時効は、完成しない。確定判決等によって権利が確定することなくその事由が終了した場合にあっては、その終了の時から6か月を経過するまでの間は、**時効は、完成しない。**
　　①裁判上の請求　②支払い督促　③訴え提起前の和解、民事調停又は家事調停　④破産手続参加、再生手続参加又は更生手続参加
（2）前項の場合において、確定判決又は確定判決と同一の効力を有するもの（訴訟上の和解等）によって権利が確定したときは、時効は、同項各号に掲げる事由が終了した時から**新たにその進行を始める。**

（1）はつまり　①〜④の事由の終了まで、時効の完成は**猶予**される。
（2）はつまり　確定判決等により権利が確定したら、時効は**更新**（振出しに戻り新たに進行）される。

7-12　強制執行等による時効の完成猶予及び更新　　148条
（1）次に掲げる事由がある場合には、その事由が終了するまでの間は、時効は、完成しない。申立ての取下げ等によってその事由が終了した場合にあっては、その終了の時から6か月を経過するまでの間は、**時効は、完成しない。**
　　①強制執行　②担保権の実行　③民事執行法に規定する担保権の実行としての競売の例による競売　④民事執行法に規定する財産開示手続

（2）（1）の場合には、時効は、（1）に掲げる事由が終了した時から**新たにその進行を始める**。ただし、申立ての取下げ等によってその事由が終了した場合は、この限りでない。

つまり　①～④の事由が終了するまで時効の完成は**猶予**され、終了時点で、時効は**更新**（振出しに戻り新たに進行を始める）される。ただし、申立ての取下げ等による終了の場合は、この限りでない。

7-13　仮差押え等による時効の完成猶予　　　149条
　次に掲げる事由がある場合には、その事由が終了した時から6か月を経過するまでの間は、**時効は、完成しない**。
①仮差押え　②仮処分

7-14　催告による時効の完成猶予　　　150条
（1）催告があったときは、その時から6か月を経過するまでの間は、**時効は、完成しない**。
（2）催告によって時効の完成が猶予されている間にされた再度の催告は、前項の規定による時効の完成猶予の効力を有しない。

✓ チェック！
□**内容証明郵便による請求**　Aが、Bに対する賃料債権につき内容証明郵便により支払いを請求したときは、その時から6か月を経過するまでの間は、時効は、完成しない。㉑改題

7-15　協議を行う旨の合意による時効の完成猶予　　　151条
　権利についての協議を行う旨の合意が書面（又は電磁的記録）でされたときは、その合意があった時から1年を経過するまでの間、又は協議期間（1年未満）を定めた場合は、その期間が経過するまで、時効は完成しない。

つまり　当事者間で権利についての協議を行う旨の合意が書面又は電磁的記録によってされた場合には、時効の完成が猶予される。

7-16　承認による時効の更新　　　　　　　　　152条
（1）時効は、権利の**承認**があったときは、その時から**新たにその進行を始める。**
（2）（1）の**承認**をするには、相手方の権利についての処分につき行為能力の制限を受けていないこと又は権限があることを要しない　令②

（1）はつまり　権利の承認は、時効更新事由である。
（2）はつまり　時効更新事由としての権利の承認をするには、行為能力は要しないが、管理の能力は有する⇒管理能力も有しない**未成年者**が**法定代理人の同意を得ないでした承認は取消す**ことができる。が、管理能力を有する**被保佐人**が**単独でした承認は取消す**ことはできない。

✓ チェック！

☐**物上保証人の債務の承認**　Aが、BのCに対する金銭債務を担保するため、A所有地に抵当権を設定し物上保証人となった場合、Aが、Cに対し、当該金銭債務が存在することを時効期間の経過前に承認しても、物上保証人は債務者ではないので当該債務の消滅時効の更新の効力は生じない。⑫改題

7-17　時効完成後の債務の承認
　時効完成**後**にした債務の承認は、
①時効完成の事実を知っていた場合は時効利益の放棄となるので、時効の援用はできなくなる。
②時効完成を知らないでいた場合も、信義則上もはや時効の援用はできなくなる（判例）。

②のこころ　債務の承認をした以上、時効の援用はもはやないだろうという期待を保護する。
なお　時効完成**前**の債務の承認は、典型的な時効更新事由である。**7-16**

✓ **チェック！**

□**時効完成後の債務の承認**　AのBに対する債権の消滅時効の完成後に、Bが Aに対して債務を承認すれば、Bが時効完成を知らない場合でも、信義則上、消滅時効を援用できなくなる。⑰

7-18　時効の完成猶予又は更新の効力が及ぶ者の範囲

153条、154条

（1）時効の完成猶予又は更新は、完成猶予又は更新の事由が生じた当事者及びその承継人の間においてのみ、その効力を有する。

（2）強制執行、担保権の実行、仮差押え、仮処分等は、時効の利益を受ける者に対してしないときは、その者に通知をした後でなければ、時効の完成猶予又は更新の効力を生じない。

7-19　天災等による時効の完成猶予　159条、160条、161条

（1）時効の期間の満了の時に当たり、天災その他避けることのできない事変のため時効の完成猶予又は更新に係る手続を行うことができないときは、その障害が消滅した時から3か月を経過するまでの間は、時効は、完成しない

（2）夫婦の一方が他方に対して有する権利については、婚姻の解消の時から6か月を経過するまでの間は、時効が完成しない。令③

学習の指針

時効は、正面から出るのは10年で3回程度。しかし、他の問題と絡んで肢の一つとして出ることは結構ある。動画とテキストで基本概念をしっかりマスターしておこう。

Part 8

債権担保の方法

1 抵当権　住宅ローンにはつきもの

　不動産を買う場合、住宅ローンを組んで払うのが普通です。その際、債権者である銀行は、ローンが確実に返済されるよう、取得する物件に、抵当権を設定させます。

1）抵当権の設定と対抗

8-1　抵当権　　　　　　　　　　　　　　　　　　　　369条
　抵当権は、債務者又は第三者が**占有を移さないで**債務の担保に供した不動産について、他の債権者に先立って自己の債権の弁済を受ける権利である。

・占有を移さないから、抵当権が実行されるまでは、設定者が自由に目的物を使用収益、処分できる。

✓ **チェック!**

□**抵当目的物の使用収益**　Aがその所有する建物を担保としてBから金銭を借り入れ、Bの抵当権設定の登記をした後、Cにその建物を賃貸する契約をする場合、Aは、あらかじめBの同意を得る必要はない。⑤

8-2　抵当権の目的物　　　　　　　　　　　　　　　369条
　不動産（土地・建物）、地上権*1、永小作権*2の3つ。

＊１ 地上権は、工作物や竹木を所有するため他人の土地を使える権利（265条）。
＊２ 永小作権は、他人の土地で小作料を払って農業をできる権利（270条）。

8-3 抵当権の設定と対抗　　　　　　　176・177条

（1）抵当権は、債権者（⇒抵当権者）と目的不動産の権利者（債務者又
　　　は第三者⇒抵当権設定者）との抵当権設定契約によって成立する。
（2）抵当権を設定契約当事者以外の第三者に対抗するには、その旨を
　　　登記しておかなければならない。

・第三者が抵当権設定者となる場合を、**物上保証人**という。

2）抵当権の効力

8-4 抵当権の性質

（1）**付従性**　担保すべき債権（被担保債権）が成立しないと抵当権も
　　　成立せず、また、被担保債権がなくなれば抵当権も消滅する。
（2）**随伴性**　被担保債権が債権譲渡等で移転すると、抵当権もお伴し
　　　て移転する。
（3）**不可分性**　被担保債権が少しでもあれば、効力が目的物全体に不
　　　可分で及ぶ。
（4）**物上代位性**　目的物が何かの拍子で別の価値にいれかわったとき、
　　　その価値が設定者に払い渡される前に、差し押えをして抵当権の
　　　効力を及ぼせる。

（1）のたとえば　住宅ローンが何らかの事情で無効となったら抵当権も成
立せず、ローンを借りた人が住宅ローンを全部支払えば、抵当権も消滅する。
また、被担保債権が消滅時効にかかれば、抵当権も消滅する。
（4）のたとえば　目的物が滅失・損傷した場合に設定者が受け取れる保険金、
目的物を売却・賃貸した場合に受け取れる売却代金・賃料等に払い渡し前に
差し押さえて、抵当権の効力を及ぼせる。

✓ チェック！

1 □ **付従性**　抵当権の消滅時効の期間は20年であるが、AのBに対する債務の弁済期から10年が経過し、その債務が消滅すれば、付従性により抵当権も消滅するので、Aは、Bに対し抵当権の消滅を主張することができる。⑦

2 □ **物上代位**　抵当目的物が売却された場合、抵当権者は、その代金債権から、払い渡し前に、差し押えをして、優先弁済を受けることができる。②⑪⑮

3 □ **物上代位**　抵当権者は物上代位をする場合は、被担保債権の弁済期が到来していなければならない。㉕

4 □ **物上代位と抵当権設定登記後取得した債権での相殺との優劣**　賃貸物件の抵当権者Dが、物上代位権を行使して賃料債権を差し押さえた場合、物上代位により抵当権の効力が賃料債権に及ぶことは抵当権設定登記により公示されているので、賃借人Bは、Dの抵当権設定登記後に取得した債権では、賃料債務との相殺をもってDに対抗できない。*㉓

*最判平成13年3月13日

8-5　抵当権に基づく妨害排除請求

　抵当権者は、設定者や第三者が通常の利用の範囲を超えて目的物の交換価値（競売するときの価値）を低下させる場合には、被担保債権の弁済期が到来していなくとも、その**妨害行為の排除**を請求できる。

✓ チェック！

1 □ **抵当権に基づく妨害排除請求**　抵当権設定者Aが通常の利用方法を逸脱して、抵当建物の毀損行為を行う場合、Aの債務の弁済期が到来していないときでも、抵当権者Bは、抵当権に基づく妨害排除請求をすることができる。⑦

2 □ **不法占有者に対する妨害排除**　対象不動産について第三者が不法に占有している場合、抵当権者は当該占有者に対して妨害排除請求をすることができる。㉕

3 □ **不法占有者に対する妨害排除**　抵当権者は、抵当不動産の所有者の妨害

排除請求権を代位行使して、当該不動産の不法占有者に対しその不動産を直接自己に明け渡すよう請求できる場合がある。㉒

8-6 買受人になれる者　　　　390条・民事執行法68条
競売では、債務者を除き、誰でも買い受けられる。

8-7 抵当権の効力の及ぶ目的物　　　　370・371条
（1）抵当権は、目的不動産に付加して一体となっている物（**付加一体物**）に及ぶ。
（2）抵当権は、その担保する債権について不履行があったときは、その後に生じた抵当不動産の果実*に及ぶ。
（3）土地と建物は別個の不動産だから、土地の抵当権が建物に、また、建物の抵当権が土地に及ぶことはない。

（1）のせつめい　付加一体物には、抵当権設定当時に存在した**従物**も含む。たとえば、ガソリンスタンド地下のタンクや洗車機等は、ガソリンスタンド用店舗の従物である。

　さらに、**従たる権利**にも、抵当権の効力が及ぶ。たとえば、借地上の建物の抵当権は、建物の従たる権利である借地権にも効力が及ぶ。ただし、競落人が土地賃借権である借地権を取得したことを賃貸人に対抗するためには賃貸人の承諾が必要（**9-4**）なので、承諾を得られないときは、賃貸人の承諾に代わる裁判所の許可を申し立てることになる（**9-41**）。
（2）の＊果実　果実には、天然果実（例　リンゴの実）と法定果実（抵当建物の賃料債権）がある。なお、法定果実には、差し押えて物上代位することもできる（**8-4**）。

✓ チェック！

1□**効力の及ぶ範囲―従物**　借地人が所有するガソリンスタンド用店舗建物に抵当権を設定した場合、当該建物の従物である地下のタンクや洗車機が抵当権設定当時に存在していれば、抵当権の効力はこれらの従物に及ぶ。⑲

2□効力の及ぶ範囲　抵当権の対象不動産が借地上の建物であった場合、特段の事情がない限り、抵当権の効力は当該建物のみならず借地権についても及ぶが、競落人が土地賃借権である借地権を取得したことを賃貸人に対抗するためには賃貸人の承諾が必要なので、承諾を得られないときは、賃貸人の承諾に代わる裁判所の許可を申し立てる必要がある。㉗

8-8　優先弁済を受けられる利息の範囲　　　　375条
　抵当権者は、利息その他の定期金を請求する権利を有するときは、その満期となった最後の**2年分**についてのみ優先弁済を受けられる。

・他に優先弁済を受ける者がいなければ満額弁済される。また、優先弁済の制限だから、債務者には全額請求できる。

8-9　抵当権の順位上昇の原則
　先順位抵当権が消滅すると、後順位抵当権は自動的に繰り上がる。

8-10　抵当権の順位の変更　　　　374条
（1）抵当権の順位は、各抵当権者の合意によって変更することができる。ただし、それで不利益を被る者*があるときは、その承諾を要する。
（2）順位の変更は、その登記しなければ、効力を生じない。

＊不利益を被る者とは、順位が変更前より劣後することとなった抵当権の転抵当権者（8-11）などであり、抵当権設定者や被担保債権の債務者は、特に不利益を被らない。

8-11 抵当権の処分　　　　　　　　　　　376条

（1）抵当権者は、その抵当権を他の債権の担保とすることができる（**転抵当**）。
（2）抵当権者は、┌ 一般債権者に対して、抵当権を**譲渡**又は**放棄**できる。
　　　　　　　　　│ 後順位抵当権に対して、抵当権の**順位**を**譲渡**又は**放**
　　　　　　　　　└ **棄**できる。

（1）のたとえば　抵当権者が第三者から借金をする際に、自己の抵当権を担保とする。⇒抵当権が実行されるときには、抵当権者に先立ち転抵当権者（金を貸した第三者）が優先弁済を受ける。

（2）はつまり

抵当権の譲渡	抵当権者が抵当権を持っていない債権者に抵当権を譲る⇒配当は、譲受人優位で配当
抵当権の放棄	抵当権者と抵当権を持っていない債権者が抵当権を同順位で持ち合う（準共有）⇒配当は、債権額比で案分配当
抵当権の順位の譲渡	後の順位の抵当権者と順位を逆転させる⇒配当は、譲受人優位で配当
抵当権の順位の放棄	先順位抵当権と後順位抵当権を同順位で持ち合う（準共有）⇒配当は、債権額比で案分配当　令⑤

（2）の各場合の配当のたとえば
【27年問7】（過去問遊園地参照）で見てみよう。
【27年問7】債務者Aが所有する甲土地には、
　債権者B（債権額2,000万円）、が一番抵当権
　債権者C（債権額2,400万円）、が二番抵当権
　債権者D（債権額4,000万円）が三番抵当権をそれぞれ有しており、
　Aにはその他に担保権を有しない債権者E（債権額2,000万円）がいる。
　甲土地の競売に基づく売却代金は、5,400万円。という前提条件。

①BがEの利益のため、抵当権を譲渡⇒ **BE** では **E 優位**で配当
　1番抵当権 2,000 万円は全部Eに配当、2番抵当権 2,400 万円は全額Cに配当、3番抵当権 4,000 万円は（5,400-2,000-2,400）＝1,000 万円のみDに配当。あとは配当なし。

②BがEの利益のため、抵当権を放棄⇒ **BE** では債権額比で按分配当
　1番抵当権 2,000 万円は、B・E間で債権額の比率で分配⇒B 1,000万円、E 1,000 万円の配当。あとは、①と同じ。

③BがDの利益のため、抵当権の順位を譲渡⇒ **BD** では **D 優位**で配当
　1番抵当権 2,000 万円は全額Dに配当。あとは、①と同じ。

④BがDの利益のため、抵当権の順位を放棄⇒ **BE** では債権額比で按分配当
　1番抵当権 2,000 万円は、B・D間で債権額の比率で分配。2番抵当権 2,400 万円は全額Cに配当、3番抵当権 4,000 万円は（5,400-2,000-2,400）＝1,000 万円のみを、B・D間で債権額の比率で分配。結局、1番抵当権で配当された 2,000 万円と 3番抵当権で配当された 1,000 万円の合計 3,000 万円をBEの債権額比で分配し、BE各 1,500 万円の配当。

✓ チェック!

□**転抵当**　抵当権者は、第三者Xから借金をした場合、その有する抵当権を持って、Xのための担保とすることができる。⑩

3）抵当目的物の利用権者の立場

8-12 **同一不動産に設定された抵当権と賃借権の優劣**　　　177条
（1）抵当権設定登記の**前**に存在した第三者対抗力を備えた賃借権は、抵当権の実行があっても覆らず、競落人を新賃貸人とする契約関係に移行する。
（2）抵当権設定登記**後**に生じた賃借権は、抵当権に対抗できず、抵当権実行の際に覆ってしまうのが原則である。

✓ チェック!

□**抵当権設定登記後の賃借権**　Aは平成X年4月1日に、Bに対して自己所

有の甲建物に抵当権を設定し、同日付でその旨の登記をして、平成Ｘ年
12月1日には甲建物をＣに賃貸し、同日付で引き渡した。Ｃは、この賃
貸借をＢに対抗することはできない。⑰

8-13　抵当権者の同意の登記がある場合の賃貸借の対抗力　387条

　登記をした賃貸借は、その登記前に登記をした抵当権者のすべてが同
意をし、かつ、その旨の登記をしたときは、同意をした抵当権者に対抗
できる。

8-14　抵当建物使用者の引渡しの猶予　　　　　　　　395条

　抵当権者に対抗することができない賃貸借により抵当権の目的である
建物を競売手続の開始前から使用又は収益をする者（抵当建物使用者）
は、その建物の競売における**買受人の買受けの時から6か月を経過する
までは、その建物を買受人に引き渡すことを要しない。**

つまり　抵当権設定登記後の建物賃貸借は、抵当権に対抗できないが、競落
人の買受時から6か月は、建物引き渡しが猶予される。
　なお、抵当土地を使用していた者には適用されない。令④

✓ チェック！

□**建物賃貸借の明渡し猶予**　抵当権設定登記後、抵当目的物の建物を賃借し
た者は、抵当権実行による競売で買受けがあったときは、買受け時から6
か月は、建物引き渡しが猶予される。㉒

4）抵当目的物の第三取得者の立場

　抵当権が設定されている物件を取得した者を、抵当目的物の**第三取得者**と
いう。この者は、債務者が弁済しないと、自己所有になった物件の抵当権を
実行されて物件を失う不安定な立場に置かれる。ちょうど他人の債務のため
に自己の不動産に抵当権を設定した**物上保証人**（8-3）と同じ立場だ。そこ
で、第三取得者を保護する、**代価弁済**と**抵当権消滅請求**という制度がある。

8-15　請求があれば、代価弁済で抵当権をなくせる　378条

　抵当不動産について所有権又は地上権を買い受けた第三者（第三取得者）が、抵当権者の請求に応じてその抵当権者にその代価を弁済したときは、抵当権はその第三者のために消滅する。㉗ 令④

8-16　抵当権消滅請求　379~385条

（1）抵当不動産につき所有権を取得した第三者（債務者、保証人は除く*）は、その不動産を適当に評価して、一定額を代価として抵当権者に提供する代わりに、抵当権を消滅させるべき旨を請求することができる※。

（2）抵当権消滅請求は、抵当権の実行としての競売による差押えの効力発生前にすることを要する。

　なお抵当権者が、抵当権消滅請求を阻止するには、同請求があってから2か月以内に抵当権を実行して競売の申し立てをしなければならない。

＊第三取得者がたまたま債務者や、保証人であるときは、抵当権消滅請求はできない。
※具体的には、第三取得者が、登記をした各債権者に代価等を記載した書面を送付する。

✓ チェック！

□**抵当権消滅請求をできない者**　抵当不動産の被担保債権の債務者及びその債務につき連帯保証をした者は、抵当権消滅請求をすることはできない。㉗

8-17　第三取得者が出た場合のまとめ

（1）第三取得者は、抵当権者に抵当権消滅請求（**8-16**）又は第三者の弁済（**6-11**）をできる。

（2）第三取得者は、第三者弁済をしたら債務者に求償できる。

（3）第三取得者は、契約内容不適合な抵当権が附着していたら、売主である抵当権設定者に、売主の担保責任（**6-25**）を追及できる。

　　　買主が費用を支出してその不動産の所有権を保存したときは売主
　　　に対し費用の償還請求ができる。**(6-28)**

（4）抵当権者は、第三取得者に代価弁済請求（**8-15**）ができる。

8-18　法定地上権──競売で敷地と建物の所有者が異なったとき

388条

①**土地（敷地）・建物が同一所有者**だった時点で**抵当権が設定**され、

②その**抵当権の実行により土地・建物が別の所有者になった**場合には、

　⇒その建物のために地上権が設定されたものとみなす。

そのこころ　土地・建物が同一所有者の時点では、建物のために土地利用権を設定できないので、抵当権実行により別所有者になった時点で建物のために地上権を成立させ、建物の保存を図った。

- 抵当権は、土地に対するものでも建物に対するものでも、また、両方に対する共同抵当でもよい。
- 建物は存在すれば十分であり、登記されている必要はない。㉚
- 土地と建物は抵当権設定当時、同一所有者であればよく、その後土地又は建物が譲渡され、別人の所有になった場合でもよい。㉚
- 抵当権設定当時に土地・建物があり、その所有者が別人である場合は、すでに建物のために借地権が設定されているはずで、法定地上権は必要ない。
- さら地に抵当権を設定した後、建物が建てられ、抵当権が実行されたときは、法定地上権は、絶対に成立しない。この場合に法定地上権を成立させては、さら地と評価した抵当権者を害するからである。㉚
- さら地に抵当権を設定した後、その抵当地に建物が築造され、さらにその後、その土地に2番抵当権が設定され、1番抵当権が存続している状態で2

番抵当権が実行されるときも、建物のために法定地上権は成立しない。⑭
さら地に抵当権が設定された以上、法定地上権を成立させては、さら地と
評価した抵当権者を著しく害するからである。

法定地上権が成立するためには、土地に対する１番抵当権設定当時に、建
物が存在しなければならない。

✓ チェック！

1□**法定地上権**　Bが債権者Aのために自己所有の土地及びその上の建物に
抵当権を設定したところ、Aの抵当権実行により、Cが建物を、Dが土地
を競落した。この場合、（法定地上権が成立しているので）DはCに対して、
建物を撤去し、土地を引き渡すよう請求することはできない。⑩

2□**２番抵当権で法定地上権が成立するか**　さら地に抵当権を設定した後、
その抵当地に建物が築造され、さらにその後、その土地に２番抵当権が設
定され、１番抵当権が存続している状態で２番抵当権が実行されるとき、
建物のために法定地上権は成立しない。法定地上権が成立するためには、
土地に対する１番抵当権設定当時に建物があることが必要である。⑭

8-19　抵当地の上の建物の競売──一括競売できる　　389条

さら**地**に抵当権を設定した**後**、同地に建物が築造されたときは、抵当
権者は、土地とともにその建物を競売することができる（**一括競売**）。
ただし、その優先権は、**土地の代価についてのみ**行使することができる。

✓ チェック！

□**一括競売**　さら地に抵当権を設定した後、その抵当地に建物が築造された
場合、抵当権者は、建物を土地とともに競売することができるが、その優
先権は土地の代価についてのみ行使することができる。①⑭㉗

5）根抵当権

特定の債権を担保する普通の抵当権では対応できない、増減変動する不特
定の債権を担保する抵当権として考えられたのが**根抵当権**です。

8-20　根抵当権　不特定の債権を、極度額の限度で担保 398条の2

根抵当権は、設定行為で定めた一定範囲に属する不特定の債権を、**極度額**の限度で担保する。

- 根抵当権設定契約で必ず定める事項
  - ①**債務者**と**担保される債権の範囲**
  - ②**極度額**……抵当不動産が負担する優先弁済の限度額
- 根抵当権設定契約では、特定のどの債権を担保するかということは定めず、**担保される債権の範囲**を定める（398条の2第2項）。
- 担保される債権の範囲は、債務者との特定の継続的取引契約によって生ずるものその他債務者との一定の種類の取引から生ずるものに限定して定める。**根抵当権者と債務者との間に生じる一切の債権**という定め方は許されない（包括根抵当の禁止）。
- 設定当初は、債権は具体的にはまだ発生していないので、根抵当権は、**将来発生する不特定の債権を担保する**抵当権である。
- ただ、どの債権を担保するのか決まらなければ優先弁済しようがないので、**ある一定時点で存在する債権を担保することとする**。その一定時点を**元本確定期日**という。
- 根抵当権設定者は、担保すべき元本の確定すべき期日の定めがないときは、設定時より3年経過すると**元本確定請求**ができ、また、根抵当権者はいつでも**元本の確定請求**ができる（389条の19）。
- **元本確定までは、**被担保債権の範囲に含まれる個々の債権と根抵当権の結びつきはないので、結びついていることを前提とする抵当権の**付従性**と**随伴性**は否定される。すなわち、

8-21　元本確定までの付従性・随伴性の否定──ここがポイント

（1）被担保債権の範囲に含まれる個々の債権が支払われて債務残高が0になっても、付従性により根抵当権が消滅するということはない。その後、また担保される債権の範囲内に含まれる債権が発生すれば、当該根抵当権によって担保される。（**元本確定前の付従性の否定**）。また、

（2）被担保債権の範囲に含まれる個々の債権につき、債権譲渡が行われても、随伴性により根抵当権が債権に随伴するということはない（**元本確定前の随伴性の否定**）。

- 元本確定期日は設定契約で定めてもよいが、抵当不動産への差押え等一定の事情が生じると、当然に元本確定される（398条の20）。また、根抵当権設定者は設定時より3年経過すると元本確定請求ができ、根抵当権者はいつでも元本の確定請求ができる（389条の19）。
- 元本が確定されたら、その時点に存する債権元本及び弁済時までの利息等を**極度額の範囲内**で、抵当不動産の競売代金から優先弁済する（398条の3）。

✓ チェック！

□**随伴性の否定**　根抵当権の被担保債権に属する個別の債権が、元本の確定前に、根抵当権者から第三者に譲渡された場合、その第三者は、当該根抵当権に基づく優先弁済を主張できない。⑫

8-22　根抵当権と利息——2年分に限るという制限はない

398条の3

利息も、極度額の範囲なら、累積利息の全額が優先弁済される。

✓ チェック！

□**極度額の意味**　登記された極度額が1億円の場合、根抵当権者は、1億円の範囲内なら、累積利息の満額につき優先弁済権を主張できるが、1億円を超える部分については、満期となった最後の2年分の利息についても優先弁済を主張できない。⑧

8-23　根抵当権と抵当権の処分

398条の11～13

（1）抵当権の処分のうち、**抵当権の譲渡・放棄**及び**抵当権の順位の譲渡・放棄**はできないが、**転抵当**（その根抵当権を他の債権の担保とする）はできる。

（2）抵当権独自の処分である**根抵当権の譲渡**又は**一部譲渡**は、設定者の承諾があればできる。

✓ チェック！

□**順位の譲渡はできるか**　根抵当権者は、元本確定前に、同一債務者に対する他の債権者の利益のために、その順位を譲渡することはできない。①㉖

2 保証

　銀行は、ローンを組む際、保証人を立てることも要求します。

　保証債務は、ローンを組んだ本来の債務者が、その債務を履行しない場合に、代わって履行しなければならない債務です（446条1項）。代わって履行した場合に、本来の債務者に**求償**することはできます。

・本来の債務を、保証債務に対して**主たる債務**という。

・主債務者がある人に、保証人になってもらうことを頼む契約を、**保証委託契約**という。保証債務は、この契約によって成立するのではない。

8-24　保証債務は書面による保証契約によって成立する

446条2・3項

（1）保証債務は、債権者と保証人となろうとする者の**保証契約**によって成立する。

　　保証契約は、**書面**（又は**電磁的記録**）でしなければ、その効力を生じない。

（2）保証人は、その保証債務についてのみ違約金又は損害賠償の額を約定（約束）することができる（447条2項）。

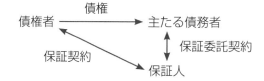

- 保証契約は、保証委託契約がない場合でもすることができ、さらに、主たる債務者の意思に反してもすることができる。

✓ チェック!

1 □**保証契約の方式** 保証人となるべき者が、口頭で明確に特定の債務につき保証する旨の意思表示を債権者に対してしても、その保証契約は有効に成立しない。㉒

2 □**保証は委託がなくても成立する** 保証人となるべき者が、主たる債務者と連絡を取らず、同人からの委託を受けないまま債権者に対して保証したとしても、その保証契約は有効に成立する。㉒

保証債務は主たる債務あってこその保証債務だ。つまり、保証債務は、必ず、主たる債務があることを前提としており、その主たる債務に付き従う性質（**付従性**）がある。

8-25 保証債務の付従性と主たる債務者について生じた事由の効力

457条

（1）**付従性** 保証債務は、主債務が成立しなければ成立せず、主債務が消滅すれば、保証債務も消滅する。

（2）**主たる債務者について生じた事由の効力**

①主たる債務者に対する履行の請求その他の事由による時効の完成猶予及び更新は、保証人に対しても、その効力を生ずる。

②保証人は、主たる債務者が主張することができる抗弁をもって債権者に対抗することができる。

③主たる債務者が債権者に対して相殺権、取消権又は解除権を有するときは、これらの権利の行使によって主たる債務者がその債務を免れるべき限度において、保証人は、債権者に対して債務の履行を拒むことができる。

（2）①**の、ちゅうい** 保証人に対する履行の請求その他の事由による時効の完成猶予及び更新は、主たる債務者に対して、その効力を生じない。

（2）②の、たとえば　主たる債務が免除されると、保証債務も免除を主張できる。主たる債務の期限が猶予されると、保証債務も期限猶予を主張できる。

8-26　保証債務の範囲も、主債務に付従　　447・448条
（1）保証債務は、主債務の利息・違約金・損害賠償その他その債務に従たるものをすべて包含する。
（2）保証債務が主たる債務より重いということはありえず、もし重い定めをしたら、主たる債務の限度に減らす。
（3）主たる債務の目的又は態様が保証契約の締結後に加重されたときであっても、保証人の責任は加重されない。

✓ チェック！

1□**主債務者に対する履行の請求**　AがBに債権を有し、CがBの債務を保証している場合、AのBに対する履行の請求による時効の完成猶予及び更新は、Cに対しても効力を生じる。②改題
2□**保証契約後の主債務増額**　保証人になろうとする者Aと債権者Cとの保証契約締結後、主たる債務者BとCの合意で債務が増額された場合、Aは、その増額部分については、保証債務を負わない。⑥ 令②

8-27　保証債権は主たる債権にお供する──随伴性
　主たる債権が移転するとき、保証債権も移転する。

・保証債権が主債権にお供するとき、そのことを債務者及び保証人に対抗するためには、主債務者に対する通知又は承諾（11-2）が必要であり、保証人に通知しても無効である（判例）。

8-28　保証人は順序をわきまえよと抗弁できる　　452・453条
（1）保証人は、債権者が主債務者を差し置いて、いきなり保証人の方に請求してきたり、強制執行をかけてきたりしたら、順序をわき

　　まえよと言える次の①②の抗弁権がある。
　①**催告の抗弁権**　保証人にいきなり請求してきたら、まず主債務者に
　　請求せよ、と主張できる。
　②**検索の抗弁権**　保証人にいきなり強制執行をかけてきたら、弁済の
　　資力があり、執行が容易なことを証明し、まず主債務者に執行せよ、
　　と主張できる。
（2）ただし　主債務者が破産手続開始の決定を受けていたり、行方不
　　　明であったりすると、これらの抗弁権は認められない。

8-29　保証人の要件　　　　　　　　　　　　450条1項

（1）債務者が保証人を立てる義務を負う場合は、
　　①行為能力者であり②弁済の資力をある者を保証人に立てなければな
　　　らない。いったん立てた保証人が弁済の資力を有しなくなったら、
　　　債権者は他の保証人を立てるよう請求できる。
（2）債権者が保証人を指名したときは、以上のことは適用しない。

（2）は、つまり　債権者が特定の人を保証人として指名した場合は、行為
能力者でなくても、又弁済の資力がなくてもよい。

8-30　主債務者の履行状況に関する情報提供義務　　458条の2

　保証人が主たる債務者の委託を受けて保証をした場合において、保証
人の請求があったときは、債権者は、保証人に対し、遅滞なく、主たる
債務の元本及び主たる債務に関する利息、違約金、損害賠償その他その
債務に従たる全てのものについての**不履行の有無並びにこれらの残額及
びそのうち弁済期が到来しているものの額に関する情報**を提供しなけれ
ばならない。

つまり　保証人（法人含む）が主債務者の委託を受けて保証した場合に、保
証人が債権者に対して主債務の履行状況等について問合せをしたときは、債
権者は、遅滞なく、これらの情報を提供する義務がある。

8-31　主債務者が期限の利益を喪失した場合の通知義務 458条の3

（1）主債務者が**期限の利益***を有する場合において、その利益を喪失したときは、債権者は、保証人に対し、その利益の喪失を知った時から2か月以内に、その旨を通知しなければならない。

（2）前項の期間内に同項の通知をしなかったときは、債権者は、保証人に対し、主たる債務者が期限の利益を喪失したときから同項の通知を現にするまでに生じた遅延損害金に係る保証債務の履行を請求することができない。

（3）（1）（2）は、保証人が法人である場合には、適用しない

＊期限の利益　期限が到来するまでは債務の履行をしなくてよいこと。次の場合には、期限の利益を喪失する。①債務者が破産手続開始の決定を受けたとき。②債務者が担保を滅失させ、又は損傷させたとき。③債務者が担保を供する義務を負う場合において、これを供しないとき。137条　当事者間の特約で期限の利益を喪失することもある（期限利益喪失約款）。

つまり　主債務者が期限の利益を喪失したときは、債権者は、その旨を2か月以内に個人保証人に通知しなければならない。これを怠ると、債権者は個人保証人に対し、通知を現にする以前の遅延損害金を請求できなくなる。

　銀行が用意したローン契約の保証人欄は「連帯保証人」となっているのが普通だ。連帯保証と普通の保証では、次の2点が異なる。

8-32　連帯保証が普通の保証と異なる2点　　　454条、判例

（1）連帯保証人には、催告・検索の抗弁権がない。

（2）共同保証（保証人が複数）の場合、普通保証のときは頭割り分だけ保証すればよい（456条）が、連帯保証では、全額につき保証しなければならない。判例

（1）はつまり　連帯保証人は、履行期が来たら、主たる債務者を差し置いて、債権者からいきなり請求されても文句を言えない。また、主債務者が支払わなければ、いきなり強制執行をかけられても、阻止できない。

（2）のせつめい　一つの債務を数人で保証することを共同保証という。共同保証の場合、普通の保証であれば、主たる債務を平等に分割して保証すればよいのだが、連帯保証の場合には、各人が主たる債務の全額を保証しなければならない。

【注】保証債務の付従性・随伴性については普通の保証と同じだ。

ⓅⓄⒾⓃⓉ

連帯保証の特色──普通保証との２つの違い
①いきなり請求・執行されても文句を言えない
②共同保証の場合も全額につき保証

✓ チェック！

1□**連帯保証の特色①**　ＢのＡに対する売買代金の支払債務につき、Ｃが連帯保証債務を負う場合に、ＡがＣに対して保証債務の履行を請求してきても、ＣはＡに対して、まずＢに請求するよう主張できない。⑮

2□**連帯保証の特色②①**　ＡがＢに1,000万円を貸し付け、ＣとＤが連帯保証人となった場合、共同保証の場合でも連帯保証人は全額保証しなければならず、又連帯保証人には、催告の抗弁権もないので、Ａは、自己の選択により、Ｂ及びＣ・Ｄに対して、各別に又は同時に、1,000万円の請求をすることができる。⑤⑩

3 連帯債務

　ＡＢＣが共同して不動産を購入し、売主と代金債務（2,400万円）を連帯債務とする特約をすれば、ＡＢＣはそれぞれ2,400万円の連帯債務を負ったことになります。

8-33　連帯債務

連帯債務とは債務全額（2,400万円）を各人が独立して負うのだが、その全額を全員で協力して支払えばよい、という債務である。

- 協力して支払うのだから、一人が支払えば全員が債務を免れる。
- 協力して支払うのだから、内部的にどれだけ負担するかの合意はある。
- 弁済した連帯債務者は、他の連帯債務者に負担部分（割合）に応じた**求償**（立替え分の返還）ができる。

✓ チェック！

□**連帯債務者相互間の求償**　AとBとが共同で、Cから、C所有の土地を2,000万円で購入し、代金を連帯して負担する（連帯債務）と定め、BがCに2,000万円支払った場合、Bは、Aの負担部分と定めていた1,000万円及びその支払った日以後の法定利息をAに求償することができる。⑬

8-34　連帯債務者に対する請求方法　　　　436条

債権者は、連帯債務者に対し、同時又は順次に、全部又は一部の履行を請求できる。

- 債権者は、全部払ってもらえるまで、都合のよい請求方法をとってよい。

連帯債務では、連帯債務者の1人が弁済すると、弁済の効力が他の債務者にも及ぶ。連帯債務者1人について生じた事由が他の債務者にも効力を及ぶすことを絶対的効力というが、法律は弁済以外にも絶対的効力事由を認めている。

8-35　連帯債務の絶対的効力事由　　　　489～490条

①**相殺**　連帯債務者の1人が、たまたま反対債権を持っており相殺すると、他の連帯債務者の債務も相殺した分だけ消滅する。439条

②**更改**　連帯債務者の1人と債権者が更改契約*をすれば、それまでの債務はすべての債務者のために消滅する。438条　令③

　　*更改とは、新たな債務を成立させ、代わりにそれまでの債務を消滅させる契約。たとえば、代金債務を消滅させる代わりに、土地の所有権を移転することを約束する。

③**混同**　混同とは、債権者と債務者の地位が同一人に帰すること。連帯債務者の1人が債権者を相続した場合、相続した連帯債務者は債権者の地位を引き継ぐので、両者に混同が生じ、相続した連帯債務者が弁済をしたものとみなされ、他の債務者も債務を免れる。ただし、この場合は弁済をしたものとみなされる連帯債務者からの求償は受けることがある。440条。

①**のこころ**　相殺は払い合うことを省略しただけで、弁済と同じだからだ。
②**のこころ**　そういう約束だからである。

8-36　相対的効力の原則　　　　441条

　相殺（439条1項）、**更改**（438条）、**混同**（440条）の場合を除き、連帯債務者の1人について生じた事由は、他の連帯債務者に対してその効力を生じない。ただし、債権者及び他の連帯債務者の1人が別段の意思を表示したときは、当該他の連帯債務者に対する効力は、その意思に従う。

たとえば　連帯債務者の1人に対する履行の請求は、他の連帯債務者に対してその効力を生じない。連帯債務者の1人についての免除、消滅時効の完成も、他の連帯債務者にも効力が生じない。令③
ただしは、つまり　本来は連帯債務者Aに生じても他の連帯債務者Bに効力が生じない事由（相対的効力事由）に関し、債権者Cと他の連帯債務者Bにおいて、Aにその事由が生ずればBにもその効力が生ずるなどという別段の意思を表示していたときは、Aに生じた事由のBに対する効力は、その意思に従う。

絶対的効力事由　【覚え方】　相・更・混　　ソー・コー・コン

✓ チェック！

1□ **1人の債務が無効であった**　ＡＢはＣと売買契約をし、連帯してその代金債務を負担した際に、Ａが意思無能力であって、ＡＣ間の売買契約が無効であったとしても、意思無能力に絶対効はないので、ＢＣ間の売買契約は、無効とはならない。①改題

2□ **1人に対して期限の猶予**　ＡＢがＣに連帯債務を負担する場合、ＣがＡに対して期限の猶予をしたときは、期限の猶予には絶対効はないので、Ｂの債務については期限が猶予されない。③

3□ **1人に対してした解除**　ＡＢがＣから土地を購入し、Ｃに対する代金債務については連帯して負担する特約をした場合、Ｃが、本件売買契約を解除する意思表示をＡに対してしたとき、契約解除には絶対効はないので、その効力はＢには及ばない。⑧

8-37　他の連帯債務者の抗弁援用──求償の手間を省くため

436 条 2 項

　連帯債務者の１人が債権者に反対債権を持っている場合、反対債権を有する連帯債務者が相殺を援用しない間は、その債務者の負担部分の限度において、他の連帯債務者は、債権者に対して債務の履行を拒むことができる。令③

そのこころ　反対債権を持っていない連帯債務者が≪全額支払い、他の連帯債務者全員に求償する≫よりも、≪反対債権を持っている債務者の負担部分≫の限度では債権者に対して履行を拒めることにすれば、反対債権を持っている債務者に対する求償の手間が省ける。だから、そうできるようにした。

学習の指針

保証・連帯保証、連帯債務は、3年に1回程度の出題頻度。

各制度の *Keyword*

保証は、**付従制**、

連帯保証は付従性に加え**普通保証との2つの違い**、

連帯債務は**絶対的効力事由**

ここを理解しておけば、問題は解ける。

Part 9

賃貸借・借地借家法

1 賃貸借

賃貸借契約は、物を有料で貸し借りする契約です。

- 賃料は、動産、建物及び宅地については毎月末に、その他の土地については**毎年末**に、支払わなければならない。614条

9-1 賃貸借目的物の修繕 　　　　　　　606〜607の2条

（1）賃貸人の修繕　①賃貸人は、賃貸物の使用及び収益に必要な修繕をする義務を負う。ただし、賃借人の責めに帰すべき事由によってその修繕が必要となったときは、この限りでない。　②賃貸人が賃貸物の保存に必要な行為をしようとするときは、賃借人は、これを拒むことができない。賃貸人が賃借人の意思に反して保存行為をしようとする場合において、そのために賃借人が賃借をした目的を達することができなくなるときは、賃借人は、契約の解除をすることができる。

（2）賃借人の修繕　　賃貸物の修繕が必要である場合において、①賃借人が賃貸人に修繕が必要である旨を通知し、又は賃貸人がその旨を知ったにもかかわらず、賃貸人が相当の期間内に必要な修繕をしないとき　②急迫の事情があるときは、賃借人は、その修繕をすることができる。令⑤

9-2 賃借人の費用償還請求権──必要費は直ちに有益費は契約終了後
　　　　　　　　　　　　　　　　　　　　　　　　　　608条

（1）賃借人が、賃借物について賃貸人の負担に属する**必要費**を支出したときは、賃貸人に対し、**直ちに**その償還を請求できる。

（2）賃借人が賃借物について**有益費**を支出したときは、賃貸人は**賃貸借終了のときに**、価格増加が現存する場合に限り、**賃貸人**の選択により〔支出金額又は現存増加額〕のいずれかを償還しなければならない。

（2）の【注】　賃借人の選択ではなく、**賃貸人**の選択である。

9-3　賃借物の一部滅失等による賃料の減額等　　611条

（1）賃借物の一部が滅失その他の事由により使用及び収益をすることができなくなった場合において、それが賃借人の責めに帰することができない事由によるものであるときは、賃料は、その使用及び収益をすることができなくなった部分の割合に応じて、**減額**される。

（2）賃借物の一部が滅失その他の事由により使用及び収益をすることができなくなった場合において、残存する部分のみでは賃借人が賃借をした目的を達することができないときは、賃借人は、契約の**解除**をすることができる。

9-4　賃借人の無断で賃借権の譲渡・転貸をしない義務　　612条

（1）賃借人は、賃貸人の承諾を得なければ、賃借権を譲渡*し、又は賃借物を転貸※することができない。

（2）賃借人が、これに違反して、第三者に賃借物を使用収益をさせたときは、賃貸人は、契約を解除できる。

＊**賃借権の譲渡**　賃借人の賃貸人に対する地位（賃借権）を第三者に移転すること。
※**賃借物の転貸**＝転貸借　賃借人が賃借物を第三者に賃貸すること。いわゆる又貸し。
　両者の違いは、賃借権譲渡では賃借権を譲渡した賃借人は賃貸者関係から脱退するのに対し、転貸借の場合は、原賃貸借と転貸借の2つの賃貸借関係が併存する。⇒**9-6・7**

（1）のこころ　君だから貸したという場合もあるので、無断で、賃借権譲渡又は転貸借をできなくした。

（2）は、つまり　そういうこと（第三者に賃借物を使用収益をさせる）をするなら、賃貸物は今すぐ返してもらおう、と言える。

9-5　裏切りとまで言えない場合は解除できない　　　　判例

賃借人が無断で第三者に使用収益させても、**背信的行為**（裏切り行為）と認めるに足らない特段の事情があるときは、契約を解除できない。

つまり　無断で第三者に使用させるのは賃貸人に対する裏切りだから、解除事由とする。とするなら、裏切りとまで言えない事情がある場合は、解除できない。

9-6　適法な（賃貸人の承諾がある）賃借権の譲渡の効果

賃借権譲渡につき、賃貸人の承諾があった場合、

（1）賃借人・賃貸人間の賃貸借関係がそっくりそのまま、賃借権譲受人＝新賃借人・賃貸人間に移行する。

（2）賃借権譲渡人＝旧賃借人は賃貸借関係から脱退する。

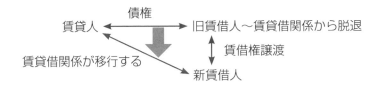

つまり　賃借物は新賃借人が使用収益でき、賃貸人は新賃借人に賃借料を請求することになる。

9-7　適法な（賃貸人の承諾がある）賃借物の転貸があった場合

613条

賃借人が適法に賃借物を転貸したときは、

（1）**転借人**は、賃貸人と賃借人との間の賃貸借に基づく賃借人の債務の範囲を限度として、**賃貸人**に対して**転貸借に基づく債務を直接履行する義務**を負う。この場合においては、賃料の前払をもって賃貸人に対抗することができない。

（2）（1）は、賃貸人が賃借人に対してその権利を行使することを妨げない。

つまり　適法転貸借の場合、従来の賃貸借関係はそのままで、新たに、もとの賃借人＝転貸人と転借人の間にも賃貸借（転貸借）関係が生じるが、転借人は、賃借料を限度として、転借料を賃貸人に直接支払う義務を負う。転借人は、賃貸人の請求があったとき、賃料は前払いしてしまいましたよ、とは言えない。しかし、賃貸人は賃借人に賃借料を請求することもできる。

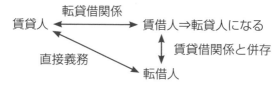

9-8　適法な転貸借があるとき、原賃貸借が債務不履行解除された
——親ガメこければ子ガメもこけるのが原則　　617・619条

転貸借関係は、原賃貸借を前提とするから、原賃貸借が解除され**原賃貸借契約が終了**すれば、原賃貸人は原賃貸借契約の終了を**転借人に対抗できる**⇒原賃貸人は、転借人に目的物の明け渡しを請求できる。

- 転借人に目的物の明け渡しを請求すると、転貸人の転借人に対する債務が履行不能になるので、**転貸借関係も終了**する（親ガメこければ子ガメもこける）。

✓ チェック！

1□**原賃貸借の債務不履行解除と転貸借**　賃貸人の承諾を得て、賃借人が建物を転貸している場合、賃貸借契約が賃借人の債務不履行を理由に解除され、賃貸人が転借人に対して目的物の返還を請求すれば、転貸借は履行不能に帰し、転貸借契約は終了する。⑩⑱

2□**原賃貸借の債務不履行解除に転借人への通知は必要か**　賃貸人の承諾を得て、賃借人から建物を転貸している場合、賃貸人が賃貸借契約を、賃料不払いを理由に解除する場合は、転借人に通知をする必要はない（判例）。⑯㉓

9-9　適法な転貸借があるとき、原賃貸借が合意解除された

──親ガメが合意でこけても、子ガメはこけない　　604条

　賃借人が適法に賃借物を転貸した場合には、賃貸人は、賃借人との間の賃貸借を合意により解除したことをもって転借人に対抗することができない。

（⇒したがって、親ガメが八百長でこけても転貸借はこけない＝存続する）

　ただし、その解除の当時、賃貸人が賃借人の債務不履行による解除権を有していたときは、この限りでない。

***合意解除**　解除権の行使ではなく、話し合いで契約を解除すること。

そのこころ　合意解除も有効だが、第三者の利益を不当に侵害することは許されない。

✓ チェック！

□**原賃貸借の合意解除と転貸借**　賃貸人の承諾を得て、賃借人から建物を転貸している場合、賃貸借契約が合意解除されても、転借人の権利は、特段の事由がある場合を除き、消滅しない。④⑥㉓

ⓅⓄⒾⓃⓣ

原賃貸借が債務不履行解除された	原賃貸借が合意解除された
⇒転貸借も終了～親ガメこければ、子ガメもこける	転貸借は終了しない～親ガメが**合意**でこけても、子ガメはこけない

9-10　賃貸借の終了　　　　　　　617・619条

（1）**期間の定めがあるとき**には、期間の満了によって終了する。

　　ただし、賃借人の使用継続に賃貸人が異議を述べないときは、前と同じ条件で、期間の定めのない賃貸借として更新したものと推定される。

（2）**期間の定めがないとき**には、当事者はいつでも**解約の申し入れ**ができ、動産にあっては1日、建物にあっては3か月、土地にあっては1年を経過することによって終了する。

＊当事者が賃貸借の期間を定めた場合であっても、その一方又は双方がその期間内に解約をする権利を留保したときは、（2）により解約できる。618条

【注意】　9-10 が適用される不動産賃貸借は、借地借家法が規定を置いていない場合に限られる。建物であれば、「一時使用が明らかな場合」（9-18）、「期間の定めのない建物賃貸借において賃借人から解約申入れする場合」（9-16）、土地であれば、「建物所有を目的としない土地賃貸借の場合」（9-29参照）、と「建物所有を目的としても臨時設備その他一時使用のために借地権を設定したことが明らかな場合」（9-52）である。

9-11　賃貸借の最長期

（1）民法上の賃貸借の最長期は 50 年に制限されている（それより長期を定めると 50 年とされる　604条1項）。

（2）借地借家法では、建物賃貸借には最長期の制限は適用されず、又、借地権では、むしろ最短期が 30 年とされている。

✓ チェック！

□**民法上賃貸借の存続期間**　建物を建築せず駐車場用地として利用する目的で存続期間を 65 年として土地の賃貸借契約を締結した場合、建物を建築しないので借地権ではなく、民法上の賃貸借であるが、この最長期は 50 年で、これを超える定めをしても、50 年となる。⑱改題

9-12　賃借人の原状回復義務　　　　　　621条

賃貸借が終了したときは、賃借人は、賃借物を受け取った後にこれに生じた損傷（**通常**の使用及び収益によって生じた賃借物の**損耗**並びに賃借物の**経年変化**を除く）がある場合において、その損傷を原状に復する義務を負う。ただし、その損傷が賃借人の責めに帰することができない事由によるものであるときは、この限りでない。

通常損耗・経年変化に当たる例　□家具の設置による床、カーペットのへこみ、設置跡　□テレビ、冷蔵庫等の後部壁面の黒ずみ（いわゆる電気ヤケ）

□地震で破損したガラス　□鍵の取替え（破損、鍵紛失のない場合）
通常損耗・経年変化に当たらない例　□引っ越し作業で生じたひっかきキズ
□タバコのヤニ・臭い　□飼育ペットによる柱等のキズ・臭い　□日常の不
適切な手入れもしくは用法違反による設備 等の毀損

<h2 align="center">学習の指針</h2>

> 民法上の賃貸借は、借地借家法との混合問題として出題されることが
> 多い。出題項目は、転貸借が重要。適法な転貸借あるとき、原賃貸借
> が解除された場合の転貸借の運命を問われる。原賃貸が債務不履行解
> 除されるときは、**9-8**、合意解除されるときは **9-9** である。

2 借地借家法　借家関係

　借地借家法は、借家人や借地人が宅地・建物を安定的に借り続けられるよ
う、借りている者を保護するための**特別法***で、**同法が定めを置いた事項**、
たとえば、建物賃貸人からの契約の終わらせ方や借地権の存続期間などは、
もっぱら借地借家法を適用し、民法は適用しません。これに対し、**同法が定
めを置いていない事項**、たとえば賃貸人の修繕義務（**9-1**）などについては、
民法を適用します。

***特別法**　特定の生活関係にだけ適用される法律

9-13　期間の定めのある借家契約の終了　　　26・28条

（1）期間の定めがある建物賃貸借は、当事者が期間満了の1年前から
　　　6月前までの間に、相手方に対して、更新拒絶の通知をしておか
　　　なければ、期間の定めのない、従前と同一条件（＝賃料）の契約
　　　として更新したものとみなす。
（2）賃貸人は、正当事由がなければ、更新拒絶通知をすることができ
　　　ない。

つまり　期間の定めのある借家（建物賃貸借）契約は、期間満了で当然に終了せず、終わらせたいと思う当事者が、**更新拒絶通知**をしておかなければならない。そして、賃貸人から、更新拒絶通知をするには**正当事由**＊が必要だ。

【注】　**賃借人**から更新拒絶をするには**正当事由**は不要
＊**正当事由**は、＜建物の賃貸人及び賃借人（又は転借人）が建物の使用を必要とする事情＞のほか、＜建物賃貸借に関する従前の経過＞、＜建物の利用状況＞及び＜建物の現況＞並びに＜明渡し料の申出をした場合におけるその申出＞を考慮して判断される。要するに、**総合判断**だ。

✓ チェック！

1□**更新拒絶通知**　期間の定めのある建物賃貸借において、賃貸人が、期間満了の1年前から6月前までの間に、更新しない旨の通知を出すのを失念したときは、賃貸人に法28条に定める正当事由がある場合でも、契約は期間満了により終了しない。⑭

2□**正当事由の考慮要素**　Aが、Bに対し期間2年と定めて賃貸した建物を、BはCに対し期間を定めずに転貸し、Aはこれを承諾した場合、AがBに対し更新拒絶の通知をするための正当の事由の有無は、家主Aおよび借家人B（転借人Cを含む）がその建物の使用を必要とする事情を考慮して判断する。⑩

9-14　正当事由ある更新拒絶をしても、居座り黙認で2弾目の法定更新

　賃貸人が、正当事由のある更新拒絶通知をした場合でも、期間満了後の賃借人（又は転借人）の**使用継続**に対し、賃貸人が遅滞なく異議を述べなかったときは、期間の定めのない、従前と同一条件の契約として更新したものとみなす。

つまり　ここでも、**9-10の（1）**同様**使用継続による法定更新**が生じる。

9-15　期間1年未満の建物賃貸借　　　　　29条1項

　1年未満の期間を定めた建物賃貸借は、**定期借家権（9-27・28）**又は**一時使用が明らか**な場合（**9-18**）を除き、期間の定めがないもの

とみなす。

そのこころ　一般に、建物賃貸借で、1年未満の期間は不合理だからだ。

✓ チェック！

□ **1年未満の期間の定め**　建物の賃貸借契約（38条定期建物賃貸借、39条取壊し予定建物の賃貸借及び40条一時使用目的の建物賃貸借を除く）は、賃貸人と賃借人が合意して契約期間を6月と定めても、期間を定めていない契約とみなされる。⑰

9-16　期間の定めのない借家契約──賃貸人からの解約申し入れ制限
27・28条

　賃貸人が解約申し入れをするには、①**正当事由**（考慮要素は **9-13** の場合と同様）が必要であり、それがあれば、②**解約の申し入れの日から6月を経過**することによって、建物賃貸借は終了する。

つまり　**賃貸人**からの解約申し入れには、①②の2点で民法上の解約申し入れ（**9-10**）を修正した。なお、**賃借人**から解約申し入れする場合には、民法の規定が適用されるから＜賃借人は　①正当事由がなくても解約申し入れでき、　②解約申入れ後3月経過により賃貸借終了＞となる（**9-10**）。

✓ チェック！

□ **正当事由の存在時**　AがBに対して、A所有の建物を、期間を定めないで賃貸した場合に、AがBに対し解約の申し入れをするため必要な正当の事由は、解約の申し入れ時だけでなく、明け渡しをする6月経過時まで、継続して存在しなければならない（判例）。⑧

9-17　正当事由のある解約申し入れをしても、居座り黙認で法定更新
27条

　賃貸人が、正当事由のある解約申し入れをした場合でも、契約終了後の

賃借人（又は転借人）の**使用継続**に対し、賃貸人が遅滞なく**異議**を述べなかったときは、期間の定めのない、従前と同一条件の契約として更新したものとみなす。

つまり　ここでも、**9-10・14** 同様**使用継続による法定更新**が生じる。

9-18　**一時使用が明らかである場合の建物賃貸借**　　　40条
　この章（借地借家法　第3章借家）の規定は、**一時使用のために建物の賃貸借をしたことが明らかな場合**には、適用しない。⇒民法の規定が適用される。

そのこころ　長期の使用を保護する制度は、一時使用の場合にはなじまない。

✓ チェック！

□**一時使用建物賃貸借**　Aは、その所有する建物を明らかな一時使用（期間2年）のためBに賃貸したが、Bは期間満了後も居住を続け、Aも、その事実を知りながら異議を述べなかった場合、Aは、正当事由のない場合でも解約の申入れをし、Bに対し、その3か月後に明渡し請求をすることができる。②

賃貸建物が第三者に譲渡された場合

借家人が、借家人であることを建物譲受人に対抗する要件は、何だろう。

9-19　**借家権の対抗要件**　　　民法605条、借地借家法31条
　借家権（建物賃借権）は、
①賃貸借の登記をするか、
②建物の引き渡しを受けておけば、
その建物の所有権を取得した者にも対抗できる。

つまり　**賃借権の登記**をしておけば、建物譲受人に借家権を対抗できる（**6-3**）が、登記をしていなくても、建物の**引き渡し**を受けていれば、つま

りそこに**住んでいれば**、借家権を新オーナーに対抗できる。

✓ チェック!

□**借家権の対抗**　甲建物を所有するAは、甲建物をCに対して賃貸した。C
は甲建物に住んでいるが、賃借権の登記はされていない。Aが甲建物をF
に任意に売却してFが新たな所有者となった場合、Cは、FはAC間の賃
貸借契約を承継したとして、Fに対して甲建物を賃借する権利があると主
張することができる。⑳

　対抗力を備えた不動産賃借権は、建物譲受人に賃借権を対抗できるのみな
らず、第三者に対しても物権類似の排他的支配力が認められる。

9-20　不動産の賃借人による妨害の停止の請求等　　605条の4
　不動産の賃借人は、その賃借権が対抗要件＊を備えた場合において、
次の各号に掲げるときは、それぞれ当該各号に定める請求をすることが
できる。
①その不動産の占有を第三者が妨害しているとき
　その第三者に対する妨害の停止の請求
②その不動産を第三者が占有しているとき
　その第三者に対する返還の請求

＊賃借権の登記のほか、借家権については引き渡し（9-19）、借地権については借地上の
建物登記（9-36）等である。

つまり　対抗力ある不動産の賃借権者は、当該不動産の占有を妨害、例えば
当該不動産に無断で侵入する第三者に対してそのような行為はやめるよう、
また、当該不動産を無断占拠している第三者には、その明け渡しを請求できる。

　借家権が上記の対抗力を備えた場合に、借家権の目的たる不動産が譲渡さ
れたときは、その不動産の賃貸人たる地位は、どうなるだろうか。

9-21　対抗力ある不動産賃借権の賃貸人たる地位の移転　　605条の2
　不動産賃借権が対抗力＊を備えた場合において、その不動産が譲渡さ

れたときは、その不動産の賃貸人たる地位は、その譲受人に移転する。

＊**9-20**の＊参照

・ただし、不動産の譲渡人及び譲受人が、賃貸人たる地位を譲渡人に留保する旨及びその不動産を譲受人が譲渡人に賃貸する旨の合意をしたときは、賃貸人たる地位は、譲受人に移転しない。同2項　令⑤

つまり　不動産譲受人、設例では建物譲受人が新しい賃貸人になり、旧賃貸人は賃貸借関係から脱退する。**賃借人が交代**する適法な賃借権譲渡の場合（**9-6**）と似ているが、この場合は**賃貸人が交替**する。

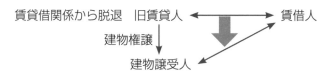

賃貸借関係から脱退　旧賃貸人 ←→ 賃借人
　　　　建物権譲 ↓
　　　　建物譲受人 ←→

・**合意による不動産の賃貸人たる地位の移転**　　対抗力のない不動産賃借権の目的たる不動産が譲渡されたときは、その賃貸人たる地位は、賃借人の承諾を要しないで、譲渡人と譲受人との合意により、譲受人に移転させることができる。605条の3

賃貸人たる地位の移転を、賃借人に対抗する要件はなんだろう。

9-22　賃貸人の地位の移転を対抗する要件　　605条の2第3項
　賃貸人たる地位の移転は、賃貸物である不動産について所有権の移転の登記をしなければ、賃借人に対抗することができない。

つまり　設例では、建物譲受人が所有権移転登記を受けておかなければ、賃貸人の地位が自分に移転したことを賃借人に対抗できない。
そのこころ　登記をしておかないと、建物譲受人が本当に建物を取得したのかどうか、借家人にはわからないからだ。

　譲渡前に賃借人が旧賃貸人に差し入れていた敷金は、いつ誰から返してもらえるのだろう。

9-23 敷金、意義、返還時期、賃貸借当事者の交替と敷金

622条の2等

（1）敷金とは、いかなる名目によるかを問わず、**賃料債務**その他の**賃貸借に基づいて生ずる賃借人の賃貸人に対する金銭の給付**を目的とする債務を担保する目的で、賃借人が賃貸人に交付する金銭をいう。

（2）**賃貸人**は、敷金を受け取っている場合において、**賃借人が賃貸借に基づいて生じた金銭の給付を目的とする債務を履行しないときは、敷金をその債務の弁済に充てることができる。**この場合において、**賃借人**は、賃貸人に対し、敷金をその債務の弁済に充てることを**請求することができない。**

（3）賃貸人は、次に掲げるときは、賃借人に対し、その受け取った敷金の額から**賃貸借に基づいて生じた賃借人の賃貸人に対する金銭の給付を目的とする債務の額を控除した残額**を返還しなければならない。
①**賃貸借が終了し、かつ、賃貸物の返還を受けた**とき。
②賃借人が適法に**賃借権を譲り渡した**とき。　以上622条の2

（4）賃貸人たる地位が譲受人又はその承継人に移転したときは、608条の規定による費用の償還に係る債務及び**（3）に規定する敷金（受け取った敷金の額から賃貸借に基づいて生じた賃借人の賃貸人に対する金銭の給付を目的とする債務の額を控除した残額）の返還に係る債務**は、譲受人又はその承継人が承継する。605条の2第4項

（2）はつまり　賃借人が賃貸借上生じた賃貸人に対する債務を支払わない時、賃貸人はその支払いに敷金を充てることができるが、賃借人のほうから未払債務を敷金で充ててくれとは言えない。賃借人の債務の担保という敷金の性格から、当然である。**令②**

（3）①は、つまり　賃貸借終了時の賃借物の返還（明渡し）と敷金残額の返還は、同時履行ではなく、**賃借物の返還（明渡し）が先履行**である。

（3）②は、つまり　賃借権譲渡により賃借人が交替する（**9-6**）とき、賃貸人が受取った敷金から賃貸借に基づいて生じた**賃借人の未払債務額を控除した残金を旧賃借人に返還**して、敷金関係を清算してしまう。

（4）は、つまり　**賃貸人**の地位の移転に伴い、賃貸人の賃借人に対する費

用償還債務（9-2）と**敷金返還債務も新賃貸人に引き継がせる**。賃借人は、賃貸借終了・明け渡し後に、新賃貸人に、賃借人の債務に充当後の敷金の返還請求ができる。

（3）②と（4）を対比すると、

賃貸借当事者の交替と敷金
（3）②（賃借権譲渡により）**賃借人が交替**⇒敷金関係は新賃借人に引き継がれない。
そのこころ　旧賃借人が差し入れた敷金は、旧賃借人が賃貸借関係から脱退するときに旧賃借人に清算すべきものだから。
（4）（賃貸物譲渡により）**賃貸人が交替**⇒敷金関係は新賃貸人に引き継がれる。
（4）**のこころ**　敷金は、賃借人の負うことのある債務＝賃貸人の債権、の担保だから、賃貸人の地位と一体となって賃貸物の譲受人＝新賃貸人に引き継がれる。

✓ チェック！

1□**同時履行の関係か**　マンションの賃貸借契約終了に伴う賃貸人の敷金返還債務と、賃借人の明渡債務は、特別の約定のない限り、明渡しが先履行になる。㉗**令②**
2□**賃貸人の交替と敷金**　Aが、A所有の建物を、Bから敷金を受領してBに賃貸した場合、AがDに建物を譲渡し、Dが賃貸人となったときには、Aに差し入れていた敷金は、Bの未払賃料を控除した残額について、権利義務関係がDに承継される。⑥⑮⑳

9-24　借家契約終了の通知は転借人にも必要　　34条
建物賃貸借が期間満了又は解約申入れによって終了する場合
　　⇒賃貸人は**転借人に対しそのことを通知**しないと、転借人に対抗できない。その通知をしたときは、転貸借は、その通知がされた日から6月を経過すると終了する。

そのこころ　実際に住んでいるのは転借人だから、転借人に明け渡しを予告する必要がある。

✓ チェック！

□**借家契約終了の通知は転借人にも必要**　賃借人が賃貸人の承諾を得て第三者に建物を転貸した場合、賃貸借契約が期間の満了により終了する場合、賃貸人は転借人に対しそのことを通知しないと、転借人に対抗できない。①

9-25　大家が付加に同意した造作の買取り請求　　　33条
（1）**賃貸人の同意を得て建物に付加した造作**（クーラー等）は、賃貸借終了時に、賃借人（又は転借人）は、賃貸人に対し、時価で買い取るよう請求できる。
（2）**造作買取り請求をしない旨の特約**は有効である。

（2）のこころ　この特約を無効にすると、大家は造作買取請求されるのを嫌い、造作の付加に同意しなくなるので、付加には同意するが、造作買取請求の対象にはならないことも認めるため、造作買取請求を認めない特約を有効とした。

・造作買取請求権は、賃借人の債務不履行ないしその背信行為のため賃貸借が解除された場合には、その適用がない（判例）。㉗

✓ チェック！

1□**買取りしない旨の特約**　「借家人が大型エアコンを設置することは認めるが、建物賃貸人は契約終了のときその買取りをしない」と特約した場合、その特約は、有効である。⑤⑦⑪
2□**債務不履行解除の場合**　ＡＢ間の賃貸借契約がＢの賃料不払又は背信行為を理由として解除された場合、ＢはＡに対して、Ａの同意を得てＢが建物に付加した造作の買取りを請求することはできない。㉗

9-26　内縁者の居住用建物の賃貸借の承継　　　　36条

（1）居住用建物の賃借人が**相続人なくして死亡**した場合に、内縁関係にあった同居者は、当然に借家権を承継する。

（2）ただし、その事実を知った後１月以内なら、賃貸人に対して承継しない旨の意思表示もできる。

（3）**この規定の適用がない旨を特約することは有効**である。

✓ チェック!

□**内縁者の居住用建物賃貸借の承継**　居住用建物の借家人Ａが相続人なくして死亡した場合、Ａと事実上夫婦同様の関係にあった同居者Ｂは、その事実を知った後１月内に賃貸人Ｃに対し特段の意思表示をしないときは、ＡのＣに対する権利義務を承継する。② **令②**

更新制度の適用がない**定期借家権**が２つある。

9-27　定期借家権──書面による事前説明が必要　　　38条

（1）**要件・方式**

• 期間の定め（**１年未満でもよい**）がある建物の賃貸借を、**書面**によって契約をするときに限り、**契約の更新がない旨の特約**を定めることができる。＊

＊上記の建物賃貸借契約がその内容を記録した電磁的記録によってされたときは、その契約は、書面によってされたものとみなす。

• この特約は、**あらかじめ**、契約更新がない旨を記載した**書面を賃借人に交付**して**説明**しなかったときは**無効**となる。＊

＊建物賃貸人は、書面の交付に代えて、建物賃借人の承諾を得て、当該書面に記載すべき事項を電磁的方法により提供することができる。

（2）**期間１年以上の場合の終了通知**

　期間が**１年以上**である場合には、賃貸人は、期間満了の**１年前から６月前**までの間に賃借人に対し**通知**をしなければ、その終了を賃借人に対抗することができない。ただし、通知期間の経過後に通知すれば、通知

後６月経過することにより、終了を対抗できる。

（３）200㎡未満・居住用建物の賃借人からの事情変更解約申し入れ

　居住用建物の賃貸借（**200㎡未満**）において、転勤、療養、親族介護等のやむを得ない事情により、**賃借人が建物を自己の生活本拠として使用することが困難**となったときは、賃借人は**解約申入れ**ができる。この場合、建物賃貸借は、解約申入れの日から１月経過によって終了する。**令②**

（４）賃借人に不利な特約の効力

　（２）・（３）の規定に反する特約で**賃借人に不利な**ものは、**無効**とする。

（５）借賃の改定に係る特約

　借賃の改定に係る特約がある場合は、**借賃増減額請求（9-49）**は、できない。

【注】38条は、多様な内容を含むので、分けておさえておこう。

✔ チェック！

1□書面が必要　定期建物賃貸借契約は書面によって契約を締結しなければ有効とはならないが、一時使用賃貸借契約は口頭で契約しても有効となる。⑲

2□事前説明　定期借家契約を締結しようとするときは、賃貸人は、あらかじめ賃借人に対し、契約の更新がなく、期間満了により賃貸借が終了することについて、その旨を記載した書面を交付して説明しなければならない。⑮ **令②**

3□終了通知　期間が１年以上の定期建物賃貸借契約においては、賃貸人は、期間の満了の１年前から６か月前までの間に賃借人に対し期間満了により賃貸借が終了する旨の通知をしなければ、当該期間満了による終了を賃借人に対抗することができない。⑳

取壊し予定の建物の賃貸借も定期借家権の一種だ。

9-28　取り壊し予定の建物の賃貸借　取り壊しまでの期間限定借家権
39条

　法令又は契約により一定期間経過後には**建物を取り壊すことが明らか**な場合に、建物賃貸借をするときは、**建物取り壊し時**に賃貸借が終了する旨を定めることができる。この特約は、**書面**によってしなければならない。⑦*

＊上記特約がその内容を記録した電磁的記録によってされたときは、その特約は、書面によってされたものとみなす。

たとえば　道路予定地上の建物や定期借地権（**9-43**）上の建物が、一定期間経過後には取り壊すことが明らかな建物である。

学習の指針

借家関係は、例年１問の出題。定期借家が制度創設以後、多く出題されている。従来からの論点では、期間の定めのある場合の更新制度（**9-13**）、期間の定めのない場合の解約申し入れ制限（**9-16**）、借家権の対抗要件（**9-19**）が重要。まんべんなく目を通しておこう。敷金の意味と賃貸借当事者の交替と敷金関係の承継（**9-23**）をおさえておこう。

3 借地借家法　借地関係

9-29　借地権の定義と扱い
2条

　借地借家法は、地上権と土地賃借権のうち《**建物所有を目的とする地上権又は土地賃借権**》を**借地権**として、借地権者を保護する。令④

つまり　借地権と民法上の土地賃借権では、**存続期間**や**存続期間満了の際の更新**（契約を継続する）で異なった扱いとなる。借地権の場合は、そうでない場合より、土地賃借人を有利に扱う。

・**地上権**は、他人の土地において工作物又は竹木を所有するため、その土地

を使用する権利（265条）と、法に定められた物権である。これに対し、**土地賃借権**は、土地を目的とする賃貸借契約上の賃借人の権利として、当事者間の契約で定められる権利である。こうした権利構成の違いから、

①地上権は、自由に**譲渡・賃貸**できるが、土地賃借権を譲渡・転貸するには、**賃貸人の承諾**が必要（**9-4**）

②地上権を設定したときは地主に**登記協力義務**が生じるが、土地賃借権を設定したときには登記協力義務はない、とされている。令④

　　しかし、両者とも、建物所有を目的とする場合は、土地所有者より土地使用者側を保護する必要があるので、一括して**借地権**として保護する。

9-30　借地権の存続期間 3条

　借地権の存続期間は、30年とする。

ただし、契約でこれより長い期間を定めたときは、その期間とする。

つまり

- 期間を定めない　　　⇒期間30年になる
- 期間20年と定めた　⇒期間30年になる
- 期間40年と定めた　⇒期間40年のまま、となる。

✓ チェック！

□**30年未満の定め**　借地権の存続期間を10年と定めた場合、その約定はなかったものとみなされ、借地権は、契約時から30年存続する。①

9-31　期間満了時に建物がある場合の扱い 4〜6・13条

（1）期間満了時に、建物がある場合には、

　①借地権者が契約の**更新を請求**したとき、又は

　②借地権者（又は転借地権者）が**土地の使用を継続**するときは、契約を更新したものとみなす。

（2）更新期間は、**初回は20年**。2回目以降は10年とするが、当事者がこれより長い期間を定めればその期間とする。

（3）ただし、借地権設定者が**遅滞なく異議**を述べたときは、更新とみなされない。が、異議は**正当事由***がないと述べられない。

*更新拒絶ができる正当事由は、＜借地権設定者及び借地権者（又は転借地権者）が土地の使用を必要とする事情＞のほか、＜借地に関する従前の経過及び土地の利用状況＞並びに＜借地権設定者が土地の明渡しの条件として又は土地の明渡しと引換えに借地権者に対して財産上の給付をする旨の申出をした場合におけるその申出＞を考慮して、判断される。要するに**総合判断**である。

9-32　建物があるのに借地契約の更新がないときの扱い　13条

借地契約の更新がないときには、借地権者（又は転借地権者）は、借地権設定者に対し、**建物を時価で買い取るべきことを請求**できる。*

*建物買取り請求権を行使すると、建物売買解約が成立したのと同じ効果が発生し、借地権者は、借地権設定者から建物代金の提供があるまでは、**同時履行の抗弁権**（5-3）又は**留置権**（10-19）によって建物明渡しを拒める。令④

POINT ≪期間満了時に建物がある場合の扱い≫

更新請求又は　　→　正当事由なし ⇒ **更新**・初回 20 年・以後 10 年以上
土地使用継続　　　正当事由ある異議 ⇒ **建物買取り請求**できる
更新しない合意 ─────────────────────↑

✓ チェック！

□**借地契約が債務不履行解除された場合、建物買取請求できるか**　借地権者の債務不履行を原因とする契約解除により契約が終了した場合には、借地権者は借地権設定者に対して建物の買取りを請求することができない。⑭

9-33　期間満了時に建物がない場合の扱い

更新する旨の**合意**があった場合のみ、更新される。

その際の更新期間は、

・初回は更新の日から 20 年以上、

- 2回目以降は10年以上としなければならず、
- これより短い期間を定めた、又は、期間を定めなかった場合は、20年（初回）、10年（2回目以降）とする。

✓ チェック！

□ **建物が存在しない場合**　期間満了の際に建物が存在しない場合は、借地権者が更新請求をしても、借地権設定者が異議を述べたときは、当該契約は更新されない。④

9-34　当初存続期間満了前に建物が滅失又は取壊し、再建築した場合
7条

（1）残存期間20年以下
- ①築造を承諾*⇒承諾又は築造のときから20年存続※
- ②築造を承諾せず⇒20年以下の期間のまま

＊築造する旨の通知受け2月以内に異議を述べないと承諾とみなす
※20年超の期間を定めればその期間

（2）残存期間20年超⇒20年超の期間のまま

せつめい　（1）残存期間20年以下で、借地権者（転借地権者）が残存期間を超えて存続すべき建物を築造し、①借地権設定者が**築造を承諾**すれば、借地権は、承諾があった日又は建物が築造された日のいずれか早い日から20年間存続する。ただし、当事者がこれより長い期間を定めたときは、その期間による。②借地権設定者が築造を承諾しなければ、期間はそのままとする。なお、借地権設定者が築造する旨の通知を受け2月以内に異議を述べなかったときは、①の承諾があったものとみなす。
（2）残存期間が20年超のときは、20年超の期間のままとする。

✓ チェック！

□ **存続期間中の建物滅失**　借地（土地賃貸借）上の借地権者所有の建物が借地権者の失火により滅失したときは、土地賃貸人は、解約の申入れをすることはできない。②

9-35　契約更新後に建物が滅失又は取壊した場合　　　　8条

契約更新**後**・その存続期間満了前に建物が滅失（取壊し）した場合

（1）借地権者（又は転借地権）が借地権設定者の承諾（又はこれに代わる裁判所の許可*）を得ないで残存期間を超えて存続すべき建物を築造

　　⇒借地権設定者は、土地賃貸借の解約の申入れ（又は地上権の消滅の請求）をすることができ、借地権は、その日から3月経過後に消滅する。

（2）借地権設定者が建物築造を承諾（又はこれに代わる裁判所の許可*）承諾又は築造のときから20年存続する。

*借地権者が再建築することにつきやむを得ない事情があるにもかかわらず、借地権設定者が築造を承諾しないときは、裁判所は、借地権者の申立てにより、借地権設定者の承諾に代わる許可を与えることができる。

（3）借地権者からも、地上権の放棄又は土地賃貸借の解約の申入れをすることができ、借地権は、その日から3月経過後に消滅する

（1）のこころ　借地権者はすでに土地を30年以上使ったのだから、事実上、無断で、再建築できなくした（すれば、借地権を消滅させられてしまう）。
（3）のこころ　（2）の承諾もこれに代わる裁判所の許可もなければ、再建築できないのに、地代を払い続けるのもバカバカしいので、借地権者からも消滅させられるようにした。

✓ チェック！

□**契約更新後の建物取り壊し・再建築**　借地権（土地賃借権）者が、契約の更新後に、現存する建物を取り壊し、残存期間を超えて存続すべき建物を新たに築造した場合、土地賃貸人の承諾もそれに代わる裁判所の許可もないとき、賃貸人は、土地の賃貸借の解約の申入れをすることができる。⑩

借地権が設定されている土地が譲渡された場合借地権者は、どうすれば自己の借地権を土地の譲受人に対抗できるだろうか。

9-36　借地権の対抗要件　　　　　　　　民法605条、借地借家法10条

　借地権は、①地上権又は土地賃借権の登記をするか、②借地上の建物に本人名義の登記をしておけば、その土地の所有権を取得した者にも対抗できる。

・建物の登記は表示の登記だけでもよい。令②　が、**本人名義**でないと建物登記としても無効なので、借地権の対抗力は認められない。

✓ チェック！

1□**自己名義建物登記**　借地権者Aが**自己名義で借地上の建物につき保存登**記をしていた場合に、借地権の目的たる土地の所有権が、強制競売により借地権設定者Bから第三者Cへ移転したとき、Aは、その建物に住んでいるいないにかかわらず、借地権をCに対抗することができる。⑧⑪
2□**配偶者名義で建物登記**　上記の場合、Aが、建物につき配偶者名義で保存登記をしていた場合は、AはCに対して借地権を対抗できない。⑪

9-37　建物滅失の場合の掲示による対抗力　　　　　　10条2項

　登記した建物が**滅失**した場合は、借地権者は、一定事項（建物を特定する事項、滅失があった日、再建築する旨等）を土地の見やすい場所に**掲示**することによって、建物の滅失の日から**2年間**に限り、借地権を対抗できる。

【注】掲示による対抗は、**登記していない建物**が滅失した場合は認められない。⑧

✓ チェック！

□**掲示による対抗**　借地権者Aが、借地上の建物再築のため自己名義で所有権保存登記した建物を取り壊し、土地の上の見やすい場所に「旧建物を特定するために必要な事項、取り壊した日、建物を新たに築造する旨」を掲示した場合、建物が未完成でも、Aは本件借地権を第三者に対抗できる。⑬

　対抗力を備えた不動産賃借権は、土地譲受人に借地権を対抗できるのみならず、第三者に対しても物権類似の排他的支配力が認められる。これは、借家権でみたとおりだ。なお、**9-38** は **9-20** と同じである。

9-38　不動産の賃借人による妨害の停止の請求等　　605 条の 4

　不動産の賃借人は、その賃借権が対抗要件*を備えた場合において、次の各号に掲げるときは、それぞれ当該各号に定める請求をすることができる。
　①その不動産の占有を第三者が妨害しているとき
　　その第三者に対する妨害の停止の請求
　②その不動産を第三者が占有しているとき
　　その第三者に対する返還の請求

*賃借権の登記のほか、借家権については引き渡し（**9-19**）、借地権については借地上の建物登記（**9-36**）等である。

　借地権が上記の対抗力を備えた場合に、借地権の目的たる不動産が譲渡されたときは、その不動産の賃貸人たる地位は、どうなるだろうか。

9-39　対抗力ある不動産賃借権の賃貸人たる地位の移転　　605 条の 2

　不動産賃借権が対抗力*を備えた場合において、その不動産が譲渡されたときは、その不動産の賃貸人たる地位は、その譲受人に移転する。

* **9-38** の*参照

・ただし、不動産の譲渡人及び譲受人が、賃貸人たる地位を譲渡人に留保する旨及びその不動産を譲受人が譲渡人に賃貸する旨の合意をしたときは、賃貸人たる地位は、譲受人に移転しない。同 2 項　令⑤

つまり　不動産譲受人、設例では建物譲受人が新しい賃貸人になり、旧賃貸人は賃貸借関係から脱退する。賃借人が交代する適法な賃借権譲渡の場合（**9-6**）と似ているが、この場合は賃貸人が交替する。

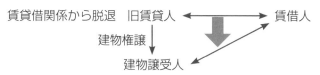

なお、**9-39** は、**9-21** と同じである。

賃貸人たる地位の移転を、賃借人に対抗する要件はなんだろう。

9-40 賃貸人の地位の移転を対抗する要件　　605条の2第3項
　賃貸人たる地位の移転は、賃貸物である不動産について所有権の移転の登記をしなければ、賃借人に対抗することができない。

つまり　設例では、土地譲受人が所有権移転登記を受けておかなければ、賃貸人の地位が自分に移転したことを賃借人に対抗できない。
そのこころ　登記をしておかないと、土地譲受人が本当に土地を取得したのかどうか、借地権者にはわからないからだ。
　なお、**9-40** は、**9-22** と同じである。
　借地（土地賃借権）上の建物を借地権付で売る場合、土地賃借権の借地権は、借地権設定者である賃貸人の承諾がなければ譲渡することができない（**9-4**）ので、承諾しない場合の救済が必要となる。

【注】　これに対し、地上権の借地権は自由に譲渡できる（**9-29**）。

9-41 地主の承諾に代わる裁判所の許可　　19条
　借地権者が、その所有建物を第三者に譲渡しようとする場合、その第三者が賃借権を取得又は転借しても借地権設定者に不利となるおそれがないにも関わらず、借地権設定者がその賃借権の譲渡又は転貸を**承諾しないとき**は、裁判所は借地権者の申し立てにより、**借地権設定者の承諾に代わる許可**を与えることができる。
　▽
上記の地主の承諾に代わる裁判所の許可を得ないまま、借地上の建物を譲

渡した場合、建物取得者から借地権設定者に賃借権の譲渡又は転貸の承諾を求めたが、得られなかった場合はどうする。

9-42　借地権譲渡の承諾がないときの建物買取請求権　　14 条
　第三者が、借地上の建物を取得した場合、借地権設定者が賃借権の譲渡又は転貸を**承諾しない**とき、その第三者は借地権設定者に対し、**建物を時価**で買い取るべきことを請求できる。

つまり　建物取得者から借地権設定者に対する建物買取請求権を認めた。
▽

それでは、借地（土地賃貸借）上の建物に抵当権が設定されており、その抵当権が実行され、第三者が建物を取得したときはどうする。

抵当権の効力は借地権に及ぶが（**8-7**）、借地権が土地賃借権の場合は、借地権設定者が承諾しなければ、第三者はその取得を借地権設定者に対抗できない。そこで、やはり承諾しない場合の救済が必要になる。
▽

9-43　競売による取得者から裁判所の許可の申立てができる　20 条
　第三者が、借地上の建物を**競売により取得**した場合、その第三者が賃借権を取得しても借地権設定者に不利となるおそれがないにも関わらず、借地権設定者が賃借権の譲渡を承諾しないときは、裁判所はその第三者の申し立てにより、**借地権設定者の承諾に代わる許可**を与えることができる。

つまり　建物取得者から**借地権設定者の承諾に代わる裁判所の許可**の申立てを認めた。
▽
9-41 ～ 43 をまとめると、

9-44　建物譲渡に伴う借地権（賃借権）の譲渡・転貸に
　　　賃貸人（借地権設定者）が承諾しないときの救済策
14・19・20 条

238

時期	救済策
譲渡前	**借地権者**から借地権設定者の**承諾に代わる裁判所の許可**の申立てができる。
譲渡後	①**建物取得者から　建物買取り請求権**を行使できる。 ②ただし、**競売により建物を取得**した場合は、**建物取得者か**ら借地権設定者の**承諾に代わる裁判所の許可**の申立てができる。

✓ チェック！

1 □**借地（土地賃借権）上の建物を譲渡する場合**　借地権（土地賃借権）者Aが、借地上の建物を第三者Cに譲渡する場合、特別の事情のない限り、Aは、Cに対する敷地の賃借権譲渡について賃貸人Bの承諾又はこれに代わる裁判所の許可を得る必要がある。③⑦⑰

2 □**借地上の家屋を競落した場合**　B所有地を賃借して家屋を所有・居住しているAに対する競売事件で、Aの家屋を競落したCは、Bが土地賃借権の譲渡により不利となるおそれがないにもかかわらず譲渡を承諾しないとき、裁判所に対して、Bの承諾に代わる許可の申立てをすることができる。⑤⑥⑨

3 □**賃借建物の転貸に賃貸人が承諾をしないとき**　土地ではなく建物の賃借人が建物を第三者に転貸する場合、賃貸人が承諾を与えないときは、賃借人は、賃貸人の承諾に代わる許可の裁判を裁判所に対して申し立てることはできない。①

　賃借建物の敷地が、建物賃貸人の所有地ではなく、**借地**である場合は、建物賃借人は、借地権の期間満了によりいきなり土地を明け渡さなければならず、アワを食うこともある。

　そこで、建物賃借人が**借地権の期間満了を知らなかった**ときには、裁判所は、立ち退きの猶予期間を与えることができることとした。

9-45　借地上の建物の賃借人の保護　　　35条
　借地上の建物が**賃貸借**されている場合、借地権の存続期間満了により建物賃借人が土地を明け渡すべきときは、**期間満了をその1年前までに**

知らなかった場合に限り、裁判所は、建物賃借人の請求により、これを知った日から1年を超えない範囲内で、土地の明渡しにつき相当の期限を許与することができる。

✓ チェック！

□借地上借家の土地明渡し猶予　Aは、BがCから借りている土地上にあるB所有の建物を賃借（期間2年）し、引渡しを受けていたが、借地権がBの債務不履行により解除され、Aが建物を退去し土地を明け渡さなければならなくなったときは、Aが解除されることをその1年前までに知らなくとも、裁判所は、Aの請求により、土地の明渡しにつき相当の期限を許与することはできない。⑱⑫（**注　期間満了をその1年前までに知らなかった場合**に期限許与を請求できる。解除されることをその1年前までに知らなくとも、期限許与は請求できない）

　長期間の借地期間中には、当初定めた借地条をめぐってトラブルとなることもあるが、その場合には裁判所が中に入って調整をはかる。

9-46　裁判所による借地条件の変更及び増改築の許可　　17条

（1）建物の種類、構造、規模又は用途を制限する旨の借地条件がある場合に、事情の変更により借地条件を変更することが相当であるにもかかわらず、当事者間に協議が調わないときは、裁判所は、**当事者の申立て**により、その借地条件を変更することができる。

（2）増改築を制限する旨の借地条件がある場合において、土地の通常の利用上相当とすべき増改築につき当事者間に協議が調わないときは、裁判所は、**借地権者の申立て**により、その増改築についての借地権設定者の承諾に代わる許可を与えることができる。

更新制度のない**定期借地権**が3種類定められている。

9-47　一般の定期借地権　　　　　　　　　　　22条

存続期間を **50年以上**として借地権を設定する場合は、

①契約の更新をしない

②存続期間中の建物築造による存続期間の延長がない

③期間満了時の建物買取り請求をしない、旨を**書面**で定めることができる。*

＊上記特約がその内容を記録した電磁的記録によってされたときは、その特約は、書面によってされたものとみなす。

> **Keyword** 一般の定期借地権は、50年以上、書面による特約

9-48　建物譲渡特約付借地権　　　　　　　　　　24条

（1）借地権を消滅させるため、**設定後30年以上を経過した日**に借地上の建物を借地権設定者に相当の対価で譲渡する旨を定めることができる。

（2）建物譲渡特約により借地権が消滅した場合、借地権者又は建物賃借人が建物の使用を継続しているときは、その請求によりその建物につき借地権設定者との間で期間の定めのない（又は借地権の残存期間を存続期間とする）借家契約がされたものとみなす。

【注】書面は要求されていない。

ⓟⓞⓘⓝⓣ

建物譲渡特約付借地権は、**借地権が消滅**しても、**請求により借家契約が成立**する。これにより、借地権消滅後も、建物での居住は確保される。

✓ チェック！

□**建物譲渡特約付借地権**　B所有の土地に、Aのために建物譲渡特約付借地権を設定する契約（その設定後30年を経過した日に借地上の建物の所有権がAからBに移転する旨の特約が付いている）を締結した場合に、建物譲渡によりAの借地権が消滅したとき、Aがその建物に居住していれば、Aの請求により借家契約がされたものとみなされる。⑫

9-49　事業用定期借地権　　　　　　　　23条

　専ら事業の用に供する建物（**居住の用に供するものを除く。**）の所有を目的とし、かつ、存続期間を **10年以上50年未満**として借地権を設定できる。この借地権のうち

（1）存続期間を **10年以上30年未満**と定めたものには、①存続期間、更新制度、存続期間中の建物の築造による存続期間の延長②建物買取り請求権③借地契約の更新後の建物再築の規定の適用はない。

（2）存続期間を **30年以上50年未満**と定めたものは、契約の更新及び建物の築造による存続期間の延長がなく、建物買取りの請求をしないこととする旨を定めることができる。

（3）この借地権の設定は、公正証書によってしなければならない。

つまり　10年以上30年未満の場合、**当然に定期借地権**となるが、**30年以上50年未満**の場合は、**特約で定期借地権**とできる。

そのこころ　30年以上50年未満の場合は、更新制度がある一般借地権も設定できる*ので、どちらを設定するのか選択できるようにした。

＊10年以上30年未満の場合は、更新制度がある一般借地権は設定できない。
【注】公正証書が必要なのは、10年以上50年未満の事業用借地権だけ。

　Keyword　居住用建物のためには設定できない。公正証書が必要。

なお　50年以上の事業用借地権は、一般の定期借地権（**9-47**）として設定できるので、書面で設定しなければならないが、公正証書は必要ない。令③

　従来は、**自己借地権**（土地所有者が自らに借地権を有する状態）が認められていなかったため、土地所有者が分譲マンションを建設し、借地権付きで分譲する場合には、一戸売るたびに借地権設定契約をするほかなかった。

　しかし、これは煩雑なので、一住戸でも売れて、その買主に借地権を設定するときに、残余の、自己所有住戸のためにも借地権を設定できるようにした。

9-50　自己借地権──自己借地権を、限定的に認めた　　　15条
（1）他の者と共に有することとなるときに限り、自己借地権を設定できる。
（2）借地権が借地権設定者に帰した場合で、他の者と共にその借地権
　　　を有するときは、その借地権は、消滅しない。

借家と借地で、共通又は類似する制度がいくつかある。

9-51　借地借家法より借りている者に不利な特約は無効
　　　　　　　　　　　　　　　　　　　9・16・21・30・37条
　借地借家法の＜**借りている者保護規定**＞と異なる特約で、**借りている**
者（借家人・借地権者）**に不利な特約**は**無効**となる。

そのこころ　借地借家法は、借りている者を保護する法律だから、借主保護
規定につき、借主に不利な変更は認めない。
【注】借主に有利な変更は有効である。
＜借りている者保護規定＞
・**借家関係**　更新制度、１年未満の期間を定めた場合は期間の定めなしとす
　る、借家権の対抗力、借家契約終了の通知は転借人にも必要等
・**借地関係**　存続期間、更新制度、建物の築造による存続期間の延長、借地
　権の対抗力、建物買取請求権、借地条件変更・増改築の許可、更新後の建
　物再築の許可、賃借権譲渡又は転貸の許可等

✓ チェック！

□**借地権者に不利な特約**　借地権設定契約において、「期間満了の際、Ａが
　Ｂに対し相当の一定額の交付さえ行えば、Ａは更新を拒絶できる」と特約
　しても、その特約は無効である。⑤

9-52　一時使用には、借りている者に保護規定は適用しない
一時使用であることが明らかな場合、

- **借家関係**では、借家関係の規定全部、
- **借地関係**では、借りている者保護規定、は適用しない。

そのこころ　借地借家法は、長期にわたって借りる者を保護する趣旨である。

✓ チェック！

1 □ **一時使用建物賃貸借**　Aは、その所有する建物を明らかな一時使用（期間2年）のためBに賃貸したが、Bは期間満了後も居住を続け、Aも、その事実を知りながら異議を述べなかった場合、Aは、正当事由のない場合でも解約の申入れをし、Bに対し、その3ヵ月後に明渡し請求をすることができる。②

2 □ **一時使用借地権と建物買取請求権**　仮設建物を建築するために土地を一時使用として1年間賃借し、借地権の存続期間が満了した場合には、一時使用目的の借地権には、存続期間満了時の建物買取請求権は認められていないので、借地権者は、借地権設定者に対し、建物を時価で買い取るように請求することができない。㉔

家賃・地代をめぐるトラブルに裁判所が中に入って、調整をする。

9-53　借賃・地代の増減額をめぐるトラブル処理　　11・32条

（1）建物の借賃・地代又は土地の借賃（地代等）が、経済事情の変動により、不相当になった⇒当事者は、将来に向かって借賃・地代等の額の増減を請求することができる。ただし、増額しない旨の特約がある場合には、**増額請求はできない。**

（2）増額（減額）請求を受けた者は、その額を直ちに支払わなければならないのではなく（その額の請求しかできなくなるのではなく）、額についての協議が調わないときは、賃料・地代を決める裁判が確定するまでは、自分が相当だと認める額を支払って（請求して）おけば足りる。

　　ただし、その裁判が確定した場合において、既に支払った（請求した）額に過不足があるときは、その過不足額に年1割の割合

による支払期後の利息を付してこれを清算しなければならない。

（1）の【注】 減額しない旨の特約があっても減額請求はできる。つまり、減額請求できない旨の特約は（借地借家法に規定のある事項で借地人に不利な特約として）無効である。**9-51** 参照

（2）のなお 相当額の借賃・地代等の受領を大家・地主が拒絶した場合には、①弁済の提供（口頭の提供で足りる）をしておけば、債務不履行責任ということにはならない（**6-7**）。②供託をすれば債務そのものを免れる（**6-8**）。

✓ チェック！

1□**家賃増減額請求権・増額しない旨の特約** 一定期間家賃を増額しない旨の特約がある場合には、その期間内に、建物の価格の上昇その他の経済事情の変動により家賃が不相当に低額となったときも、Aは、Bに対し将来に向かって家賃の増額を請求することができない。⑨

2□**増減額される時期** 賃貸人A（個人）と賃借人B（個人）との間の居住用建物の賃貸借契約に関し、Bが家賃減額の請求をしたが、家賃の減額幅についてAB間に協議が調わず裁判になり、一定額の減額を正当とする裁判が確定したときは（その裁判が確定したときからではなく）、その請求をした時点以降分の家賃が減額される。⑬

3□**請求できる時期** 建物完成時を始期とする賃貸借契約において、建物建築中に経済事情の変動によってAB間で定めた賃料が不相当になっても、建物の使用収益開始前にBから賃料減額請求を行うことはできない。⑯

学習の指針

借地関係も必ず１問出る。存続期間満了時に建物がある場合とない場合、当初期間中に建物が滅失した場合と更新後に建物が滅失した場合、借地（土地賃借権）上建物譲渡に伴う借地権譲渡に地主が承諾しないときの、譲渡前の救済策と譲渡後の救済策など、対比させておさえておこう。

Part 10

物権のその他の事項

1 共有

共有とは、**目的物全体を割合的に持ち合う**ことです。
共有者1人の持つ所有割合を**持分**といいます。

10-1 持分処分の自由と持分割合の推定
（1）持分自体は単独所有だから、持分は、**自由に処分**できる。
（2）各共有者の持分は、相等しいものと推定する。250条

✓ チェック！

□**持分の譲渡** 共有者は、他の共有者の同意を得なくとも、自己の持分を他に譲渡することはできる。⑨⑮

10-2 共有物の使用　　　　　　　　　　　　　　　　　249条
（1）各共有者は、共有物の全部について、その持分に応じた使用をすることができる。
（2）共有物を使用する共有者は、別段の合意がある場合を除き、他の共有者に対し、自己の持分を超える使用の対価を償還する義務を負う。
（3）共有者は、善良な管理者の注意をもって、共有物の使用をしなければならない。

・「持分に応じた」とは、自分だけの使用収益はできないことを意味し、具体的にどのように使用収益するかは共有者間の協議による。

10-3 共有物の変更・管理・保存　　　251・252条

（1）共有物の変更

①各共有者は、他の共有者の同意を得なければ、共有物に変更（その形状又は効用の著しい変更を伴わないものを除く）を加えることができない。

②共有者が他の共有者を知ることができず、又はその所在を知ることができないときは、裁判所は、共有者の請求により、当該他の共有者以外の他の共有者の同意を得て共有物に変更を加えることができる旨の裁判をすることができる。

（2）共有物の管理

①共有物の管理に関する事項（**10-4**（1）に規定する共有物の管理者の選任及び解任を含み、共有物に軽微でない変更を加えるものを除く）は、各共有者の持分の価格に従い、その過半数で決する。共有物を使用する共有者があるときも、同様とする。

②裁判所は、次の各号に掲げるときは、当該各号に規定する他の共有者以外の共有者の請求により、当該他の共有者以外の共有者の持分の価格に従い、その過半数で共有物の管理に関する事項を決することができる旨の裁判をすることができる。

　　i 共有者が他の共有者を知ることができず、又はその所在を知ることができないとき。

　　ii 共有者が他の共有者に対し相当の期間を定めて共有物の管理に関する事項を決することについて賛否を明らかにすべき旨を催告した場合において、当該他の共有者がその期間内に賛否を明らかにしないとき。

（3）（1）（2）による決定が、共有者間の決定に基づいて共有物を使用する共有者に特別の影響を及ぼすべきときは、その承諾を得なければならない。

（4）共有物の保存　各共有者は、単独でも、保存行為をすることができる。

（1）①は、たとえば　形状又は効用の著しい変更を伴う共有建物の増改築。

共有物全体の処分。これらは、重大な問題なので、全員の同意が必要である。

（1）①のカッコ書きは、つまり　形状又は効用の著しい変更を伴わない変更（軽微変更）は、（2）の共有物の管理として、持分価格の過半数で決することができる。

（1）②は、つまり　連絡が取れない共有者がいても、変更行為ができるようにした。

（2）①は、たとえば　5年以下の土地賃貸借。3年以下の建物賃貸借。これらの解除。形状又は効用の著しい変更を伴わない増改築。これらは、持分価格の過半数で決することができる。

（2）②は、つまり　連絡が取れない又は賛否を明らかにしない共有者がいても、管理行為ができるようにした。

（4）は、たとえば　共有建物の不法占拠者に対する明け渡し請求。保存行為は、全員の利益になることだから、各人が勝手にやってよい。

共有物の管理の円滑化のため、新制度が発足した。

10-4　共有物の管理者　　252条の2

（1）共有物の管理者の選任・解任は、共有者の持分の過半数で決定する。
　　10-3（2）①参照　共有者以外を管理者としてもよい。

（2）管理者は、管理に関する行為（軽微変更を含む）をすることができる。

（3）軽微でない変更を加えるには、共有者全員の同意を得なければならない。所在等不明共有者がいる場合には、管理者の申立てにより裁判所の決定を得た上で、所在等不明共有者以外の共有者の同意を得て、変更を加えることができる。

（4）管理者は、共有者が共有物の管理に関する事項を決定した場合には、これに従ってその職務を行わなければならない。違反する行為は、共有者に対して効力を生じないが、善意（決定に反することを知らない）の第三者には無効を対抗することができない。

10-5　管理費用の負担　253条

　各共有者は、**持分に応じ**管理費用を支払い、その他共有物の負担を負う。共有者が１年内にこの義務を履行しないときは、他の共有者は相当の償金を支払って、その者の持分を取得できる。

✓ チェック！

1□**管理費用の負担**　ＡＢＣ３人が共有（持分均一）する土地について、Ａの反対にかかわらず、Ｂ及びＣが同意して管理行為を行った場合でも、Ａは、その費用の分担を拒むことができない。④

2□**管理費用の負担割合**　ＡＢＣの共有（持分均一）の別荘の管理費は、ＡＢＣがその利用の程度に応じてではなく、持分に応じて負担しなければならない。⑥

10-6　共有物に関する債権　254条

　共有者が共有物について他の共有者に対して有する債権は、その**特定承継人***に行える。

***特定承継**　特定の財産を売買や贈与で譲り受けること。これに対して、相続や会社の合併で全財産が包括的に引き継がれることを**包括（一般）承継**という。

たとえば　共有者の１人から管理費を立て替えてもらった共有者が、その共有持分を第三者に譲渡した場合、立て替えた共有者は、第三者にも立て替え債務の支払いの請求ができる。

そのこころ　管理費立て替えで現に利益を受けているのは、特定承継人（持分の譲受人）だからである。なお、この場合、本来立て替えた持分譲渡人にも請求できる。

✓ チェック！

□**共有物に関する債権**　建物の共有者Ａが、他の共有者Ｂに、その建物の管理に関して債務を負っている場合、Ａがその債務を支払わずにその持分をＣに譲渡しても、Ｂは、Ｃに対して、その債務の支払いを請求することが

できる。③

10-7　行き場のない持分の行方　　　　　255条

　共有者の1人が、①その持分を放棄したとき、又は、②相続人なくして死亡し、特別縁故者に相続財産の分与＊もなかったときは、その持分は他の共有者に帰属する。

＊**特別縁故者への相続財産分与**　ある人が死亡し、相続人がいないとき、死者の介護をしていた隣人など、死者と特別な縁故があった者は、家庭裁判所に相続財産の分与請求ができる（**12-4**）。

そのこころ　単独所有財産が放棄されたり、相続人なくして死亡の場合は、国庫に帰属させるが、共有持分にもこれをするとややこしくなる。

✓ チェック！

□**共有者の権利の放棄**　A、B、Cが、持分各3分の1で甲土地を共有している場合、Aがその持分を放棄したときは、他の共有者に帰属する。⑲

10-8　共有物の分割請求・不分割の特約　　　　256条

　各共有者は、いつでも共有物の分割を請求できる。ただし、5年以内の期間なら不分割の特約（5年以内なら更新も可）もできる。

そのこころ　私有財産制は単独所有が原則だから、共有物は分割請求できるのが原則だが、分割により価値がなくなってしまうものがあるので5年内に限り不分割の特約も認める。

10-9　裁判による共有物の分割　　　　258条

（1）共有物の分割について共有者間に協議が調わないとき、又は協議をすることができないときは、その分割を裁判所に請求することができる。

（2）裁判所は、次に掲げる方法により、共有物の分割を命ずることができる。
　　①共有物の現物を分割する方法
　　②共有者に債務を負担させて、他の共有者の持分の全部又は一部を取得させる方法
（3）（2）に規定する方法により共有物を分割することができないとき、又は分割によってその価格を著しく減少させるおそれがあるときは、裁判所は、その競売を命ずることができる。
（4）裁判所は、共有物の分割の裁判において、当事者に対して、金銭の支払、物の引渡し、登記義務の履行その他の給付を命ずることができる。

その他、令和5年施行の改正では、

◎**所在等不明共有者の持分の取得**（所在等不明共有者の持分を他の特定の共有者に取得させる）　262条の2

◎**所在等不明共有者の持分の譲渡**（所在等不明共有者も含む共有者全員の持分を特定の者に譲渡する）　262条の3

◎所在等不明土地・建物について裁判所が、利害関係人の請求により、管理人による管理を命ずる処分を可能とする**所有者不明土地・建物管理制度**264条の2〜264条の8

◎管理不全土地・建物について、裁判所が、利害関係人の請求により、管理人による管理を命ずる処分を可能とする**管理不全土地・建物管理制度**264条の9〜264条の14

が創設された。

2 相隣関係

相隣関係は、隣接する土地相互の利用調整の制度です。

10-10　隣地の使用請求　　　　　　　　　　　209条

（1）土地の所有者は、次に掲げる目的のため必要な範囲内で、隣地を

使用することができる。ただし、住家については、その居住者の
承諾がなければ、立ち入ることはできない。
①境界又はその付近における障壁、建物その他の工作物の築造、
　収去又は修繕
②境界標の調査又は境界に関する測量
③隣地の竹木の枝が境界線を越えるときに、土地の所有者が、そ
　の枝を切り取ることができるとき（10-14　233条3項）
（2）（1）の場合には、使用の日時、場所及び方法は、隣地の所有者及
　　び隣地を現に使用している者（隣地使用者）のために損害が最も
　　少ないものを選ばなければならない。
（3）（1）により隣地を使用する者は、あらかじめ、その目的、日時、
　　場所及び方法を隣地の所有者及び隣地使用者に通知しなければな
　　らない。ただし、あらかじめ通知することが困難なときは、使用
　　を開始した後、遅滞なく、通知することをもって足りる。
（4）（1）の場合に、隣地の所有者又は隣地使用者が損害を受けたとき
　　は、その償金を請求することができる。

10-11　公道に至るための他の土地の通行権　　210～213条

（1）他の土地に囲まれて公道に通じない土地の所有者は、公道に至る
　　ため、その土地を**囲んでいる他の土地**を通行することができる。
　　①通行の場所及び方法は、必要であり、かつ、他の土地のために
　　　損害が最も少ないものを選ばなければならない。
　　②通行権者は、必要があるときは、通路を開設できる。
　　③通行権を有する者は、その通行する他の土地の損害に対して1
　　　年ごとに、償金を支払わなければならない。
（2）**分割による場合の特例**
　　分割によって公道に通じない土地が生じたときは、その土地の所
　　有者は、
　　①他の分割者の所有地のみを通行することができ、
　　②この場合は、償金の支払い不要である。

（2）のこころ　①は分割に関係のない土地に迷惑はかけるな、②は、分割の際通行権料を含めた分譲価格にしているはずだから、あとから償金などと言うな、ということ。

✓ チェック！

1□**公道に至るための他の土地通行権**　複数の筆の他の土地に囲まれて公道に通じない土地の所有者は、公道に至るため、囲んでいる他の土地を通行できるが、必要であり、かつ、他の土地のために損害が最も少ない通行方法を選ばなければならない。㉑

2□**分割によって公道に通じない土地が生じた場合**　ＡＢの共有地が、Ａ所有の甲地とＢ所有の乙地に分割されたが、甲地が他の土地に囲まれて公道に通じない土地となったときには、Ａは、Ｂ所有の乙地にしか通路を開設することができない。⑬

　他の土地に設備を設置し、又は他人が所有する設備を使用しなければ電気、ガス、水道水の供給又は電話・インターネット等の電気通信その他これらに類する継続的給付を受けることができない土地の所有者は、継続的給付を受けるため必要な範囲内で、他の土地に設備を設置し、又は他人が所有する設備を使用することができる権利を有することを明文化した。

10-12　継続的給付（ライフライン）を受けるための設備の設置・使用権　　213条の2

（1）土地の所有者は、他の土地に設備を設置し、又は他人が所有する設備を使用しなければ電気、ガス又は水道水の供給その他これらに類する継続的給付を受けることができないときは、継続的給付を受けるため必要な範囲内で、他の土地に設備を設置し、又は他人が所有する設備を使用することができる。

（2）（1）の場合には、設備の設置又は使用の場所及び方法は、他の土地又は他人が所有する設備（他の土地等）のために損害が最も少ないものを選ばなければならない。

（3）（1）の規定により他の土地に設備を設置し、又は他人が所有する

設備を使用する者は、あらかじめ、その目的、場所及び方法を他
の土地等の所有者及び他の土地を現に使用している者に通知しな
ければならない。

（4）（1）の規定による権利を有する者は、同項の規定により他の土地
に設備を設置し、又は他人が所有する設備を使用するために当該
他の土地又は当該他人が所有する設備がある土地を使用すること
ができる。

（5）（1）の規定により他の土地に設備を設置する者は、その土地の損
害に対して償金を支払わなければならない。ただし、1年ごとに
その償金を支払うことができる。

（6）（1）の規定により他人が所有する設備を使用する者は、その設備
の使用を開始するために生じた損害に対して償金を支払わなけれ
ばならない。

（7）（1）の規定により他人が所有する設備を使用する者は、その利益
を受ける割合に応じて、その設置、改築、修繕及び維持に要する
費用を負担しなければならない。

（8）**分割又は一部譲渡の場合の特例**　　　　　　　213条の3

分割又は一部譲渡によって他の土地に設備を設置しなければ継
続的給付を受けることができない土地が生じたときは、その土地
の所有者は、継続的給付を受けるため、他の分割者の所有地のみ
に設備を設置することができる。この場合においては、償金の支
払いは不要である。

10-13　境界標の設置　　　　　　　　223・224条

（1）土地の所有者は、隣地の所有者と共同の費用で、境界標を設ける
ことができる。

（2）境界標の設置及び保存の費用は、相隣者が等しい割合で負担する。
ただし、測量の費用は、その土地の広狭に応じて分担する。

10-14　竹木の枝の切除及び根の切り取り　　　　233条

（1）土地の所有者は、隣地の竹木の枝が境界線を越えるときは、その竹木の所有者に、その枝を切除させることができる。
（2）（1）の場合において、竹木が数人の共有に属するときは、各共有者は、その枝を切り取ることができる。
（3）（1）の場合において、次に掲げるときは、土地の所有者は、その枝を切り取ることができる。
　　①竹木の所有者に枝を切除するよう催告したにもかかわらず、竹木の所有者が相当の期間内に切除しないとき。
　　②竹木の所有者を知ることができず、又はその所在を知ることができないとき。
　　③急迫の事情があるとき。
（4）隣地の竹木の根が境界線を越えるときは、その根を切り取ることができる。

（2）は、つまり　竹木が共有物である場合には、各共有者が越境している枝を切り取ることができる。
（3）は、つまり　越境された土地の所有者は、竹木の所有者に枝を切除させることができることを原則としつつ、例外として　①竹木所有者が切除催告に応じないとき　②竹木所有者の所在不明等　③急迫の事情があるときには、枝を自ら切り取ることができる。

10-15　境界線付近の建築の制限　　　　234・235条

（1）建物を築造するには、境界線から50cm以上の距離を保たなければならない。
（2）他人の宅地を見通すことのできる窓又は縁側を境界線から1m未満の距離に設ける場合は、目隠しを付けなければならない。

✓ チェック!

□**窓又は縁側の目隠し**　他人の宅地を見通すことのできる窓又は縁側を境界

線から1m未満の距離に設ける場合は、目隠しを付けなければならない。
⑪

3 地役権
ちえき

10-16　地役権とは　　　　　　　　　　　　　　　　　　280条
　地役権とは、ある土地（**要役地**）の利用価値を高めるため、他人の土地（**承役地**）から便益を受けられる権利である。

- 便益の内容は、当事者間の設定契約で定める。要役地の眺望を妨げないよう、承役地には2階以上の建物を建てない（眺望地役権）、とか、要役地所有者は、承役地の一部を通行できる（通行地役権）などだ。
- 要役地と承役地は隣接している必要はない。承役地は土地の一部であることもある（例　通行地役権）。
- 地役権は、承役地を独占的に使用するものではないので、
  ⇒承役地の所有者は地役権の内容を害さなければ、従来どおり承役地を使用できる。
  ⇒地役権の行使を妨害されたときは、妨害行使をやめよと主張できるが、独占的使用権はないので、自己への引渡しは認められない。
- 地役権の特色は、地役権は要役地を離れて存在しても意味がないので、地役権は要役地と分離できない、ということだ。

10-17　地役権は要役地に付着・地役権の負担は承役地に付着する
281〜283条

（1）地役権は、要役地の所有権が移転すればそれに伴って移転する。要役地に抵当権等を設定すれば、その権利の目的となる（281条1項）。
（2）地役権は、要役地から分離して譲り渡し、又は他の権利の目的とすることができない（281条2項）。

（3）要役地も承役地も、それが共有のとき、共有者の1人はその持分
　　につき地役権を消滅させることはできない（282条1項）。

（4）要役地も承役地も分割したときは、地役権は、各部のために又は
　　各部の上に存する。ただし、地役権がその性質により、土地の一部
　　のみに関するときはこの限りでない（282条2項）。

（5）共有者の1人が時効によって地役権を取得した場合は、他の共有
　　者もまた取得する（284条1項）。

10-18　地役権の取得時効　　　　　　　　　　　　283条

　地役権は、**継続的に行使され、かつ、外形上認識することができる**も
のに限り、時効によって取得することができる。

そのこころ　地役権の行使が、外形上明らかでないと、時効の完成猶予及び
更新の措置がとれないからだ。

・**通行地役権**を時効取得するためには、**自ら通路を開設**しなければならない
（判例）。

✓ チェック！

□**通行地役権の時効取得**　公道に通じていない甲土地の隣接地の所有者が自
　らが使用するために当該隣接地内に通路を開設した場合、甲土地所有者A
　もその通路を利用し続けたとしても、自ら通路を開設してないので、Aは
　隣接地に関して時効によって通行地役権を取得することはできない。㉕

10-19　地役権と登記　　　　　　　　281条・177条・判例

（1）要役地の所有権が移転するとき、地役権もそれに従うが、この場合、
　　地役権の移転は要役地につき所有権移転の登記をすれば承役地所
　　有者に対抗できる。

（2）地役権を承役地の譲受人に対抗するためには登記をしておかな
　　ければならないのが原則だが、地役権の存在が客観的に明らか
　　で、承役地の譲受人が地役権の設定を知っていたか知ることが

できた場合には、地役権を登記なくして承役地譲受人に対抗できる（判例）。

つまり （1）要役地と一体化している地役権の移転は、要役地移転の対抗要件を備えれば、対抗できる。（2）地役権の設定を対抗するには原則・登記が必要だが、地役権の存在が客観的に明らかな場合は、登記不要。

✓ チェック！

□**要役地の移転と登記**　ＡＢ間では、Ａ所有の甲地を承役地とし、Ｂ所有の乙地を要役地とし、通行地役権設定契約がなされ、その旨の登記もなされていたが、地役権者Ｂが、要役地乙地をＣに譲渡し、乙地の所有権移転登記を経由した場合、Ｃは、この通行地役権が自己に移転したことを承役地所有者Ａに対して主張できる。⑭

4 抵当権以外の担保物権

担保物権は債権の履行確保のための物権です。各種の担保物権の効力と性質を概観してみよう。

10-20 担保物権の効力と性質

	種類	効力	付従性[1]	随伴性[2]	物上代位性[3]	目的物
約定[1]	抵当権	優*3	○	○	○	不動産
	質権	優・留*4	○	○	○	原則として何でも
法定[2]	留置権	留	○	○	×	動産・不動産
	先取特権	優	○	○	○	総財産・動産・不動産

せつめい

＊１ **約定**担保物権は、契約で成立させる。
＊２ **法定**担保物権は、法の定めた要件があれば、当然に成立する。

＊3 **優**＝優先弁済的効力。目的物を競売して、競売代金から優先的（他の債権者に先立って）弁済を受けられる効力。**留置権以外**のものに認められる。
＊4 **留**＝留置的効力。目的物を弁済があるまで留置しておける効力。質権と留置権に認められる。
※1 **付従性**　担保すべき債権（被担保債権）が成立しないと担保物権も成立せず、また、被担保債権がなくなれば担保物権も消滅する性質。
※2 **随伴性**　被担保債権が債権譲渡等で移転すると、担保物権もお伴して移転する性質。
※3 **物上代位性**　目的物が、売却・賃貸・破損等で債務者（又は設定者）に帰属する金銭債権（売買代金債権、賃料債権、損害賠償請求権・保険金請求権等）に入れ替わったときに債務者（設定者）に払い渡される前に差し押さえをして、その価値から優先弁済を受けられる効力。優先弁済的効力の一内容だから、**留置権**には認められない。

1）留置権

10-21　留置権の成立　　　　　　　　　　　295条
（1）**他人の物の占有者**は、**その物に関して生じた債権**（弁済期にあるものに限る）を有するときは、その債権の弁済を受けるまで、その物を**留置**できる。
（2）ただし、占有が**不法行為**によって始まった場合は、この限りでない。

たとえば　賃貸借契約が、賃借人が支払った必要費（9-2）が弁済されないまま終了した場合、賃借人は、弁済があるまで、賃借建物を明け渡さないで、そのまま留置することができる。
・**留置権の成否**については、次の判例がある。
　成立肯定　借地契約が期間満了で更新されなかった場合に、借地権者が建物買取請求権を行使すると、借地権者は、借地権設定者が建物代金を支払うまで、建物を留置できる。この際に、借地権者は敷地をも占有できる（が、それは、反射的効果であるので、賃料相当分は不当利得となり、返還しなければならない）。
　成立否定　建物賃借人の造作買取請求権（9-25）の行使の結果生じる造作買取代金債権は、造作に関して生じた債権であって、建物に生じた債権ではないから建物に対する留置は認められない。
　成立否定　賃貸借契約解除**後**に賃借人が賃借物件に有益費を支出しても、占有権原がないのに占有を継続するのは不法行為によって占有を開始した場合に類する事情だから、賃借物につき留置権は成立しない。

✓ チェック！

□**債務不履行解除後の支出**　Aの債務不履行により建物の賃貸借契約が解除された後に、Aが建物の修繕のため必要費を支出した場合は、Aが、債務不履行解除されて、本来返還しなければならないものを返還しないのは、不法行為に準じる事情なので、その間に目的物に費用を費やしても留置権は成立しない。⑨

10-22　留置権のポイント　　　　　　298・300条

（1）留置権者は、善良な管理者の注意義務*をもって留置物を保管しなければならない。

（2）留置権の行使は、債権の消滅時効の進行を妨げない。

（3）留置権には優先弁済的効力はないので、その一内容である物上代位性（目的物の価値変換物にも優先弁済的効力を及ぼす　**10-18**）もない。

***善良な管理者の注意義務**　取引上一般的に要求される注意義務で、自己の事務を処理する場合よりも高度の注意義務を要求する。

（2）はつまり　留置権を行使しているだけでは、被担保債権の消滅時効は完成猶予及び更新されない。それをするためには、被担保債権を裁判上請求しなければならない（**7-11**）。

✓ チェック！

□**物上代位できるか**　不動産に留置権を有する者は、目的物が金銭債権に転じた場合にも、当該金銭に物上代位することはできない。⑰

2）先取特権

　先取特権は、特に優先的に弁済が必要な債権（**法律が指定**している）が生じた場合に、当然に債務者の一定の財産（総財産の場合も特定の動産・不動産の場合もある）について成立します。

　その債権の履行がなければ、先取特権が成立した財産を競売して、その代

価から優先弁済を受けられます。

10-23　不動産賃貸の先取特権　　　312～314条1項

（1）建物賃貸人は、借賃等につき、賃借人がその建物に備え付けた動
　　　産の上に先取特権を有する。賃借権譲受人又は転借人が備え付け
　　　た動産についても同様とする（312条）。
（2）借地権設定者は、弁済期の到来した最後の2年分の地代等につい
　　　て、借地権者がその土地において所有する建物の上に先取特権を
　　　有する。この先取特権は、地上権又は土地の賃貸借の登記をする
　　　ことによって、その効力を保存する（借地借家法12条）。

10-24　不動産保存・工事・売買の先取特権　　326～328条等

（1）**不動産保存**の先取特権は、不動産保存費につき登記をしておけば、
　　　その不動産の上に存する（326・337条）。
（2）**不動産工事**の先取特権は、請負人等が不動産になした工事費用を
　　　事前に登記しておけば、その不動産の上に存する（327・338条）。
（3）**不動産売買**の先取特権は、引渡し先履行のとき、売買契約と同時
　　　に代金未払いの旨を登記しておけば、引き渡した不動産の上に存
　　　する（328・340条）。
（4）**不動産保存・工事**の先取特権は、登記前後を問わず抵当権に優先
　　　する（339条）。

1は、たとえば　固定資産税を払えない人に税を立て替えて、滞納処分から
不動産を保存してやった場合に、そのことを登記しておくと、登記をした人
は、その不動産につき先取特権を有する。立て替え分を返してもらえないと
きには、その不動産を競売できる。
2は、たとえば　建物を増改築して建物の価値を増してやった場合に、その
ことを事前に登記しておくと、その建物につき成立する。工事費用を払って
もらえないときは、その建物を競売できる。
3は、たとえば　建物売買契約で、建物の引き渡しを先履行とした場合に、

売買契約と同時に代金未払いの旨を登記しておけば、不動産売買の先取特権
が引渡した不動産の上に成立する。したがって、結局代金を払ってもらえな
かった時は、引渡した不動産を競売して、未払い代金の支払いに充てられる。
4はつまり　1と2の先取特権は、登記前後を問わず、抵当権に優先する。
そのこころ　不動産保存・工事の先取特権は、同じ不動産に設定され抵当権
者にとっても、目的物の価値保存・増加に役立っているので、抵当権に先立
ち、真っ先に先取りさせてあげる。**登記した権利の優劣は登記順位による**と
いう原則の例外となる（**14-6**）。なお、（3）の不動産売買の先取特権は、
特に他の債権者の利益になったという事情はないので、原則通り、登記順位
で優劣を決める。

✓ チェック！

□**担保物権の順位**　不動産を目的とする担保物権の順位は、すべて登記の先
　後によるわけではなく、不動産保存・工事の先取特権は、登記が後でも、
　抵当権に優先する。③⑦

10-25　物上代位性　　　　　　　　　　　304条

　先取特権は、その目的物の売却、賃貸、滅失又は損傷によって債務者
が受けるべき金銭その他の物に対しても、行使することができる。ただ
し、先取特権者は、**その払い渡し前に差し押さえ**をしなければならない。

・この規定は、抵当権（**8-4**）や質権にも準用され、留置権には準用されな
　い（**10-20**）。

✓ チェック！

□**物上代位の要件**　Aが、Bに賃貸している建物の賃料債権の先取特権に関
　して、Bがその建物内のB所有の動産をDに売却したときは、Aは、その
　代金債権に対して、払渡し前に差押えをして、先取特権を行使することが
　できる。⑫

3）質権

　質権は、債権担保のため、債務者又は物上保証人から受け取った物を**占有**し、弁済がないときにはその物を換価し、優先弁済を受けられる権利（342条）です。

10-26　質権設定契約は要物契約　　　　　　　　　　　344条

　質権の設定は、債権者に**目的物を引き渡す**ことによって、**その効力を生ずる。**

- 質権では、質権者が目的物を占有することが必要だから、質権設定契約は、効力発生に目的物の引き渡しが必要な**要物契約**とされている。
- 質権は、譲渡性があるものなら何でも目的とできる（343条）。**不動産や債権**にも質権は設定できる。
- **Q　債権質**の場合には、何を引き渡すのだろう。

　⇒債権譲渡に交付を要する**債権証書**があればそれを交付する（363条）。
- 債権質には、質権者に**直接取立て権**が認められている（366条）。質権者は、債権の差し押さえをしないで、質権の実行として、直接債務者に請求できる。

　このように、債権質はほとんど債権譲渡と同じだから、**質権を設定したことを債務者に対抗する要件**も債権譲渡の場合と同じく**譲渡人からの通知又は債務者の承諾**であり、**第三者に対する対抗要件**は、**確定日付証書による通知又は承諾**となる（364条、467条　**11-4**）。

✓ チェック！

□**直接取立権**　建物賃借人Ａが、賃貸人Ｂに対して有している建物賃貸借契約上の敷金返還請求権につき、Ｃに対するＡの金銭債務の担保として質権を設定することとし、Ｂの同意を得て、Ｃが質権の設定を受けた後、質権の実行かつ敷金の返還請求ができることとなったとき、Ｃは、Ａの承諾を得ることなく、敷金返還請求権に基づきＢから直接取立てを行うことができる。⑩

学習の指針

物権のその他の事項では、**共有**が3年に1回程度出題される。**抵当権以外の担保物権**は、4年に1回程度、**相隣関係、地役権**は、5年以上に1回程度の出題です。出題頻度が高い**共有**は絶対に落とさないようにしよう。

Part 11

債権のその他の事項

1 債権譲渡

債権譲渡とは、譲渡人のもとにあった債権を債権者の意思で、そのままの状態で譲受人のもとに移転させることです。

11-1　債権の譲渡性　　　　　　　　　　　　　　　　　　466条

（1）債権は、その性質に反しない限り、自由に譲渡することができる。

（2）当事者が債権の譲渡を禁止し、又は制限する旨の意思表示（譲渡制限の意思表示）をしたときであっても、債権の譲渡は、その効力を妨げられない。

（3）（2）に規定する場合には、**譲渡制限の意思表示がされたことを知り、又は重大な過失によって知らなかった譲受人その他の第三者に対しては**、債務者は、その**債務の履行を拒むことができ**、かつ、**譲渡人に対する弁済その他の債務を消滅させる事由をもってその第三者に対抗**することができる。

（4）（3）は、債務者が債務を履行しない場合において、譲渡制限の意思表示がされたことを知り、又は重大な過失によって知らなかった譲受人が相当の期間を定めて譲渡人への履行の催告をし、その期間内に履行がないときは、その債務者については、適用しない。

（5）譲渡制限の意思表示がされた金銭債権が譲渡されたときは、債務者は、その債権の全額に相当する金銭を債務の履行地の供託所に供託することができる。供託をした金銭は、譲受人に限り、還付を請求することができる。466条の2

つまり　債権は、性質に反しない限り、自由に譲渡することができる（1）。譲渡制限特約に反する債権譲渡であっても有効である（2）が、**悪意又は重過失の譲受人の場合には、債務者は譲受人への履行を拒むことができ**、また譲渡人に対する**履行**を譲受人に対抗できる＝譲渡人に履行できる（3）。しかし、悪意又は重過失の譲受人が、債務者に譲渡人へ履行するよう催告したにもかかわらず履行しない場合には、債務者は譲受人への履行を拒むことができない（4）。

- 譲渡制限意思表示付き債権の譲渡人が破産したときは、譲受人は、債務者に債権の全額に相当する金銭を供託するよう請求することができる。466条の3
- （3）は、譲渡制限の意思表示がされた債権に対する強制執行をした差押債権者に対しては、適用しない。**そのこころ**　私人の合意で差押禁止債権を作り出すことはできない。466条の4

✓ チェック！

1□**譲渡制限意思表示付き債権の譲渡**　譲渡制限の意思表示がされた債権が譲渡された場合、当該債権譲渡の効力は妨げられないが、債務者は、その債権の全額に相当する金銭を供託することができる。令③
2□**譲渡制限意思表示付き債権の譲渡**　譲渡制限の意思表示がされた債権の譲受人が、その意思表示がされていたことを知っていたときは、債務者は、その債務の履行を拒むことができ、かつ、譲渡人に対する弁済その他の債務を消滅させる事由をもって譲受人に対抗することができる。令③

11-2　預金債権又は貯金債権に係る譲渡制限の意思表示の効力

465条の5

（1）預金口座又は貯金口座に係る預金又は貯金に係る債権（**預貯金債権**）について当事者がした譲渡制限の意思表示は、**11-1（3）**にかかわらず、その**譲渡制限の意思表示がされたことを知り、又は重大な過失によって知らなかった譲受人**その他の第三者に**対抗することができる。**
（2）（1）は、譲渡制限の意思表示がされた**預貯金債権**に対する強制執行をした差押債権者に対しては、適用しない。

（1）はつまり　預貯金債権に譲渡制限特約が付された場合には、悪意又は重過失の譲受人に対する譲渡は、譲渡制限が対抗できる結果、**無効**である。

11-1（2）（3）との違いのこころ　預貯金債権の債務者である金融機関は、多くの顧客に対して迅速に払戻しを行う必要があるため、**11-1（2）（3）**の規律を妥当させると円滑な払戻業務に支障を来すので、**11-2（1）**の取扱いとした。

（2）はつまり　強制執行をした差押債権者が悪意又は重過失であっても、譲渡制限特約は対抗できないので、強制執行は有効である。

そのこころ　私人の合意で差押禁止債権を作り出すことはできない。

11-3　将来債権の譲渡性　　　　　　　　　　466条の6項

（1）　債権の譲渡は、その意思表示の時に債権が現に発生していることを要しない。

（2）　債権が譲渡された場合において、その意思表示の時に債権が現に発生していないときは、譲受人は、発生した債権を当然に取得する。

（3）　（2）に規定する場合において、譲渡人が**11-4**による通知をし、又は債務者が同条の規定による承諾をした時（**対抗要件具備時**）までに譲渡制限の意思表示がされたときは、**譲受人は悪意だったものとみなし**、債務者は、その債務の履行を拒むことができ、かつ、譲渡人に対する弁済その他の債務を消滅させる事由をもってその第三者に対抗することができる（ただし、譲渡債権が預貯金債権の場合にあっては、債権譲渡は無効になる）。

✓ チェック！

□**将来発生する債権の譲渡性**　譲渡の時点でまだ発生していない将来の債権であっても、それが具体的に特定することができるものであれば、譲渡することができる。⑲㉘ 令③

11-4　債権の譲渡の対抗要件　　　　　　　　467条

（1）債権の譲渡（現に発生していない債権の譲渡を含む）は、**譲渡人**

が債務者に通知をし、又は**債務者が承諾**をしなければ、債務者その他の第三者に対抗することができない。

（2）（1）の通知又は承諾は、**確定日付のある証書**によってしなければ、債務者以外の第三者に対抗することができない。

（1）の、ちゅうい　譲渡人からの譲渡通知又は債務者の承諾は、口頭でもよい。また、譲受人が譲渡通知をしても、債務者は債権譲渡があったことを信じることができないので、無効である。

（2）は、つまり　債権が二重に譲渡されたり、相前後して債権の差押えがあったりした場合は、①確定日付証書による譲渡人からの譲渡通知、又は、②確定日付証書による債務者の承諾を得た譲受人が、二重譲受人等の第三者に債権の譲受けを対抗できる。

たとえば　Aが、Bに対する代金債権をCとDに二重に譲渡し、Cへの譲渡については、Bに確定日付が付いていない単なる通知で知らせ、Dへの譲渡については、確定日付証書によりBに通知した場合、通知到達の前後を問わず、Dへの譲渡が優先する。

- 第三者間での優劣の決定は、債務者にも効力を及ぼし、債務者は優先する第三者だけを債権者と認め、これに弁済しなければならない。
- **確定日付証書**による譲渡通知とは内容証明郵便等による通知で、**確定日付証書**による承諾とは、公正証書等による承諾である。

Q　確定日付証書の競合

確定日付証書による譲渡通知（又は差押命令の送達）が複数債務者に到達していた場合、確定日付の前後で優劣を決めるのか、それとも通知の到達日の前後で決めるのか。

⇒**通知の到達日の前後**だ。到達日が早いほうが優先する（判例）。

そのこころ　通知は、到達しなければ意味がない。

Q　確定日付証書の同時到達　確定日付証書が同じ日に到達した場合は、どうするか。

⇒その場合は、両譲受人とも債務者に自己が新債権者だと主張できるが、債務者は、どちらか一方に支払えば免責される。譲受人から言えば、**早い者勝ち**だ。

Keyword 確定日付証書の競合⇒日付の前後ではなく、到達日の前後で決着同日到達⇒早い者勝ち（先に払ってもらったほうの勝ち）だ。

✓ チェック！

1 □ **債権譲渡の対抗要件**　債権の譲渡は、譲渡人が債務者に通知し、又は債務者が承諾をしなければ、債務者その他の第三者に対抗することができず、その譲渡の通知又は承諾は、確定日付のある証書によってしなければ、債務者以外の第三者に対抗することができない。令③

2 □ **第三者に対する対抗要件**　AがBからBのCに対する貸金債権の譲渡を受けた場合に、CがBの債権者Dの申立てによる差押命令の送達を受けたときは、その送達前にBから確定日付のある債権譲渡通知が届いていれば、Cは、Dの取立てに応じてはならず、債権譲渡の第三者対抗要件（確定日付のある債権譲渡通知）を先に備えたAに支払うべきである。⑤

3 □ **確定日付証書の優劣**　Aは、Bに対しする貸付金債権をC及びDに対して譲渡し、それぞれへの譲渡を確定日付のある証書によってBに通知した場合で、Cへの譲渡通知は10月11日に、Dへの譲渡通知は10月12日に到達したとき、Bへの通知の確定日付の先後を問わず、譲渡通知の到達日が先のCがDに優先して権利を行使することができる。⑮

11-5　債権の譲渡における債務者の抗弁　　468条

　債務者は、対抗要件具備時までに譲渡人に対して生じた事由をもって譲受人に対抗することができる。

たとえば　債務者が債権譲渡の対抗要件を具備されるまで、譲渡人に支払っていた場合は、譲受人に、支払い済みの旨を主張できる。

11-6　債権の譲渡における相殺権　　469条

　債務者は、**対抗要件具備時より前に取得**した譲渡人に対する債権による相殺をもって譲受人に対抗することができる。

たとえば　債務者が債権譲渡の対抗要件を具備されるまで、譲渡人に対する債権を取得していた場合は、譲受人に、相殺をもって対抗できる。

2 売買・賃貸借以外の契約類型

1）委任

11-7　委任　　　　　　　　　　　　　　643条

　委任は、相手方に、法律行為＊をやってもらうことを頼み、相手方がこれを承諾することによって成立する契約だ（643条）。

＊**法律行為**　契約や解除権の行使のように、意思表示によって権利義務が生じる行為。

なお　法律行為以外の事務処理を委託する契約も、委任の規定に従う（準委任656条）から、委任とは、**事務処理契約**と考えてよい。

　他人に契約等をやってもらうことは、当事者間に信頼関係がなければできることではない。**信頼関係が基礎になる**ことが委任の特色だ。

11-8　信頼関係で成り立つ委任の特色　644・645・648・651条
（1）委任は、**原則**として**無償**契約である。
（2）受任者は（頼まれた方）は、**善良な管理者の注意**をもって委任事務を処理する義務を負う。
（3）受任者は、委任者の請求があればいつでも事務処理状況を報告し、事務終了後は、遅滞なく、経過と結果を報告しなければならない。
（4）委任は、各当事者がいつでも、理由なくして解除できる。ただし、相手方のために不利な時期に委任を解除したときはその損害を賠償することを要する。が、やむをえない事由があればその必要もない。

（1）は、つまり　委任は損得づくではないので、原則として無償契約だ。特約で有償とできる。有償の場合、委任事務履行後でなければ受任者は請求できない。なお、委任者の責めに帰することができない事由によって委任事務の履

行をすることができなくなったときや委任が履行の中途で終了したときは、受任者は、既にした履行の割合に応じて報酬を請求することができる。令2・①

（2）のこころ　委任者の信頼に応える**善良な管理者の注意**とは、取引上一般に要求される程度の注意。**自己の財産に対する注意**よりも高度な注意だ。注意義務が問題となる場合は、善良な管理者の注意義務が原則であり、例外として**無償寄託**（無料で物を預かる）の場合の受寄者は、**自己の財産に対するのと同一の注意**でよい（659 条）。なお、倉庫業者のように有料で預かる（**有償寄託**）場合は、善良な管理者の注意が要求される。

（4）は、つまり　信頼関係に基づく委任では、もう君（委任者）のためにはやりたくない、とか、もう君（受任者）には任せられないという場合は、いつでも契約を解除できる。

✓ チェック！

1 □ **注意義務の程度**　Aが、その所有地の管理を、当該管理を業としていないBに対して無償で委託した場合も、Bは、「善良なる管理者の注意をもって、事務を処理しなければならない。⑨

2 □ **受寄者の注意義務**　受寄者は、無報酬で寄託を受ける場合は、自己の財産と同一の注意をもって寄託物を保管する義務を負うが、報酬を受けて寄託を受ける場合は、善良な管理者の注意義務が必要である。⑳

11-9　受任者の費用前払い請求権　　　　649 条

　事務処理に**必要な費用**は、受任者の請求があれば、委任者は**前払い**しなければならない。

✓ チェック！

□ **事務処理費用請求権**　Aが、A所有の不動産の売買をBに対して委任する場合、Bは、委任契約をする際、有償の合意をしないときでも、委任事務のために使った費用とその利息は、Aに請求することができる。⑭⑦

11-10　委任の終了事由　　　　　　　　　　　653条

- **委任者の事由**　　死亡　破産手続開始の決定
- **受任者の事由**　　死亡　破産手続開始の決定、後見開始の審判

なお　委任の終了後の処分　委任が終了した場合において、急迫の事情があるときは、受任者又はその相続人若しくは法定代理人は、委任者又はその相続人若しくは法定代理人が委任事務を処理することができるに至るまで、必要な処分をしなければならない。654条
、

✓ チェック！

□**委任の終了後の処分**　委任契約が委任者の死亡により終了した場合、委任者側ですぐに委任していた事務を処理することができない場合は、受任者は、受任事務を継続し必要な処分をしなければならない。⑱

2）請負

11-11　請負　　　　　　　　　　　　　　632条

　請負は、当事者の一方がある仕事を完成することを約し、相手方がその仕事の結果に対してその報酬を支払うことを約することによって、その効力を生ずる。

たとえば　建築請負契約（工務店が建物建築を請け負う）や、洋服を仕立ててもらう契約。

11-12　報酬の支払時期　　　　　　　　　　633条

　報酬は、仕事の目的物の引渡しと同時に、支払わなければならない。ただし、物の引渡しを要しないときは、請負人はその約した仕事を終わった後でなければ、報酬を請求することができない。

11-13　注文者が受ける利益の割合に応じた報酬　　634条

　次に掲げる場合において、請負人が既にした仕事の結果のうち**可分な部分の給付によって注文者が利益を受ける**ときは、その部分を仕事の完成とみなす。この場合において、請負人は、注文者が受ける利益の割合に応じて報酬を請求することができる。

①注文者の責めに帰することができない事由によって**仕事を完成することができなくなった**とき。

②請負が**仕事の完成前に解除された**とき。

つまり　①②の場合に、中途の結果のうち可分な部分によって注文者が利益を受けるときは、請負人は、その利益の割合に応じて報酬の請求をすることができる。

なお　仕事を完成することができなかったことについて**注文者に帰責事由がある場合**には、報酬の全額を請求することができる。559・536条2項

11-14　請負人の担保責任　　559・562〜564条等

　請負には売買の規定が準用されるので、請負人が種類又は品質に関して**契約の内容に適合しない**仕事の目的物を注文者に引き渡したとき（その引渡しを要しない場合にあっては、仕事が終了した時に仕事の目的物が種類又は品質に関して契約の内容に適合しないとき）は、注文者は、修補、代替物の引渡し又は不足分の引渡しの**履行の追完**の請求、**報酬の減額**の請求、**損害賠償**の請求及び契約の**解除**をすることができる。

✓ チェック！

□**損害賠償請求**　建築請負契約の目的物たる建物に重大な契約内容の不適合があるためにこれを建て替えざるを得ない場合には、注文者は当該建物の建替えに要する費用相当額の損害賠償を請求することができる。⑱改題

273

11-15　請負人の担保責任の制限　　　　　　636条

　請負人が契約の内容に適合しない仕事の目的物を引き渡したとき（その引渡しを要しない場合にあっては、仕事の目的物が契約の内容に適合しないとき）は、注文者は、**注文者の供した材料の性質又は注文者の与えた指図**によって生じた不適合を理由として、**履行の追完**の請求、**報酬の減額**の請求、**損害賠償**の請求及び**契約の解除**をすることができない。ただし、**請負人がその材料又は指図が不適当であることを知りながら告げなかったとき**は、この限りでない。

たとえば　注文者が工務店に構造上無理なバルコニーの取り付けを指図し、壊れた場合、注文者は担保責任を追及できないが、工務店が構造上無理なことを知っていて、黙って造って後で壊れたら工務店は責任を負う。つまり、知りて告げざりしは、責任のもと。

11-16　目的物の種類又は品質に関する担保責任の期間の制限

637条

（1）　**11-15**本文に規定する場合において、注文者がその不適合を**知った時から1年以内**にその旨を請負人に**通知**しないときは、注文者は、その不適合を理由として、**履行の追完**の請求、**報酬の減額**の請求、**損害賠償**の請求及び**契約の解除**をすることができない。

（2）　前項の規定は、仕事の目的物を注文者に引き渡した時（その引渡しを要しない場合にあっては、仕事が終了した時）において、請負人が同項の不適合を知り、又は重大な過失によって知らなかったときは、適用しない。

つまり　注文者は契約内容に適合しないことを知ってから**1年以内にその旨の通知**をしないと、請負人の契約不適合責任の追及権は失権するが、請負人が契約内容不適合を知っていた又は重過失により知らなかったときは、通知をしなくても失権しない。

11-17　注文者による契約の解除　　　　　　641条
　請負人が**仕事を完成しない間**は、注文者は、いつでも損害を賠償して契約の解除をすることができる。

たとえば　注文したウェディングドレスが九分どおり完成したところで、破談になったら、もうドレスは必要ない。そのような場合は、手間賃を払って（損害を賠償して）契約を解除できる。

✓ チェック!

□**注文者の仕事完成前の解除**　建築請負契約において、注文者Aは、請負人Bが建物の建築を完了していない間にBに代えてCに請け負わせ当該建物を完成させることとする場合、損害を賠償してBとの請負契約を解除することができる。⑦②

3）使用貸借

　使用貸借は、無料で物を貸し借りする無償契約です。

11-18　成立と借用物受取り前の貸主による使用貸借の解除
　　　　　　　　　　　　　　　　　　　　593・593の2条
（1）使用貸借は、当事者の一方がある物を引き渡すことを約し、相手方がその受け取った物について無償で使用及び収益をして契約が終了したときに返還をすることを約することによって、その効力を生ずる。593条
（2）貸主は、借主が借用物を受け取るまで、契約の解除をすることができる。ただし、書面による使用貸借については、この限りでない。593条の2

（2）のこころ　無償契約だから契約の拘束力を弱めた。

275

11-19　貸主の引渡義務　　　　　　　　596・551条

（1）貸主は、使用貸借の目的である物を、使用貸借の目的として特定した時の状態で引き渡すことを約したものと推定する。551条1項準用
（2）負担付使用貸借については、貸主は、その負担の限度において、売主と同じく担保の責任を負う。551条2項準用

つまり　担保責任については、同じく無償契約である贈与に準じる。**11-25**参照

有料で物を貸し借りする賃貸借とは、次の点が異なっている。

11-20　使用貸借と賃貸借の違い等　　　　595・597条

（1）賃貸借では、使用収益に必要な必要費は賃貸人の負担だが、使用貸借では**通常の必要費**は借主の負担となる。595条1項
（2）賃貸借では賃借人の死亡は契約終了事由でないが、使用貸借では**借主の死亡**で契約は終了する。597条3項
（3）建物賃貸借では登記又は引渡しで、土地賃貸借では登記又は借地上の建物登記で賃借権を第三者に対抗できる（**9-19、9-36**）が、使用貸借では、土地でも建物でも借主の権利を第三者に対抗する方法は、いっさいない。

（1）のこころ　ただなのだから、それくらいは負担すべき。
（2）のこころ　君だからこそ、ただで貸すよという思いがあったはずで、その人が死亡したら、終了させることが妥当。
【注】なお、貸主の死亡は契約終了事由ではない。
（3）のこころ　無償契約なので、借主の権利を保護する必要はない。
　• 「借主は、無断で、第三者に借用物の使用又は収益をさせてはならず、これに違反したときは、貸主は、契約の解除をすることができる」は、賃貸借と同じ。594条2・3項 vs**9-12**（612条）。令④

✓ チェック!

1□**契約当事者の死亡**　使用貸借契約は、借主の死亡で契約は終了するが、

貸主の死亡では終了しない。⑬⑨

2□対抗力はない　Aは、自己所有建物につき、Bと使用貸借契約を締結したが、Aが同建物をCに売却し、その旨の所有権移転登記を行った場合に、すでにBが同建物の引渡しを受けていたときでも、Bは使用貸借をCに対抗できない。⑰

11-21　使用貸借の終了と解除　　　　597・598条

①当事者が使用貸借の期間を定めたときは、使用貸借は、その期間が満了することによって終了する。597条1項

②当事者が使用貸借の期間を定めなかった場合において、使用及び収益の目的を定めたときは、使用貸借は、借主がその目的に従い使用及び収益を終えることによって終了する。597条2項

　　ただし、使用するに足りる期間経過後は、貸主は契約の解除をすることができる。598条1項

③返還時期も使用目的も定めていなかった場合は、貸主はいつでも契約の解除をできる。598条2項

④借主は、いつでも契約の解除をすることができる。598条3項　令④

4）贈与

贈与は、当事者一方が自己の財産を無償で相手方に与える意思を表示し、相手方が受諾をすることによって効力を生ずる（549条）。

　書面によらない場合は、軽率になされることもあることから、拘束力が弱められています。

11-22　書面によらない贈与の履行完了前の撤回　　　550条

　書面によらない贈与は、各当事者が撤回することができる。ただし、履行の終った部分は撤回できない。

たとえば　不動産の贈与では、**引渡し**か**登記**をすることが、履行の終了にあ

たる。

✓ チェック!

□**書面によらない贈与**　BからAに、書面によらず、建物が贈与（負担なし）されたが、まだAに対して建物の引渡し及び所有権移転登記はされていない場合に、Aが同建物をCに売却したときでも、Bは贈与を撤回できる。⑩

11-23　死因贈与　　　　　　　　　　　　　554条
贈与者の死亡によって効力を生ずる贈与契約。

たとえば　僕が死んだらあの土地をやるよ、という場合。
・死因贈与には、遺言撤回自由の原則（**12-11**）が準用される（554条）
　⇒①贈与者は、いつでも、遺言によって、その死因贈与を撤回できる（1022条）。
　　②死因贈与と抵触する遺言や生前処分等の法律行為をした場合には、抵触する限りで前の死因贈与を撤回したものとみなされる（1023条）。

✓ チェック!

□**死因贈与と遺言撤回自由の原則**　AがBに対して、土地を、書面により死因贈与した場合、死因贈与には遺言撤回自由の原則が準用されるので、矛盾する遺言や法律行為を後に行うと、矛盾する限度で撤回したものとなる。③

11-24　贈与者の引渡義務等　　　　　　　　551条
（1）贈与者は、贈与の目的である物又は権利を、贈与の目的として特定した時の状態で引き渡し、又は移転することを約したものと推定する。
（2）負担付贈与については、贈与者は、その負担の限度において、売主と同じく担保の責任を負う。

（1）は、つまり　贈与契約では、特約がない限り、贈与の目的である物又は権利を、贈与の目的として特定した時の状態で引き渡し、又は移転すれば、それ以上責任を負うことはない。

（2）は、つまり　負担付贈与とは、受贈者も負担を負う贈与、例えば、5億円の土地を贈与するかわりに借入金3億円を負担させる、だが、この負担付き贈与では、負担の限度では、売買と同じだから、贈与者は、その負担の限度において、売主と同じく担保の責任を負う。

5）消費貸借

11-25　消費貸借のポイント　　　　　587・589・591条

（1）消費貸借は、当事者の一方が種類、品質及び数量の同じ物をもって返還をすることを約して＊相手方から金銭その他の物を受け取ることによって、その効力を生ずる。587条。

（2）ポイントは下記のとおり

①貸主は、特約がなければ、借主に対して利息を請求することができない。589条

②返還時期は、ⅰ当事者が返還の時期を定めなかったときは、貸主は、相当の期間を定めて返還の催告をすることができる。ⅱ借主は、返還の時期の定めの有無にかかわらず、いつでも返還をすることができる。ⅲ当事者が返還の時期を定めた場合において、貸主は、借主がその時期の前に返還をしたことによって損害を受けたときは、借主に対し、その賠償を請求することができる。591条

＊賃貸借・使用貸借では借り受けた現物を返すが、消費貸借では借り受けた物は借主が消費して、返却物は別途市場から調達する。

（1）はつまり　金銭の借入について貸主と借主が合意をしても、実際に金銭が交付されるまで契約は成立しない（**要物契約**）。

11-26　書面でする消費貸借　　　　　　　　　587条の２

（1）　**11-18（1）**（587条）にかかわらず、**書面でする消費貸借**は、当事者の一方が金銭その他の物を引き渡すことを約し、相手方がその受け取った物と種類、品質及び数量の同じ物をもって返還をすることを**約すること**によって、その効力を生ずる。

（2）　書面でする消費貸借の借主は、**貸主から金銭その他の物を受け取るまで、契約の解除をすることができる**。この場合において、貸主は、その契約の解除によって損害を受けたときは、借主に対し、その賠償を請求することができる。

（3）　書面でする消費貸借は、借主が貸主から金銭その他の物を受け取る前に当事者の一方が破産手続開始の決定を受けたときは、その効力を失う。

（4）　消費貸借がその内容を記録した電磁的記録によってされたときは、その消費貸借は、書面によってされたものとみなして、（1）〜（3）を適用する。

（1）は、つまり　11-26（587条）では、金銭の借入について貸主と借主が合意をして も、実際に金銭が交付されるまで契約は成立しない（**要物契約**）が、**書面によることを要件**として、**合意のみで消費貸借の成立**を認める。

（2）は、つまり　借主は、金銭の交付を受ける前は、いつでも契約を解除できる。**そのこころ**　借主に借りる義務を負わせない。

　その場合に貸主に損害が発生するときは、貸主は賠償請求できるが、限定的な場面（例：相当の調達コストがかかる高額融資のケース）でのみ請求は可能と解されている。消費者ローンなど少額多数の融資では、借主の契約解除による損害はないと解される。

✓ チェック！

□**利息**　AのBに対する貸金につき、ＡＢ間で利息について別段の定めがないときは、Aは、利息を請求することができない。③

3 不法行為

　不法行為は、意思表示に基づかない、違法な法律要件（権利変動要件）の代表です。不法行為は、次の場合に成立します。

11-27　不法行為の基本型　　　　　　　　　　　709条
①故意又は過失ある行為により
②他人に損害を与える、ことを**不法行為**という。
　⇒被害者は加害者に③**責任能力***があれば、被った損害の賠償を請求
　　できる。

***責任能力**　自己の行為が不法であり、法律上の責任が生ずることを弁識するに足りるだけの知能。大体12歳前後で備わる。なお、加害者が責任無能力とされれば、原則としてその**監督義務者**が責任を負う（714条）。

たとえば　自動車運転中、前方不注意（過失）で人を轢けば、不法行為だ。理由もなく、人を殴ればやはり不法行為だ。それぞれ、加害者は、被害者に生じた損害を賠償する責任が生じる。不法行為の具体例は、日常たくさんみられる。

　他人の行為につき責任を負わされる場合もある。
　使用者は、**被用者の不法行為につき責任**を負わされる。

11-28　使用者等の責任　　　　　　　　　　　715条
（1）①ある事業のため他人を使用する者は
　　　②被用者が事業の執行について
　　　③第三者に不法行為をして、加えた損害の賠償責任を負う。
（2）被害者に損害を賠償した使用者は、被用者に求償（賠償分の返還）
　　　の請求ができる。
（3）使用者責任が成立する場合でも、本来不法行為をした被用者も責
　　　任を負う。そして、両者の責任は連帯債務となる。

> ただし、この場合は債務者間に共同目的がなく、本来の連帯債務でない（不真正連帯債務という）ので、債務者一人に生じた事由は、他に効力を及ぼさない。

（1）のこころ　使用者は被用者を使って利益を上げているのだから、被用者が第三者に損害を与えた場合は、賠償すべきである。

（2）のこころ　本来不法行為を行ったのは、被用者だからである。

（2）のただし　使用者にも過失がある場合など全面的に被用者に対する求償を認めては酷な場合がある。そこで、**求償できる範囲は、信義則上相当と認められる限度に制限**される場合がある（判例）。

（2）の【注】被用者が賠償した場合も、損害の公平な分担という見地から相当と認められる額について、使用者に対して求償することができる（判）。令②

（3）のたとえば　使用者に履行の請求をしても、被用者に履行の請求の効果は及ばない。また、使用者の責任が消滅時効にかかっても、被用者の責任には影響がない。

✓ チェック！

1□**成立要件**　Aは、宅地建物取引業者Bに媒介を依頼して、土地を買ったが、Bの社員Cの虚偽の説明によって、損害を受けた場合、Aは、Cの不法行為責任が成立しなければ、Bに対して損害の賠償を求めることはできない。⑥

2□**被用者への求償**　AがBの行為につきCに対して使用者責任を負う場合で、AがCに損害賠償金を支払ったとき、Bに故意又は重大な過失がなくとも、Aは、Bに対して求償権を行使することができる。⑪

3□**求償できる範囲**　使用者Aが被用者Bに対して求償することができる範囲は、信義則上相当と認められる限度に制限される場合があるので、Bに資力があっても、Aは被害者Cに対して賠償した損害額の全額を常にBから回収することができるわけではない。㉔㉘

過失がなくても責任を負わされる場合がある。
工作物設置保存の瑕疵による損害の所有者責任は、**無過失責任**だ。

11-29　土地の工作物等の占有者及び所有者の責任　　　　717条

　土地の工作物の設置又は保存に瑕疵があることによって他人に損害を生じたときは、下記の責任が生じる。

（1）その工作物の**占有者**が、被害者に対して損害賠償をする責任がある。
　　　ただし、占有者が損害発生を防止するため必要な注意をしていたとき（無過失）は、占有者は責任を負わない。

（2）占有者が責任を負わない場合は、その損害は、過失がなくとも、**所有者**が賠償しなければならない。

たとえば　借家の塀が倒れて通行人にケガをさせた場合（土地の工作物の設置又は保存に瑕疵（＝欠陥）があり、他人に損害が生じた場合）、

（1）まず、**占有者**である借家人が賠償責任を負うが、借家人が必要な注意をしていた（**無過失**）ときは、借家人は責任を負わない。

（2）借家人が必要な注意をしており、借家人が責任を負わない場合は、**所有者**である大家さんが責任を負う。この場合の大家さんの責任は、過失がなくても負わされる**無過失責任**である。

✓ チェック！

□**所有者の責任**　Aが所有建物をBに賃貸し、Bが建物を占有していたところ、この建物の建築の際における請負人の過失により生じた瑕疵により、その外壁の一部が剥離して落下し、通行人Cが重傷を負った場合、Aは、損害の発生を防止するため必要な注意をしていたときでも、瑕疵ある土地の工作物の所有者として、Cに対して不法行為責任を負うことがある。⑧⑰

11-30　共同不法行為　　　　719条

（1）数人が共同の不法行為によって他人に損害を加えたときは、各自連帯してその損害賠償をする責任がある。

（2）損害賠償をした不法行為者の1人は、他の不法行為者に対し、その過失割合に応じた求償ができる（判例）。

(1) のこころ　被害者を保護するためには、連帯債務としたほうがよい。ただし　この場合も、本来の連帯債務ではない**不真正連帯債務**なので、債務者一人に生じた事由は、他に効力が及ばない（**11-29** の（3）参照）。

✓ チェック！

□**責任の性質**　ＡＢが共同不法行為によりＣに損害賠償債務を負担した場合、Ａの過失がＢより軽いときでも、Ｃは、Ａに対して損害全額について賠償を請求できる。⑫⑭

11-31　その他の不法行為に関する規定・判例

（1）損害賠償請求権の消滅時効期間

①不法行為による損害賠償の請求権は、

ⅰ 被害者又は法定代理人が損害及び加害者を知った時から３年間行使しないとき。又は

ⅱ 不法行為のときから 20 年間行使しないときは、時効によって消滅する。724 条。

②人の生命又は身体を害する不法行為による損害賠償請求権の消滅時効についての①ⅰの適用については、①ⅰ中「３年間」とあるのは、「５年間」とする（724 条の２）。

（2）損害賠償債務の遅滞時期

不法行為による損害賠償債務は、その成立のときから履行遅滞となる（判例）。

（3）被害者即死の場合

被害者が即死の場合も、被害者本人に損害賠償請求権が生じ、その請求権は、相続により相続人へ承継される（判例）。

(2) のこころ　被害者保護のため、不法行為があればその損害賠償債務は直ちに履行遅滞になったものとして、遅延賠償（利息）を請求できるようにした。

チェック！

1□**損害賠償請求権の消滅時効期間**　損害賠償請求権の消滅時効の期間は、損害及び加害者を知ったときから3年（人の生命又は身体を害する不法行為の場合は、損害及び加害者を知ったときから5年）又は不法行為の時から20年である。⑳改題

2□**損害賠償債務の遅滞時期**　不法行為に基づく損害賠償債務は、被害者が催告をするまでもなく、その損害の発生のときから遅滞に陥る。④

3□**被害者即死の場合**　甲建物の壁が剥離して通行人Xが即死した場合、B本人に損害賠償請求権が生じ、その請求権は、相続により相続人へ承継される。⑬⑳

学習の指針

債権その他の事項では、債権譲渡は4年に1回程度、不法行為は3年に1回程度、委任と請負は合わせて2年に1回は出題される。それぞれ、かなり瑣末な条文あるいは特殊な判例を問うこともあるが、テキストに書いてあることをマスターすれば、消去法で正解できる。

Part 12

相　続

　相続は、被相続人の死亡によって開始する死者の財産の**包括承継**（まとめて引き継ぐ）です。

1 相続人と相続分

12-1 相続人と相続分──死亡時配偶者と一定血族が相続人

887〜890条

配偶者の 相続分	順位	順位のついた相続人（血族相続人）と相続分
1／2	1	子（養子・非嫡出子・胎児を含む）代襲あり1／2
2／3	2	上記の誰もいないとき、直系尊属（父母等）1／3
3／4	3	上記の誰もいないとき、死者の兄弟姉妹　代襲あり

せつめい

（1）**相続人**　誰が相続人となるかは法律が定めている。法律は、死者の
　　　財産をあてにしても当然と考えられる者だけを相続人にしている。
　　　①被相続人の死亡当時の**配偶者**は、常に相続人となる。
　　　②配偶者以外の血族には順位がついており、上順位の者だけが、配偶
　　　者と共に相続人となる。
　　　第1順位の血族相続人は、**被相続人の子**。子には、養子はもとより
　　　非嫡出子（婚姻関係以外から生まれた子）、胎児も含まれる。子には
　　　代襲相続（**12-2**）が認められ、子の代襲相続人も第1順位者となる。
　　　第2順位の血族相続人は、**被相続人の直系尊属**（系図上、自分の真

286

上に位置する人。父母・祖父母）。だ。父母がいれば父母が、父母がいなくて祖父母がいれば祖父母が相続人となる。

第3順位は**死亡した被相続人の兄弟姉妹**だ。兄弟姉妹も代襲が認められるので、甥・姪も相続人となれる。

③配偶者がいなければ上順位の血族だけが、血族がいなければ配偶者だけが、相続人となる。

④配偶者も血族もいなければ相続人不存在である。

12-2 　代襲相続—相続開始以前の死亡・相続欠格・廃除の場合　887条

相続人となるべき者（推定相続人）が

①相続開始以前に死亡、又は、

②相続欠格事由に該当もしくは相続から廃除された場合*に、

その子が代わりに相続人となる。

なお　子には代襲相続人が死亡していた場合にその子が相続人となる再代襲があるが、兄弟姉妹には再代襲はない。

***相続欠格**とは、被相続人を殺した、遺言書を偽造した等、法に定める重大な非行があった場合に当然に相続権を失うこと。**廃除**とは、そこまでいかなくとも被相続人を侮辱・虐待した等の場合に、生前又は遺言で被相続人が家裁に請求して相続権を奪うことだ。
*相続の放棄は代襲原因ではない。

（2）**相続分**　相続分は、遺言で指定することもできる（902条）が、指定がなければ、法定相続分（12-1の表及び下記）による。

①**配偶者と子**の共同相続の場合は配偶者に1／2、

②**配偶者と父母**の場合は配偶者に2／3、

③**配偶者と死者の兄弟姉妹**の場合は配偶者に3／4を配分。

それぞれ残りが血族相続人の相続分となる。

血族相続人が複数いる場合は均分する。が、第3順位で、**親の一方だけを同じくする**死者の兄弟姉妹（**半血兄弟**）は親の双方を同じくする（**全血兄弟**）兄弟姉妹の2分の1になるよう配分する。

代襲相続人が複数いるときも被代襲者の相続分を代襲者の相続分に従って、分ける（**株分け**　901条）。

 **POINT**

相続人と相続分の解法手順

まず、相続人を確定する。配偶者＋第１順位子・第２順位親・第３順位兄等

次に**相続分を配分**する。まず**配偶者に割り当てる**。

配＋子⇒１：１　　配＋親⇒２：１　　配＋兄等⇒３：１

✓ チェック！

1□**相続人と相続分**　9,000万円の遺産を残して死亡したＸには、配偶者
　ＹとＹとの間の子Ａがある。Ａには子ａがおり、ＡはＸ死亡後直ちに相続
　を放棄した。

　ＸＹ間には、Ａのほか子ＢもいたがＸ死亡の前に既に死亡しており、そ
　の子ｂが残されている。さらに、Ｘには、非嫡出子Ｃもいる。

　この場合、Ｙが4,500万円、ｂが2,250万円、Ｃが2,250万円の相
　続分を取得する。①

　≪解法≫まず、**相続人を確定**する。そのため**相続人となる者に○を付ける**。
　配偶者Ｙに○。子Ａは相続放棄をしているので○を付けない。その子ａ
　にも、**相続放棄は代襲原因ではない**（12-2、12-7）ので○を付けない。
　すでに**死亡しているＢには○を付けない**が、**Ｂを代襲するｂには○**。**非
　嫡出子Ｃも○**

　⇒相続人は、○が付いた、**Ｙ、ｂ、Ｃ**。

　　相続分は、Ｙ：（ｂ＋Ｃ）は、１：１。ｂ：Ｃは、１：１にする

　⇒Ｙ：4,500万円、ｂ：2,250万円、Ｃ：2,250万円。

　　結局１は○だ。

【注】系図を書く必要はない。その代わり**12-1**と**12-2**はキッチリ覚えておく。

2□**相続人と相続分**　Ａに、配偶者Ｂ、Ｂとの婚姻前に縁組した養子Ｃ、Ｂ
　との間の実子Ｄ（Ａの死亡より前に死亡）、Ｄの実子Ｅ及びＦがいる場合
　にＡが死亡すれば、ＢとＣとＥとＦが相続人となり、ＥとＦの法定相続分
　はいずれも１／８となる。⑧⑬

　≪解法≫まず、**相続人の確定**⇒**配偶者Ｂに○**、**養子のＣも○**、**実子Ｄは
　死亡だから○をせず**、**Ｄを代襲するＥＦに○**。⇒**ＢＣＥＦが相続人**

　相続分は、Ｂ：（Ｃ＋ＥＦ）を１：１に、Ｃ：ＥＦを１：１、Ｃ：Ｅ：Ｆ
　を２：１：１にする。⇒Ｂ４：Ｃ２：Ｅ１：Ｆ１⇒　ＥとＦの法定相続

分はいずれも１／８となる。

3□**相続人と相続分**　自己所有の建物に妻Ｂと同居していたＡが、遺言を残さないまま死亡した。Ａには先妻との間に子Ｃ及びＤがいる。また、Ａ死亡の時点でＢがＡの子Ｅを懐妊していた場合、Ｅは相続人とみなされ、法定相続分は、Ｂが１／２、Ｃ・Ｄ・Ｅは各１／６ずつとなる。⑯

≪解法≫まず、相続人の確定⇒妻Ｂに○、子ＣＤに○、胎児Ｅに○。相続人は、**妻Ｂ、子ＣＤ、胎児Ｅ**。相続分は妻Ｂが１／２で、残り１／２は、均分するから各１／６。

12-3　親子同時死亡──孫がいれば代襲相続がある
　親子間の相続はないが、孫がいれば、子を代襲して親（祖父母）を相続する。

・死亡時の前後が不明のときは、**同時に死亡**したものとされる（32条の２）。

12-4　相続人の不存在　　　　　　958条の３・959条
　相続人の存否不明のときは、相続財産は法人とされ、一定手続により、相続債権者等への弁済が行われる。

・残りは、被相続人と**特別な縁故があった者**の家庭裁判所に対する請求によって分与されることもあるが、それ以外は国庫に帰属する。

2 相続の承認と放棄

12-5　相続の承認と放棄　　　　　　920・922・939条
（1）**単純承認**は、相続の効果をそのまま承認し、負債も全部引き継ぐ。
（2）**限定承認**は、被相続人の負債がプラスの財産を上回っても、自分の財布からは持ち出さないという条件付の承認である。

（3）**放棄**は、はじめから相続人とならなかったものとするもの。

12-6　熟慮期間——承認するか放棄するかを選択できる　915条
　相続人は、自己のために相続の開始があったことを**知った時から、3か月以内に**、単純もしくは限定の承認又は放棄をしなければならない。

12-7　承認・放棄の方法　　938・923・921・919条
（1）放棄をしようとする者は、その旨を家庭裁判所に申述しなければならない。
（2）限定承認は、相続人全員で、家庭裁判所に申述しなければならない。
（3）熟慮期間内に何もしないか、相続開始を知って相続財産を処分又は隠匿・消費すると、単純承認したとみなされる（法定単純承認）。
（4）承認・放棄をすれば、熟慮期間内でも**撤回**することはできない。ただし、詐欺・強迫又は制限行為能力を理由とする**取消し**は、家庭裁判所に申述して、できる。

【注】相続放棄は、相続開始以前＝**被相続人の死亡以前には、できない**。
そのこころ　強制されるおそれがある。
【注】相続の放棄は**代襲原因ではない**。
そのこころ　代襲原因とすると相続税逃れに悪用されるだけで（祖父の相続を父が放棄して子に代襲できては、本来相続税を2回納付すべきところを1回ですまされてしまう）、代襲原因とする合理的な理由がない。
【注】限定承認は、共同相続人**全員でしなければならない**⇒一人でも単純承認をすると、できなくなる。一人が放棄した場合は、その者を除いた全員でできる。

✓ チェック！

1□**相続放棄の取消し**　相続人が、被相続人の妻Aと子Bのみである場合（被相続人の遺言はないものとする。）に、Aは、Bの詐欺によって相続の放棄をしたとき、家庭裁判所に対して取消しの意思表示をして、遺産の分割を請求することができる。⑩

2□**限定承認の方法**　限定承認は、共同相続人が全員でなければ行えないので、共同相続人の一人が単純承認をした場合は、もはや限定承認はできなくなる。⑤⑲

3 配偶者居住権

　相続開始時に被相続人の建物（居住建物）に無償で住んでいた被相続人の配偶者が、相続開始後も引き続き遺産の建物に居住できるよう、配偶者居住権という新しい権利が創設されました（2020年改正）。

12-8 　配偶者居住権　　　　　　　　　1028・1029条

（1）被相続人の配偶者は、被相続人の財産に属した建物に相続開始の時に居住していた場合において、①遺産分割により、又は②遺贈により、その居住していた建物の全部について無償で使用及び収益をする権利（配偶者居住権）を取得できる。1028条1項

（2）遺産の分割の請求を受けた家庭裁判所は、①共同相続人間に合意があるとき、又は②配偶者の取得したい旨の申し出があったときには、配偶者に配偶者居住権を取得させる旨を定めることができる。1029条

（1）はただし　被相続人が相続開始の時に居住建物を配偶者以外の者と共有していた場合にあっては、この限りでない。1028条1項

（1）②の場合のなお　この場合は、特別受益のもち戻し*の免除の意思表示がなされたものと推定される。1028条3項、903条4項

＊共同相続人の中に贈与・遺贈等の特別受益を受けた者があった場合には、特別受益は遺産の先渡しという考えで、相続財産にその特別受益の金額を加えたものを相続財産とみなし、これを基礎に相続人の相続分を算定する（903条1項）。相続財産に特別受益分を加えることを、特別受益のもち戻しという。配偶者居住権が遺贈の目的とされたときは、被相続人から特別受益のもち戻しの免除の意思表示がなされたものと推定する（同条4項）。結果、配偶者は、配偶者居住権を相続分とは別枠で取得できるので、その分だけ、持戻した場合の相続分より多く遺産を取得できる。

・**配偶者居住権の存続期間**　遺産分割協議、遺言、遺産分割審判で別段の定めがあるときを除き、配偶者の終身の間である。1030条　相続することはできないし、期限を定めた場合も更新はできない。令③⑤

・**配偶者居住権の登記等**　（1）居住建物の所有者は、配偶者居住権を取得した配偶者に対し、配偶者居住権の設定の登記を備えさせる義務を負う。令⑤

（2）605条の規定（不動産賃貸借の対抗力）は配偶者居住権について、605条の4の規定（不動産の賃借人による妨害の停止の請求等）は配偶者居住権の設定の登記を備えた場合について準用する。1031条　令③

・**配偶者による使用及び収益**　（1）配偶者は、従前の用法に従い、善良な管理者の注意をもって、居住建物の使用及び収益をしなければならない。（2）配偶者居住権は、譲渡することができない。（3）配偶者は、居住建物の所有者の承諾を得なければ、居住建物の改築もしくは増築をし、又は第三者に居住建物の使用もしくは収益をさせることができない。令③⑤（4）配偶者が（1）〜（3）に違反した場合において、居住建物の所有者が相当の期間を定めてその是正の催告をし、その期間内に是正がされないときは、居住建物の所有者は、当該配偶者に対する意思表示によって配偶者居住権を消滅させることができる。1032条

・**居住建物の費用の負担**　配偶者は、居住建物の通常の必要費を負担する。1034条　令⑤

4 遺産分割

12-9　遺産共有と遺産分割　　　　　898・908条等

（1）共同相続の場合、遺産は、共同相続人に共有状態で承継される（898条）。

（2）ただし、分割可能な**債権債務**は、遺産分割を経るまでもなく、相続を承認した共同相続人に相続分に応じて分割帰属する（判例）*。ただし、預貯金は例外で、「**預貯金**は法定相続の割合で機械的に分配されず、遺産分割の対象となる。」とされた。判例

（3）債権債務以外の遺産についての相続分は、各人の共有持分である。したがって、各人は、その持分を第三者に譲渡でき（905条参照）、分割を禁止する遺言（禁止期間は5年以内に限られる）がなければ（908条）、**遺産の分割**もできる（907条1項）。

（4）**遺産分割協議**は全員の合意がないととのわないが、不調のときは、家庭裁判所に分割を請求できる（同条2項）。

＊相続されたものが連帯債務である場合は、共同相続人は、被相続人の債務の分割された
ものを承継し、各自その承継した範囲において、本来の債務者とともに連帯債務者とな
る。判例⑩

（2）は、つまり　判例は、①預貯金は自動的に分割されない　②どのように
分割するかは遺産分割で決める、とした。

　そうすると、預貯金債権は遺産分割があるまで共同相続人全員の合意がな
ければ払い戻しができない。それでは、葬儀費用の支払、相続債務の弁済な
どの資金需要に対応できないので、一定額までは遺産分割前にも払戻しが受
けられるようにされた。

12-10　遺産の分割前における預貯金債権の行使　909条の2

　共同相続人は、遺産に属する預貯金債権のうち相続開始の時の債権額
の3分の1に当該共同相続人の法定相続分を乗じた額（ただし、同一の
金融機関に対する権利行使は、150万円を限度）については、単独で
その権利を行使することができる。この場合において、当該権利の行使
をした預貯金債権については、当該共同相続人が遺産の一部の分割によ
りこれを取得したものとみなす。

つまり　遺産分割前でも、〔**相続開始時の預貯金額×3分の1×その共同相
続人の法定相続分**。ただし、**同一の金融機関**については、**150万円**を限度〕
については、共同相続人単独で行使できる。遺産分割前に引き出した一定額
については、その共同相続人が遺産の一部を分割取得したものと扱われる。

✓ チェック！

□**遺産分割請求**　遺産の分割について共同相続人間に協議が調わないとき、
　各共同相続人は、その分割を、相続開始地の家庭裁判所に請求することが
　できる。⑪

5 遺言

　遺言は、一定方式に従ってされる相手方のない単独の意思表示で、遺言者
の死後の法律関係を定める最終の意思表示です。

- 自筆証書遺言*、公正証書遺言、秘密証書などいくつかの方式が定められているが、どの方式のものでも効力は同じである。

*全文の自書を要求している従来の自筆証書遺言の方式を緩和し、自筆証書と一体のものとして添付する財産目録については、自書することを要しない、とされた。ただし、財産目録の各頁に署名押印することを要する。968条2（2020年改正）令③

- 自筆証書遺言は公的機関（法務局）において保管できる。**遺言書保管法**
- 遺言は、遺言者の意思を出来るだけ尊重するため、また、代理になじまないので、行為能力とは別に**遺言能力**が定められている。

12-11　遺言能力　　　　　　　　　　　　　　　961・962条
（1）遺言に制限行為能力者制度の適用はなく、**満15歳**に達すれば、未成年者や被保佐人・被補助人も保護者の同意なしに遺言できる。
（2）成年被後見人も、事理弁識能力を一時回復したときは、医師2名以上の立会いがあれば遺言できる（973条）。

12-12　共同遺言の禁止　　　　　　　　　　　　　　975条
遺言は二人以上の者が同一証書ですることができない。

そのこころ　どちらかの意思に引きずられるおそれがある。

遺言は、**遺言者の死亡の時から効力を生じる**（985条）が、……

12-13　遺言撤回自由の原則　　　　　　　1022・1023・1026条
（1）遺言は効力を生ずるまで、遺言の方式によって、**いつでも撤回できる。**
（2）前の遺言と**抵触する遺言や法律行為**をした場合は、**抵触する限りで前の遺言を撤回した**とみなされる。
（3）遺言者は、その遺言を撤回する権利を放棄することができない。

そのこころ　効力が生じるまでなら、遺言を撤回してもだれの迷惑にもなら

ないし、人の最終意思はなるべく尊重すべきである。

• 遺言者の死亡以前に**受遺者が死亡**した場合、遺贈は失効する（994条）。
⇒受遺者が受けるべきであったものは、遺言者の相続人に帰属する（995条）。

✓ チェック！

□**遺言撤回自由の原則**　Aが公正証書で土地をBに遺贈すると遺言した場合でも、後に自筆証書でこれをCに遺贈すると遺言したときは、Bは、Aが死亡しても、当該土地の所有権を取得しない。⑥⑰

6 遺留分──兄弟姉妹以外の相続人の最低取り分

12-14　**遺留分──兄弟姉妹には遺留分はない**　　　　　1042条
　兄弟姉妹以外の相続人に確保しておかなければならない遺産の一定割合。その一定割合とは、

	総体的遺留分*¹	個別的遺留分*²
直系尊属のみが相続人	相続財産の3分の1	左に各人の法定相続分を乗じた割合
その他の場合	相続財産の2分の1	

＊1 **総体的遺留分**　遺留分権利者全体が有する遺留分割合
＊2 **個別的遺留分**　各人に配分する遺留分割合

Q　遺留分を侵害する遺贈等は、無効になるのか。
　⇒無効になるのではなく、遺留分権利者が、遺留分を侵害された限度で遺留分侵害額の請求ができるのだ。

✓ チェック！

1□**遺留分権利者**　被相続人Aの配偶者BとAの弟Cのみが相続人であり、Aが他人Dに遺産全部を遺贈したとき、Cに遺留分はなく、Bの遺留分は遺産の1／2である。⑨類⑱④

2□**遺留分を侵害する遺贈**　遺留分を侵害する遺贈は、無効になるのではなく、遺留分権利者が自己の遺留分に基づき遺留分侵害額の請求ができる。②改題

12-15　遺留分に基づく遺贈等の遺留分侵害額の請求　　　1046条

（1）遺留分権利者及びその承継人は、受遺者（特定財産承継遺言により財産を承継し又は相続分の指定を受けた相続人を含む。）又は受贈者に対し、遺留分侵害額に相当する金銭の支払を請求することができる。

（2）遺留分侵害額は、1042条の規定による遺留分から遺留分権利者が受ける一定の遺贈・贈与額及び取得すべき遺産の価額を控除し、これに遺留分権利者が承継する一定の債務の額を加算して算定する。

- **遺留分を算定するための財産の価額**　遺留分を算定するための財産の価額は、被相続人が相続開始の時において有した財産の価額にその贈与した財産の価額を加えた額から債務の全額を控除した額とする。贈与は、原則として、相続開始前の1年間（相続人に対するものは10年間）にしたものに限り、前条の規定によりその価額（相続人に対してしたものは、婚姻もしくは養子縁組のため又は生計の資本として受けた贈与の価額に限る）を算入する。1043・1044条。
- 裁判所は、受遺者又は受贈者の請求により、第1項の規定により負担する債務の全部又は一部の支払につき相当の期限を許与することができる。1047条5項
- 遺留分侵害額の請求権は、遺留分権利者が、遺留分侵害額の請求できることを知った時から1年間行使しないとき又は相続開始の時から10年を経過したときは、時効によって消滅する（1048条）。
- 遺留分侵害額の請求権の行使は、各遺留分権利者の自由で共同行使の必要はなく、裁判外でも行使できる。

✓ チェック！

1□**遺留分侵害額の請求を禁じる遺言**　被相続人A、相続人B及びC（いずれもAの子）として、Aが遺言をしようとする場合、「Aの財産をすべてBに遺贈する。CはBに対して遺留分侵害額の請求をしてはならない」旨の遺言は、強行規定違反として無効である。⑫改題

2□**遺留分侵害額の請求権の行使期間**　Aには、相続人となる子BとCがい

る。Aが死亡し、その遺言に基づき甲土地につきAからCに対する所有権
移転登記がなされた後でも、Bは遺留分侵害額の請求権を行使することが
できる。⑳改題

12-16　遺留分の放棄　　　　　　　　　　　　1049条
（1）遺留分は**家庭裁判所の許可**を受ければ、**相続開始前でも放棄**できる。
（2）共同相続人の一人のした遺留分の放棄により、**他の相続人の遺留
　　分が増える**ことはない。

（1）は、つまり　相続放棄は相続開始前にはできないが、遺留分の放棄は、
家庭裁判所の許可があれば、相続開始前でもできる。

（1）の【注】遺留分の放棄とは、自分の遺留分について遺留分侵害額の請求をしないこ
　　　　とだけを意味し、それによって相続権がなくなるわけではない。

2のこころ　増えては、放棄した意味がなくなる。

7 その他

1）共同相続における権利の承継の対抗要件

　遺贈や遺産分割で法定相続分を超える権利を承継した場合は**登記等の対抗
要件を備えければ第三者に対抗できない**が、**相続させる旨の遺言により承継**
した場合は**登記等の対抗要件なくして第三者に対抗できる**とする従来の規律
を見直し、**法定相続分を超える部分**の承継については、**登記等の対抗要件を
備えなければ第三者に対抗することができない**とされた。

12-17　共同相続における権利の承継の対抗要件　　899条の2
　相続による権利の承継は、遺産の分割によるものかどうかにかかわら
ず、**900・901条の規定により算定した相続分を超える部分**について
は、登記、登録その他の対抗要件を備えなければ、第三者に対抗するこ
とができない。

たとえば　相続させる旨の遺言についても、法定相続分を超える部分については、登記等の**対抗要件を具備しなければ、債務者・第三者に対抗することができない。**

２）相続人以外の被相続人の親族の特別の寄与

　相続人以外の被相続人の親族が、被相続人の療養看護等を行った場合には、一定の要件のもとで、相続人に対して金銭請求をすることができる。

12-18　相続人以外の被相続人の親族の特別の寄与　　　　1050条
（1）被相続人に対して無償で療養看護その他の労務の提供をしたことにより被相続人の財産の維持又は増加について**特別の寄与をした被相続人の親族（特別寄与者）**は、相続の開始後、相続人に対し、特別寄与者の寄与に応じた額の金銭（**特別寄与料**）の支払を請求することができる。
（2）特別寄与料の支払について、当事者間に協議が調わないとき、又は協議をすることができないときは、特別寄与者は、家庭裁判所に対して協議に代わる処分を請求することができる。ただし、特別寄与者が相続の開始及び相続人を知った時から6か月を経過したとき、は相続開始の時から1年を経過したときは、この限りでない。

・相続人が数人ある場合には、各相続人は、特別寄与料の額に900条から902条までの規定により算定した当該相続人の相続分を乗じた額を負担する。同5項

学習の指針

相続は、必ず一問出される。重要項目は、相続人と相続分、配偶者居住権、遺産分割、遺言、遺留分である。特殊な判例や瑣末な条文が出題されることもあるが、正解肢自体はやさしいのが普通だ。テキストに書いてあることをマスターしておけば、ほぼ得点できる。

Part 13

区分所有法

1 一棟の建物と敷地

1）専有部分

　マンションなど区分建物が属する一棟の建物は、区分されて**独立の所有権の目的となる部分**と、ロビー、階段など皆で**共同使用する部分**に分かれます。区分された部分に成立する独立した所有権を**区分所有権**、その目的となる建物の部分を**専有部分又は区分建物**といいます。

　専有部分は、独立して使用したり、貸したり、売ったりするわけですから、他の部分から切り離して利用処分できるだけの独立性が必要です。

13-1　**専有部分には、構造上・利用上の独立性が必要**　区分所有法１条
　建物の部分を専有部分として区分所有権の目的とするには、
　その部分に**構造上の独立性** *1 と利用上の独立性 *2 が必要である。

＊１ **構造上の独立性**　壁などで他の部分から遮断されていること。
＊２ **利用上の独立性**　独立して住居、店舗、事務所等の用途に使えること。

✓ チェック！

□**専有部分の要件**　構造上区分所有者全員の共用に供されるべき建物の部分は、規約でも、特定の区分所有者の専有部分とすることはできない。⑰

2) 共用部分

専有部分以外の建物の部分は、**共用部分**となる。

共用部分には、

（1）構造上・利用上の独立性がなく、はじめから皆で共同使用すること
　　が決まっているロビー、階段など（法定共用部分）と、

（2）構造上・利用上の独立性がありながら**規約***で、集会室や管理人室
　　として共同使用することを決めたものがある（規約共用部分）。

＊**規約**　管理組合が決める区分所有建物の管理に関する決まり。

　規約共用部分は、構造利用上の独立性があるので、専有部分と間違えて、
取引の対象とされるおそれがある。そこで、

13-2　規約共用部分の対抗要件　　　　　　　　　　4条2項
　規約共用部分は、**登記をしておかなければ**、共用部分であることを**対
抗できない**。

• この登記は、共用部分とされた区分建物の表題部（**14-5**）にする。権利
　登記はしない。

なお　**法定共用部分**は、壁や廊下であり、およそ**登記はできない**。

13-3　共用部分の所有関係　　　　　　　　　　11・13・14条
（1）共用部分は、区分所有者全員の共有に属する。ただし、**一部共用
　　部分**は、これを共用すべき区分所有者の共有に属する。
　　なお、管理の便宜上、共用部分は、特定の区分所有者又は管理者
　　の所有とすることもできる（**管理所有**）。

（2）各共有者は、共用部分をその用法に従って使用できる。

（3）各共有者の持分は、規約に定めがない限り、専用部分の床面積（壁
　　の内側線で囲まれた部分の水平投影面積＝いわゆる内法計算）の
　　割合による。

（3）は、つまり 戸建の建物は、床面積は、壁の中心線で囲まれた部分を計算（いわゆる壁芯計算）するが、専有部分は壁の内側線で囲まれた部分の水平投影面積（内法計算）による。

そのこころ マンションの壁はすでに共用部分になっている。

✓ チェック！

□**共用部分の持分の割合** 共用部分の持分の割合は、規約で別段の定めをしない限り、その有する専有部分の床面積の割合により、かつ、各専有部分の床面積は、壁の内側線で囲まれた部分の水平投影面積による。①⑱令③

共用部分の持分は、区分所有権と一体化している。

13-4 共用部分の持分の分離処分の禁止　　15条・11条3項

共有者の持分は、その有する専有部分の処分に従い、**分離して処分できない。**

つまり 共用部分の持分だけ売ったり、抵当権を設定したりすることはできない。そして、専有部分が売られ、また抵当権が設定されれば、それらに従い、共用部分の持分も売られ、抵当権が設定されたことになる。

13-5 共用部分の保存・管理・変更　　17・18条

管理の態様		決定方法・要件
保存（現状を維持する行為）		規約に別段の定めなければ**各人が**できる
管理（性質を変えない範囲での利用・改良）		規約に別段の定めなければ**普通決議**※で決する*
変更	**軽微変更**（形状・効用の著しい変更を伴わない変更）	
	重大変更（形状・効用の著しい変更を伴う変更）	**特別多数決議**※（ただし、区分所有者定数は規約で過半数まで減じられる）で決する*。

たとえば　館内の不法占拠者を追い出すことや、館内の掃除などは**保存行為**に当たり、区分所有者単独でもできる。これに対し、エレベーターの保守点検の請負契約などは**管理行為**に当たり、集会の**普通決議**で決する。そして、階段室をエレベーターにしようという時は、**重大な変更**に当たり、集会の**特別決議**が必要だ。

＊【注】管理行為と変更行為で、特定の専有部分に**特別の影響**を及ぼすときは、所定の決議のほか、特別の影響を受ける**区分所有者の承諾**も必要である。

※**普通決議と特別多数決議**　区分所有者の集会での議決権は、原則として、各区分所有者に、その専有部分の床面積に応じて割り当てられる（38条）。この議決権と区分所有者数（頭数）の過半数の賛成で成立するのが普通決議で、議事は、原則として**普通決議**で決する（39条）。特に重要なことを決する場合は、法は、より厳しい議決要件「区分所有者及び議決権の各4分の3以上の多数」を要求し、それが特別多数決議だ。**特別多数決議**が要求される場合、その議決要件は規約で変更できないのが原則だが、この場合だけ、**区分所有者の定数**を、規約で過半数まで減ずることができる。

✓ チェック！

1□**共用部分の変更**　共用部分の変更（その形状又は効用の著しい変更を伴わないものを除く。）は、区分所有者及び議決権の各4分の3以上の多数による集会の決議で決するが、この区分所有者の定数は、規約で過半数まで減ずることができる。が、議決権は減ずることはできない。㉔

2□**共用部分の変更**　共用部分の変更（その形状または効用の著しい変更を伴わないものを除く。）は、集会の決議の方法で決することが必要で、規約によっても、それ以外の方法による旨定めることはできない。⑫

3）敷地

13-6　敷地　　　　　　　　　　　　　　　　2条5項
（1）建物が（物理的に）建っている一筆又は数筆の土地は、当然に敷地となる（**法定敷地**）。
（2）建物が建っていない土地でも、建物・法定敷地と一体管理・使用する庭、通路等は、規約により敷地とすることができる（**規約敷地**）。

なお　法定敷地だった土地の一部が、①分筆、又は、②建物の一部滅失により、建物が建っていない土地になったときは、その土地は、規約で建物の敷

地と定めたものとみなす（**みなし規約敷地**）。

13-7 専有部分と敷地利用権は分離して処分できない　　22条
　区分所有者は、その有する**専有部分**と**敷地利用権**を**分離して処分でき
ない**。
　ただし、**規約に別段の定め**がある場合は、**分離して処分**できる。

つまり　専有部分と敷地利用権も、原則として、分離処分できない。この結
果、専有部分が売却されれば、敷地利用権もそれに従い、専有部分に抵当権
を設定すれば、敷地利用権にも抵当権が設定されたことになる。専有部分と
共用部分の持分の分離処分の禁止と同じだ。
ただし、共用部分の場合と異なって、**敷地利用権**は、**規約に別段の定め**があ
れば**分離処分**できる。
そのこころ　敷地が広すぎる場合、建物が建っていない部分を分筆して、分
離処分できるようにした。

2 建物と敷地の管理

1）管理組合と管理者

13-8 区分所有者の団体　　3条
　区分所有者は、全員で、建物並びにその敷地及び付属施設の管理を行
うための**団体（管理組合）を構成**し、管理者を置くことができる。

つまり　区分所有建物があり、区分所有者が**複数**いれば当然に管理組合が組
織される。区分所有者は、当然に管理組合へ参加し、脱退することはできな
い。

✓ **チェック！**

□**管理組合への参加**　区分所有者は、建物並びにその敷地及び付属施設の管

理を行うための団体である管理組合を構成し、区分所有者は、その意思に
かかわらず管理組合の構成員になる。⑪

13-9　管理者の選任・解任と管理者の権限　　25・26条

（1）管理者の選任・解任は、規約に別段の定めがない限り、**集会の決
　　　議**（普通決議）によって行う。
（2）管理者に不正な行為その他その職務を行うに適しない事情がある
　　　ときは、各区分所有者は、その解任を地方裁判所に請求すること
　　　ができる。
（3）管理者は、その職務に関し、区分所有者を代理する。
（4）管理者は、規約または集会の決議により、その職務に関し、区分
　　　所有者のために原告または被告となることができる。

（1）の【注】管理者は、自然人であるか法人であるかを問わず、又、区分所有者である
　　　必要もない。㉘

管理組合は当然に法人ではない。が、次の手続きをとれば法人となれる。

13-10　管理組合法人──管理組合は特別決議で法人になれる　47条

（1）区分所有者の団体（管理組合）は、
　　①集会の**特別決議**で法人となる旨・その名称（〜管理組合法人とする）・
　　　事務所を定め、
　　②主たる事務所の所在地において**登記**をすれば、法人となる。
（2）管理組合法人には、**理事**と**監事**をおかなければならない。

✓ チェック！

□**管理組合法人**　区分所有法第3条に規定する団体〔管理組合〕は、区分所
　有者が2人以上であるとき、所定の手続きを経て法人となることができる
　が、その際、理事と監事を置かなければならない。②

2）規約

13-11　規約の設定、変更及び廃止　　　　　　　31・32条

（1）規約の設定、変更・廃止は、集会の**特別決議**で行う。なお、一部の区分所有者の権利に特別の影響を及ぼすときは、その承諾も得なければならない。

（2）**最初に専有部分の全部を所有する者**（＝新築マンションの分譲業者）は、**公正証書**により、一定事項につき、規約を設定することができる。

【注】他の区分所有者から区分所有権を譲り受け、建物の専有部分の全部を所有することとなった者は、公正証書による規約を設定できない。㉑

　公正証書規約で設定できるのは、4条2項（規約共用部分）、5条1項（規約敷地）並びに22条1項ただし書（分離処分の禁止の別段の定め）及び2項ただし書（専有部分にかかる敷地利用権の割合についての別段の定め）に限られる。令③

　いずれも後で決めることが困難な事項である。

13-12　規約の保管及び閲覧　　　　　　　　　33条

（1）規約は、管理者が、管理者がないときは、建物を使用している区分所有者又はその代理人で規約又は集会決議で定める者が、**保管**しなければならない。

（2）規約を保管する者は、利害関係人の請求があったときは、正当な理由がある場合を除いて、**規約の閲覧**を拒んではならない。

（3）**規約の保管場所**は、建物内の見やすい場所に掲示しなければならない。

✓ チェック！

□**規約の保管場所掲示**　建物内の見やすい場所に掲示しなければならないが、各区分所有者に通知することは必要ない。⑲

3）集会

13-13　集会の招集　　　　　　　　　　　　　34条・41条

（1）集会は、管理者が置かれていれば管理者が招集する。管理者は、少なくとも毎年1回集会を招集しなければならない。

（2）管理者が集会を召集しない場合や、はじめから管理者がいない場合は、区分所有者及び議決権の**5分の1以上**を有するものは、管理者に対し、会議目的を示して集会の招集を請求できる、又は、自ら集会を招集できる。

　　なお、5分の1という定数は、**規約で減ずる**ことができる。

13-14　集会の招集通知　　　　　　　　　　　　　　35条

　招集通知は、会日より少なくとも**1週間前**（規約で伸縮できる）に、会議の目的たる事項を示して、各区分所有者に発しなければならない。通知は、通知を受ける場所の指定がなければ、その所有する専有部分が所在する場所にすればよい。

- 建物内に住所を有する区分所有者には、**規約にその旨定めて、建物内の見やすい場所に掲示**して通知にかえることができる（35条4項）。
- 区分所有者**全員の同意**があるときは、招集通知は不要である（39条）。
- 集会においては、規約に別段の定めがある場合及び別段の決議をした場合を除いて、管理者又は集会を招集した区分所有者の1人が**議長**となる（41条）。

✓ チェック！

□**集会の議長**　区分所有者の請求によって管理者が集会を招集した際、規約に別段の定めがある場合及び別段の決議をした場合を除いて、管理者が集会の議長となる。㉕

13-15 集会決議事項の制限、議決権行使方法、書面決議、占有者 37 条等

（1）集会では、招集通知によりあらかじめ通知した事項についてのみ決議できるのが原則であるが、**特別決議事項を除き**、規約で別段の定めをすれば、通知しない事項についても決議できる（37条）。

（2）議決権は、**書面で**又は**代理人によって**行使することができる（39条2項）。さらに、規約の定め又は集会決議があれば、**電磁的方法による議決権の行使**もできる（同3項）。

（3）専有部分が数人の共有に属するときは、共有者は、議決権を行使すべき者1人を定めなければならない（40条）。

（4）区分所有者全員の合意があれば、**書面又は電磁的方法によって決議できる**（45条1項）。
決議内容につき、区分所有者全員の**書面又は電磁的方法による合意**があったときは、集会決議があったものとみなされる（同2項）。

（5）区分所有者の承諾を得て専有部分を占有する者（賃借人等）は、議決権はないが、利害関係がある場合は、集会に出席し意見を述べることができる（44条）。

（6）集会の議事録が書面で作成されているときは、議長及び集会に出席した区分所有者の**2人**がこれに署名しなければならない（42条3項）。議事録の保管、閲覧、保管場所の掲示は規約に準じる（同4項、**13-12** 参照）

（7）規約及び集会の決議は、区分所有者の特定承継人に対しても、その効力を生ずる（46条1項）。

（8）占有者は、建物又はその敷地もしくは附属施設の使用方法につき、区分所有者が規約又は集会の決議に基づいて負う義務と同一の義務を負う（同2項）。

Keyword （5）占有者は、議決権はないが出席し、意見は言える。

✓ **チェック！**

1 □**決議事項の制限** 集会においては、法で集会の決議につき特別の定数が定められている事項を除き、規約で別段の定めをすれば、あらかじめ通知した事項以外についても決議することができる。⑱

2□**占有者と集会**　区分所有者の承諾を得て専有部分を占有する者は、会議の目的たる事項につき利害関係を有する場合には、集会に出席して意見を述べられるが、議決権を行使することはできない。⑧

3 特別管理　非常事態への対応

夜中にカラオケで騒いだり、専有部分に○暴関係の組事務所を設置したりする**共同の利益に反する義務違反者＝迷惑行為者**には、次の措置を採れます。

13-16 義務違反者に対する措置　　　　　　57〜60条

措置の内容	要件等
（1）区分所有者又は占有者に対するその**行為の停止又は予防の措置**の請求	**裁判外**でも請求可・訴えをする場合は、**普通決議**で決する。
（2）区分所有者に対する専有部分を**使用する**ことの**禁止**の請求 （3）区分所有者に対する区分所有権及び敷地利用権の**競売**の請求 （4）占有者に対する賃貸借等の**契約を解除**し、その**専有部分の引き渡し**の請求	**特別決議に基づく訴え**でのみ請求できる。

つまり　迷惑行為をやめてくれと請求すること（1）は訴訟を起こさなくても請求でき、また訴訟を起こす場合でも、普通決議で決められる。それに対し、一定期間その部屋を使うな（2）とか、その部屋を競売してしまう（3）とか、迷惑行為をする賃借人と賃貸人の契約を解除し、部屋を引き渡せと請求する（4）ことは、集会の**特別決議に基づく訴え**でのみ請求できる。

✓ チェック！

1□**専有部分の使用禁止請求**　法58条の使用禁止を請求する訴訟は、区分所有者及び議決権の各3／4以上の多数による集会の決議によらなければ、提起できない。③
2□**占有者に対する賃貸借等の契約を解除し、その専有部分の引き渡しの請求**　区分所有者から専有部分を賃借している者Ａが区分所有者の共同の利

益に反する行為を行った場合において、区分所有者の共同生活上の障害が
著しく、他の方法によってはその障害を除去することが困難であるときは、
管理組合法人は、集会の決議に基づく訴えをもって、占有者に対する賃貸借
等の契約を解除し、その専有部分の引き渡しの請求することができる。⑤

13-17　復旧及び建替え
（1）建物価格2分の1以下滅失（小規模滅失）　　　　61〜63条
　　　　　——決議があるまで自由
　各区分所有者は、自己の専有部分は自由に復旧できる。共用部分も自
由に復旧できるが、集会で復旧決議又は建替え決議があった後は、その
決議に基づいてのみ復旧できる。以上については規約で別段の定めをす
ることができる（61条1〜3項）。
（2）建物価格2分の1超滅失（大規模滅失）
　　　　——特別決議で復旧できる
　各区分所有者は、**共用部分**については、集会で**復旧する旨の特別決**議
があった場合にのみ復旧できる（61条5項）。
　復旧決議が成立した場合、決議に賛成しなかった区分所有者は、決議
賛成者に対し、建物及びその敷地に関する権利を時価で買取るべきこと
を請求できる（61条7項）。
（3）**建替え決議**——建替え決議はウルトラ特別決議
　区分所有者及び議決権の**各5分の4以上**の多数で、建物を取り壊し、
かつ、当該建物の敷地又は当該建物の敷地の全部もしくは一部を含む土
地に新たに建物を建築する旨の決議をすることができる（62条1項）。
　建替え決議が成立した場合、建替えに参加する区分所有者は、参加し
ない区分所有者に対し、区分所有権及び敷地利用権を時価で売り渡すべ
きことを請求できる（63条4項）。

Keyword　特別決議事項
①**重大**※*②**規約の**※③**法人が**④**義務違反で**⑤**大規模滅失**
①共用部分重大変更　②規約の設定廃止変更　③管理組合の法人化　④義務
違反者に対する措置（差止請求は除く）　⑤大規模滅失の復旧

※特別の影響を受ける者の承諾も必要
＊区分所有者の定数は、規約で過半数まで減らせる

なお、**建替えは、5分の4**のウルトラ特別決議

✓ チェック！

1□**建替え決議**　法62条による建替えは、集会において区分所有者及び議決権の各4／5以上の多数による決議で行うことができることとされており、規約で別段の定めをすることはできない。④

2□**大規模滅失の復旧**　区分所有建物の一部が滅失し、その滅失部分が建物の価格の1／2を超える場合、滅失した共用部分の復旧を集会で決議するためには、区分所有者及び議決権の各3／4以上の多数が必要であり、規約で別段の定めをすることはできない。⑦⑨

3□**建替え決議賛成者の救済**　区分所有法第62条第1項に規定する建替え決議が集会においてなされた場合、建替えに参加する区分所有者は、参加しない区分所有者に対し、区分所有権及び敷地利用権を時価で売り渡すべきことを請求できる。⑩

学習の指針

例年1問の出題。瑣末なことを問うこともあるが、正解肢は常識的に判断できることが多い。条文知識を思い出せなくとも、じっくり常識判断をすることが重要だ。なお、近年は、特別管理（**義務違反者に対する措置・復旧建替え**）は、出題されない傾向だ。

Part 14

不動産登記法

新法による出題は平成 18 年から。したがって、17 年までの出題は重要度が低い。

1 登記記録の調査

14-1 不動産登記制度

不動産登記制度は、取引の安全と円滑を図るため、不動産の**物理的な現況**と**権利関係***1 を登記*2（磁気ディスクへの電磁的記録が原則）しておき、誰でも調べられるようにした仕組みだ。

*1 登記できる権利は、1. 所有権 2. 地上権 3. 永小作権 4. 地役権 5. 先取特権 6. 質権 7. 抵当権 8. 賃借権 9. 採石権 10. 配偶者居住権である（3条）。

*2 不動産（土地・建物）は、その不動産の所在地を管轄する登記所（法務局、地方法務局、これらの支局又は出張所）に登記される（6条）。

14-2 登記事項証明書の交付請求等 　　　　　119～121条

（1）何人も、登記官に対し、収入印紙により（原則）手数料を納付して、下記書面の交付請求ができる。

①登記記録全部又は一部を証明した書面（登記事項証明書）

②登記記録の概要を記載した書面（登記事項要約書）

③現に効力を有するもののみが記載された証明書（現在事項証明書）

④地図、建物所在図の全部又は一部の写し

⑤筆界特定書等の写し（149条1項）

（2）また、下記の**閲覧**を請求することができる。

⑥地図等

⑦登記簿の附属書類（申請書等）　ただし、正当な理由があるときに、その正当な理由があると認められる部分に限る。㉗ 令⑤

14-3　登記事項証明書の交付請求の方法　119条5項、規則194条

（1）管轄登記所又は最寄りの登記所の窓口に請求書を提出する。

（2）オンラインにより、電子情報処理組織を使用して交付請求をする（受け取りは、指定登記所で受け取る又は指定の送付先へ送付するのいずれかを選択する）の方法がある。

14-4　登記記録の作成——表題部と権利部に区分　　12・2条

　登記記録は、一筆の土地又は一個の建物ごとに、**表題部**及び**権利部**に区分して作成する。

（1）**表題部**には不動産の表示に関する登記が記録される。

　⇒不動産の物理的な現況を公示する。

（2）**権利部**には権利に関する登記が記録される。

　⇒権利の変動＊を公示する。

＊権利の変動とは、所有権・抵当権等の保存・設定・移転等である。

14-5　表題部にする不動産の表示に関する登記の登記事項

27・34・44条

①登記原因、②登記の年月日、③所有権登記がない不動産については所有者氏名又は名称及び住所※　④不動産番号＊のほか、下記の事項。

【土地】所在（市、区、郡、町、村及び字）・地番・地目（田、畑、宅地、山林等主たる用途）・地積。

【建物】所在（市、区、郡、町、村、字及び土地の地番）・家屋番号・建物の名称、種類（居宅、店舗、事務所、工場、倉庫等主たる用途）・

　　構造（木造・瓦葺・２階建など）・床面積

※表題部の所有者の表示（**表題部所有者**）は、権利部に所有権保存の登記がなされたとき
　に、抹消記号としての下線が引かれる（規則 158 条）。
＊**不動産番号**　不動産を識別するため一筆の土地又は一個の建物ごとに付せられた番号・
　記号（規則 90 条）

14-6　権利部の区分と登記事項、同一不動産に登記された権利の順位

規則４条４項、規則２条１項

（１）権利部は、甲区及び乙区に区分し、

　　　甲区には**所有権**に関する登記の登記事項を記録し、

　　　乙区には**所有権以外**の権利に関する登記の登記事項を記録する。

（２）登記された権利の順位は、**法律に別段の定め**＊がない限り、登記
　　　の前後による。

　登記の前後は、　┌ **同一の区**にした登記は、**順位番号**による。
　　　　　　　　　└ **甲区と乙区**にした登記は、**受付番号**の前後による。

（１）の【注】 乙区には、甲区に所有権保存登記がなされていなければ、登
記することができない。

（２）は、つまり　登記は、先の登記が後の登記に優先する。登記の前後は、
同一の区にした登記（甲区にした登記と甲区にした登記）は、その区の**順位
番号**欄で判断する。が、甲区にした登記と乙区にした登記の前後は、順位番
号欄ではわからないので、すべての登記申請に甲・乙区の通し番号として**受
付番号**をつけ、それを各区に示しておき、その前後で判断する。

＊**法律の別段の定め**とは、不動産保存・工事の先取特権のように法律が優先順位を定めて
　いる場合だ（**10-22**）。

✓ チェック！

1□**甲乙区の記録区分**　根抵当権の登記名義人の氏名等の変更の登記は、権
　利部の乙区に記録される。③
2□**地役権設定の登記**　（要役地及び承役地のそれぞれ乙区にする）地役権
　設定の登記の申請は、要役地及び承役地の双方に所有権の登記がされてい

る場合でなければ、することができない。⑨

2 登記の申請

1）登記の申請

14-7　登記の申請方法　　　　　　　　　　　　18条
（1）登記は、法令に別段の定めがある場合を除き、当事者の申請又は
　　　官庁若しくは公署の嘱託がなければ、することができない。
（2）登記申請は、①②のいずれかにより、不動産を識別するために必
　　　要な事項、申請人の氏名又は名称、登記目的その他登記申請に必
　　　要な情報（申請情報）を登記所に提供してしなければならない。
　　①電子情報処理組織を使用する方法（電子申請）
　　②申請情報を記載した書面（磁気ディスクを含む）を提出する方法（書
　　面申請）

14-8　表題登記と表示登記の申請　　36・42・47・57条等
（1）**新たに生じた土地**もしくは**表題登記がない土地の所有権を取得**し
　　　た者又は**新築した建物**もしくは**区分建物以外の表題登記**がない建
　　　物の**所有権を取得**した者
　　　⇒取得日から**1月以内**に表題登記を申請しなければならない（36・
　　　　47条）。
（2）**地目**もしくは**地積**又は**建物所在地**もしくは**建物の種類・構造・床
　　　面積**に**変更**があった
　　　⇒当該変更があった日から**1月以内**に、当該変更事項に関する変更
　　　　の登記を申請しなければならない（37・51条）。
（3）土地又は建物が**滅失**
　　　⇒表題部所有者又は所有権の登記名義人は、滅失日から**1月以内**に
　　　　当該土地・建物の滅失登記を申請しなければならない（42・57
　　　　条）。

（4）表示に関する登記は、登記官が、**職権**ですることができる（28条）。

（1）～（3）は、つまり　表題登記は、土地でも建物でも、取得者に1月以内の申請を義務付けた。なお、表題登記のない区分建物取得者が表題登記義務者から除かれているのは、区分建物の表題登記は、新築した者に義務づけられている（**14-21**）からだ。

そして、表題部に登記した表示に関する事項に変更が生じた場合も、1月以内の申請義務を課した。

（4）のこころ　表題部にする登記は、不動産の物理的現況を公示することに目的があり、これがいい加減では登記制度全体の信用にかかわるので、所有者に申請を義務付け、それでもなされないなら職権でも登記してしまう。

Q　表示の登記は、すべて職権でもできるのか。

⇒すべてではない。

　建物の分割・区分・合併の登記*などは所有者の意思に基づかせる必要があるので、登記官が職権ですることはできない。

　これに対して、**土地の分筆の登記***は、**一筆の土地**※の一部が地目変更した場合には、分筆しなければならないので、職権登記が認められる。令①

　***建物の分割**　付属建物を別の一個の建物とする
　建物の区分　建物の部分で区分建物に該当するもの（**13-1**）を区分建物とする
　建物の合併　ある建物を他の建物の付属建物とする
　土地の分筆　一筆の土地を分割する
　※**一筆の土地**　土地は切れ目なく連続しているので、所有者等の意思に基づき、適当に区分する。その区分された一単位の土地を一筆の土地という。

Q　土地を合併する**合筆の登記**には、なにか制限があるか。

⇒土地が接続して、所有者が同じで、地目、地番区域（市区町村字等地番を定める区域）も同じでなければならない。

　さらに、合筆後の土地にすべて同じ権利が及んでいなければならないので、所有権の登記がある土地と所有権の登記のない土地は合筆できない。また、所有権の登記以外の権利に関する登記がある土地は合筆できないのが原則だ。例外として、承役地にする地役権の登記がある土地と地役権の登記がない土地等は、合筆できる（規則105条）。

Q　錯誤により所有者名を誤って表題登記をした場合は、当該不動産の所有者はどういう登記をできるか。

⇒（誤って登記された）表題部所有者の承諾を得て、当該表題部所有者についての更正（訂正）の登記を申請できる（33条）。

✓ チェック！

1□**表示登記に登記原因を証する情報の提供は必要か**　表示に関する登記を申請する場合には、権利の登記の申請と異なり、申請人は、その申請情報と併せて登記原因を証する情報を提供する必要はない。㉗

2□**建物滅失の登記**　（1）建物が取壊し等により滅失した場合、表題部に記載された所有者又は所有権の登記名義人は、当該建物が滅失した時から1月以内に、建物の滅失の登記の申請をしなければならない。⑨
（2）また、建物の滅失の登記は、登記官の職権によってすることができる。③

3□**分筆の登記の申請人**　土地の分筆の登記は、甲区に記録された所有権の登記名義人のほか、所有権保存の登記がない場合は、表題部に記録された所有者からも申請できる。⑫

4□**合筆の登記**　合筆後の土地の一部にだけ、ある権利が成立しているのは不都合なので、所有権の登記以外の権利に関する登記がある土地は合筆できないのが原則だが、地役権はもともと土地の一部に成立するので、承役地である地役権の登記がある土地と地役権の登記がない土地の合筆は、することができる。⑪

5□**合筆登記と登記識別情報**　所有権の登記のある二筆の土地の合筆の登記を申請するには、申請情報と併せて、登記名義人の登記意思を確認するため、合併前のいずれかの土地の所有権の登記の登記名義人の登記識別情報を提供しなければならない。②⑥

6□**表題部所有者の更正**　表題部所有者の更正の登記は、当該不動産の所有者のみが、当該表題部所有者の承諾があるときに限り、申請することができる。⑧

14-9　権利登記の申請手続　　60・61条等

（1）権利登記は、申請が義務付けられていない。
（2）**共同申請**　権利に関する登記の申請は、法令に別段の定めがある

　　　場合を除き、登記権利者と登記義務者が共同してしなければなら
　　　ない。
（3）**登記原因証明情報の提供**　法令に別段の定めがある場合を除き、
　　　申請情報と併せて登記原因を証する情報を提供しなければならな
　　　い。
（4）**登記識別情報の提供**　共同申請する場合等には、申請人は、その
　　　申請情報と併せて登記義務者の登記識別情報を提供しなければな
　　　らない。ただし、同情報を提供できない正当な理由がある場合は、
　　　この限りでない（22条）。

（1）のこころ　権利登記の目的は、権利取得の対抗力（権利取得を誰にで
も主張できる効力）を得させることにある。対抗力を得られるかどうかは個
人の利害の問題だから、権利変動があっても権利登記をするか否かは当事者
の自由にさせておく。

（2）のせつめい　登記権利者とは、権利に関する登記をすることにより、
登記上直接に利益を受ける者で、売買による所有権移転の登記であれば買主、
抵当権設定登記であれば抵当権者（債権者）だ。**登記義務者**は、登記上、直
接に不利益を受ける者で、売主、抵当権設定者がこれに当たる。

（3）のせつめい　登記原因証明情報とは、売買契約等登記原因となった事
実を証する情報で、登記原因があることを登記官にわからせるため、提供さ
せる。

（4）のせつめい　**登記識別情報**とは、登記名義人となった者を識別するた
めの情報（12桁の英数字）で、申請人自らが登記名義人となる登記を完了
したときは、申請人に対して通知する＊。そして、その者が次回**登記義務者
として登記を申請**するときは、登記意思が本当にあることを確認するため、
その登記識別情報を提供させる。なお、登記識別情報の提供は、合筆の登記
など**一定の表示に関する登記**でも申請人の登記意思確認のためにも行わせ
る。
＊ただし、登記申請人が登記識別情報の通知を希望しない旨の申出をしたときは、登記識
別情報は通知しない。

⇒そうすると、登記識別情報以外の登記意思確認制度が必要になるが、それ
　には、

①**事前通知による確認制度**（登記申請があった場合、登記義務者に登記所から登記実行前に通知をして、本人の申出をまって登記を実行する）、
②**資格代理人による確認制度**（司法書士等に確認させる）がある。

✓ チェック！

1□**登記原因情報**　権利に関する登記を申請する場合には、申請人は、法令に別段の定めがある場合を除き、その申請情報と併せて登記原因を証する情報を提供しなければならない。④改題

2□**相続登記と登記識別情報**　相続による所有権移転登記を申請する場合は、申請人は、その申請情報と併せて、登記義務者の登記識別情報は提供できないので、相続を証する情報を提供すればよい。⑩改題

【注】上記1・2は、旧法時代の改題である。出題当時は、**登記識別情報**という制度はなく、**登記済み証**という制度があったので、その語が用いられていた。

3□**所有権の登記名義人の表示変更**　所有権の登記名義人の住所変更については、変更の登記の申請は義務付けられていない。㉚

14-10　共同申請の例外　　　　　　　　　　63・64条等

判決による登記、相続（又は法人の合併）による権利移転の登記、その他、所有権保存の登記や登記名義人の表示変更の登記（氏名や住所の変更）は、性質上単独申請になる。**登記当事者が一人**なら、当然単独申請になる。

✓ チェック！

1□**登記名義人の表示変更の登記**　登記名義人の氏名等の変更の登記の申請は、登記名義人が単独ですることができる。⑤

2□**所有権の登記の抹消**　所有権の登記のうち、所有権保存の登記の抹消は単独申請だが、所有権移転の登記の抹消は共同申請となる。⑰

14-11　一括申請できる場合　　　　　　　不動産登記令4条

（1）申請情報は、一の不動産ごとに作成し、提供するのが原則だが、
（2）同一登記所管内の二以上の不動産について、**登記目的**並びに**登記**

原因及び**その日付**が同一である登記申請等は、一つの申請情報で複数の不動産の登記申請をできる。

✓ チェック！

□**一申請情報で複数登記の申請**　同一の登記所の管轄区域内にある二以上の不動産について申請する登記原因及びその日付が同一である場合にも、登記の目的が異なるときには、一つの申請情報で申請することはできない。⑱

14-12　所有権の保存の登記を申請できる者　　　　74条

原則　**表題部所有者**又は**その相続人**その他の一般承継人

例外　①所有権を有することが確定判決によって確認された者
　　　　②土地収用法等による収用によって所有権を取得した者
　　　　③**区分建物**にあっては、**表題部所有者から所有権を取得した者**。
　　　　なお、敷地権付き区分建物であるときは、当該敷地権の登記名義人の承諾が必要。

原則はつまり　表題部所有者が死亡すれば、相続人が、所有権保存登記を申請できる。

③のなおのこころ　敷地権付き区分建物は、区分建物と敷地権が一体的に権利変動する（**14-22**）ので、それについての敷地権の登記名義人の承諾を要求した。

Q　表題登記後、所有権保存登記前に、物件が売却され、所有者に変更があった場合は、誰がどういう登記をするのか。
　⇒表題部の所有者名義で所有権保存登記をしたうえで、現在の所有者へ所有権移転の登記をする（32条）。

✓ チェック！

1 □**所有権保存登記前に表題部所有者が死亡し、相続人が生じた場合**　Aが一戸建て建物を新築して建物の表題登記をし、これをBに売却したが、その後にAが死亡し、Cが相続した場合、Cは、申請情報と合わせて相続を証する情報を提供して、C名義の所有権の保存の登記を申請することがで

きる。⑦

2□誰が申請できるか　表題部所有者であるＡから土地を買い受けたＢは、Ａと共同してＢを登記名義人とする所有権保存登記の申請をすることはできない。所有権保存登記の申請は、単独申請であり、申請適格者は、原則として、表題部所有者である。⑲

3□共有の場合　被相続人が土地の登記記録の表題部所有者になっている場合において、その相続人が複数あるときは、共同相続人の１人は、自己の持分についてのみ所有権保存の登記を申請することはできない。共有物件の場合は、共有者全員でしか、所有権保存の登記はできない。⑫

4□敷地権付き区分建物　敷地権付き区分建物の表題部所有者から所有権を取得した者は、（当該区分建物と一体化している）当該敷地権の登記名義人の承諾を得ないと、当該区分建物に係る所有権の保存の登記を申請することができない。㉕

２）仮登記

仮登記は、今すぐ権利登記をできないときに、とりあえず登記の順位を保全しておく仮の登記です。

14-13　仮登記ができる場合　　　　　　　　　105条
（１）権利変動があった場合に、申請情報と併せて提供すべき一定の情報＊を提供できないとき
（２）権利変動はまだないが、権利変動の請求権を保全しようとするとき

＊登記識別情報又は第三者の許可、同意もしくは承諾を証する情報等。

14-14　仮登記の申請方法　　　　　　　　　107・108条
　共同申請が原則だが、例外として、
①仮登記の登記義務者の承諾があるとき

②仮登記権利者の申立てにより、管轄地方裁判所から仮登記を命ずる処
　分があったときは、

登記権利者が単独で申請することができる。

✓ **チェック！**

□**仮登記の申請**　仮登記の登記義務者の承諾がある場合には、仮登記権利者
は単独で当該仮登記の申請をすることができる。⑳

14-15　仮登記に基づく本登記の順位　　　　　106条

　仮登記は、そのままでは権利変動の対抗力はない。

が、**仮登記に基づいて本登記**をした場合、当該本登記の順位は、当該仮
登記の順位による。

たとえば

①所有権移転の仮登記　②抵当権設定登記　③仮登記に基づく本登記

甲地登記記録

本登記をするまでは、①の仮登記には所有権移転の対抗力はないが、③の本
登記をすると、その本登記の順位は仮登記の順位①になり、①の時点で所有
権が移転した対抗力が与えられる。

　⇒②の前提となる抵当権設定契約は無権利者としたことになり、また、抵
　　当権設定登記も無権利者と共同申請したことになる。

　⇒そうすると、抵当権設定登記は、抹消しなければならない。

14-16　所有権に関する仮登記に基づく本登記　　　109条

（1）**所有権に関する仮登記**に基づく本登記は、登記上の利害関係を有
　　する第三者がある場合、当該第三者の承諾があるときに限り、申
　　請することができる。

（2）登記官は、上記の規定による申請に基づいて登記をするときは、職
　　権で、同項の第三者の権利に関する登記を抹消しなければならない。

- 登記上の利害関係者とは、**14-15** の②の抵当権設定登記の名義人等だ。②の抵当権設定登記は、上記（2）にあるとおり、登記官が職権で抹消するのだが、慎重を期して、一応抵当権設定登記の名義人の承諾を得て、抹消する。

【注】登記上の利害関係者の抹消についての承諾が必要な本登記は、**所有権に関する仮登記**に基づく場合に限られる。
たとえば、**14-15** の①が、抵当権設定の仮登記である場合は、仮登記に基づく本登記が行われても、②の抵当権設定登記は順位が逆転されるだけで、抹消まではされないからだ。

14-17 仮登記の抹消　　　　　　　　　　110条

仮登記の抹消は、①仮登記の登記名義人が
②仮登記の登記名義人の承諾がある場合は、当該仮登記の登記上の利害関係人＊も、単独で申請できる。

＊仮登記の登記上の利害関係人とは、**14-16** の登記上の利害関係者、つまり、**14-15** の②の抵当権設定登記の名義人等である。

3）付記登記とその他留意点

付記登記は、独立の順位番号をもたず、すでになされた特定の登記（主登記）の順位番号に枝番号を付けてなされる登記です。

14-18 付記登記の順位　　　　　　　　　4条2項

付記登記の順位は**主登記の順位**による。同一の主登記にした付記登記の順位はその前後による。

- 登記法が付記登記を認めているのは、既になされた権利に関する登記を変更・更正（訂正）し、又は所有権以外の権利にあってはこれを移転等するもので、既になされた権利に関する登記と一体のものとして公示する必要があるものだ。たとえば、**登記名義人の表示変更の登記、抵当権の移転の登記、売買契約にともなう買戻しの特約の登記**などが付記登記で行われる。

　また、**権利変更の登記**又は**更正の登記***は、登記上の利害関係を有する第三者の承諾がある場合及び当該第三者がない場合に限り、付記登記によってすることができる（66条）

***更正登記**　（登記の申請時に、錯誤（記入ミス）や遺漏（記入漏れ）があって、そのまま登記された場合、これを訂正、補充する登記。後発的に実体関係に変化があったため、登記されている事項の一部が実体関係と一致しない場合に、これを一致させる**変更の登記**とは異なる。

✓ チェック！

1□**権利変更の登記又は更正の登記**　権利変更の登記又は更正の登記は、登記上の利害関係を有する第三者の承諾がある場合及び当該第三者がない場合に限り、付記登記によってすることができる。㉖

2□**更正の登記と変更の登記**　権利の更正の登記は、既存の登記について、当初から錯誤若しくは遺漏があるため、これを訂正する登記であり、後発的に実体関係に変化があったため、登記されている事項の一部が実体関係と一致しない場合に、これを一致させる変更の登記とは異なる。④

14-19　その他の登記申請等の留意点

- **出頭は不要**　書面申請の場合も、出頭することは必要なく、郵送でもよい。
- **印鑑証明書**　添付を要する場合の有効期間は、発行日から３か月以内。
- **代理権の不消滅**　登記申請の委任による代理権は、本人の死亡よっては、消滅しない（17条）。
- **登記の抹消**　権利に関する登記の抹消は、登記上の利害関係を有する第三者がある場合には、当該第三者の承諾があるときに限り、申請することができる（68条）。

✓ チェック！

1□**印鑑証明書**　所有権の登記名義人が登記義務者として登記を書面申請する場合に提出する印鑑証明書は、その作成後３月以内のものでなければならない。①

2□**抹消登記の添付情報**　抹消登記を申請する場合において、当該抹消される登記について登記上の利害関係を有する第三者があるときは、当該第三者の承諾があるときに限り、申請することができる。⑮

3□**登記申請の代理権**　委任による登記申請の代理権は、本人の死亡によって消滅しない。⑭

４）区分建物の登記

14-20　区分建物の特殊性と区分建物の登記

　区分建物には、複数の区分建物が一棟の建物に属する、また、専有部分と敷地利用権は原則として分離処分できない（13-7）という特殊性がある。この特殊性が、区分建物の登記記録に次のように反映される。

　まず、登記された敷地利用権で、専有部分と分離処分できないものを**敷地権**とよび（44条1項9号）、その区分建物に、敷地権が付いている場合は（付いているのが普通）、敷地権に関する事項を**区分建物の表題部に登記**し、**敷地利用権と区分建物を登記記録上も一体化**する。

14-21　区分建物の表題部の登記事項　　　　　　44条

　区分建物の表題登記には、
専有部分の建物の表示（建物の種類・構造・内法〔うちのり〕計算による床面積）、
一棟の建物の表示（所在・構造・壁芯計算による総床面積）のほか、
敷地権の目的たる土地の表示、**敷地権の表示**も記録する。

Q　この区分建物の表題登記の申請は、誰がするのか。
　⇒各区分所有者から登記の申請がバラバラにされても困るので、**一棟の建物を新築した者**に、一棟の建物についての表題登記の申請と合わせて、一棟に属する全区分建物について一括申請を義務付けている（48条1項　区分建物が属する一棟の建物が新築された場合における当該区分建

物についての表題登記の申請は、当該新築された一棟の建物の表題登記の申請と併せてしなければならない。2項　前項の場合において、当該区分建物の所有者は、他の区分建物の所有者に代わって、当該他の区分建物についての表題登記を申請することができる）。令②

⇒そしてこの登記をしたとき、登記官は職権で当該敷地権の目的である土地の登記記録について、当該登記記録中の所有権、地上権その他の権利が敷地権である旨の登記をする（46条）。

　これによって、敷地権の登記記録にも区分建物と敷地が一体化したことが公示される。

⇒そして、この登記がなされると、

14-22　敷地権付き区分建物になされた登記の効力　　　73条

　敷地権付き区分建物についての所有権又は担保権に係る権利に関する登記は、原則として、敷地権である旨の登記をした土地の敷地権についてされた登記としての効力を有する。

つまり　敷地権付き区分建物に所有権移転登記をすると、敷地の登記記録にも敷地権の権利移転の登記をしたことになる。また、担保権の登記をすれば、敷地権にも担保権の登記をしたことになる。

学習の指針

登記法は、1問の出題だ。したがって、基本的なところからの出題が多い。深入りは厳禁である。権利登記と表示登記から、ほぼ同数出題されている。知らない問題は、消去法を活用して解いていこう。

第3編
法令上の制限・税
その他　16問出題

取引の客体となる土地建物に対する法的規制と、土地建物に対する税その他の問題を学習します。

本来、自分の土地はどのようにしようと自由ですが、より良いまちづくりのため、都市計画法、建築基準法、土地区画整理法、農地法、宅地造成等規制法、国土利用計画法等が許可制、届出制等の規制をします。また、不動産の取引では、税がかかります。

住宅金融支援機構、不動産販売広告の規制、土地建物の知識、土地建物の統計なども問題となります。最後の4科目は、実務従事者で登録講習修了者は、免除されます。

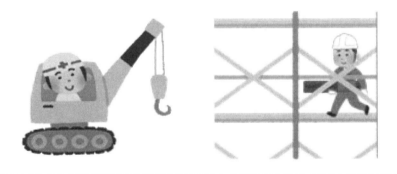

凡例　✓ チェック! で紹介している一問一答問題は、過去問題です。末尾の数字は、出題年です。1・2編では正しい記述に直して紹介していますが、本編では、誤って出題された記述はそのまま紹介しています。いわゆる、ヒッカケの誤った記述も知っておくことが有益だからです。

Keyword と POINT は、当該学習事項の重要なところです。
【覚え方】は、ゴロ合わせや、お経読みの覚え方です。

学習の要点

YouTube 動画 【入門】
法令上の制限・税その他→

Part1　**都市計画法**　計画的な街づくりのため、都市計画区域を指定し、街づくりの開発行為を規制し、土地の利用行為を規制する地域地区を指定します。　⇨ P.329

Part2　**建築基準法**　国民の生命財産を守るため、建築に関する最低限の基準を定めています。　⇨ P.361

Part3　**土地区画整理法**　不整形な区画を整然とした街並みにリノベーションする事業について、定めます。　⇨ P.388

Part4　**農地法**　農業を保護するため、農地の転用と転用目的の権利の移動を規制します。　⇨ P.400

Part5　**宅地造成及び特定盛土等規制法**　宅地造成、特定盛土等又は土石の堆積に伴う崖崩れ又は土砂の流出による災害の防止のため必要な規制を行います。　⇨ P.409

Part6　**国土利用計画法とその他の法令**　国土利用計画法は、大規模土地取引を、その他の法令は、様々な理由に基づき土地の利用行為を規制します。　⇨ P.426

Part7　**宅地建物の価格の評定**　不動産の鑑定評価と地価公示について学びます。　⇨ P.436

Part8　**土地建物に関する税**　土地建物の取引には、固定資産税、不動産取得税（以上地方税）、印紙税、登録免許税、所得税（以上国税）などがかかってきます。　⇨ P.448

Part9　**住宅金融支援機構**　住宅ローンの支援制度です。　⇨ P.468

Part10　**不当景品類及び不当表示防止法**　景品と広告などの規制です。　⇨ P.474

Part11　**土地・建物の知識**　どのような土地が宅地に適するかや、建築構造、建築材料の特色などです。　⇨ P.482

学習の仕方

本編は、いわゆる暗記物です。Keyword や Point に注意して、ゴロ合わせやお経読みを活用して、マスターしていきます。

Part 1

都市計画法

計画的な街づくりのため、都市計画を定める区域＝都市計画区域を定め、その中に土地の使い方＝用途等を規制する用途地域等の計画を定めていきます。

1 都市計画区域と用途地域等

1-1 都市計画区域の指定*　　　　　　　　　　　　　　　　5条
（1）都市計画区域は、原則*として都道府県が指定する。
（2）都市計画区域は市町村の区域外にわたり、指定できる。

＊例外として2以上の都府県にわたる場合は、国土交通大臣が指定する。

1-2 都市計画区域の区域区分　　　　　　　　　　　　　　　7条
（1）都市計画区域について、①市街化区域と②市街化調整区域との区分（区域区分＝線引き）を定めることができる。※

➡ ┌ ① 市街化区域は、すでに市街地を形成している区域及びおおむね10年以内に優先的かつ計画的に市街を図るべき区域とする。
　 └ ② 市街化調整区域は、市街化を抑制すべき区域とする。

（2）ただし、首都圏整備法に規定する既成市街地等の都市計画区域では、必ず区域区分を定める。

※したがって、区域区分が定められていない都市計画区域＝非線引き都市計画区域もある。

• さらに、都市計画区域外に、準都市計画区域（1-11）が定められること

もある。

　都市計画区域の指定とその区域区分及び準都市計画区域の指定により、国土は下記の5つに区分される。

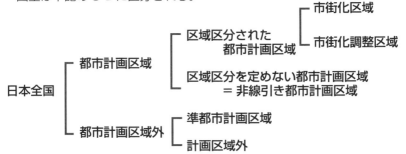

✓ **チェック!**

□**市街化区域、市街化調整区域の定義**　市街化区域は、既に市街地を形成している区域であり、市街化調整区域は、おおむね10年以内に市街化を図る予定の区域及び市街化を抑制すべき区域である。⑭

⇒×　市街化＝市街地＋10年内優先計画、市街化調整＝市街化抑制。
　　　1-2（1）参照

1-3　**用途地域*の指定**　　　　　　　　　　　　13条1項7号
（1）区域区分した都市計画区域のうち、**市街化区域**には、必ず用途地域を定めていく。
（2）**市街化調整区域**には、原則として用途地域を定めない。

なお　**非線引き都市計画区域**と**準都市計画区域**には、用途地域を定めても定めなくてもよい。

***用途地域**とは、その地域内の建築物の用途（住居、店舗、工場等建築物の種類）と建蔽率（建築面積／敷地面積）、容積率（延べ面積／敷地面積）、建築物の高さ等を制限する土地の基本的な利用計画である。

1-4　**用途地域の種類**　　　　　　　　　　　　　9条
用途地域の名称（略称）〔左欄〕と定義〔右欄〕だ。

住居系が8、商業系が2、工業系が3の13種類ある。

① 第一種低層住居 専用地域（1低専）	低層住宅に係る良好な住居の環境を保護するため定める地域
② 第二種低層住居 専用地域（2低専）	主として低層住宅に係る良好な住居の環境を保護するため定める地域
③ 第一種中高層住居 専用地域（1中高専）	中高層住宅に係る良好な住居の環境を保護するため定める地域
④ 第二種中高層住居 専用地域（2中高専）	主として中高層住宅に係る良好な住居の環境を保護するため定める地域
⑤ 第一種住居地域 （1住居）	住居の環境を保護するため定める地域
⑥ 第二種住居地域 （2住居）	主として住居の環境を保護するため定める地域
⑦ 準住居地域 （準住居）	道路の沿道としての地域の特性にふさわしい業務の利便の増進を図りつつ、これと調和した住居の環境を保護するため定める地域
⑧ 田園住居地域 （田園住居）	農業の利便の増進を図りつつ、これと調和した低層住宅に係る良好な住居の環境を保護するため定める地域とする。
⑨ 近隣商業地域 （近商）	近隣の住宅地の住民に対する日用品の供給を行うことを主たる内容とする商業その他の業務の利便を増進するため定める地域
⑩ 商業地域（商業）	主として商業その他の業務の利便を増進するため定める地域
⑪ 準工業地域 （準工業）	主として環境の悪化をもたらすおそれのない工業の利便を増進するため定める地域
⑫ 工業地域（工業）	主として工業の利便を増進するため定める地域
⑬ 工業専用地域 （工専）	工業の利便を増進するため定める地域

1-5　用途地域のはじまりの言葉の法則

—— これを覚えれば定義の丸暗記は不要。

（1）**第一種〜地域と工業専用地域**⇒いきなり用途（**第一種〜地域であ**れば、〜の部分）を掲げてくる。

（2）**それ以外の用途地域**⇒**主として〜**（用途）、又は、**用途以外の言葉**ではじまる。

種類	定義
1 低専	低層住宅に係る……
2 低専	主として低層住宅に……
1 中高専	中高層住宅に……
2 中高専	主として中高層住宅
1 住居	住居の環境……
2 住居	主として住居の……
準住居	道路の沿道として……
田園住居	農業の利便の増進を図りつつ
近隣商業	近隣の住宅地の……
商業	主として商業その他の……
準工業	主として環境の悪化をもたらすおそ……
工業	主として工業の利便……
工業専用	工業の利便……

✓ チェック！

□ **1住居と2住居**　第一種住居地域は、低層住宅に係る良好な住居の環境を保護するため定める地域であり、第二種住居地域は、中高層住宅に係る良好な住居の環境を保護するため定める地域である。⑮

⇒× 1住居は「**住居の**……」、であり、2住居は「**主として住居の**……」のはず。

1-6　用途地域に定めること　　　　　　　　　8条3項

① 容積率（延べ面積／敷地面積）⇒全用途地域に定める。

② 建蔽率（建築面積／敷地面積）⇒商業*地域以外の用途地域に定める。

③ 建築物の高さの最高限度（10又は12ｍ　**2-8**）⇒1・2低専又は
田園住居に定める。

＊商業地域の建蔽率は、建築基準法53条で10分の8と定められている。**2-6**

ＰＯＩＮＴ

**全用途地域に容積率、商業以外は建蔽率、1・2低専及び田園住居には高さ
制限定めましょう。**

✓ チェック！

□ **1低専の定義と定めること**　第一種低層住居専用地域については、低層
住宅に係る良好な住居の環境を保護するため、都市計画に少なくとも建
築物の容積率、建蔽率及び高さの限度を定めなければならない。⑭
⇒○ **定義**　1低専⇒低層住宅の……（1-5）。**定めること**　容積率、建
蔽率及び高さ制限（1-6）。

1-7　用途地域の規制を補う計画——用途地域に重ねて指定　9条

（1）**特別用途地区**　用途地域内の一定の地区における当該地区の特性
にふさわしい土地利用の増進、環境の保護等の特別の目的の実現
を図るため当該用途地域の指定を補完して定める地区。⇒この中
での用途制限は地方公共団体の条例で定める（建基法49条）。
なお、用途地域の用途制限を**緩く**する場合には、国土交通大臣の
承認が必要（同2項）。

（2）**高度地区**　用途地域内において市街地の環境を維持し、又は土地
利用の増進を図るため、建築物の高さの最高限度又は最低限度を
定める地区。

（3）**高度利用地区**　用途地域内の市街地の高度利用と都市機能の更新
とを図るため、建築物の容積率の最高限度及び最低限度、建築物
の建蔽率の最高限度、建築物の建築面積の最低限度並びに壁面の
位置の制限を定める地区。

（4）**高層住居誘導地区**　住居と住居以外の用途とを適正に配分し、利

便性の高い高層住宅の建設を誘導するため、<u>第一・二種住居地域、準住居地域、近隣商業地域又は準工業地域</u>でこれらの地域に関する都市計画において建築物の容積率が10分の40又は50と定められたものの内において、建築物の容積率・建蔽率の最高限度及び建築物の敷地面積の最低限度を定める地区。

【注】(2)・(3)は名称・イメージが似ているので逆転パターンのひっかけが出る（下記チェック3・4参照）。

Keyword 直接高さ（を定めるの）は、高度地区。

高度利用地区は、直接高さは定めない。

高層住居誘導地区⇒1住居〜商業除く準工業まで⇒1・2低専、1・2中高専内では定められない。

✓ チェック！

1 □**特別用途地区**　特別用途地区は、用途地域内の一定の地区における当該地区の特性にふさわしい土地利用の増進、環境の保護等の特別の目的の実現を図るため当該用途地域の指定を補完して定める地区である。⑱

2 □**1中高専**　第一種中高層住居専用地域は、中高層住宅に係る良好な住居の環境を保護するために定める地域で、その都市計画には、建築物の高さの最低限度又は最高限度を定めなければならない。⑪

3 □**高度地区**　高度地区は、用途地域内の市街地の高度利用と都市機能の更新とを図るため、建築物の容積率の最高限度及び最低限度、建築物の建ぺい率の最高限度、建築物の建築面積の最低限度並びに壁面の位置の制限を定める地区である。㉘令④

4 □**高度利用地区**　高度利用地区は、用途地域内において市街地の環境を維持し、又は土地利用の増進を図るため、建築物の高さの最高限度又は最低限度を定める地区である。⑲

5 □**高層住居誘導地区**　高層住居誘導地区は、住居と住居以外の用途を適正に配分し、利便性の高い高層住宅の建設を誘導するため、第一種中高層住居専用地域、第二種中高層住居専用地域等において定められる地区をいう。⑰⑮

1○　覚えきれない定義のような問題は、よほど変でなければ○としてよい。

2×　1中高専の定義は○（**1-4**）だが、建築物の高さの最低限度・最高限度を定めるのは高度地区で（**1-7**）、1中高専ではない。

3・4×　3は高度利用地区、4は高度地区に関する記述。直接高さは、高度地区、。

5×　高層住居誘導地区は、1住居から準工業（商業は除く）で定められる。**高層**住居誘導地区だから、1・2低専はもとより、1・2中高専内でも定められない。

1-8　特定用途制限地域──用途地域無指定の区域に定める

9条14項

　用途地域が定められていない土地の区域（市街化調整区域を除く※）内において、その良好な環境の形成又は保持のため、当該地域の特性に応じて合理的な土地利用が行われるよう、制限すべき特定の建築物等の用途の概要を定める地域。

⇒この中での用途制限は、地方公共団体の条例で定める。

※もともと、市街化調整区域は建物は建たないのが原則だから、特定用途制限地域は必要ない。

たとえば　郊外の用途地域を定めていないところに、モーテルやパチンコ屋など乱立するのを防止する場合などに、指定する。

1　□**用途地域との関係**　特定用途制限地域は、用途地域内の一定の区域における当該区域の特性にふさわしい土地利用の増進、環境の保護等の特別の目的の実現を図るため当該用途地域の指定を補完して定めるものとされている。㉒

2　□**用途地域との関係**　用途地域の一つである特定用途制限地域は、良好な環境の形成又は保持のため当該地域の特性に応じて合理的な土地利用が行われるよう、制限すべき特定の建築物等の用途の概要を定める地域

とする。㉕

1 ×　特定用途制限地域は、**用途地域が定められていない**土地の区域（市
街化調整区域を除く）内にのみ定められる。記述は、特別用途地区
（1-7）についてのもの。

2 ×　特定用途制限地域は、用途地域の定めがないところで指定できるも
ので、当然用途地域の一つではない。

1-9　特定街区──超高層ビル街を造る場合に定める　　9条19項

　特定街区は、市街地の整備改善を図るため街区の整備又は造成が行わ
れる地区について、その街区内における建築物の容積率並びに建築物の
高さの最高限度及び壁面の位置の制限＊を定める街区とする。

＊**壁面の位置制限**　建築物の壁面を、道路境界線から一定の距離以上後退させる。
西新宿高層ビル街などで指定されている。

✓ チェック！

☐ **定めること**　特定街区に関する都市計画には、建築物の延べ面積の敷地
面積に対する割合並びに建築物の高さの最高限度及び壁面の位置の制限
を定めることとされている。⑬
　⇒○　数字が出てこない、このような記述はよほど変でない限り○で
よい。

1-10　風致地区　　　　　　　　　　　　　　　　9条21項

　都市の風致を維持するために定める地区。風致地区内では、地方公共
団体の条例で、建築、宅地の造成、木竹の伐採等について規制する。

たとえば　明治神宮外苑付近などで指定されている。

✓ チェック！

☐ **風致地区内規制**　風致地区内における建築物の建築、宅地の造成、木竹
の伐採その他の行為については、政令で定める基準に従い、地方公共団

体の条例で、都市の風致を維持するため必要な規制をすることができる。㉚
⇒○

　土地利用計画の地域・地区は、都市計画区域に定めるのが原則だが、都市
計画区域外でも準都市計画区域の指定がある土地の区域では、一定の地域や
地区を定められる。

1-11　準都市計画区域と地域地区　　　8条2項

（1）準都市計画区域とは、都道府県が、都市計画区域外の区域のうち、
　　開発が進み、そのまま放置すれば、将来、都市整備、開発及び保
　　全に支障が生じるおそれがあると認めて、関係市町村及び都道府
　　県都市計画審議会の意見を聴いて指定した区域（5条の2）である。
（2）準都市計画区域には、用途地域、特別用途地区、特定用途制限地区、
　　高度地区（ただし、建築物の高さの最低限度は定められない　8
　　条3項2号ト）、景観地区、風致地区、都市緑地法による緑地保
　　全地域及び伝統的建造物群保存地区等のうち必要なものを定める
　　ものとする。

✓ チェック！

1 □**定められる地域地区**　準都市計画区域については、都市計画に、高度
　地区を定めることはできるが、高度利用地区を定めることができないも
　のとされている。㉓令②
2 □**区域区分できるか**　準都市計画区域については、無秩序な市街化を防
　止し、計画的な市街化を図るため必要があるときでも、都市計画に、区
　域区分を定めることができる。㉗㉚
1○　準都市計画区域には、本来繁華なところに定める高度利用地区は定
　められない。なお、高度地区は定められる（ただし、高さの最高限
　度しか定められない）。
2×　区域区分は都市計画区域に定めるもので（1-2）、準都市計画区域に
　は定められない。

2 開発許可制度

1）開発行為の意味と開発許可の要否

開発許可制度は、建築・建設行為の前の段階の土地の開発行為を規制するものです。

1-12　開発行為　　　　　　　　　　　　　　　　　　　　　　４条12項

開発行為とは、**上に何かを建てる（造る）目的**での土地の造成（区画形質の変更）である。

ただし、運動レジャー施設及び墓園の建設の用に供する場合は１ヘクタール以上の場合に限る。

つまり　開発行為とは、主として建築物の建築又は特定工作物の建設の用に供する目的で行う土地の区画形質の変更である。そして、特定工作物とは、①コンクリートプラント等周辺の環境の悪化をもたらすおそれがある一定の工作物（第一種特定工作物）と、②ゴルフコースその他規模が１ヘクタール以上の運動・レジャー施設（野球場、庭球場、陸上競技場、遊園地、動物園等）及び墓園（第二種特定工作物）である。

ⓅⓄⒾⓃⓉ

上に何も作らない土地の造成は、開発行為ではない。

1-13　開発許可制度——開発行為をするには知事の許可が必要　29条

（1）開発行為をしようとする者は、あらかじめ都道府県知事（地方自治法の指定都市・中核市・特例市では市長）の許可を受けなければならない。

（2）ただし、開発許可を受けなくてもよい許可不要の例外がある。

1-14 例外 1. 規模による許可不要

（1）市街化区域内で行う 1,000㎡（首都圏等の一定区域では 500㎡）未満のもの。

（2）非線引き都市計画区域内・準都市計画区域内で行う 3,000㎡未満のもの。

（3）都市計画区域及び準都市計画区域以外の区域（計画区域外区域）で行う 1 ヘクタール（10,000㎡）未満のものは、許可不要。

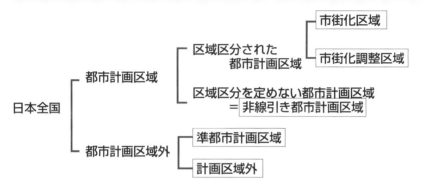

【覚え方】ゴロ合わせ　一歳＝いっ　さ　い未満は、許可不要。

市街化 1,000㎡
非線引き・準 3,000㎡
計画区域外 10,000㎡

【注】 市街化調整区域は、規模による許可不要の例外はない。

つまり　それぞれの土地柄に応じて大規模なものは、一定の技術的水準に達しているものだけをやらせる趣旨だ。

1-15 例外 2. 農林漁業用の許可不要

市街化区域以外（市街化調整区域、非線引き区域、準都市計画区域又は計画区域外区域）で行う農林漁業用の一定の作業所・倉庫等、又は、農林漁業者の住居の建築の目的で行うものは、許可不要。

【注】1 市街化区域は、農林漁業用の例外はない。
【注】2 直接農林漁業に供するのではなく、農林水産物の処理、貯蔵、加工に必要な建築物の建築の用に供する目的で行う場合は、許可が必要。

1-16　例外3. 公共性がある場合の許可不要

（1）駅舎、図書館、公民館、変電所、都市公園法上の公園施設等**公益上必要な建築物**の建築の用に供する目的で行うものは、許可不要。

（2）都市計画事業、土地区画整理事業、市街地再開発事業、住宅街区整備事業等の施行として行うものは許可不要。

（1）の【注】　医療施設、学校及び社会福祉施設の用に供する場合は、許可必要。

そのこころ　医学社（**医**療施設、**学**校及び**社**会福祉施設の用に供する場合）は、周辺の乱開発につながることもあるので、近年の法改正で許可必要となった。

> *Keyword*　医学社は、許可必要。

1-17　例外4. 応急軽易な場合の許可不要

　非常災害のための応急措置として行うもの、通常の管理行為、軽易な行為は許可不要。

1-18　国、都道府県等公的主体が行う場合の特例　　34条の2

　国又は都道府県、指定都市等＝公的主体が行う場合は、当該国の機関又は都道府県等と都道府県知事の協議が成立することをもって、開発許可があったものとみなす。

> *Keyword*　許可不要の開発行為

例外1　規模による1歳未満は許可不要。

例外2　市街化以外で農林漁業は許可不要。

例外3　公共性あれば許可不要だが、医学社は許可必要。

例外4　応急軽易は許可不要。

特例　　公的主体は協議成立で許可とみなす。

✓ チェック！

開発許可が必要なものに○、不要なものに×をつけよ。

1 □**青空駐車場用**　建築物の建築を行わない青空駐車場の用に供する目的で行う土地の区画形質の変更で、規模が1ha以上のもの。⑧

2 □**5,000㎡の庭球場用**　市街化調整区域内における庭球場の建設の用に供する目的で行う5,000㎡の土地の区画形質の変更。⑲

3 □**市街化区域内農林漁業用** 1,000㎡以上　市街化区域内で行われる開発区域の面積が1,100㎡の畜舎の建設のための開発行為。⑤⑰⑱

4 □**区域区分なし2ha 野球場用**　区域区分に関する都市計画が定められていない都市計画区域内の農地で、野球場を建設するため2haの開発行為。⑩

5 □**調整区域内の農業者住宅建築用**　市街化調整区域内で行う開発行為で、農業を営む者の住宅の建築のために行うもの。⑥

6 □**都市計画事業**　準都市計画区域内において、都市計画事業に当たる民間事業者が行う3,000㎡の住宅団地建設のための開発行為。⑭

7 □**図書館用**　市街化調整区域内における図書館の建築の用に供する目的で行う3,000㎡の土地の区画形質の変更。⑲　類令④（博物館）

8 □**医療施設又は社会福祉施設用**　医療施設又は社会福祉施設の建築を目的として行う開発行為。⑨⑫⑬

9 □**調整区域内農産物貯蔵建築物用**　市街化調整区域内において生産される農産物の貯蔵に必要な建築物の建築を目的とする当該市街化調整区域内における開発行為　㉓⑮

10 □**首都圏整備法に規定する既成市街地内**　首都圏整備法に規定する既成市街地内にある市街化区域において、住宅の建築を目的とした800㎡の土地の区画形質の変更　令②

1・2×　開発行為の定義に当てはまらない。

3○　市街化区域で農林漁業の例外はなく、1,000㎡以上は、許可必要。

4○　区域区分の定めのない区域で3,000㎡以上は許可必要。

5×　**調整区域内の農林漁業用**のものは、**許可不要**。

6×　都市計画事業として行うものは許可不要。

7×　図書館用は、公益的建築物用として、許可不要。

8○　医療施設や社会福祉施設用は、許可が必要。**医学社**は**許可必要**。

9○　農林水産物の**貯蔵**に必要な建築物用の開発行為は、許可が必要。

10○　首都圏整備法に規定する既成市街地内にある市街化区域においては、500㎡以上の開発行為は、許可が必要。1-14（1）カッコ内を参照

2）開発許可の申請と開発許可の審査基準

1-19　許可申請に際しての公共施設管理者の同意等　　32・30条
① 開発行為と関係がある公共施設の管理者の**同意**を得て、
② 設置される公共施設を管理することとなる者と**協議**して、
　⇒申請書に、①同意書面　②協議経過書面を添付する。

そのこころ　①は、開発行為の工事で公共施設を壊すこともあるが、管理者の同意を得なさい　②は設置される公共施設の管理者と工事完了後の管理体制につき話し合っておきなさい、ということ。

✓ チェック！

□ **公共施設の管理者の同意を得る時期**　開発行為をしようとする者は、当該開発行為に係る開発許可の取得後から当該開発行為の完了までに、当該開発行為に関係がある公共施設の管理者と協議し、その同意を得なければならない。⑳⑪
　⇒×　開発許可を申請しようとする者は、**あらかじめ**、開発行為に関係がある公共施設の管理者と協議し、その同意を得なければならない。

1-20　申請書記載事項　　　　　　　　　　　　　　30条
　都道府県知事（指定都市等では市長）に提出する申請書には①開発区域の位置、区域及び規模②予定建築物等の用途③開発行為に関する設計（1ha以上の場合、有資格者が作成）④工事施行者等を記載する。

【注】　規模・階数は記載不要

✓ チェック！

□ **開発許可申請書**　開発許可を受けようとする者は、予定建築物の用途、高さ・階数及び構造・設備を記載した申請書を、都道府県知事に提出しなければならない。②⑦⑱

⇒× 予定建築物の**用途**は記載必要だが、それ以外は記載不要。階数
及び構造・設備は、開発行為の適否とは関係がない。

　許可の基準には33条の基準（一般的基準）と34条の基準（市街化調整区域の基準）がある。

　33条の基準は、良好な市街地をつくるため、災害防止・環境保全等開発行為が少なくともクリアしなければならない基準だ。

　そして、**市街化調整区域以外**の区域では、33条の基準に適合しさえすれば必ず許可される。

　その33条の基準を見てみよう。

1-21 開発許可の一般的基準（都計法33条の基準）　　33条

　都道府県知事は、市街化調整区域以外の区域にかかる開発行為の許可申請があった場合には、当該申請に係る開発行為が、下記基準に適合しており、かつ、その申請手続が適法であるときは、開発許可を**しなければならない**。

（1）**設計等に関する基準**

　①予定建築物の用途が用途地域の規制に適合している

　②道路、公園等の公共空地が、適当に配置され、かつ、開発区域内の主要な道路が、開発区域外の相当規模の道路に接続するように設計が定められている

　③排水施設が、適当に配置されている

　④水道その他の給水施設が、適当に配置されている

　⑤建築基準法第39条1項の災害危険区域等、開発行為を行うのに適当でない区域内の土地を含まない

（2）**申請者等に関する基準**

　①申請者に必要な資力及び信用がある、工事施行者に工事完成能力がある

　②開発区域内の土地等の関係権利者の相当数の同意を得ている

【注】（1）②④⑤、（2）①の基準（下線部分）は、自己の居住用住宅の建築の用に供する目的で行う場合には適用されない。

冒頭４行目「……許可しなければならない。」のこころ　市街化を抑制する目的がなく、開発行為は本来自由にやってよい市街化区域等の場合この基準に適合すれば、許可を拒むいわれはない。

欄外【注】のこころ　これらを満たさなくても、困るのは居住者＝申請者だけで、他者の迷惑とならないから。

> **Keyword**　守らないと居住者だけが困る基準は、自己居住用には適用なし。

　市街化調整区域では、33条の基準に適合したうえ、次の34条の基準のどれか一つに適合しなければ、許可されない。

1-22　市街化調整区域の基準（都計法34条の基準）　　34条

　市街化調整区域に係る開発行為は、次の基準のどれかに該当する場合でなければ、許可をしてはならない。

①周辺の居住者の日常生活に必要な物品の販売、加工、修理等の業務を営む店舗、事業場等の用に供する目的で行う開発行為

②市街化調整区域内の鉱物資源、観光資源等の有効な利用上必要な建築物等の用に供する目的で行う開発行為

③農林漁業の用に供する建築物（開発許可不要となるもの〔1-15〕を除く）、又は市街化調整区域内において生産される農林水産物の処理、貯蔵、加工に必要な建築物の建築の用に供する目的で行う開発行為等

そのこころ　市街化を抑制すべき市街化調整区域は、本来開発行為はして欲しくない。そこで、どうしてもそこでやらざるを得ない事情がある場合でないと許可しない。

なお、一定の場合は、**開発審査会の議**を経て許可する。

✓ チェック！

1□調整区域農産物加工用　市街化調整区域における農産物の加工に必要な建築物の建築を目的とした500㎡の開発行為は、開発許可は不要である。⑮㉓

2□周辺居住者の日常生活の物品販売業を営む店舗建築用のもの　市街化調整区域内で行う開発行為で、その開発区域の周辺の地域に居住している者の日常生活のために必要な物品の販売業を営む店舗の建築の用に供する目的で行うものは、開発許可は不要である。①

3□開発審査会　都道府県知事は、市街化調整区域内において、開発区域の周辺における市街化を促進するおそれがなく、かつ、市街化区域内において行うことが著しく困難と認められる開発行為について開発許可をした場合は、すみやかに開発審査会の議を経なければならない。⑨

1・2×　そのようなものは許可されるというだけで、許可不要になるわけではない。

3×　開発審査会の議を経るのは、許可をする前。

　開発行為は、その上に必ず建築物等を建てることになるので、**建築行為の規制**も必要になる。が、開発区域内に用途地域が定まっていれば、建築物の用途・建蔽率・容積率・高さは自動的に規制される（1-3・6）ので問題ない。

　しかし、用途地域の定めのない土地の区域で開発行為をする場合には、用途地域以外の方法で建築行為を規制する必要がある。そこで用途地域の定めのない土地の区域では、開発許可をする際に都道府県知事が規制をすることにした。

1-23　用途地域無指定区域で開発許可をするときの建築制限　41条

　都道府県知事は、**用途地域の定められていない区域**における開発行為について開発許可をする場合に、必要があるときは、建築物の建蔽率・高さ、壁面の位置その他建築物の敷地、構造及び設備に関する制限を定めることができる。

【注】　開発許可の際、建蔽率等の制限を定められるのは、用途地域が定められていない区域に限られる。そして、市街化区域には、用途地域は必ず定まっている。市街化調整区域には、原則として定まっていない（1-3）。よって、1-23は主に市街化調整区域に向けられた規則である。

3) 許可・不許可の処分から工事完了公告まで

1-24　許可・不許可の通知と不服申立て　　　　35・50条

許可・不許可は、文書をもって申請者に通知しなければならない。

不服がある者は、開発審査会に審査請求（不服申し立ての一種）をすることができる。

また、直接、処分取消しの訴えを起こすこともできる（行政事件訴訟法8条）。

知事は、許可をしたときは、許可内容を登録する。

1-25　開発登録簿──予定建築物用途等を登録　　　46・47条

都道府県知事は、開発許可をしたときは、

〔①許可年月日　②予定建築物等の用途　③公共施設種類、位置及び区域　④41条の制限（1-23）等〕を開発登録簿に登録しなければならない。

登録簿は、公衆の閲覧に供するよう保管し、請求があれば、その写しを交付しなければならない。

【注】用途は登録するが、階数までは登録しない

✓ チェック！

□**開発登録簿**　都道府県知事は、開発許可をしたときは、必ず当該許可に係る土地について、開発許可の年月日等一定の事項を開発登録簿に登録しなければならない。①

⇒○

1-26　変更の許可等──原則として許可が必要　　　35条の2

（1）許可内容である開発区域の位置、予定建築物の用途、開発行為の
　　　設計等を変更する場合 ⇒ 都道府県知事の許可を要する。

ただし、許可不要の開発行為（例：市街化区域内で1,000㎡未満の開発行為）に変更する場合には、許可不要である。

（2）軽微な変更は届出でよい。

✓ チェック！

1 □**許可内容の変更**　開発許可を受けた者は、開発区域の区域を変更した場合においては、都道府県知事に届出をしなければならない。⑩

2 □**許可不要の変更**　市街化区域内において開発許可を受けた者が、開発区域の規模を**100㎡**に縮小しようとする場合においては、都道府県知事の許可は不要である。㉗

1×　許可内容を変更する場合は、原則として許可が必要。

2○　許可不要の開発行為（市街化区域1,000㎡未満）に変更する場合には、**許可不要**。

1-27　開発許可に基づく地位の承継　44・45条

① 相続、合併のような**一般承継**（包括承継＊）　⇒当然に承継する。

② 開発許可を受けた者から当該開発区域内の土地の所有権を取得した者（**特定承継**＊）

⇒知事の承認を受けて、開発許可に基づく地位を承継できる。

＊**一般承継と特定承継**　相続・合併のように被相続人・合併前の法人の権利義務をまとめて引き継ぐことを一般承継又は包括承継、これに対し売買等によって個々の権利を引き継ぐことを特定承継という。

そのこころ　一般承継の場合は、信用力・資力、工事完成能力等も引き継いでいるので、当然承継させるが、特定承継の場合には、特定承継人の信用力等（1-21）を知事はもう一度審査したいので、承認を受けて承継できることにした。㉘

1-28　開発行為に関する工事の廃止　38条

廃止したときは、遅滞なく、その旨を都道府県知事に届け出なければならない。

つまり 廃止すること自体に許認可は必要ないが、廃止後、遅滞のない届出は必要だ。

1-29 工事完了届出・検査・公告 　　　　　36条

工事完了⇒知事に届出⇒知事は、検査し、許可の内容に適合していると認めたときは検査済証を交付し、工事完了公告をする。

✓ チェック！

1□**工事完了届出** 開発許可を受けた者は、開発区域の全部について開発行為に関する工事を完了したときは、その旨を都道府県知事に届け出なければならない。③

2□**検査済証の交付** 都道府県知事は、開発行為に関する工事の完了の届出があった場合において、当該工事が開発許可の内容に適合していると認めたときは、検査済証を交付しなければならない。⑥

1○　工事完了届出である。

2○　検査済証の交付である

1-30 開発行為により設置された公共施設の管理とその敷地の帰属

　　　　　　　　　　　　　　　　　　　　　　　　39条

① **管理** 　　**原則** 市町村の管理。

　　　　　　例外 他の法律に基づく管理者が別にある、又は協議により管理者について別段の定めをしたとき（1-19）。

② **敷地の帰属** **原則** 管理者に属する。

　　　　　　　　例外 公共施設を付け替えたとき等。

4）開発許可に関連する建築制限等

開発許可に関連して、次の３つの建築制限等（**1-31 ～ 33**）がある。

1-31　工事完了公告前の建築制限等　　　　　　37条

　開発許可を受けた開発区域内の土地においては、工事完了公告があるまでの間は、

①～③を除き、建築物を建築し、又は特定工作物を建設してはならない。

① 工事用仮設建築物

② 知事が認めた場合

③ 開発行為に同意していない者が権利の行使として行う場合

Keyword 　工事中は邪魔だから、建築等するな。

【注】　③の許可不要の例外。よく出る。

1-32　開発区域内の工事完了公告後の建築等の制限　　42条

（1）何人も、開発許可を受けた開発区域内においては、工事完了公告があった後は、知事の許可なく、予定建築物等以外の建築物又は特定工作物を新築し、又は新設してはならず、また、建築物を改築し、又はその用途を変更して当該開発許可に係る予定の建築物以外の建築物としてはならない。

（2）ただし、用途地域が定められているときは、この限りでない。

（2）のこころ　用途地域が定まっていれば、用途制限がともなう（**2-5**）ので、用途制限はもっぱらそれによることにした。

Keyword 　用途地域外では、許可内容以外のものはつくるな。

1-33 用途地域の無指定区域で建築制限があった場合　　41条

　知事が用途地域無指定区域で開発許可をする際建築物の建ぺい率・高さ、壁面の位置その他建築物の敷地、構造及び設備につき制限をした場合（1-23）建築物は、これらの制限に違反して建築してはならない。ただし、知事の許可があるときは、この限りでない。

・ 結局、**1-32・33** の制限は、用途地域が定まっていれば関係ない≒市街化区域には関係ない。

5）市街化調整区域の開発区域以外における建築許可制

　市街化調整区域は、市街化を抑制すべき区域だから開発行為を抑制することと併せて建築行為も抑制しなければ首尾一貫しない。

1-34 市街化調整区域の開発区域以外における建築許可制　　43条

　何人も、市街化調整区域のうち開発許可を受けた開発区域以外の区域内*においては、原則※として、都道府県知事の許可を受けなければ、建築物等を建築等してはならない。

＊下線部分は、市街化調整区域内でも開発許可を受けた区域内では、予定建築物等は許可不要で建てられるから、建築許可を要する区域から除外するという意味だ。
※**許可不要になる例外**も、市街化調整区域で開発行為が許可不要になる場合（1-15〜17）と同様のものが定められている（1-35）。

・ 調整区域で「建物を建てたい」と申請があった場合の**許可基準**は、調整区域内の開発許可の基準（1-22）とほぼ同様だ。

1-35 市街化調整区域で許可不要の建築行為　　43条

（1）農林漁業用の一定の作業所、倉庫等又は農林漁業者の住居の建築は、許可不要。
（2）公共性がある場合の例外

①駅舎、図書館、公民館、変電所等公益上必要な建築物の建築は許可不要。

②都市計画事業の施行として行う建築物の建築は、許可不要。

③都市計画事業、土地区画整理事業、市街地再開発事業、住宅街区整備事業等の施行として行われた開発行為の区域内における建築物の建築は許可不要。

（3）仮設建築物の新築、その他応急・軽易な行為は、許可不要。

(1) の【注】直接農林漁業に供するのではなく、農林水産物の処理、貯蔵、加工に必要な建築物の建築は、許可が必要である。**1-15** 参照

(2) ①の【注】**医学社**（**医**療施設、**学**校及び**社**会福祉施設）の建築は、許可必要。**1-16** 参照

✓ チェック！

1 □**公民館**　市街化調整区域内で、公民館を建築する場合は、都道府県知事の許可を受けなくてよい。⑲

2 □**許可不要の例外**　市街化調整区域内で、民間事業者は、都道府県知事（又は指定都市市長）の許可を受けて、又は都市計画事業の施行としてでなければ、建築物を新築してはならない。⑮

3 □**仮設建築物の新築**　何人も、市街化調整区域のうち開発許可を受けた開発区域以外の区域内において、都道府県知事の許可を受けることなく、仮設建築物を新築することができる。㉗

1○　公益的建築物は、許可不要。

2×　民間事業者も公益的建築物や応急軽易な建築物は、許可不要で建てられる。

3○　仮設建築物の新築は、許可不要。

1-36　**国、都道府県等公的主体が行う場合の許可の特例**　43条3項

国又は都道府県、指定都市等＝公的主体が行う建築等は、当該国の機関又は都道府県等と都道府県知事との協議が成立することをもって、許可があったものとみなす。

3 都市施設と市街地開発事業

1）都市施設

開発行為の規制のほか、積極的に施設建設や街づくりも進めます。

　都市施設とは、都市計画で定められるべき、下記の施設（11条1項）だ。いずれも、都市生活にとって不可欠なものである。
　　① 道路、都市高速鉄道等交通施設
　　② 公園、墓園等公共空地
　　③ 水道、電気・ガス供給施設、下水道、ごみ焼却場等供給・処理施設
　　④ 河川、運河等
　　⑤ 学校、図書館等教育文化施設
　　⑥ 病院、保育所等医療・社会福祉施設
　　⑦ 市場、と畜場又は火葬場
　　⑧ 一団地の住宅施設・官公庁施設・流通業務団地等

・都市計画において定められた都市施設を**都市計画施設**といい、都市計画施設が定められた区域を**都市計画施設の区域**という。

1-37　都市施設は、どこに定めるのか　　11条1項
　都市施設は、都市計画区域について定めるのが原則だが、必要があるときは、当該都市計画区域**外**においても定めることができる（区域外都市計画施設）。

そのこころ　道路やごみ焼却場は、都市計画区域内に収まらない場合もある。

1-38　必ず定める都市施設　　13条1項11号
（1）市街化区域及び区域区分が定められていない都市計画区域には、少なくとも**道路、公園**及び**下水道**を定める。

352

（2）第１種低層住居専用地域、第２種低層住居専用地域、第１種中高層住居専用地域、第２種中高層住居専用地域、第１種住居地域、第２種住居地域、準住居地域及び田園住居（**住居系８地域**）には、**義務教育施設**をも定める。

そのこころ　市街化区域や区域区分が定められていない都市計画区域には、人が住むので、**道路公園下水道**は不可欠だし、**住居系８地域**（1・2 低専、1・2 中高専、1・2 住居、準住居、田園住居）には子供もいるので、**小中学校**も必要。

2）市街地開発事業

　市街地開発事業は、市街地の面的な整備開発を行うもので、土地区画整理法による土地区画整理事業、都市再開発法による市街地再開発事業等７種類ある。

　この試験では、市街地開発事業は次のことを覚えておけばよい。

1-39　市街地開発事業を定めるところ　　　13条１項12号
　市街化区域、又は、区域区分が定められていない都市計画区域内に定める。

つまり　市街化調整区域には、定めることができない。

> **Keyword**　調整区域で市街地開発事業は、無理！

3）都市計画事業

　都市施設も市街地開発事業も、工事（都市計画事業）によって計画内容を実現するが、都市計画事業を完了するまでは、土地利用行為に次の制限がかかってくる。

1-40　都市計画事業と土地利用行為の制限

制限／対象区域	①都市計画施設の区域又は市街地開発事業の施行区域（53条）	②市街地開発事業等予定区域等（52条の2）	③都市計画事業の認可又は承認の告示があった後の事業地内（65条）
知事（市の区域内にあっては市長）の許可を要する行為	建築物の建築。ただし、2階建てで移転除却容易なものは、許可される（54条）	建築物の建築工作物の建設土地の形質の変更	左に加え5トンを超える物件の設置堆積
許可不要の例外	非常災害のため応急措置行為 都市計画事業の施行として行う行為等		

①は、都市施設又は市街地開発事業に関する都市計画が立てられている区域で、建築行為の許可制があるだけ。しかも、一定のものは、必ず許可される。

②の市街地開発事業等予定区域は、**施行予定者**を定めて、近年中に都市計画事業に着工しなければならないことになっており、①より厳しい制限となる。

③は、都市計画事業の工事中の区域内という意味だ。非常災害のため応急措置行為の許可不要の例外もなくなり、最も厳しい制限となる。

✓ チェック！

□**市街地開発事業等予定区域**　市街地開発事業等予定区域に係る市街地開発事業又は都市施設に関する都市計画には、施行予定者をも定めなければならない。㉘

⇒○　市街地開発事業等予定区域には、施行予定者を定める。

1-41　都市計画事業の認可又は承認の告示の効果　　70条

　都市計画事業の認可又は承認の告示をもって、土地収用法の事業認定の告示があったものとみなす⇒（事業認定の告示を経ずに）土地収用法を発動できる。

つまり　本来土地収用手続に入るには、事業認定の告示という手続が必要だが、**都市計画事業の認可又は承認の告示**があれば、事業認定の告示は省略できる。

✓ チェック！

□ **都市計画事業と土地収用法**　土地収用法の事業認定の告示をもって、都市計画事業の認可又は承認の告示があったものとみなす。⑱

　　⇒×　言っていることが逆。

4 地区計画等

　地区計画は、地域より狭い地区単位で土地の利用行為の制限と施設づくりを総合的に進める、**市町村**が策定する計画です。

1-42　地区計画──用途地域の定めがないところにも定められる

12条の5

　地区計画は、建築物の建築形態、公共施設その他の施設の配置等からみて、一体としてそれぞれの区域の特性にふさわしい態様を備えた良好な環境の各街区を整備し、開発し、及び保全するための計画とし、次の①②に定める。

① 都市計画区域内の<u>用途地域が定められている</u>土地の区域

② 都市計画区域内の<u>用途地域が定められていない</u>土地の区域のうち、住宅市街地の開発等が行われる等の土地の区域

✓ チェック！

□ **定めるところ**　地区計画は、用途地域が定められていない土地の区域で、相当規模の建築物又はその敷地の整備に関する事業が行われた土地の区域についても定めることができる。⑩令⑤

⇒○　地区計画は、用途地域が定められていない一定の地域にも定められる。

　地区計画には、地区施設の配置計画や建築制限等を定める**地区整備計画**を定める。

1-43　地区整備計画──市街化調整区域には最低限度は定められない

12条の5第7項

　地区計画には、名称、位置、目標等のほか、

① 地区施設の配置及び規模

② 建築物等の用途の制限、容積率の最高限度又は最低限度、建ぺい率の最高限度、建築物の敷地面積又は建築面積の最低限度、壁面の位置制限、建築物等の高さの最高限度又は最低限度を定めた、地区整備計画を定める。

　ただし、市街化調整区域内の地区整備計画では、容積率及び高さの最低限度は定めることはできない。

---

②のただしのこころ　容積率及び高さの最低限度を定めると、市街化調整区域にふさわしくない大きな建物を誘導してしまうからだ。

✓ チェック！

1□**地区計画に定めること**　地区計画については、都市計画に、地区計画の種類、名称、位置、区域及び面積並びに建築物の建ぺい率及び容積率の最高限度を定めなければならない。㉘

2□**開発整備促進区**　第二種住居地域における地区計画については、一定の条件に該当する場合、開発整備促進区を都市計画に定めることができる。㉗

1×　地区計画について、地区計画の種類、名称、位置、区域 は、定めなければならないが、「面積」は、定めるよう努める事項である。また、

建築物の建ぺい率及び容積率の最高限度は、地区計画に定めるのではなく、地区整備計画に定めるのである。異常に細かいことを問題としているが、本肢は、正解肢ではなかった。平成28年問16（読者サイト過去問遊園地参照）

２○　都市計画法12条の５第４項。本肢も細かいが、正解であることは、消去法で導けた。平成27年問16（同上）。

1-44　地区計画区域内の制限──市町村長に対する事前届出・勧告制
58条の２

地区計画の区域内（**地区整備計画**等が定められている区域に限る）では、土地の区画形質の変更、建築物の建築等を行おうとする者は、当該行為に着手する日の **30日前**までに、**市町村長に届け出**なければならない。

ただし、①応急軽易な行為②国又は地方公共団体が行う行為等は、この限りでない。
⇒市町村長は、届出内容が、地区計画に適合しないと認めるときは、設計の変更等を勧告できる。

つまり　一定の土地利用行為の着手前に市町村長に届出をさせ、その行為の内容が計画からみて妥当でないときは勧告をする。

• **勧告と命令**　命令はそれに従う法的義務が生じ、従わない場合は強制的に従わせたり、制裁として罰則を科したりするが、勧告は行政指導なので、それに従う法的義務は生じない。もちろん、従わない場合に罰則を科されることもない。

Keyword　地区計画は、市町村長に対する事前届出・勧告制。

✓ チェック！

1 □**規制方法**　地区計画の区域のうち、地区整備計画が定められている区域内において、建築物の建築を行おうとする者は、一定の場合を除き、

都道府県知事の許可を受けなければならない。①⑫

2　□**規制方法**　市町村長は、地区整備計画が定められた地区計画の区域内において、地区計画に適合しない行為の届出があった場合には、届出をした者に対して、届出に係る行為に関し設計の変更その他の必要な措置をとることを勧告することができる。⑳

1×　地区計画は、市町村長に対する**30日前までの事前届出・勧告制**。

2○　地区計画は、市町村長に対する**事前届出・勧告制**だ。

5 都市計画の決定手続

　都市計画の決定権者　都市計画は、原則として都道府県と市町村が決定します（15条）。

　例外として、2以上の都府県の区域にわたる場合には、国土交通大臣と市町村が定めます（22条）。ただし、現在この例はありません。

1-45　**都道府県と市町村の、主な権限の振り分け**　　15条

都道府県が定める都市計画	市町村が定める都市計画
区域区分、広域の見地から決定すべき地域地区・都市施設、市街地開発事業（小規模なものは除く）等、一定の市街地開発等予定地区	**用途地域、特別用途地区、高度・高度利用地区、特定街区、特定用途制限地域、防火・準防火地区**、小規模な市街地開発事業、一定の市街地開発等予定地区、**地区計画等**

太字は、都道府県又は市町村だけが定められる計画。そこを押さえる。

✓ **チェック！**

□ **市街地開発事業**　市街地開発事業に関する都市計画は、すべて都道府県が定めることとされており、市町村は定めることができない。⑧

　⇒×　小規模なものは、市町村も定めることができる。

1-46 都道府県の計画と市町村の計画の調整 15条4項

　市町村の定めた都市計画が、都道府県が定めた都市計画と抵触する（食い違う）ときは、その限りにおいて、**都道府県**が定めた都市計画が優先する。

つまり　計画の整合性の観点から、**都道府県**の計画を優先する。

1-47 都市計画の決定等の提案制度 21条の2

　土地所有者等（所有者＋借地権者）又はまちづくりの推進を図る活動を行うことを目的とする特定非営利活動促進法に定める特定非営利活動法人、一般社団法人もしくは一般財団法人等は、都市計画区域又は準都市計画区域内の 0.5ha 以上の一団の土地につき、**土地所有者等の3分の2（人数及び地積）以上の同意**を得て、都道府県又は市町村に対し、都市計画の決定又は変更を、提案できる。

✓ チェック！

□ **提案制度**　都市計画の決定又は変更の提案は、当該提案に係る都市計画の素案の対象となる土地の区域内の土地所有者の全員の同意を得て行うこととされている。⑯

　⇒×　提案するだけだから、全員の同意は必要ない。

1-48 案作成時の公聴会の開催等 16条

　都道府県又は市町村は、都市計画の案を作成しようとする場合、必要があると認めるときは、公聴会の開催等住民の意見を反映させるための措置を講ずるものとする。

1-49 案作成後の公告縦覧手続 17条

（1）都道府県・市町村は、都市計画決定しようとするとき、あらかじ

　めその旨公告し、当該案を公告の日から**2週間公衆の縦覧**（自由
　に見られるようにする）に供しなければならない。⑨
（2）関係市町村住民及び利害関係人は、**縦覧期間満了の日までに、意
　見書**を提出することができる。

1-50　都市計画の決定　　　　　　　　　　　18・19条
（1）**都道府県の都市計画の決定**
　都道府県は、関係市町村の意見を聴き、かつ、都市計画審議会*
　の議を経て、都市計画を決定する。なお、一定の場合は、あらか
　じめ、国土交通大臣に協議し、その同意を得なければならない。
（2）**市町村の都市計画の決定**
　市町村は、都市計画審議会*の議を経て、都市計画を決定する。
　都市計画を決定しようとするときは、あらかじめ都道府県知事に
　協議しなければならない。㉔

1-51　告示と縦覧　　　　　　　　　　　　　20条
（1）計画決定⇒都道府県・市町村はその旨告示⇒都市計画の効力が生
　じる。
（2）都市計画は、総括図、計画図及び計画書によって表示され、これ
　らの図書又はその写しは、都道府県又は市町村の事務所で公衆の
　縦覧に供する。②

＊**都市計画審議会**　都市計画に関する専門機関。都道府県には必ず置き、市町村には置く
ことができる。

学習の指針

都市計画法は2問出題、うち1問は、**開発許可**制度から出る。開発許
可の要否、開発許可の手続、開発許可に関連する建築制限は、細かいと
ころも覚えておこう。もう1問は、用途地域等、地区計画、都市計画
決定からまんべんなく出題されるが、都市施設と市街地開発事業は、ほ
とんど出題されない。

Part 2

建築基準法

建築基準法は、建築行為をする際の最低限の基準を定めています。

1 集団規定

基準には、原則として都市計画区域及び準都市計画区域でだけ適用される**集団規定**と全国的に適用される**単体規定**がある。重要なのは、集団規定だ。

建物の敷地が道路につながっていないと、日常生活で不便なだけでなく、非常時・災害時に危険だ。そこで、

2-1 敷地の接道義務——集団規定1　　　　　　　　42・43条

（1）建築物の敷地は、**道路**（自動車専用道路を除く）に**2ｍ以上**接しなければならない。ただし、①②に該当する建築物については、これを適用しない。

　　①その敷地が幅員４ｍ以上の道 (道路に該当するものを除き、国土交通省令で定める基準に適合するもの) に2m以上接する建築物のうち、**特定行政庁**[*1] が支障がないと**認める**もの②その敷地の周囲に広い空地を有する建築物で、**特定行政庁**が建築審査会[*2]の同意を得て**許可**したもの

（2）「道路」とは、次の①〜④のいずれかに該当する幅員4m（特定行政庁が指定する区域内では、6m）以上のものをいう。

　　①道路法、都市計画法、土地区画整理法、都市再開発法等による道路。

　　②前記法令による新設又は変更の事業計画のある道路で、特定行政庁が指定したもの。

③前記法令によらないで築造する道で、築造者が特定行政庁からその位置の指定を受けたもの。

④都市計画区域もしくは準都市計画区域の指定の際現に存在する道。ただし、**幅員4m未満**の道でも、**特定行政庁の指定***したものは、道路とみなし、その中心線からの水平距離2m（特定行政庁が指定する区域内では、3m）の線をその道路の境界線とみなす。

（3）地方公共団体は、次のいずれかに該当する建築物について、条例で、その敷地又は建築物と道路との関係に関して必要な制限を**付加**することができる。

①特殊建築物　②3階以上の建築物　③窓その他の開口部を有しない居室を有する建築物

④延べ面積1,000㎡超の建築物　⑤敷地が袋路状道路にのみ接する建築物で、延べ面積が150㎡を超えるもの（**一戸建ての住宅を除く**）

（1）はつまり　道路に2m以上接していない土地は、原則・建物を建てられない。

（1）の＊1特定行政庁 地方における建築基準法の執行責任者で市町村長又は都道府県知事がなる。**＊2建築審査会**　特定行政庁によって任命された委員によって構成される特定行政庁の付属機関

（2）のただしのこころ　幅員4m以上でなければ道路でないというのが厳しすぎる場合があるので、幅員4m未満でも、**特定行政庁の指定**により道路とみなすが、みなし道路もいつかは本来の道路となるよう、その中心線から水平距離2（3m）の線をその道路境界線とみなす。建て替えるときは、その線まで後退しなければならない（**セットバック**）。＊1.8m未満の道を指定する場合は、あらかじめ特定行政庁の同意が必要。　令④

（3）はつまり　制限を**付加**とは、制限を強化するということ。たとえば接道部分を3mとするとか、接道する道路の幅員を8mとする等。なお、制限を**緩和**することは許されない。

✓ **チェック！**

1□**敷地の接道義務例外**　建築物の敷地は、原則として道路に2m以上接していなければならないが、建築物の周囲に広い空地がある場合等で、特定

行政庁が交通上、安全上、防火上及び衛生上支障がないと認めて許可した
ときは、この限りではない。⑧

2□みなし道路の道路境界線　都市計画区域内において、敷地の前面道路が
幅員４ｍ未満の道で、特定行政庁が指定したものであるときは、原則とし
て道路の中心線から水平距離２ｍの線が道路と敷地の境界線とみなされ
て、建基法の規定が適用される。④

3□接道制限の付加　地方公共団体は、その敷地が袋路状道路のみに接する
一戸建ての住宅について、条例で、その敷地が接しなければならない道路
の幅員に関して必要な制限を付加することができる。令①⑤

１○　例外として、特定行政庁が許可をすれば2m以上接していなくてもよい。

２○　いわゆる**セットバック**のことをいっている。

３×　袋路状道路のみに接する「一戸建ての住宅」については、接道制限を
付加できない。

2-2　私道の変更又は廃止の制限　　　45条

私道の変更又は廃止によって、接道義務に反する敷地が生じる場合に
は、特定行政庁は、私道の変更・廃止を禁止・制限することができる。⑥

そのこころ　私道だけを頼りに接道義務を満たしている敷地がある場合、私
道を勝手に変更したり、廃止されたりしては迷惑になる。

2-3　道路内の建築制限　　　44条

建築物又は敷地造成のための擁壁は、道路内に又は道路に突き出して
建築・築造してはならない。ただし、地盤面下に設ける建築物、公益上
必要な建築物等で特定行政庁が建築審査会の同意を得て許可したものは
この限りでない。⑫

2-4　壁面線の指定　　　47条

特定行政庁は、必要があると認める場合は、建築審査会の同意を得て、

壁面線を指定することができる。

⇒建築物の壁・柱又は高さ2mを超える門もしくはへいは、壁面線を超えて建築してはならない（原則）。

2-5 用途制限——集団規定2 48条

用途地域内では、**用途制限に適合しない**建築物は建てられない。ただし、**特定行政庁が許可**した場合は**この限りでない**。

用途地域内の用途制限一覧	1低専	2低専	1中高専	2中高専	1住居	2住居	準住居	田園住居	近隣商業	商業	準工業	工業	工業専用
住宅・共同住宅・寄宿舎・下宿、兼用住宅で、非住宅部分の床面積が、50㎡以下かつ建築物の延べ面積の2分の1未満のもの													×
幼稚園・小中学校・高等学校													×
図書館等												×	×
神社・寺院・教会等													
老人ホーム・身体障害者福祉ホーム等													×
保育所（幼保連携型認定こども園を含む）・公衆浴場・診療所等													
老人福祉センター・児童厚生施設													
巡査派出所・公衆電話													
大学・高等専門学校・専修学校	×	×										×	×
病院	×	×										×	×
床面積150㎡以内の一定の店舗・飲食店	×											×	×
床面積500㎡以内の一定の店舗・飲食店	×	×						*				×	×
床面積1500㎡以内の一定の店舗・飲食店	×	×	×									×	×
床面積1500㎡以内の事務所等	×	×	×										

＊農業の利便増進に必要な店舗・飲食店等：農産物直売所、農家レストラン、時価販売用の加工所等。なお、農作物の生産、集荷、処理又は貯蔵に供するもの、農作物の生産資材の貯蔵に供するものも建つ。

用途地域内の用途制限一覧	1低専	2低専	1中高専	2中高専	1住居	2住居	準住居	田園住居	近隣商業	商業	準工業	工業	工業専用
ボーリング場・スケート場・水泳場	×	×	×	×								×	×
ホテル・旅館	×	×	×	×								×	×
自動車教習場	×	×	×	×									
マージャン屋、パチンコ屋、	×	×	×	×	×							×	×
カラオケボックス、ダンスホール	×	×	×	×	×								
2階以下300㎡以下の自動車車庫	×	×											
営業用倉庫、3階以上300㎡超の自動車車庫	×	×	×	×	×	×							
200㎡未満の劇場・映画館	×	×	×	×	×	×						×	×
200㎡以上の劇場・映画館・ナイトクラブ　床面積10000㎡を超える店舗・飲食店等	×	×	×	×	×	×	×					×	×
キャバレー・料理店	×	×	×	×	×	×	×	×	×			×	×
個室付き浴場業	×	×	×	×	×	×	×	×	×		×	×	×

×は、特定行政庁の許可がなければ建たない。
・敷地が異なる用途地域にわたる場合、敷地過半が属する地域の制限による。
・都市計画区域内では、卸売市場、火葬場又はと畜場、汚物処理場、ごみ焼却場等は、都市計画で敷地が決定していなければ、新築・増築できない（5条1項）。

ⓅⓄⒾⓃⓉ

用途制限は、その土地柄をイメージしながら覚えるのが、コツだ。

（1）**商業・準工業**では、原則**何でも建つ**が、**ソープは商業のみ**。
（2）人間生存に不可欠な**宗教・福祉（保育所等）・衛生（診療所・公衆浴場等）**関係は、原則**どこでも建つ**が、**老人ホーム**は（福祉だが）騒音が大きい**工専**では、ダメ（命を縮める）。
（3）（工専の続きで）騒音が大きい**工専**では、**住宅・図書館**もダメ。
（4）**店舗・飲食店**は、規模にかかわらず**両端（1低専・工専）**はダメ。
（5）学習環境が悪い**工業・工専**では、**幼稚園から高校**まで建たず、**大学・病院**は、それ自体騒がしいので**工業・工専**に加え、**1・2低専**でも建たない。⇒　両端2つはダメ。
（6）**スポーツ・宿泊・教習所**は、需要がある**1住居**（かなり用途の混在がある）から建つが、**スポーツは工専**で（スポーツする余力はない）、**宿泊は工業・工業専用**では　需要がなく建たない（**工場**には宿泊施設がある）。
（7）**マージャン・パチンコ等娯楽**関係は**2住居**から建つが、（ストレス解消になる）**カラオケ**を除き**工業専用**はダメ（仕事をさぼる）。
（8）**ミニシアター**は、田園除く**準準（準住居〜準工業）**に建つが、**200㎡以上映画館**と**10,000㎡超店舗**は**近商・商業・準工業**で、**キャバレー等の風俗**は、何でも建つ**商業・準工業**しか建たない。

・**敷地が異なる用途地域にわたる場合**、敷地過半が属する地域の制限による。
・都市計画区域内では、**卸売市場、火葬場又はと畜場、汚物処理場、ごみ焼却場等**は、都市計画で敷地が決定していなければ、新築・増築できない（5条1項）。

✓ チェック！

1□**老人ホーム**　老人ホームは、工業専用地域以外の用途地域以外の用途地域ではどこでも建築できる。⑫

2□**小中学校**　第一種低層住居専用地域内では、小学校は建築できるが、中学校は建築できない。⑭

3□**大学**　第一種低層住居専用地域内においては、中学校は建築することが
　できるが、大学は建築することができない。元⑥

4□**ボーリング場**　第二種住居地域及び工業地域では、ボーリング場を建築
　することができる。③

5□**病院と診療所**　第一種低層住居専用地域内においては、病院は建築して
　はならないが、診療所は建築することができる。④

6□**原動機使用工場で床面積合計が 100㎡**　第一種住居地域内において
　は、原動機を使用する工場で作業場の床面積の合計が 100㎡であるもの
　を建築することができない。⑦

7□**喫茶店（店舗面積 150㎡）**　第一種住居地域では、住宅の一部を喫茶
　店（店舗面積 150㎡）とする建築物を建築することができる。⑬

8□**料理店**　近隣商業地域内においては、料理店を建築することはできない。⑩

9□**20,000㎡の店舗**　店舗の用途に供する建築物で当該用途に供する部分
　の床面積の合計が 20,000㎡であるものは、準工業地域においては建築す
　ることができるが、工業地域においては建築することができない。⑳

10□**200㎡以上の映画館**　近隣商業地域内において映画館を建築する場
　合は、客席の部分の床面積は 200㎡未満としなければならない。㉒

11□**特定行政庁が許可した場合**　特定行政庁が許可した場合、第一種低層
　住居専用地域内においても飲食店を建築することができる。㉘

12□**用途地域またがる場合**　一の敷地で、その敷地面積の 40％が第二種
　低層住居専用地域に、60％が第一種中高層住居専用地域にある場合は、
　原則として、当該敷地内には大学を建築することができない。㉚

13□**幼保連携型認定こども園**　工業地域内においては、幼保連携型認定こ
　ども園を建築することができる。令①

1○　老人ホームは、工業専用以外では建つ。

2×　1・2 低専では、小学校・中学校は建つ。

3○　大学は、両端 2 つずつ（1・2 低専、工業・工専）は建たない。

4○　ボーリング場は、1 住居から工業まで建築できる。

5○　病院は、両端 2 つはダメなので 1 低専はダメだが、診療所はどこでも建つ。

6○　1 住居で建築できる工場は、作業場床面積が 50㎡以下に限られる。
　　　原動機を使用する工場で作業場の床面積 50㎡超のものは、近隣商業
　　　から工専でしか建たない。

7○　1住居では、500㎡以内の飲食店は建つ。

8○　料理店は、商業・準工でしか建たない。

9○　20,000㎡店舗は、近商・商業・準工業でしか建たない。

10×　近商では、200㎡以上映画館も建つ。

11○　特定行政庁が許可すれば、用途制限に適合しない建築物も建てられる。

12×　過半主義により、敷地全体が1中高専にあるものとして用途制限が適用され、1中高専内においては大学を建築することができる。

13○　幼保連携型認定こども園は、どこでも建つ保育所並みの扱いとなり、幼稚園が建たない工業地域でも建つ。

2-6　建蔽率（建築面積／敷地面積）の制限──集団規定3　　53条

（1）原則　商業は法定（10分の8）

商業以外の用途地域は都市計画（用途地域）で指定する。

1・2低専、1・2中高専、田園住居、工専：10分の3・4・5・6のうちから

1・2住居、準住居、準工：10分の5・6・8のうちから

近商：10分の6・8のうちから

工業：10分の5・6のうちから　　指定する。

用途地域無指定区域では特定行政庁が、10分の3・4・5のうちから指定する。

- 建築物の敷地が2以上の異なる建蔽制限の地域区域にわたる場合

その建築物の建蔽率は、「各地域区域の建蔽率上限に」「各地域区域にある敷地各部分の敷地全体に対する割合」を乗じて得たものの合計以下でなければならない。

（2）特例

①緩和

1）特定行政庁の指定する角地

2）i 防火地域（建蔽率限度が10分の8の地域を除く）内にある耐火建築物又はこれと同等以上の延焼防止性能を有するもの（以後、耐火建築物等という）

ii 準防火地域内にある耐火建築物等

368

　　　iii **準防火地域内**にある**準耐火建築物**又はこれと**同等以上の延焼防**
　　　止性能を有するもの（以後、**準耐火建築物等**という）
　　　以上の 1)2) のいずれかに該当すれば、＋ 10 分の 1 緩和、1)2)
　　　のいずれにも該当すれば、＋ 10 分の 2 緩和
　3) 隣地境界線から後退して、又は、前面道路の境界線から後退して、
　　　壁面線の指定もしくは壁面位置の制限がある場合に、当該壁面線
　　　又は壁面の位置の制限として定められた限度の線を越えない建築
　　　物で特定行政庁が許可したものの建蔽率は、前 (1)(2) にかかわ
　　　らず、その許可の範囲内において、前 (1)(2) による限度を超え
　　　るものとすることができる。
② 適用なし
　1) **防火地域**（建蔽率限度が **10 分の 8 とされている地域に限る**）**内**
　　　にある**耐火建築物等**
　2) 巡査派出所、公衆便所、公共用歩廊その他これらに類するもの
　3) 公園、広場、道路、川その他これらに類するものの内にある建築
　　　物で特定行政庁が安全上、防火上及び衛生上支障がないと認めて
　　　許可したもの

Keyword（2）の特例のゴロ合わせ

しぼうたいなら 1 割アップで、**野暮ったいから敵はない**
＜**指**（**し**）**定角地**＞＜**防**（**ぼう**）**火**・準**防火地域内**・**耐**（**たい**）**火**・準
耐火建築物等＞なら 1 割アップ（10 分の 1 緩和）
＜ **10 分の 8**（**や**）**指定区域内**・**防火地域内の耐火建築物等**（**ぼったい**）＞
から**敵はない**（適用なし）

✓ チェック！

1 □**公園内建築物**　公園内にある建築物で、特定行政庁が、安全上、防火
　上及び衛生上支障がないと認めて許可したものについては、建蔽率の制
　限は適用されない。①
2 □**前面道路との関係**　建蔽率は、前面道路の幅員に応じて制限されるこ
　とはない。②

3 □防火地域内・耐火建築物　（1）建蔽率が6／10と定められている第二種住居地域内で、かつ、防火地域内にある耐火建築物についても、建蔽率の制限は適用される、が、（2）商業地域内で、かつ、防火地域内にある耐火建築物については、建蔽率制限は適用されない。③⑬

4 □緩和の手法　第一種住居地域内（建蔽率最高限度は6／10と指定されている。）で、かつ防火地域内で、特定行政庁が指定する角地内にある耐火建築物（住宅）の建蔽率は、第一種住居地域の建蔽率の数値に2／10を加えた数値を超えてはならない。⑧

5 □敷地が2以上の異なる建蔽率制限の地域地区にわたる場合　建築物の敷地が建蔽率に関する制限を受ける地域又は区域の2以上にわたる場合においては、当該建築物の建蔽率は、当該各地域又は区域内の建築物の建蔽率の限度の合計の2分の1以下でなければならない。㉗

1○　特定行政庁が許可した以上問題はない。

2○　前面道路の幅員に応じて制限されるのは容積率。

3（1）（2）○　適用なしは、**8／10＋防火地域内＋耐火（やぼったい）** 建築物。

4○　1／10割増事由が2つあるから2／10割増せる。

5×　敷地が2以上の異なる建蔽率制限の地域地区にわたる場合
「各地域に属する敷地部分の敷地全体に対する割合」に「その地域の建蔽率上限」を乗じて得た数値を合計した数値が、敷地全体の建蔽率の上限となる（52条7項）。

2-7　容積率（延べ面積／敷地面積）の制限——集団規定4　52条

（1）容積率上限は、用途地域で指定される（用途地域無指定区域は、特定行政庁が指定）が、前面道路*幅員（12m未満）に法定乗数を乗じて出た数値以下でもなければならない。

　　＊前面道路が複数あるときは広いほうを採用してよい

（2）前面道路幅員が12m未満の場合の法定乗数

【住居系8地域】

4／10（1・2低専以外の特定行政庁指定区域では6／10）

【上記以外】

　　　6／10（特定行政庁指定区域では4／10又は8／10）

（3）1・2低専及び田園住居の最大容積率は、20／10。

（4）特例

　　① 住宅又は老人ホーム等の用途に供する地階の床面積は、当該住宅又は老人ホームの用途に供する部分の床面積の合計3分の1までは、延べ面積に不算入。

　　② ⅰ昇降機の昇降路　ⅱ共同住宅もしくは老人ホーム等の共用廊下又は階段　ⅲ住宅又は老人ホーム等に設ける機械室（給湯設備等）で特定行政庁が認めるものは、延べ面積に不算入。

　　③ 周囲に広い空地があり、特定行政庁が許可した場合は緩和される。

＊1・2低専、田園住居：10分の5・6・8・10・15・20のうちから、
　1・2住居、1・2中高専、1・2住居、準住居、近商、準工業：10分の10・15・20・30・40・50のうちから、
　商業：10分の20・30・40・50・60・70・80・90・100・110・120・130のうちから、
　工業、工業専用：10分の10・15・20・30・40のうちから、用途地域で指定。
　用途地域無指定区域：10分の5・8・10・20・30・40のうちから特定行政庁が指定

（1）は、つまり　容積率上限＝＜指定容積率＞と＜前面道路＊幅員（12m未満）×法定乗数＞と比べ厳しいほうの数値
＊前面道路が複数あるときは広いほうを採用してよい。

（2）の法定乗数【覚え方】ゴロ合わせ
十姉妹（住・4まつ＝住居系10分の4）が六羽（その他10分の6）

（4）の特例の
地下・住宅・老人ホーム3分の1までは、不算入。
昇降路、共廊階は、全部不算入。

・敷地が異なる容積率制限の地域にわたる場合　建蔽率の場合（2-6）と同じくその建築物の建蔽率は、「各地域区域の容積率上限に」「各地域区域にある敷地各部分の敷地全体に対する割合」を乗じて得たものの合計以下でなければならない。

✓ **チェック！**

1 □**計画道路**　建築物の敷地が都市計画に定められた計画道路に接する場合において、特定行政庁が交通上、安全上、防火上及び衛生上支障がな

いと認めて許可した建築物については、当該計画道路を前面道路とみなして容積率を算定する。⑰

2 □みなし道路　法第42条第2項の規定により道路とみなされた道は、幅員が4m未満であるが、建築物が当該道路に接道している場合には、法52条第2項の規定による前面道路の幅員による容積率の制限を受ける。⑱

3 □共同住宅の共用の廊下又は階段　容積率を算定する上では、共同住宅の共用の廊下及び階段部分は、当該共同住宅の延べ面積の3分の1を限度として、当該共同住宅の延べ面積に算入しない。⑳⑪

4 □前面道路 12 m以上の場合　前面道路の幅員による容積率制限は、前面道路の幅員が 12 m以上ある場合は適用されない。 ㉘

1○　計画道路は、いずれ道路になるから、記述のとおりでよい。

2○　みなし道路は道路とみなされるのだから、道路と同じ扱いをする。

3×　**共廊階は、全部不算入**⇒共同住宅の共用の廊下・階段は、全部不算入。

4○　前面道路の幅員による容積率制限は、前面道路の幅員が 12 m未満の場合だから、前面道路 12m 以上ある場合は適用されない。

2-8　**1・2 低専又は田園住居内の建築物の高さ制限 (絶対高さ制限)**
　　──**集団規定5**　　　　　　　　　　　　　　255条
　第1・2種低層住居専用地域又は田園住居地域内では、建築物の高さは、**10 m又は12 m**のうち、都市計画において定められたものを超えてはならない。ただし、特定行政庁が許可したものはこの限りではない。

2-9　**高さ制限の適用地域地区と日影規制──集団規定6**
　高さ制限は、(1) 2-8 の 1・2 低専・田園内の建築物の高さ制限 (絶対高さ制限) の他、(2) **斜線制限**＊が 3 種類と (3) **日影規制**※がある。

＊**斜線制限**　一定の線から敷地の内側に斜線を引いて、建築物をその斜線内に抑えようというもの。①道路斜線制限、②隣地斜線制限、③北側斜線制限の 3 種類ある。
※**日影規制**　隣地に落とす日影を一定時間内に制限する。

	適用地域地区
（1）1・2低専、田園内の建築物の高さ制限（絶対高さ制限）	第1・2種低層住居専用地域及び田園住居地域だけ。
（2）斜線制限　①道路斜線制限	都市計画区域・準都市計画区域全域*
②隣地斜線制限	第1・2種低層住居専用地域及び田園住居地域を除く都計・準都計区域* ＊用途地域無指定区域を含む
③北側斜線制限	第1・2種低層住居専用地域、第1・2種中高層住居専用地域*（住居専用地域＋田園住居）だけ。 ＊日影規制に関する地方公共団体の条例が定められている区域を除く
（3）日影規制	商業・工業・工業専用地域を除く用途地域及び用途地域無指定区域のうち、地方公共団体が条例で指定した区域。
日影規制受ける建築物規模	第1・2種低層住居専用地域と田園住居は、軒高7m超又は地上3階以上／その他（1・2低専以外）は、高さ10m超
日影規制の特殊な扱い	①規制区域内に日影落とす10m超の区域外建築物は区域内にあるものとみなす。 ②同一敷地内2以上の建築物は、1の建築物とみなして適用。

⇒つまり、高さ制限は、異なる地域地区にわたる場合は、それぞれの地域地区の規制が及ぶ、というわかりやすい手法。**対比**　用途制限：過半主義 **2-5**、建蔽率・容積率：按分計算 **2-6・7**

【覚え方】日影規制を受ける建築物の規模ゴロ合わせ
　　　　　1・2低専・田園は規制が厳しく、**なみ**（軒高7m超・3階以上）だ目よ。**その他の父**さん（高さ10m超）笑ってる。

適用地域地区の **POINT**
　（1）**絶対高さ制限**は、高級住宅地の1・2低専内と田園住居でだけ適用
　（2）①**道路斜線制限**は、道路がつきものの**都計・準都計区域全域**で適用

②**隣地斜線制限**は、適用余地ない＊**1・2 低専と田園を除く都計・準都
計区域**で適用

＊ 10・12 ｍの絶対高さ制限は、隣地斜線制限の立ち上がり（地面から規制がかかる
上空地点までの距離）より低く、1・2 低専及び田園では、隣地斜線制限は、適用の
余地がない。

【注】 敷地が、2以上の異なる高さ制限の地域地区にわたる場合
それぞれの地域地区に属する建築物の部分は、**それぞれの地域地区の高さ制限**に従う。

③**北側斜線制限**は、日照が大事な**住居専用地域と田園**（1・2 低専、1・2
中高専＊、田園住居）だけで適用

＊日影規制に関する地方公共団体の条例が定められている区域を除く。

（3）日影規制の適用区域は、日照不要の**商・工・工専 以外の地域中条例
指定地区**で適用

✓ チェック！

1 □**絶対高さ制限**　田園住居地域内においては、建築物の高さは、一定の
場合を除き、10 ｍ又は 12 ｍのうち当該地域に関する都市計画におい
て定められた建築物の高さの限度を超えてはならない。㉚

2 □**隣地斜線制限**　第二種低層住居専用地域に指定されている区域内の土
地においては、建築物を建築しようとする際、当該建築物に対する法
56 条第 1 項第 2 号のいわゆる隣地斜線制限の適用はない。⑲

3 □**北側斜線制限**　北側斜線制限（法56条1項3号の制限）は、第一種低層
住居専用地域・第二種低層住居専用地域・第一種中高層住居専用地域・第
二種中高層住居専用地域内及び田園住居地域内に限り、適用される。⑤

4 □**日影規制**　第一種低層住居専用地域内の建築物のうち、地階を除く階
数が2以下で、かつ、軒の高さが7ｍ以下のものは、日影による中高層
の建築物の高さの制限を受けない。②

5 □**日影規制**　第二種中高層住居専用地域内においても、高さが9ｍの建
築物であれば、日影による中高層の建築物の高さの制限を受けない。③

6 □**日影規制**　同一の敷地内に2以上の建築物がある場合には、これらの
建築物を一の建築物とみなして、日影規制が適用される。⑦

7 □**日影規制**　地方公共団体は、商業地域、工業地域及び工業専用地域に
おいては、条例で、日影規制の対象区域として指定することができない。⑱

8 □**地域地区がまたがる場合の適用関係**　建築物が第二種低層住居専用地

域と第一種住居地域にわたる場合、当該建築物の敷地の過半が第一種住居地域であるときは、北側斜線制限が適用されることはない。⑯

1○　**1・2低専、田園住居内**の建築物の絶対高さ制限（**2-8**）である。

2○　**隣地斜線制限**は、絶対高さ制限のある**1・2低専及び田園を除く都計・準都計区域**で適用がある。⇒1・2低専では、隣地斜線制限の適用はない。

3○　**北側斜線制限**は、日照が大事な**住居専用地域**（1・2低専、1・2中高専）**及び田園**だけで適用。

4○　**日影規制受ける建築物規模**は、**1・2低専及び田園・軒高7m超又は地上3階以上⇒1低専**内の、地階を除く階数が2以下で、かつ、軒高7m以下のものは、規制を受けない。

5○　**1・2低専、田園以外**は、**高さ10m超**で制限を受ける。

6○　日影を問題とするから、建物の数はどうでもよい。

7○　記述のとおり、日照不要の**商・工・工専**では、条例で、日影規制の対象区域として指定することができない。

8×　高さ制限は、異なる用途地域にわたる場合は、それぞれの地域の規制が及ぶ（**2-9【注】**参照）。⇒2低専の部分には、北側斜線制限が適用される。

2-10　防火・準防火地域内の建築物——集団規定7　　61条

　防火地域又は準防火地域内にある建築物は、その**外壁の開口部で延焼のおそれのある部分**に防火戸その他の政令で定める防火設備を設け、かつ、**壁、柱、床その他の建築物の部分及び当該防火設備**を通常の火災による周囲への延焼を防止するためにこれらに必要とされる性能に関して防火地域及び準防火地域の別並びに建築物の規模に応じて政令で定める技術的基準に適合するもので、**国土交通大臣が定めた構造方法を用いるもの又は国土交通大臣の認定**を受けたものとしなければならない。ただし、門又は塀で、高さ2m以下のもの又は準防火地域内にある建築物（木造建築物等を除く。）に附属するものについては、この限りでない。

✓ チェック！

□**防火地域内**　高さが2mの門については，防火地域内に建築する場合であっても，木造としてもよい。②　　⇒○

2-11　屋根　　　　　　　　　　　　　　　　　　　　62条

　防火地域又は準防火地域内の建築物の屋根の構造は、市街地における火災を想定した火の粉による建築物の火災の発生を防止するために屋根に必要とされる性能に関して建築物の構造及び用途の区分に応じて政令で定める技術的基準に適合するもので、**国土交通大臣が定めた構造方法を用いる**もの又は国土交通大臣の認定を受けたものとしなければならない。

2-12　隣地境界線に接する外壁　　　　　　　　　　　　63条

　防火地域又は**準防火地域内**にある建築物で、**外壁が耐火構造のもの**については、その外壁を隣地境界線に接して設けることができる。

2-13　看板等の防火措置　　　　　　　　　　　　　　　64条

　防火地域内にある看板、広告塔、装飾塔その他これらに類する工作物で、建築物の**屋上に設ける**もの又は**高さ３mを超える**ものは、その主要な部分を不燃材料で造り、又は覆わなければならない。

2-14　建築物が防火地域又は準防火地域の内外にわたる場合の措置
　　　　　　　　　　　　　　　　　　　　　　　　　　　65条

　建築物が**防火規制の異なる地域区域にわたる場合**においては、その**全部について防火規制の厳しい地域の建築物に関する規定を適用**する。ただし、その建築物が**防火規制の厳しい地域外において防火壁で区画されている場合**においては、その防火壁外の部分については、**この限りでない**。

たとえば　建築物が防火地域と防火地域に指定されていない区域にわたる場合においては、その全部について防火地域の建築物に関する規定を適用する。

✓ チェック！

1 □**防火地域又は準防火地域内**　防火地域又は準防火地域内にある建築物

で、外壁が耐火構造のものについては、その外壁を隣地境界線に接して設けることができる。⑨⑮㉘

2□建築物が防火・準防火地域にわたる場合　建築物が防火地域及び準防火地域にわたる場合には、その面積の大きい地域内の建築物に関する規定を適用する。①

1○　繁華街などで、外壁が接しているようなビルを見かける。

2×　防火壁で区切らぬ限り、厳しいほうの規制。

2-15　1・2低専内又は田園住居内の外壁の後退距離──集団規定8

54条

　第1・2種低層住居専用地域又は田園住居地域内において、**外壁の後退距離の限度**（1.5m又は1m）が定められた場合には、建築物の外壁（又はこれに代わる柱の面）から敷地境界線までの距離は、原則として、当該限度以上でなければならない。

【注】壁面線の指定（2-4）とイメージが似ているが、外壁後退距離制限は、1・2低専又は田園住居特有の規制だ。

✓ チェック！

□ **1住居で定められるか**　第一種住居地域内における建築物の外壁又はこれに代わる柱の面から敷地境界線までの距離は、当該地域に関する都市計画においてその限度が定められた場合には、当該限度以上でなければならない。㉘

⇒×　外壁後退距離制限は、1・2低専及び田園特有の規制だから、1住居には定められない。

2-16　敷地面積の最低限度──200㎡超えない範囲で ──集団規定9

53条の2

　用途地域に関する都市計画で、**200㎡を超えない範囲で敷地面積の最低限度**が定められたときは、敷地は、当該最低限度以上でなければならない。

そのこころ　ミニ開発の抑制である。

✓ **チェック！**

□**敷地面積の最低限度**　1低専内において、建築物の敷地面積の最低限度に関する制限を都市計画で定める場合、200㎡を超えない範囲で定めなければならない。⑥㉔

⇒○　敷地面積の最低限度が200㎡超では、豪邸誘致になってしまう。

2-17　集団規制の都市計画区域及び準都市計画区域外の域内への適用　68条の9

　都市計画・準都市計画区域外でも、知事指定区域内においては、地方公共団体は、条例で、①建築物又はその敷地と道路との関係、②建築物の容積率、建築物の高さその他の建築物の敷地又は構造に関して必要な制限を定めることができる。

2 建築確認

　建築基準法の各種規制を守らせる手段が建築確認です。建築主は、下表○印の建築等をしようとする場合には、工事着手前に、その計画が建築基準関係規定に適合するものであることにつき、建築主事(又は指定確認機関)の確認を受け、確認済証の交付を受けなければなりません（6条）。

2-18　建築確認が必要な場合一覧　6条

建築物の種類・規模	適用区域	建築		大規模修繕・模様替え	用途変更*3
		新築	増改築・移転*1		
一般建築物 （木造2階建て住宅等）	都計・準都計区域	○			

		全国	○	○	
大規模建築物	木造3階以上又は延面（延べ面積）500㎡超、高さ13m超もしくは軒高9m超*2		○	○	
	木造以外2階以上又は延面200㎡超*2				
特殊建築物※でその用途に供する部分の床面積合計が200㎡を超えるもの*2			○	○	○

＊1 <u>原則</u>として、**10㎡を超えるもの**のみ対象となる。**例外**として、都市計画区域内の**防火・準防火地域内では規模に関係なく対象**となる。

＊2 増築する場合に、増築後に規模の基準に該当する場合も含む。

※**特殊建築物**　不特定多数者が入る、劇場、映画館、公会堂、集会場、病院、診療所、ホテル、旅館、下宿、共同住宅、寄宿舎、学校、体育館、百貨店、マーケット、キャバレー、カフェー、ナイトクラブ、バー、ダンスホール、遊技場、又は危険物を収蔵する、倉庫、自動車車庫、自動車修理工場等

＊3 特殊建築物から一般建築物への用途変更は、確認不要。

　　類似の用途変更（下宿→寄宿舎、劇場→映画館、ホテル→旅館）も、確認不要。

2-19　一般建築物※が建築確認を要する場合

　都市計画区域・準都市計画区域内で建築行為（新築＋増改築移転）*をするときだけ。

※**一般建築物**とは、大規模建築物でも特殊建築物でもないという意味で、**木造2階建て住宅**などが典型。

＊ 新築は、規模にかかわらず。増改築移転は原則として10㎡を超えるもののみ、例外として、防火・準防火地域内では、規模にかかわらず。

POINT

　一般建築物は、**都計・準都計区域内で、建築行為（新築＋増改築移転）***をするときに確認が必要。

＊新築は、規模にかかわらず。増改築移転は原則として10㎡を超えるもののみ、例外として、防火・準防火地域内では、規模にかかわらず。

2-20　大規模建築物※が建築確認を要する場合

（1）建築行為（新築＋増改築移転）*をするとき。

（2）大規模修繕・模様替え（過半の修繕・模様替え）をするとき。

※大規模建築物とは、木造 3 階以上又は延べ面積 500㎡超もしくは軒高 9 m超もしくは高さ 13 m超のもの、又は、木造以外 2 階以上又は延べ面積 200㎡超のもの。

＊新築は、規模にかかわらず。増改築移転は原則として 10㎡を超えるもののみ、例外として、防火・準防火地域内では、規模にかかわらず。

大規模建築物【覚え方】ゴロ合わせ

三（さん）国（ご　　　　　く）　　　一の三重の塔

3 階以上延面 500㎡超軒高・9 m超高さ 13 m超木造

二（2）ョキニ（2）ョキ建ってるビルディング

2 階以上延面 200㎡超　　　　木造以外

ⓅⓄⒾⓃⓉ

　大規模建築物は、**全国的**に、**建築行為（新築＋増改築移転）**＊と、**大規模修繕模様替え**をするときには、確認が必要。

＊新築は、規模にかかわらず。増改築移転は原則として 10㎡を超えるもののみ、例外として、防火・準防火地域内では、規模にかかわらず。

2-21　特殊建築物※で特殊用途に供する床面積 200㎡超のものが建築確認を要する場合

（1）建築行為（新築＋増改築移転）*1をするとき。

（2）大規模修繕・模様替え（過半の修繕・模様替え）をするとき。

（3）用途変更*2をするとき

※特殊建築物とは、劇場・映画館のように不特定多数者が入る建築物又は倉庫・自動車車庫のように危険物を収蔵する建築物。

＊1　新築は、規模にかかわらず。増改築移転は原則として 10㎡を超えるもののみ、例外として、防火・準防火地域内では、規模にかかわらず。

＊2【注】特殊⇒一般の用途変更、類似の用途変更は除く

ⓅⓄⒾⓃⓉ

　特殊建築物は、**全国的**に、**建築行為（新築＋増改築移転）**[*1]、**大規模修繕模様替え**及び**用途変更**[*2] をするときには、確認が必要。

【注】特殊⇒一般の用途変更、類似の用途変更は除く

＊1 新築は、規模にかかわらず。増改築移転は原則として10㎡を超えるもののみ、例外として、防火・準防火地域内では、規模にかかわらず。

＊2【注】特殊⇒一般の用途変更、類似の用途変更は除く

✓ チェック！

確認が必要なものは○、不要なものは×をつけよ。

1 □鉄筋コンクリート造1階建て、延べ面積250㎡の自動車車庫の大規模修繕。②改題

2 □都市計画区域内での、鉄筋コンクリート造1階建て、床面積50㎡の自動車車庫の大規模修繕。③

3 □木造3階建て、延べ面積400㎡、高さ12ｍの一戸建て住宅を、大規模修繕。④

4 □鉄骨2階建て、高さ8ｍ、延べ面積150㎡の住宅の新築。⑤

5 □準防火地域内における、床面積合計10㎡以内の改築。⑩

6 □鉄骨平家建で、延べ面積が200㎡の事務所の大規模の修繕。⑦

7 □延べ面積200㎡木造以外の建築物を延べ面積250㎡に増築。⑨

8 □共同住宅の用途に供する（その用途に供する部分の床面積の合計が250㎡）建築物の大規模の修繕。⑲

9 □自己の居住用建築物を共同住宅（床面積合計300㎡）に用途変更。⑪

10 □事務所の用途に供する建築物を、飲食店（その床面積の合計250㎡）に用途変更。㉔

1○　特殊建築物200㎡超のものは大規模修繕でも確認必要。

2×　特建200㎡超でも大規模建築物でもないので、確認不要。

3○　木造3階以上は大規模修繕も確認が必要。

4○　鉄骨2階は大規模建築物で、その新築は確認が必要。

5○　防火・準防火地域内なら、増改築移転も規模に関係なく確認を要する。

6×　事務所・鉄骨平家・延面200㎡は、特殊建築物でも大規模建築物でもなく確認不要。

7○　木造以外で増築後・延面200㎡超は、10㎡超の増改築にも確認が必

要。

8○　共同住宅は特殊建築物、供用面積が200㎡超のものの大規模修繕は、確認が必要。

9○　共同住宅は特殊建築物、供用面積が200㎡超のものへの用途変更は、確認が必要。

10○　飲食店は特殊建築物、供用面積200㎡超のものに用途変更は、確認必要。

2-22　建築確認の手続　　　　　　　　　　　　　　6・94条

　建築主は、工事着手前に、確認申請書を建築主事（又は指定確認検査機関*）に提出⇒受理した日から**7日**以内に、（特殊又は大規模建築物は**35日**以内に）審査し、建築計画が建築基準関係規定に適合することを確認したときは、申請者に**確認済証**を交付し、不適合と認めたときは、その旨と理由を記載した通知書を申請者に交付する。

＊ 指定確認検査機関　国交大臣又は知事の指定を受け、建築確認及び工事完了検査等をできる民間の機関。
• 確認済証の交付を受けた後でなければ、工事をしてはならない。
• 建築主が不適合通知に不服があるときは、**建築審査会に審査請求**でき（94条）、また、直接処分取消しの訴えを起こすこともできる（行政事件訴訟法8条）。

2-23　工事完了検査の申請　　　　　　　　　　　　　　7条

　建築工事を完了⇒建築主は、その日から原則4日以内に到達するよう建築主事に検査を申請　⇒申請を受理した日から7日以内に建築基準関係規定に適合しているか検査。⇒適合と認めたときは、建築主に対して検査済証を交付。

• 一定の工程を含む建築物は、工事完了検査の前に、**中間検査**を受けなければならない（7条の3）。

✓ チェック！

□**工事完了検査が必要か**　防火地域内にある３階建ての木造の建築物を増築する場合、その増築に係る部分の床面積の合計が 10㎡以内であれば、その工事が完了した際に、建築主事又は指定確認検査機関の完了検査を受ける必要はない。㉚

⇒×　工事完了検査は、建築確認を受けた工事につき行われるので、設問は、大規模建築物につき、防火地域内で 10㎡以内の増改築に建築確認が必要か問うのと同義だが、防火地域内では増築でも規模にかかわらず、建築確認＝工事完了検査が必要である（**2-17＊**）。

2-24　特殊・大規模建築物の検査済み証交付前の使用制限　７条の６

　特殊又は大規模建築物の新築等の場合、検査済証の交付を受けないと使用できないが、

①特定行政庁又は建築主事が、仮使用の承認をしたとき、又は

②工事完了検査の申請が受理された日から７日を経過したときは、仮使用することができる。

【注】一般建築物には、検査済み証交付前の使用制限はない。

✓ チェック！

1□**大規模建築物使用開始**　木造３階建ての住宅を新築した場合、建築主は、検査済証の交付を受ける前には、工事完了検査の申請が受理された日から７日を経過したときでも、仮使用できない。⑧

2□**一般建築物使用開始**　都市計画区域内の木造２階建て、延べ面積200㎡、高さ６mの一戸建ての住宅は、新築をする場合、検査済証の交付を受けた後でなければ使用してはならない。①

1×　大規模建築物は、原則・検査済証交付後でなければ使用できないが、完了検査申請が受理されて７日を経過したときは、仮使用できる。

2×　一般建築物は、検査済み証交付前でも使用できる。

2-25　建築又は建築物除却の届出義務──統計のための届出義務

15条

　10㎡超の建築物を建築（又は除却）しようとする場合、建築主（又は除却工事の施工者）は、建築主事を経由して都道府県知事に届出なければならない。

3 単体規定とその他の事項

単体規定はたくさんありますが、複数回出題されたものだけ紹介しましょう。

2-26　単体規定（全国的に個々の建築物等に適用される）等

20 ～ 34条

（1）**構造耐力**（20条）
　① 高さが60mを超える建築物の構造方法は、国土交通大臣の認定を受けたものであること。
　② 一定の大規模建築物*等は、構造計算によって確かめられる安全性を有すること。

　＊大規模建築物　木造3階以上、延べ面積500㎡超・高さ13m超又は、軒高9m超・木造以外2階以上、延べ面積200㎡超（**2-15・17**）

（2）**防火壁**（26条）　延べ面積が1,000㎡超建築物は、防火壁によって有効に区画し、かつ、各区画床面積合計をそれぞれ1,000㎡以内としなければならない。ただし、耐火又は準耐火建築物は、この限りでない。

（3）**居室の採光及び換気**（28条）住宅の居室には、原則として、窓、開口部等、採光に有効な部分の面積は、その居室の床面積に対して、住宅にあっては原則7分の1（照明設備設置であれば10分の1）以上、とし、窓等、換気に有効な部分の面積は、その居室の床面積に対して、20分の1以上としなければならない。

（4）**避雷設備・昇降機**（33・34条）　高さ20m超建築物には、原則・

有効に避雷設備。高さ 31m 超建築物には、原則・非常用の昇降機。

（4）の【覚え方】ゴロ合わせ

　　最少（31m 超**昇**降機）2 階に**避雷針**（20m 超**避雷設備**）

✓ チェック！

1□**建築物の敷地**　建築物の敷地には、雨水及び汚水を排出し、又は処理するための適当な下水管、下水溝又はためますその他これらに類する施設をしなければならない。⑨

2□**構造計算**　木造建築物で階数3であるものは、必ず構造計算によって、その構造が安全であることを確かめなければならない。⑦⑳

3□**避雷設備**　高さ 25m の建築物には、周囲の状況によって安全上支障がない場合を除き、有効に避雷設備を設けなければならない。⑫

4□**便所**　便所には、採光及び換気のため直接外気に接する窓を設けなければならないが、水洗便所で、これに代わる設備をした場合には、必ずしも設ける必要はない。⑰

5□**延べ面積が 1,000㎡を超える耐火建築物**　延べ面積が 1,000㎡を超える耐火建築物は、防火上有効な構造の防火壁によって有効に区画し、かつ、各区画の床面積の合計をそれぞれ 1,000㎡以内としなければならない。㉘

1○　常識的に判断できよう。

2○　**大規模建築物**には、**構造計算**。ここはよく出る。

3○　最少（31m 超**昇**降機）2 階に**避雷針**（20m 超**避雷**設備）

4○　**常識的に判断できよう。**

5×　耐火建築物には、「防火壁によって有効に区画し、かつ、各区画の床面積の合計を 1,000㎡以内とする」規制は、かからない。

重要文化財などには、建築基準法は適用しない。

2-27　法の適用除外　　　　　　　　　　　3 条

　建築基準法は、

① **重要文化財**等の指定を受けた建築物（原形再現建築物を含む）には、

適用しない。

② 既存建築物が法改正で建築基準法に適合しなくなった場合（**既存不適格建築物**）にも、原則として、改正基準は適用しない。

2-28　違反建築物に対する措置　　　　　　　　　9条

（1）**通常の場合**⇒特定行政庁は、建築主、工事請負人、現場管理者又は所有者、管理者、占有者に対して、あらかじめ文書により通知し、違反是正のため必要な措置を命ずることができる。通知を受けた者は3日以内に公開聴聞を請求できる。

（2）**緊急の場合**⇒特定行政庁又は建築監視員は、通知・聴聞手続を省略し、工事施工停止命令等を命ずることができる。

建築協定は、法の規制では不十分だと考えた住民が、自主的に建築物・その敷地に関する協定を結ぶものだ。

2-29　建築協定を締結できる場所とその手続　　　69・70条

（1）町村条例で、締結できる旨定められた場所でだけ締結できる。

（2）土地所有者及び借地権者（所有者等）は、**全員の合意**（借地権付き土地では借地権者の合意があれば足りる）により協定書を作成し、代表者が特定行政庁に提出し、その認可を受ける。

（3）協定で定める事項　ⅰ協定区域　ⅱ建築物の敷地・位置・構造・用途・形態・意匠・建築設備に関する基準　ⅲ有効期間　ⅳ違反があったときの措置

✓ チェック！

□**協定で定める事項**　建築協定は、建築物の敷地、位置及び構造に関して定めることができるが、用途に関しては定めることができない。⑤⑮
⇒×　用途に関しても定めることができる。

当初、土地所有者が一人の場合でも、建築協定は、認可を受けられる。

2-30　一人協定——３年以内に土地所有者等複数になり発効

76条の3

　一人の土地所有者しか存在しない区域でも、認可を受けられる。

⇒認可受けた日から**３年以内**に土地所有者等が**二人以上**となったときから、協定発効。

たとえば　建築協定付きで、別荘地を分譲する場合などに用いられる。

　協定は、協定区域への転入者や、協定区域内の借家人にも効力が及ぶ。

2-31　転入者及び借家人に対する効力　　　　　75・77条

（1）建築協定は、協定の公告のあった日以後に、建築協定区域内の土地所有者等になった者にも、その効力が及ぶ。

（2）建築物の借主（借家人）の権限に関係する場合は、借主（借家人）も土地所有者等とみなされる。㉗

2-32　建築協定の変更と廃止　　　　　　　　　74・76条

建築協定変更＝全員の合意により、認可を受けなければならない。

建築協定廃止＝過半数の合意により、認可を受けなければならない。㉔

そのこころ　変更の場合は、変更部分は新協定だから全員の合意が必要だが、廃止の場合は、建築基準法の適用だけの原則に戻そうということだから、過半数の合意でよい。

学習の指針

建築基準法は、２問出題される。出題項目は集団基準と建築確認が多い。この２分野を整理しておけば、ほぼ２問正解できる。

Part 3

土地区画整理法

街のリノベーションをはかります。

1 土地区画整理事業と施行者

3-1 土地区画整理事業の特色

土地区画整理事業は、**都市計画区域内**で行う街のリノベーション（付加価値を付けたレベルアップの作り直し）のため宅地の区画を整え道路、公園等を新設・変更する事業である。

土地区画整理事業には、次の特色がある。

（1）施行者が用地を取得することなく、**換地方式**により事業を施行する。

（2）**減歩**により生じた土地を集めて、公共施設を設けたり、**保留地**を作り出したりする。

（1）は、つまり　換地方式とは、施行者が用地を取得しないで土地区画整理事業の工事を進め、それまでの宅地の権利者に、区画整理した新しい宅地を割り当てる（換地）方式である。したがって、土地区画整理事業には土地収用法は適用されないのが原則だ。が、例外的に都市計画事業として施行する場合は、土地収用法を適用できる（都計法 69 条）。つまり、**施行区域**（都市計画事業として土地区画整理事業を行う区域）の土地についての土地区画整理事業には、土地収用法を適用できる。

（2）は、つまり　減歩とは、それまでの宅地の面積を少し減らして換地をすること。**保留地**とは、換地として定めず、施行者のために保留しておく土地。施行者は、事業完了後、保留地を処分して事業の資金等に充てる。

✓ **チェック！**

□**土地収用法の適用　施行地区と施行区域の違い**　施行地区についての土地区画整理事業は、都市計画事業として施行されることから、これを土地収用法第３条各号の一に規定する事業に該当するものとみなし、同法の規定を適用する。㉒

⇒×　**施行地区**とは<u>土地区画整理事業を施行する土地</u>をいう（２条４号）。<u>都市計画事業として土地区画整理事業を行う区域</u>は**施行区域**（２条８号）という。したがって、「**施行区域**についての土地区画整理事業には、……同法の規定を適用する」が正しい記述である。**施行区域と施行地区**の用語逆転のひっかけ。かなり微妙なひっかけ。

3-2　個人施行者　　　　　　　　　　　　　　　　３・４条

　宅地の所有者もしくは借地権者又はこれらの者の同意を得た者は、１人又は数人が共同して、規準又は規約及び事業計画等を定め、都道府県知事の認可を受けて、土地区画整理事業を施行できる。

・個人施行者について相続、合併その他の一般承継があった場合や施行地区内の宅地について個人施行者の有する所有権又は借地権につき特定承継（売買、贈与等）があった場合は、いずれも、**承継人が施行者**となる（11条）。

3-3　土地区画整理組合　　　　　　　　　　　　　　25条

　組合の設立は、**７人以上**共同して、定款及び事業計画を定め、施行地区内の宅地の所有者及び借地権者の**各３分の２（人数と地積）以上の同意**を得て都道府県知事の認可を受けなければならない。

⇒組合設立により、施行地区内の宅地所有者・借地権者は、**すべて組合員**となる。

・組合は**法人**とされる（22条）。

・組合員には、宅地の所有者・借地権者のほか、独立行政法人都市再生機構等政令で定めるものであって、土地区画整理事業に参画することを希

望し、定款で定められた者もなることができる（**参加組合員**）。

・**未登記の借地権者**は、市町村長に申告することにより借地権者と扱われるが、申告しない場合は、その借地権は存しないものとみなされる（25条）。

・施行地区内の宅地について組合員の有する所有権又は借地権が承継された場合は、その組合員が組合に対して有する権利義務は、その承継した者に移転する（26条）。つまり、施行地区内の宅地について、相続のような一般承継や売買・贈与のような特定承継があった場合は、いずれも**所有権等を取得した者が新たに組合人**となる。

・組合は、組合員には賦課金を、参加組合員には負担金と事業経費に充てる分担金を納付するよう求めることができる。そして、組合員は、賦課金の納付につき、参加組合員は負担金、分担金の納付について、**相殺**＊をもって組合に対抗することができない（40条、40条の2）。

＊**相殺**　当事者間に債権が対立して存在する場合、当事者一方の意思表示によりそれらを帳消しにすること（第2編権利**6-15**）。

そのこころ　賦課金は、現実に納付しないと組合の運営に支障をきたす。

✓ チェック！

1□**組合員から所有権を取得**　組合施行の事業施行中に、施行地区内の宅地について組合員から所有権を取得した者は、当該組合の組合員となる。⑯

2□**組合員から所有権を取得**　組合施行の土地区画整理事業において、換地処分前に、施行地区内の宅地について所有権を有する組合員から当該所有権を譲り受けた者は、当該組合の総会において賦課金徴収の議決があったときは、賦課金の納付義務を負う。⑱

3□**賦課金債務の相殺**　土地区画整理組合は、その事業経費に充てるため、組合員に対して賦課金を賦課徴収することができるが、当該組合に対する債権を有する組合員は、賦課金の納付について、相殺をもって組合に対抗することはできない。⑰。

1○　事業施行中、施行地区内宅地の所有権・借地権を取得した者は、すべてその組合の組合員となる。

2○　宅地所有権を取得し、組合員の地位を承継した者は、賦課金の納付義務も負う。

3○　賦課金の納付について、相殺をもって組合に対抗することができない。

3-4 土地区画整理事業施行会社　　　　　　３条３項

　宅地について所有権又は借地権を有する者を株主とする株式会社で、
①土地区画整理事業の施行を主たる目的とするものであること②施行地
区となるべき区域内の宅地について所有権又は借地権を有する者が、総
株主の議決権の過半数を保有していること等の要件に該当するものは、
当該所有権又は借地権の目的である宅地を含む一定の区域の土地につい
て土地区画整理事業を施行することができる。

3-5 地方公共団体等　　　　　　　　　３条４項～３条の４

（1）都道府県又は市町村、国土交通大臣、独立行政法人都市再生機構、
　　地方住宅供給公社等（公共団体等）も実施できる（３条４項、３
　　条の２、３条の３）。
（2）公共団体等は、土地区画整理事業を、土地区画整理事業について
　　都市計画に定められた区域（**施行区域**という）で、**都市計画事業**
　　として行う（３条の４）。

【注】**施行区域**は、市街化区域、又は、区域区分が定められていない都市計画区域内でし
か定められない（1-39）⇒公共団体等は、**市街化調整区域**では土地区画整理事業を行え
ない。

・ **施行区域**の土地についての土地区画整理事業は、都市計画事業として施行
　される（３条の４）ことから、これを土地収用法第３条各号の一に規定する
　事業に該当するものとみなし、同法の規定を適用する（都市計画法 **69** 条）。

✓ チェック！

□**施行区域**　土地区画整理組合は、土地区画整理事業について都市計画に定めら
　れた施行区域外において、土地区画整理事業を施行することはできない。㉔
⇒×　施行区域外で、土地区画整理事業を行えないのは、公共団体等である。
　　土地区画整理組合は、施行区域外においても土地区画整理事業を施行で
　　きる。

2 土地区画整理事業の施行

施行地区内の建築行為等制限⇒換地計画⇒仮換地⇒換地、の流れで街はリフォームされます

3-6 建築行為等の制限──事業施行を円滑に行うため　76条4項

（1）土地区画整理事業の施行（又は組合設立等）についての都道府県知事の認可の公告があった日後、換地処分があった旨の公告がある日まで、施行地区内において、土地区画整理事業の施行の障害となるおそれがある〔①土地の形質変更·②建築物・工作物の新築、改築・増築〕等を行おうとする者は、**都道府県知事*の許可**を受けなければならない。

（2）**知都道府県事***は、上記制限に違反した者又はこの者から権利を承継した者に対し土地の原状回復又は建築物の移転・除却を命ずることができる。

*市の区域内にあっては、市長

✓ チェック！

1□**許可権者**　土地区画整理事業の施行についての都道府県知事の認可の公告があった日後、施行地区内において、建築物の新築を行おうとする者は、土地区画整理組合の許可を受けなければならない。㉓令④

2□**違反建築物に対する措置**　建築行為等の制限に違反して都道府県知事の許可を受けずに建築物を新築した者から当該建築物を購入した者は、都道府県知事から当該建築物の除却を命じられることがある。⑨

1×　土地区画整理組合の許可ではなく、都道府県知事の許可。定番ひっかけ。

2○

3-7 建築物等の移転及び除却　77・88条

（1）施行者は、必要となったときは、従前の宅地又は公共施設の用に

供する土地に存する建築物等を移転し、又は除却することができる。

（2）施行者は、所有者に代わり土地の分割・合併の手続をできる。

✓ チェック！

1□建築物等の移転除去　土地区画整理事業の施工者は、仮換地を指定した場合において、従前の宅地に存する建築物を移転し、又は除去することが必要となったときは、当該建築物を移転し、又は除去することができる。㉚

2□土地の分割又は合併　土地区画整理事業の施行者は、土地区画整理事業の施行のため必要がある場合においては、土地の所有者及び借地権者の同意を得たときに限り、土地の分割又は合併の手続きを行うことができる。②

1○　必要があれば、建築物等を移転除去できる。

2×　施行者は、所有者等の同意を得なくても土地の分割・合併の手続をできる。

3-8　換地計画

——**換地計画は重要な問題なので慎重な手続で定められる**　86・88条

施行者は、換地計画を定め、**都道府県知事**の認可を受けなければならない。

換地計画において換地を定める場合においては、換地及び従前の宅地の位置、地積、土質、水利、利用状況、環境等が照応するように定めなければならない。**換地照応の原則**　88条1項

①**個人施行者**が、換地計画についての認可を申請する場合には、換地計画区域内の権利者の同意を得なければならない。

②**個人施行者以外の施行者**は、換地計画を定めようとする場合、その換地計画を2週間公衆の縦覧に供しなければならない。

③**地方公共団体等**が、縦覧に供する換地計画を作成しようとする場合には、土地区画整理審議会*の意見を聞かなければならない。

＊**土地区画整理審議会**　都道府県又は市町村が施行する土地区画整理事業ごとに都道府県又は市町村に置かれる、土地区画整理事業の専門機関（56条）

【注】　土地区画整理審議会は、土地区画整理組合には設置されない

・宅地の所有者の申出又は同意があった場合には、換地計画において、その宅地について**換地を定めない**ことができる（90条）⇒生じた不均衡については**清算金**を交付する（94条）。

✓ チェック！

1□**知事の認可**　施行者は、施行地区内の宅地について換地処分を行うため、換地計画を定めなければならない。この場合、当該施行者が土地区画整理組合であるときは、その換地計画について都道府県知事及び市町村長の認可を受けなければならない。㉑

2□**土地区画整理審議会**　地方公共団体施行の場合、施行者は、縦覧に供すべき換地計画を作成しようとするとき及び縦覧に供した換地計画に対する意見書の内容を審査するときは、土地区画整理審議会の意見を聴かなければならない。⑦

1×　都道府県知事の認可は必要だが、市町村長の認可は不要。

2○　土地区画整理審議会は、**公共施行**の土地区画整理事業に意見具申する。

3-9　未登記の権利者と権利の申告　　　85条

　個人施行者以外の施行者は、未登記の権利で施行者に申告のないものについては、これを存しないものとみなして換地計画を定めることができ、また、これに基づき仮換地の指定、換地処分を行える。

✓ チェック！

□**未登記・未申告の借地権**　施行地区内の宅地についての未登記の借地権で施行者に対する申告のないものについては、個人施行者以外の施行者は、これを存しないものとみなして、換地処分をすることができる。⑥

⇒○　未登記未申告の権利は、施行者もその存在がわからないから、やむを得ない。

3-10　仮換地の指定　　　98条

　施行者は、換地処分を行う前において、換地計画に基づき換地処分を

行うため必要がある場合においては、施行地区内の宅地について仮換地を指定することができる。

（1）仮換地の指定は、あらかじめ

①**個人施行**の場合は従前の宅地の所有者及び仮換地となるべき宅地の所有者の同意を得て

②**組合施行**の場合は総会の同意を得て

③**区画整理会社**は、施行地区内の宅地の所有権者及び借地権者のそれぞれの３分の２以上の同意を得て、

④**公共団体等**（都道府県又は市町村、国土交通大臣、独立行政法人都市再生機構、地方住宅供給公社）施行の場合は土地区画整理審議会の意見を聴いて、行わなければならない。

（2）仮換地の指定は、仮換地となるべき土地の所有者及び従前（それまでの）の宅地の所有者に、仮換地の効力発生日を**通知**して行う。

（1）の【注】　土地区画整理審議会の意見を聴くのは、**公共施行**の場合だけである。

✓ チェック！

1□**土地区画整理組合の仮換地の指定**　土地区画整理事業の施行者である土地区画整理組合が、施行地区内の宅地について仮換地を指定する場合、あらかじめ、土地区画整理審議会の意見を聴かなければならない。⑳

2□**個人施行者の仮換地の指定**　個人施行者は、仮換地を指定しようとする場合においては、あらかじめ、その指定について、従前の宅地の所有者の同意を得なければならないが、仮換地となるべき宅地の所有者の同意を得る必要はない。㉕

1×　土地区画整理組合が、仮換地を指定する場合、あらかじめ、総会の同意を得なければならない。土地区画整理審議会の意見聴取は、公共施行の場合。

2×　仮換地となるべき宅地の所有者の同意も必要。

3-11　仮換地の指定の効果──使用収益権だけを仮換地へ移行　99条

仮換地の指定の効力発生日から換地処分の公告がある日まで

（1）従前の宅地について権原に基づき使用・収益できる者（甲）は

　　┌仮換地を使用・収益をすることができる。＊1
　　└従前の宅地については、使用・収益することができないものとする。＊2

（2）仮換地について権原に基づき使用・収益することができる者（乙）
　　は、仮換地を使用・収益することができなくなる。

＊1【注】仮換地を使用・収益することはできるが、売ったり、抵当権を設定したりする
　　ことはできない。
＊2【注】従前の宅地を使用・収益できなくなるが、売ったり、抵当権を設定したりする
　　ことはでき、その旨の登記もできる。なお、この場合に従前の宅地を買った者が使え
　　るのは、従前の宅地ではなく、仮換地である。

✓ チェック！

□**従前宅地の売却**　仮換地の指定を受けた従前の宅地の所有者は、換地処分
の公告がある日までの間において、当該宅地を売却することができ、その
際の所有権移転登記は従前の宅地について行う。⑧

⇒○　なお、買った人が使用収益できるのは、仮換地である。

3-12　使用収益をする者がなくなった宅地の管理　　100条の2
　　仮換地の指定等で使用収益する者がなくなった宅地は、換地処分の公
告がある日まで施行者が管理する。

つまり　施行者は、そこで工事等をすることになる。

仮換地が今すぐ使えない場合には、使用収益開始日を別に定める。

3-13　仮換地の使用収益開始日を別に定めた場合　　99条2項
　　施行者は、仮換地を指定した場合に、特別の事情があるときは、その
仮換地について使用又は収益を開始することができる日を別に定めるこ
とができる。

ただし　この場合も、従前の宅地は、仮換地の効力発生日から使えなくなる。

✓ **チェック!**

□**仮換地の使用収益開始日**　施行者は、仮換地を指定した場合に、特別の事
　情があるときは、その仮換地について使用又は収益を開始することができ
　る日を仮換地の指定の効力発生日と別に定めることができる。⑭
⇒○　なお、この場合も、従前の宅地は、仮換地の効力発生日から使えなく
　　なる。

　換地処分は、従前宅地の権利者に対して、整備済みの新しい宅地を割り当
てる最終的な処分だ。

3-14　換地処分の手続　　　　　　　　　　　　103条

（1）換地処分は、関係権利者に換地計画で定められた事項を**通知**して
　　するものとする。
（2）換地処分は、**原則**として、換地計画に係る区域の全部について土
　　地区画整理事業の**工事が完了した後**において、行わなければなら
　　ない。ただし、規準・規約・定款・施行規程に別段の定めがある
　　場合においては、全部の工事が完了する**以前**においても換地処分
　　をすることができる。
（3）個人施行者、組合等が換地処分をした場合⇒　遅滞なく、その旨を
　　都道府県知事に届出⇒都道府県知事は換地処分があったことを公告。

✓ **チェック!**

1□**換地処分の時期**　個人施行者は、規準又は規約に別段の定めがある場合
　においては、換地計画に係る区域の全部について土地区画整理事業の工事
　が完了する以前においても換地処分をすることができる。㉕
2□**換地処分の方法**　換地処分は、換地計画において定められた関係事項を
　公告することにより行われる。③
3□**不換地**　宅地の所有者の申出又は同意があった場合、換地計画において、
　その宅地の全部又は一部について換地を定めないことができる。その結果、
　不均衡が生ずるときは、補償金を交付する。㉖
1○　換地処分：原則・全工事終了後。
　　　　　　　　例外・**規準・規約・定款・施行規程に別段の定め**がある。
2×　換地処分は、**通知**して行う。

3×　換地又は不換地で不均衡が生ずるときは、補償金ではなく、**清算金**を
　交付する（94条）。
　換地処分により、換地は、従前の宅地とみなされる。

3-15　換地処分の効果　　　　　　　　　104〜106条

①**換地**⇒換地処分の公告があった日の翌日から、従前の宅地とみなされる。
　換地について定められた従前の宅地に存した権利（地役権以外＝借
　地権、抵当権等）
　⇒従前の宅地に存した権利とみなされる。
　⇒これにより、新しい宅地とその権利の割当てが確定する。

②**換地を定めなかった従前の宅地について存する権利**⇒その公告があっ
　た日が終了した時において消滅する。

③**地役権** *⇒行使する利益がなくなったものを除き、換地処分の公告が
　あった日の翌日以後においても、なお従前の宅地の上に存する。

④**清算金**⇒換地処分の公告があった日の翌日において確定する。

⑤**保留地**⇒換地処分の公告があった日の翌日において、施行者が取得する。

⑥**設置された公共施設**⇒換地処分の公告があった日の翌日において、原
　則として、その公共施設の所在する市町村の管理に属する。
　公共施設の用に供する土地⇒その公共施設を管理すべき者に帰属する。

---

③ ***地役権**　ある土地の所有者が別の土地の一部を利用できる権利（第2編**権利10-14**）。
③**のこころ**　地役権は、その利用の内容が、要役地にくっついていてこそ、
役に立つ（同**10-14**）。

ＰＯＩＮＴ　換地処分と地役権

　地役権、行使の利益があれば従前宅地に残るが、行使の利益がなくなれば
消滅。いずれにせよ、換地には移行しない。

✓ チェック！

1□**換地処分の効果、換地**　換地計画において定められた換地は、換地処分
　の公告があった日の翌日から、従前の宅地とみなされる。⑤

2□**保留地**　土地区画整理組合が施行する土地区画整理事業の換地計画において保留地が定められた場合、当該保留地は、換地処分の公告のあった日の翌日においてすべて土地区画整理組合が取得する。⑩

3□**地役権**　施行地区内の宅地について存する地役権は、行使する利益がなくなった場合を除き、換地処分に係る公告があった日の翌日以後においても、なお従前の宅地の上に存する。⑮

4□**公共施設の用に供する土地**　土地区画整理事業の施行により生じた公共施設の用に供する土地は、換地処分があった旨の公告があった日の翌日において、すべて市町村に帰属する。㉗

1○　換地処分の基本的な効果である。

2○　保留地は、すべて施行者が取得する。

3○　地役権：行使利益がなくなった⇒消滅。
　　　　　　　行使利益がある⇒従前宅地に残しておく。

4×　公共施設の用に供する土地⇒その公共施設を管理すべき者に帰属する。

3-16　換地処分にともなう登記　　　　107条

（1）換地処分の公告⇒施行者は、直ちにその旨を管轄登記所に通知
　　⇒**施行者**は、施行地区内の土地及び建物について、土地区画整理 事業の施行による変動にかかる登記を**申請**しなければならない。

（2）換地処分の公告があった日後、（1）に規定する登記がされるまでは、施行地区内の土地・建物に関し、他の登記をすることができない。ただし、その公告前に登記原因が生じたことを証明した場合は、この限りでない。

学習の指針

出題ポイントは、**建築行為等の制限**、**仮換地**と**換地**である。そのほか、施行者に関することがよく出ている。本事業は、**土地区画整理組合等民間が施行する場合と地方公共団体等の公共が施行する場合**とでは、いくつか**違い**がみられる。そこをつついてくる。本法は、他の法令に比べ、あまり定番論点というのがないが、消去法を活用すれば、まず正解できる。

Part **4**

農　地　法

　農地法は、農業生産の増大をはかる法律です。そのためには、農地を農業に打ち込む人に使ってもらいたい。また、勝手に農地を他の目的の土地に転用されても困る。

　だから、農地法は、農地の権利の移動と農地の転用を制限します。

4-1　農地の定義　　　　　　　　　　　　　　　　　2条

　農地とは、耕作の目的に供される土地をいう。

【注】登記簿上の地目とは関係がない。

✓ チェック！

1□**仮換地**　土地区画整理事業の施行区域内にある農地で、耕作の目的に供されているものは、仮換地の指定処分があっても、農地法上の農地である。④

2□**登記簿上の山林や原野**　土地登記簿上の地目が山林や原野であっても、現況が農地であれば、その所有権を取得する場合は、原則として農地法の許可を受ける必要がある。⑪、類（登記簿上の地目が雑種地でも、耕作している土地は農地にあたる）㉚

1○　**耕作の目的に供されていれば**、農地法上の農地である。

2○　登記簿上の地目がどうであれ、現況が農地であれば規制がかかる。

4-2　3条許可　農地のままの権利移動──農業委員会の許可　　3条

　農地を農地として、又は採草放牧地を採草放牧地（又は農地）として、その所有権を移転し、又は、賃借権、地上権、永小作権、使用貸借によ

400

る権利その他の**使用収益を目的とする権利**を設定し、又は移転する場合には、当事者が**農業委員会***の許可を受けなければならない。

＊**農業委員会**　市町村単位に設置される農業専門家の委員会。

そのこころ　農地の生産性を落とさないため許可制をとったのだから、許可権者は、農業をよく知っている農業委員会になる。
【注】**抵当権は**、使用収益権ではないので、その設定に許可は必要ない。

4-3　3条　無許可行為の効果　　　　3条7項、64条1号
（1）許可を受けないでした農地等の権利移動行為は、その効力が生じない。つまり、**無効**である。
（2）罰則（3年以下の懲役、又は300万円以下の罰金）の適用もある。

✓ チェック！

□**無許可で賃貸借**　農地法上必要な許可を受けないで農地の賃貸借をした場合は、その賃貸借の効力が生じないから、賃借人は、その農地を利用する権利を有することにならない。②⑥⑱⑬
⇒○　農地法上の許可が必要な場合に、無許可行為は無効。

4-4　3条許可が不要な場合　　　　3条1項5・10〜12号
①農地法5条の許可（農地等を転用する目的で権利移動をする際の許可）要する場合。この場合は、重ねて3条の許可を受ける必要はない。
②国、都道府県が権利を取得する場合（1項5号）。
③土地収用法によって農地等を収用・使用する場合（同11号）。
④遺産（相続財産）の分割による場合、離婚の際の財産分与に関する裁判・調停による場合（同12号）。
⑤民事調停法による農事調停による場合（同10号）。

【注】ただし、農地法の許可なくして、農地・採草放牧地の権利を取得した者は、農業委員会へ届出なければならない（**4-5**）。

4-5　許可なく農地・採草放牧地を取得した場合の届出　3条の3

　遺産分割もしくは**離婚の際の財産分与に関する裁判・調停又は相続、時効取得等**により法3条1項の許可なく、農地又は採草放牧地について所有権その他使用収益権を取得した者（国・都道府県が取得した、土地収用法により収用した、民事調停法による農事調停により取得した場合等を除く）は、遅滞なく農地所在の**農業委員会に届け出**なければならない。

そのこころ　農業委員会に、農地を現在誰が使用しているかを知らせる。

【注】単独相続又は**取得時効**による場合のように、そもそも、権利移動行為がなく農地の権利が移動した場合も、権利取得者は、届け出なければならない。

✔ チェック!

1□**抵当権設定**　農家が住宅の改築に必要な資金を銀行から借りるため、自己所有の農地に抵当権を設定する場合は、農地法第3条の許可を受ける必要はない。⑨⑰

2□**遺産分割**　遺産分割により農地の所有権を取得する場合、農地法第3条第1項の許可を要しない。③⑮⑩

3□**相続**　農地を相続した場合、その相続人は、法第3条第1項の許可を受ける必要はないが、遅滞なく、農業委員会にその旨を届け出なければならない。㉒

4□**競売による取得**　競売により市街化調整区域内にある農地を取得する場合は、法第3条第1項又は法第5条第1項の許可を受ける必要はない。㉓

1○　農地に、使用収益権ではない抵当権を設定することには規制はない。

2○　遺産分割による取得は許可不要。ただし、農委への遅滞のない届け出は必要。

3○　**許可なく農・採を取得⇒遅滞なく農委に届出の義務。**

4×　競売による取得は、許可不要の例外になっていない。

自分の農地を転用するだけでも、次の規制がかかる。

4-6　4条許可　農地転用の制限

農地を農地以外のものにする者は、**都道府県知事等**（都道府県知事又は農林水産大臣が指定する市町村の区域内にあっては、当該指定市町村の長。）**の許可**を受けなければならない。

つまり　この場合は、農地を転用してよいかどうかを審査するのだから、農業以外の広い視野を有する者の判断が必要であり、許可権者が都道府県知事等となる。

【注】　4条許可では、採草放牧地には規制がかかっていない。

✓ チェック！

□**採草放牧地の転用**　採草放牧地の所有者がその土地に500㎡の農業用施設を建設する場合、農地法第4条の許可を受けなければならない。⑭

⇒×　4条は採草放牧地を規制対象としていない。

4-7　4条　無許可の転用　　　　　　51条、64条、67条

（1）許可を受けないで農地を転用すると、原状回復命令（元に戻せという命令）を受けることがある。

（2）罰則（行為者に3年以下の懲役又は300万円以下の罰金。法人業務主に両罰規定〔行為者に加え業務主も処罰〕として1億円以下の罰金刑）の適用もある。

なお　この場合は、権利の移動はないので、有効・無効の問題は生じない。

✓ チェック！

□**法人業務主に対する罰則**　会社の代表者が、その会社の業務に関し、法の規定に違反して転用行為をした場合は、その代表者が罰せられるのみならず、その会社も1億円以下の罰金刑が科せられる。㉒

⇒○　法人の業務主には1億円の罰金刑もある。

4-8　4条許可が不要な場合　　　　4条1項2・6・7号、8項

①国又は都道府県等（都道府県又は指定市町村）が、一定の施設の用に供する場合（1項2号）又は都道府県知事等との協議が成立し、許可があったものとみなされた場合（8項）。

②土地収用法により収用した農地を収用目的に転用する場合（同6号）。

③都市計画法により市街化区域と定められた区域内にある農地を、あらかじめ農業委員会に届け出て、農地以外のものにする場合（同7号）。

④耕作の事業を行う者が、2アール未満の農地を一定の農業用施設に供する場合（施行規則29条）。令⑤

③のこころ　市街化区域は、もはや農業には適さないから、それまで世話になった農業委員会に事前に届け出れば、許可を受けずに農地を転用してよい。

✓ チェック！

1□**遊休農地の転用**　市街化調整区域内の農地を駐車場に転用するに当たって、当該農地がすでに利用されておらず遊休化している場合には、法第4条第1項の許可を受ける必要はない。⑲

2□**市街化調整区域内の農地転用**　市街化調整区域内の農地を宅地に転用する場合は、あらかじめ農業委員会へ届出をすれば、法第4条第1項の許可を受ける必要はない。⑳

1×　遊休化した農地の転用は、許可不要の例外になっていない。

2×　市街化調整区域内の農地を宅地に転用する場合は、4条許可を受ける必要がある。

4-9　5条許可　転用目的の権利移動の制限　　　　5条

農地を農地以外のものにするため、又は、採草放牧地を採草放牧地以外のもの（農地を除く）にするため、これらの土地について所有権を移転し、又は賃借権等の使用収益を目的とする権利を設定し、もしくは移

転する場合には、当事者が**都道府県知事等**（都道府県知事又は農林水産大臣が指定する市町村の区域内にあっては、当該指定市町村の長。）の**許可**を受けなければならない。

・この場合も、転用がらみだから、許可権者は、都道府県知事等である。

なお　採草放牧地を農地に転用しようとする場合は、5条許可ではなく、3条許可の問題となる。

そのこころ　採草放牧地を農地に転用する場合は、「農地が一番よいものだ」という農地法の立場からは、目くじらを立てる転用ではなく、権利移動の面のみ問題となるから、3条許可の問題となる。

4-10　5条無許可の転用目的の権利移動

5条3項、51条、64条、67条

（1）許可を受けないで、転用目的で農地・採草放牧地の権利移動行為を行なってもその効力を生じない（所有権移転、賃借権設定等の効力が生じない）。

（2）罰則（法人に対する罰金1億円の両罰規定あり）の適用もある。また、原状回復命令をうけることもある。

✓ チェック！

□**原状回復命令**　都道府県知事は、法5条の許可を要する転用について、その許可を受けずに転用を行った者に対して、原状回復を命ずることができる。⑭
⇒○　5条の無許可行為は、原状回復命令を受けることがある。

4-11　5条許可が不要な場合　　5条1項1・5・6号、4項

①都市計画法により市街化区域と定められた区域内にある農地又は採草放牧地を、あらかじめ農業委員会に届け出て、農地及び採草放牧地以外のものにするため、これらの権利を取得する場合（同6号）。

②土地収用法により収用又は使用される場合（同5号）。

③国又は都道府県等が、一定の施設の用に供する場合（1項1号）又

は都道府県知事等との協議が成立し、許可があったものとみなされた
場合（4項）。

①のこころ　市街化区域は、もはや農業には適さないから、世話になった農業
委員会に事前に届け出れば、許可を受けずに農地を転用目的で取得してよい。

✓ チェック!

1□**転用目的権利移動**　建設業者が、農地に復元して返還する条件で、市街
　化調整区域内の農地を一時的に資材置場として借りる場合は、法5条の許
　可を受ける必要がある。⑳⑤

2□**農地移転の予約**　宅地に転用するため農地を取得しようとする場合にお
　いて、「農地の所有権を契約締結時から1年以内に移転する」旨の契約を
　行おうとするときは、その契約の締結について、あらかじめ農地法第5条
　の許可を受ける必要がある。⑦

3□**市街化区域内農地**　市街化区域内にある農地又は採草放牧地について、
　農地及び採草放牧地以外ものにするため賃借権を設定しようとする場合に
　は、原則として市町村長に届け出れば足り、農地法第5条の許可を受ける
　必要はない。①

4□**市街化区域内農地**　市街化区域内の農地に住宅を建設する目的で所有権
　を取得する場合には、

　（1）必ず農業委員会の許可を受けなければならない。⑯

　（2）都道府県知事にその旨届け出れば、農地法第5条の許可を得る必要
　　　はない。⑧

　（3）農地が4ヘクタールを超えるときは、農林水産大臣へ農地法第5条
　　　の届出をする必要がある。⑫

　（4）あらかじめ農業委員会に届け出た場合には、法第5条第1項の許可
　　　を受ける必要はない。⑲㉚

1○　農地の転用目的権利移動は、例外に当たらない限り許可が必要。

2×　権利移動行為の予約をすることには、許可は不要。本契約までに許可
　がなければ権利が移動しないだけ。

3×　届出先は、今まで世話になった農業委員会である。

4（1）×（2）×（3）×（4）○　**市街化区域内農地**を**転用目的で取得**するには、

規模にかかわらず、**農委への事前届出**でよい。

4-12 農地法3〜5条適用関係　　　これで1点取れる

	3条	4条	5条
適用場面	**農地**[1]・採草放牧地のまま、**使用収益権**[2]を移動	農地の転用 採は規制なし	農・採を転用目的で使用収益権を移動
制限	**農業委員会の許可**【注】市街化区域の例外はない。	**知事等**(知事又は農水大臣指定市町村では当該市町村長)**の許可**	
		市街化区域内の場合、**農業委員会への事前届出**	
無許可行為	**無効**(権利変動の**効力が生じない**)/罰則	原状回復/罰則[3]	**無効**/原状回復/罰則[3]
許可不要の場合	国・都道府県が取得する場合	国・都道府県等が行う一定の場合又は知事等との協議が成立した場合	
	相続、遺産分割、財産分与、時効等※	**市街化区域内**農地を転用又は転用目的で権利移動する旨**農委に事前に届け出た**	
	土地収用法により行う場合		
	5条許可を受ける場合	2a未満を農業用施設に転用	

※ただし、権利取得後**遅滞なく、農業委員会に届け出**なければならない
＊1**農地**＝耕作の目的に供される土地。登記簿上の地目とは関係がない。
＊2**使用収益権**＝所有権・地上権・賃借権・使用貸借権・不動産質権の設定・移転など。抵当権の設定・移転は含まない。
＊3罰則には、**法人業務主に対し1億円の両罰規定**がある。

農地3〜5条以外で、まれに出題されることがある定めを補足しておく。

4-13 農地等賃貸借の対抗力等

（1）農地又は採草放牧地の賃貸借の対抗力　16条

農地又は採草放牧地の賃貸借は、その登記がなくても、農地又は採草放牧地の引渡があったときは、これをもってその後その農地又は採草放牧地について物権を取得した第三者に対抗することができる。【注】使用賃借には適用ない。令④

（2）農地又は採草放牧地の賃貸借の解約等の制限　18条

農地又は採草放牧地の賃貸借の当事者は、原則として、都道府県知事の許可を受けなければ、賃貸借の解除をし、解約の申入れをし、合意による解約をし、又は賃貸借の更新をしない旨の通知をしてはならない。

（3）農地又は採草放牧地の賃貸借の存続期間　19条、民法604条

農地又は採草放牧地の存続期間は、50年を超えることができない。契約でこれより長い期間を定めたときであっても、その期間は50年とする。更新期間も更新の時から50年を超えることができない。

Keyword　**（1）農地賃借権の第三者対抗力は、借家権と同じで引渡し。権利9-19**

・ 出題実績は、1が2回、3が1回あるに過ぎない。しかも正解肢ではなかった。

学習の指針

農地法も例年1問出題されるが、やさしい。合格者は、ほとんど得点する。出題項目は、3・4・5条に絞られ、定番問題ばかりである。

Part 5

宅地造成及び
特定盛土等規制法

　本法は、**宅地造成**、**特定盛土等**又は**土石の堆積**に伴う崖崩れ又は土砂の流出による災害の防止のため必要な規制を行い、国民の生命及び財産の保護を図ることを目的とします。

1　基本概念の定義

5-1　宅地、宅地造成、特定盛土等、土砂の堆積等の定義　　　2条

①**宅地**　農地、採草放牧地及び森林（農地等）並びに道路、公園、河川その他政令で定める公共の用に供する施設の用に供されている土地（公共施設用地）以外の土地をいう。

②**宅地造成**
宅地以外の土地を宅地にするために行う

③**特定盛土等**
宅地又は農地等において行う

→ 盛土その他の土地の形質の変更で、
　ⅰ 盛土により、高さ1m超の崖を生ずるもの
　ⅱ 切土により、高さ2m超の崖を生ずるもの
　ⅲ 盛土と切土により、高さ2m超の崖を生ずるもの
　ⅳ 盛土で、高さ2mを超えるもの
　ⅴ 盛土又は切土をする土地の面積が500㎡を超えるもの
　をいう。

④**土石の堆積**　宅地又は農地等において行う土石の堆積（一定期間の経過後に当該土石を除却するものに限る。）で、
　ⅰ 高さ2m超の土石の堆積
　ⅱ 土石の堆積を行う土地の面積が500㎡を超えるもの、をいう。

⑥**工事主**　宅地造成、特定盛土等若しくは土石の堆積に関する工事の請負契約の注文者又は請負契約によらないで自らその工事をする者をいう。

⑦**工事施行者**　宅地造成、特定盛土等若しくは土石の堆積に関する工事の請負人又は請負契約によらないで自らその工事をする者をいう。

⑧**造成宅地**　宅地造成又は特定盛土等（宅地において行うものに限る。）に関する工事が施行された宅地をいう。

2 宅地造成等工事規制区域内における規制

5-2　宅地造成等工事規制区域の指定　　　　　　　　　　10条

都道府県知事は、**宅地造成、特定盛土等又は土石の堆積（宅地造成等）**に伴い災害が生ずるおそれが大きい市街地若しくは市街地となろうとする土地の区域又は集落の区域（これらの区域に隣接し、又は近接する土地の区域を含む）であって、宅地造成等に関する工事について規制を行う必要があるものを、**宅地造成等工事規制区域**として指定することができる。

・都道府県知事は、宅地造成等工事規制区域を指定しようとするときは、関係市町村長の意見を聴かなければならない。10条2項

・**5-2**の指定は、この法律の目的を達成するため必要な最小限度のものでなければならない。同3項

・都道府県知事は、**5-2**の指定をするときは、当該宅地造成等工事規制区域を公示するとともに、その旨を関係市町村長に通知しなければならない。同4項

・市町村長は、**5-2**の指定をする必要があると認めるときは、その旨を都道府県知事に申し出ることができる。同5項

5-3　宅地造成等に関する工事の許可　　　　　　　　12条

　宅地造成等工事規制区域内において行われる**宅地造成等**（**宅地造成、特定盛土等**又は**土石の堆積**）に関する工事については、工事主は、当該工事に着手する前に、都道府県知事の許可を受けなければならない。＊

＊ただし、災害の発生のおそれがないものとして政令で定める工事（鉱山保安法による届出をした工事等）については、この限りでない。

- **住民への周知**　工事主は、5-3の許可の申請をするときは、あらかじめ、周辺地域の住民に対し、説明会の開催その他の当該宅地造成等に関する工事の内容を周知させるため必要な措置を講じなければならない。11条
- 都道府県知事は、5-3の許可申請が次の基準に適合しない、又は申請手続が法令に違反していると認めるときは、許可をしてはならない。12条2項

　①当該申請に係る工事の計画が5-4に適合するものであること。

　②工事主に工事を行うために必要な資力及び信用があること。

　③工事施行者に工事を完成するために必要な能力があること。

　④当該工事をしようとする土地の区域内の土地について所有権、地上権、質権、賃借権、使用貸借による権利又はその他の使用及び収益を目的とする権利を有する者の全ての同意を得ていること。

- 都道府県知事は、5-3の許可に、工事の施行に伴う災害を防止するため必要な条件を付することができる。12条3項
- 都道府県知事は、5-3の許可をしたときは、速やかに、工事主の氏名又は名称、宅地造成等に関する工事が施行される土地の所在地等を公表するとともに、関係市町村長に通知しなければならない。12条4項

5-4　宅地造成等に関する工事の技術的基準等　　　　13条

　宅地造成等工事規制区域内において行われる宅地造成等に関する工事は、政令で定める技術的基準に従い、擁壁、排水施設その他の政令で定める施設（擁壁等）の設置その他宅地造成等に伴う災害を防止するため必要な措置＊が講ぜられたものでなければならない。

＊①高さが 5m 超の擁壁の設置②盛土又は切土をする土地の面積が 1,500㎡超の土地における排水施設の設置の工事は、政令で定める資格を有する者の設計によらなければならない。

5-5　許可証の交付又は不許可の通知　　　　14 条

　都道府県知事は、**5-3** の許可の申請があったときは、遅滞なく、許可又は不許可の処分をしなければならない。宅地造成等に関する工事は、許可証の交付を受けた後でなければ、することができない。

5-6　許可の特例　　　　15 条

（1）国又は都道府県、指定都市若しくは中核市が宅地造成等工事規制区域内において行う宅地造成等に関する工事については、これらの者と都道府県知事との協議が成立することをもって **5-3** の許可があったものとみなす。

（2）宅地造成等工事規制区域内において行われる宅地造成又は特定盛土等について当該宅地造成等工事規制区域の指定後に都市計画法 29 条 1-2 項の許可（開発許可）を受けたときは、当該宅地造成又は特定盛土等に関する工事については、**5-3** の許可を受けたものとみなす。

5-7　変更の許可等　　　　16 条

（1）**5-3** の許可を受けた者は、当該許可に係る宅地造成等に関する工事の計画の変更をしようとするときは、都道府県知事の許可を受けなければならない。ただし、主務省令で定める軽微な変更＊をしようとするときは、この限りでない。

＊①工事主、設計者又は工事施行者の氏名若しくは名称又は住所の変更　②工事の着手予定年月日又は工事の完了予定年月日の変更（土石堆積工事については、当該変更後の工事予定期間が当該変更前の工事予定期間を超えないものに限る）

（2）主務省令で定める軽微な変更をしたときは、遅滞なく、その旨を

都道府県知事に届け出なければならない。

5-8　完了検査等　　　　　　　　　　　　　　　　　17条

（1）宅地造成等に関する工事の許可（5-3）を受けた者は、当該許可
に係る工事を完了したときは、工事が完了した日から4日以内に、
その工事が 5-4 の規定に適合しているかどうかについて、都道府
県知事の検査を申請しなければならない。都道府県知事は、検査
の結果、工事が 5-4 の規定に適合していると認めた場合において
は、検査済証を交付しなければならない。

（2）土石の堆積に関する工事について 5-3 の許可を受けた者は、当該
許可に係る工事（堆積した全ての土石を除却するものに限る。）を
完了したときは、工事が完了した日から4日以内に、堆積されて
いた全ての土石の除却が行われたかどうかについて、都道府県知
事の確認を申請しなければならない。都道府県知事は、確認の結果、
堆積されていた全ての土石が除却されたと認めた場合においては、
確認済証を受けた者に交付しなければならない。17条4・5項

5-9　中間検査　　　　　　　　　　　　　　　　　　18条

　5-3の許可を受けた者は、当該許可に係る宅地造成又は特定盛土等（政
令で定める規模のものに限る。＊）に関する工事が政令で定める工程＊＊
（特定工程）を含む場合において、当該特定工程に係る工事を終えたと
きは、その都度特定工程に係る工事を終えた日から4日以内に、都道府
県知事の検査を申請しなければならない。

＊中間検査を要する規模
　　ⅰ 盛土により、高さ2m 超の崖を生ずるもの
　　ⅱ 切土により、高さ5m 超の崖を生ずるもの
　　ⅲ 盛土と切土により、高さ5m 超の崖を生ずるもの
　　ⅳ 盛土で、高さ5m を超えるもの
　　ⅴ 盛土又は切土をする土地の面積が 3,000㎡を超えるもの
＊＊特定工程は、盛土をする前の地盤面又は切土をした後の地盤面に排

水施設を設置する工事の工程とする。

5-10　定期の報告　　　　　　　　　　　　　19条

　5-3の許可（政令で定める規模の宅地造成等に関する工事に係るものに限る。*）を受けた者は、3月ごとに、当該許可に係る宅地造成等に関する工事の実施の状況等を都道府県知事に報告しなければならない。

＊定期の報告を要する規模

　宅地造成又は特定盛土等は、中間検査を要する規模のもの（**5-9**参照）。

　土石の堆積は、

　　ⅰ 高さ5m超の土石堆積であって、土石堆積を行う土地面積が
　　　1,500㎡超

　　ⅱ 土石の堆積を行う土地の面積が3,000㎡を超えるもの

5-11　工事等の届出　　　　　　　　　　　　21条

（1）宅地造成等工事規制区域の指定の際、**当該宅地造成等工事規制区域内において行われている宅地造成等に関する工事の工事主**は、その**指定があつた日から21日以内**に、当該工事について都道府県知事に届け出なければならない。1項

（2）宅地造成等工事規制区域内の土地（公共施設用地を除く）において、**擁壁若しくは崖面崩壊防止施設で高さ2m超のもの、地表水等を排除するための排水施設又は地滑り抑止ぐい等の全部又は一部の除却の工事**を行おうとする者は、その**工事に着手する日の14日前**までに、その旨を都道府県知事に届け出なければならない。3項

（3）宅地造成等工事規制区域内において、**公共施設用地を宅地又は農地等に転用した者**は、その**転用した日から14日以内**に、その旨を都道府県知事に届け出なければならない。4項

5-12　土地の保全等　　　　　　　　　　　　　　22条

（1）宅地造成等工事規制区域内の土地の所有者、管理者又は占有者は、宅地造成等（宅地造成等工事規制区域の指定前に行われたものを含む）に伴う災害が生じないよう、その土地を常時安全な状態に維持するように努めなければならない。

（2）都道府県知事は、宅地造成等工事規制区域内の土地について、必要があると認める場合においては、その土地の所有者、管理者、占有者、工事主又は工事施行者に対し、擁壁等の設置又は改造その他宅地造成等に伴う災害の防止のため必要な措置をとることを**勧告**することができる。

5-13　改善命令　　　　　　　　　　　　　　　23条

（1）都道府県知事は、宅地造成等工事規制区域内の土地で、災害の防止のため必要であり、かつ、相当であると認められる限度において、当該宅地造成等工事規制区域内の土地又は擁壁等の所有者、管理者又は占有者（土地所有者等）に対して、相当の猶予期限を付けて、擁壁等の設置若しくは改造、地形若しくは盛土の改良又は土石の除却のための工事を行うことを**命ずる**ことができる。

（2）前項の場合において、土地所有者等以外の者の宅地造成等に関する不完全な工事その他の行為によって同項の災害の発生のおそれが生じたことが明らかであり、その行為をした者に前項の工事を行わせることが相当であると認められ、かつ、これを行わせることについて当該土地所有者等に異議がないときは、都道府県知事は、その行為をした者に対して、同項の工事を行うことを**命ずる**ことができる。

5-14　報告の徴取　　　　　　　　　　　　　　25条

　都道府県知事は、宅地造成等工事規制区域内の土地の所有者、管理者又は占有者に対して、当該土地又は当該土地において行われている工事

の状況について報告を求めることができる。

3 特定盛土等規制区域内における規制

5-15　特定盛土等規制区域の指定　　　　　　26条

　都道府県知事は、**宅地造成等工事規制区域以外の土地**の区域であって、土地の傾斜度、渓流の位置その他の自然的条件及び周辺地域における土地利用の状況その他の社会的条件からみて、当該区域内の土地において特定盛土等又は土石の堆積が行われた場合には、これに伴う災害により市街地等区域その他の区域の居住者その他の者（居住者等）の生命又は身体に危害を生ずるおそれが特に大きいと認められる区域を、**特定盛土等規制区域**として指定することができる。

・都道府県知事は、特定盛土等規制区域を指定しようとするときは、関係市町村長の意見を聴かなければならない。26条2項
・5-15 の指定は、この法律の目的を達成するため必要な最小限度のものでなければならない。同3項
・都道府県知事は、**5-15** の指定をするときは、当該特定盛土等規制区域を公示するとともに、その旨を関係市町村長に通知しなければならない。同4項
・市町村長は、**5-15** の指定をする必要があると認めるときは、その旨を都道府県知事に申し出ることができる。

5-16　特定盛土等又は土石の堆積に関する工事の届出等　　27条

　特定盛土等規制区域内において行われる**特定盛土等**又は**土石の堆積**に関する工事については、工事主は、当該**工事に着手する日の30日前**までに、当該工事の計画を都道府県知事に届け出なければならない。*

＊ただし、災害の発生のおそれがないと認められるものとして政令で定める工事（鉱

山保安法による届出をした工事等）については、この限りでない。

・都道府県知事は、前項の規定による届出を受理したときは、速やかに、工事主の氏名又は名称、特定盛土等又は土石の堆積に関する工事が施行される土地の所在地等を公表するとともに、関係市町村長に通知しなければならない。27条2項
・都道府県知事は、5-16の届出があつた場合において、当該届出に係る工事の計画について当該特定盛土等又は土石の堆積に伴う災害の防止のため必要があると認めるときは、当該**届出を受理した日から30日以内**に限り、当該届出をした者に対し、当該工事の計画の変更その他必要な措置をとるべきことを**勧告**することができる。同3項
・都道府県知事は、前項の規定による勧告を受けた者が、正当な理由がなくて当該勧告に係る措置をとらなかったときは、その者に対し、相当の期限を定めて、当該勧告に係る措置をとるべきことを命ずることができる。同4項
・特定盛土等規制区域内において行われる特定盛土等について都市計画法29条1・2項の許可（開発許可）の申請をしたときは、当該特定盛土等に関する工事については、5-16の届出をしたものとみなす。同5項

5-17　変更の届出等 28条

　5-16の届出をした者は、当該届出に係る特定盛土等又は土石の堆積に関する工事の計画の変更（主務省令で定める軽微な変更を除く）をしようとするときは、当該変更後の工事に着手する日の30日前までに、当該変更後の工事の計画を都道府県知事に届け出なければならない。

5-18　特定盛土等又は土石の堆積に関する工事の許可 30条

　特定盛土等規制区域内において行われる**特定盛土等又は土石の堆積**（大規模な崖崩れ又は土砂の流出を生じさせるおそれが大きいものとして**政令で定める規模*のもの**に限る）に関する工事については、工事主は、当該工事に着手する前に、都道府県知事の許可を受けなければなら

ない。
　＊**許可を要する特定盛土等又は土石の堆積の規模**
　　特定盛土等は、
　　　ⅰ 盛土により、高さ2m超の崖を生ずるもの
　　　ⅱ 切土により、高さ5m超の崖を生ずるもの
　　　ⅲ 盛土と切土により、高さ5m超の崖を生ずるもの
　　　ⅳ 盛土で、高さ5mを超えるもの
　　　ⅴ 盛土又は切土をする土地の面積が3,000㎡を超えるもの
　　土石の堆積は、
　　　ⅰ 高さ5m超の土石堆積であって、土石堆積を行う土地面積が
　　　　1,500㎡超
　　　ⅱ 土石の堆積を行う土地の面積が3,000㎡を超えるもの

＊ただし、災害の発生のおそれがないと認められるものとして政令で定める工事（鉱山保安法による届出をした工事等）については、この限りでない。

・**住民への周知**　工事主は、5-18の許可の申請をするときは、あらかじめ、特定盛土等又は土石の堆積に関する工事の施行に係る土地の周辺地域の住民に対し、説明会の開催その他の当該特定盛土等又は土石の堆積に関する工事の内容を周知させるため必要な措置を講じなければならない。29条
・都道府県知事は、前項の許可の申請が次に掲げる基準に適合しない、又はその申請の手続が法令定に違反していると認めるときは、同項の許可をしてはならない。30条2項
①当該申請に係る特定盛土等又は土石の堆積に関する工事の計画が次条の規定に適合するものであること。
②工事主に当該特定盛土等又は土石の堆積に関する工事を行うために必要な資力及び信用があること。
③工事施行者に当該特定盛土等又は土石の堆積に関する工事を完成するために必要な能力があること。
④当該特定盛土等又は土石の堆積に関する工事をしようとする土地の区域内の土地について所有権、地上権、質権、賃借権、使用貸借による権利又はその他の使用及び収益を目的とする権利を有する者の全ての同意を得て

いること。

・都道府県知事は、**5-18** の許可に、工事の施行に伴う災害を防止するため必要な条件を付することができる。30条3項

・都道府県知事は、**5-18** の許可をしたときは、速やかに、工事主の氏名又は名称、特定盛土等又は土石の堆積に関する工事が施行される土地の所在地等を公表するとともに、関係市町村長に通知しなければならない。30条4項

・**5-18** の許可を受けた者は、当該許可に係る工事については、**5-16** の規定による届出をすることを要しない。

5-19　特定盛土等又は土石の堆積に関する工事の技術的基準等 31条

　　特定盛土等規制区域内において行われる特定盛土等又は土石の堆積に関する工事は、政令で定める技術的基準に従い、擁壁等の設置その他特定盛土等又は土石の堆積に伴う災害を防止するため必要な措置＊が講ぜられたものでなければならない。

＊①高さが5m超の擁壁の設置　②盛土又は切土をする土地の面積が1500㎡超の土地における排水施設の設置の工事は、政令で定める資格を有する者の設計によらなければならない。

5-20　許可証の交付又は不許可の通知　　　　　　　33条

　　都道府県知事は、**5-18** の許可の申請があつたときは、遅滞なく、許可又は不許可の処分をしなければならない。特定盛土等又は土石の堆積に関する工事は、許可証の交付を受けた後でなければ、することができない。33条3項

5-21　許可の特例　　　　　　　　　　　　　　　34条

（1）国又は都道府県、指定都市若しくは中核市が特定盛土等規制区域内において行う特定盛土等又は土石の堆積に関する工事については、これらの者と都道府県知事との協議が成立することをもつて

5-18 の許可があつたものとみなす。

（2）特定盛土等規制区域内において行われる特定盛土等について当該
　　特定盛土等規制区域の指定後に都市計画法 29 条 1・2 項の許可
　　（開発許可）を受けたときは、当該特定盛土等に関する工事につ
　　いては、5-18 の許可を受けたものとみなす。

5-22　変更の許可等　　　　　　　　　　　　　　　　　35 条

（1）5-18 の許可を受けた者は、当該許可に係る特定盛土等又は土石
　　の堆積に関する工事の計画の変更をしようとするときは、都道府
　　県知事の許可を受けなければならない。ただし、主務省令で定め
　　る軽微な変更*をしようとするときは、この限りでない。

　*①工事主、設計者又は工事施行者の氏名若しくは名称又は住所の変更　②工事
　　の着手予定年月日又は工事の完了予定年月日の変更（土石堆積工事については、
　　当該変更後の工事予定期間が当該変更前の工事予定期間を超えないものに限
　　る）

（2）主務省令で定める軽微な変更をしたときは、遅滞なく、その旨を
　　都道府県知事に届け出なければならない。

5-23　完了検査等　　　　　　　　　　　　　　　　　36 条

　特定盛土等に関する工事について 5-18 の許可を受けた者は、当該
許可に係る工事を完了したときは、主務省令で定める期間内に、主務省
令で定めるところにより、その工事が 5-19 の規定に適合しているか
どうかについて、都道府県知事の検査を申請しなければならない。都道
府県知事は、前項の検査の結果、工事が 5-19 の規定に適合している
と認めた場合においては、検査済証を 5-18 の許可を受けた者に交付
しなければならない。

5-24　中間検査　　　　　　　　　　　　　　　　　37 条

　5-18 の許可を受けた者は、当該許可に係る特定盛土等（政令で定め

る規模のものに限る。*)に関する工事が政令で定める工程**（特定工程）を含む場合において、当該特定工程に係る工事を終えたときは、その都度特定工程に係る工事を終えた日から4日以内に、都道府県知事の検査を申請しなければならない。

* 中間検査を要する規模　5-18 の許可を要する規模と同様である。
＊＊特定工程は、盛土をする前の地盤面又は切土をした後の地盤面に排水施設を設置する工事の工程とする。

5-25　定期の報告 {38条}

5-18 の許可（政令で定める規模の特定盛土等又は土石の堆積に関する工事に係るものに限る。*）を受けた者は、主務省令で定めるところにより、3月ごとに、当該許可に係る特定盛土等又は土石の堆積に関する工事の実施の状況等を都道府県知事に報告しなければならない。

＊定期の報告を要する規模

特定盛土等は、中間検査を要する規模のもの（5-24 参照）
土石の堆積は、
　　ⅰ 高さ5m 超の土石堆積であって、土石堆積を行う土地面積が
　　　1,500㎡超
　　ⅱ 土石の堆積を行う土地の面積が 3,000㎡を超えるもの

5-26　工事等の届出 {40条}

（1）特定盛土等規制区域の指定の際、**当該特定盛土等規制区域内において行われている特定盛土等又は土石の堆積に関する工事の工事主**は、**その指定があつた日から21日以内に**、当該工事について都道府県知事に届け出なければならない。1 項
（2）特定盛土等規制区域内の土地（公共施設用地を除く）において、**擁壁若しくは崖面崩壊防止施設で高さ2m 超のもの、地表水等を排除するための排水施設又は地滑り抑止ぐい等の全部又は一部の除却の工事**を行おうとする者は、**その工事に着手する日の 14 日前**

までに、その旨を都道府県知事に届け出なければならない。3項

（3）特定盛土等規制区域内において、**公共施設用地を宅地又は農地等に転用した者**は、**その転用した日から14日以内**に、その旨を都道府県知事に届け出なければならない。4項

5-27 土地の保全等、改善命令　　　　　41・42条

（1）特定盛土等規制区域内の土地の所有者、管理者又は占有者は、特定盛土等又は土石の堆積（特定盛土等規制区域の指定前に行われたものを含む）に伴う災害が生じないよう、その土地を常時安全な状態に維持するように努めなければならない。

（2）都道府県知事は、特定盛土等規制区域内の土地について、必要があると認める場合においては、その土地の所有者、管理者、占有者、工事主又は工事施行者に対し、災害の防止のため必要な措置をとることを**勧告**することができる。

（3）その災害の防止のため必要、かつ、相当であると認められる場合は、土地又は擁壁等の所有者、管理者又は占有者に対して、擁壁等の設置・改造、地形・盛土の改良又は土石の除却の工事を**命ずる**ことができる。

（4）土地所有者等以外の者の行為によって同項の災害の発生のおそれが生じたことが明らかである場合は、その行為をした者に対して、工事を行うことを**命ずる**ことができる。

5-28 報告の徴取　　　　　44条

　都道府県知事は、特定盛土等規制区域内の土地の所有者、管理者又は占有者に対して、当該土地又は当該土地において行われている工事の状況について報告を求めることができる。

ＰＯＩＮＴ　規制の一覧

【宅地造成等工事規制区域内】

宅地造成等（宅地造成、特定盛土等又は土石の堆積）に関する工事の許可

制 5-3

　大規模な宅地造成又は特定盛土等で特定工程を含むものは、中間検査が必要 5-9

　大規模な宅地造成又は特定盛土等もしくは土石堆積は定期報告も必要 5-10

【特定盛土等規制区域内】

　特定盛土等又は土石の堆積に関する工事の届出制 5-17

　大規模な特定盛土等又は土石の堆積に関する工事は許可制 5-18

　大規模な特定盛土等で特定工程を含むものは、中間検査が必要 5-24

　大規模な特定盛土等もしくは土石堆積は定期報告も必要 5-25

4 造成宅地防災区域内における災害防止のための措置

5-29　造成宅地防災区域の指定　　　　　　　　　45条

　都道府県知事は、この法律の目的を達成するために必要があると認めるときは、宅地造成又は特定盛土等（宅地において行うものに限る。）に伴う災害で相当数の居住者等に危害を生ずるものの発生のおそれが大きい一団の造成宅地（これに附帯する道路その他の土地を含み、**宅地造成等工事規制区域内の土地を除く。**）の区域であって政令で定める基準＊に該当するものを、造成宅地防災区域として指定することができる。

＊盛土面積 3,000㎡以上、盛土の高さが 5m 以上等の基準が定められている。

5-30　災害の防止のための措置、改善命令　　　46・47条

（1）造成宅地防災区域内の造成宅地の所有者、管理者又は占有者は、宅地造成又は特定盛土等（宅地において行うものに限る。）に伴う　災害が生じないよう、その造成宅地について擁壁等の設置又は改造その他必要な措置を講ずるように努めなければならない。

（2）都道府県知事は、造成宅地防災区域内の造成宅地について、宅地造成又は特定盛土等（宅地において行うものに限る。）に伴う災害の防止のため必要があると認める場合においては、その造成宅地の所有者、管理者又は占有者に対し、擁壁等の設置又は改造その他同項の災害の防止のため必要な措置をとることを**勧告**することができる。

（3）都道府県知事は、必要であり、かつ、相当であると認められる限度において、当該造成宅地又は擁壁等の所有者、管理者又は占有者に対して、擁壁等の設置若しくは改造又は地形若しくは盛土の改良のための工事を行うことを**命ずる**ことができる。

（4）造成宅地所有者等以外の者の行為によって5-31の災害の発生のおそれが生じたことが明らかであり、その行為をした者に工事を行わせることが相当であると認められ、かつ、これに当該造成宅地所有者等に異議がないときは、都道府県知事は、その行為をした者に対して、同項の工事の全部又は一部を行うことを**命ずる**ことができる。

5-31　雑則と罰則

（1）**標識の掲示**　5-3もしくは5-18の許可を受けた工事主又は5-16の届出をした工事主は、当該許可又は届出に係る土地の見やすい場所に、氏名又は名称その他の主務省令で定める事項を記載した標識を掲げなければならない。49条

（2）**市町村長の意見の申出**　市町村長は、宅地造成等工事規制区域、特定盛土等規制区域及び造成宅地防災区域内における宅地造成、特定盛土等又は土石の堆積に伴う災害の防止に関し、都道府県知事に意見を申し出ることができる。50条

（3）**緊急時の指示**　主務大臣＊は、宅地造成、特定盛土等又は土石の堆積に伴う災害が発生し、又は発生するおそれがあると認められる場合において、当該災害を防止し、又は軽減するため緊急の必要があると認められるときは、都道府県知事に対し、この法律の規定により都道府県知事が行う事務のうち政令で定めるものに関

し、必要な指示をすることができる。51 条

＊主務大臣は、国土交通大臣及び農林水産大臣である。

（4）**罰則**　違反行為者には最大 3 年以下の懲役、1,000 万円以下の
　　　罰金刑が、違反行為者の所属する法人を処罰する両罰規定として、
　　　所属法人に対して最大 3 億円の罰金刑が定められている。55 ～
　　　59 条

学習の指針

本法は、令和 3 年の熱海土石流災害を受けて、宅地造成に限らず、土
地の用途やその目的にかかわらず、危険な盛土や土石堆積を包括的に規
制するため制定された。当面は、あまり細かいところは、出題されない
だろう。

Part 6

国土利用計画法と その他の法令

1 国土利用計画法

　国土利用計画法は、適正かつ合理的な土地利用の確保を図るため、土地取引について届出制を設けています。

　注視区域等の指定のない場合の一般的な規制は、**大規模土地取引の事後届出制**です。

6-1　**国土法23条の事後届出制**　　　　　　　　　　23条

①大規模

②土地取引による権利の取得者は、

③契約後2週間以内に

　【土地の利用目的と対価額】につき、市町村長を経由して、都道府県知事（又は政令指定都市市長）に届出の義務

④届出義務違反には、6月以下の懲役又は100万円以下の罰金の罰則がある。

---

①**大規模とは、**

　i 市街化区域　　　2,000㎡以上

　ii 市街化調整区域・区域区分の定めのない都市計画区域（非線引き区域）
　　　　　　　　　　　　　　　　　　　　　　　　　　5,000㎡以上

　iii 都市計画区域外＝準都市計画区域＋計画区域外　　10,000㎡以上
　　である。

> *Keyword* **届出要する規模基準は、**

2（市街化：2,000㎡）×5（調整＋非線引き：5,000㎡）＝
10（都計外：10,000㎡）

②**土地取引とは、**

ⅰ 所有権・地上権・賃借権又はこれらの権利を取得できる権利の移転又は設定を目的とする

ⅱ 対価のある

ⅲ 契約（予約を含む）である。

> *Keyword* **届出要する土地取引は、**

所・地・賃（しょちん）の移転設定を目的とする対価のある契約

POINT

⇒抵当権設定契約はⅰの要件を欠き、土地取引ではない

⇒土地取引の典型は、土地を売買で取得する場合だが、地上権や賃借権の設定を受けた場合も含む。ただし、権利金（権利設定の対価）の授受をともなわない地上権、賃借権の設定は**対価がない**からⅱの要件（対価のある）を欠き、土地取引にあたらない。

⇒**贈与**や**信託*の引受け**による所有権の取得も**ⅱ対価の要件**を欠き、土地取引でない。

　＊**信託**　一定目的のため便宜的に所有権を移転すること

⇒**相続**や時効による権利の取得は、**ⅲの契約の要件**がなく、土地取引でない。

⇒**土地の交換**は、相互の土地が対価となるので、**土地取引**にあたる。

・Q 隣接する一団の土地（隣・連接する数筆の土地）を取引するときは、規模の基準はどのように適用するのか。

⇒全体で規模の基準を超える一団の土地がある場合、それを同一人が計画的に取得するときには、個々的には規模の基準を超えない契約も含め、**全部の契約につき届出義務**が課される。

が、一団の土地が同一人の所有で、それを計画的に譲渡する場合には、

規模の基準を超えた土地を取得する者だけが届出義務を課される。

そのこころ　事後届出制は、大規模な土地の利用を問題とするので、取得者が規模基準を超える場合についてのみ届出義務を課す。

✓ チェック!

1□①**規模基準について──市街化区域内の土地売買**　Aが所有する市街化区域に所在する5,000㎡の一団の土地を分割して、1,500㎡をBに、3,500㎡をCに売却する契約をAがそれぞれB及びCと締結した場合、Bは事後届出を行う必要はないが、Cは事後届出を行う必要がある。⑮

2□①**規模基準──市街化調整区域**　個人Dが所有する市街化調整区域内の6,000㎡の土地について、宅地建物取引業者Eが購入する契約を締結した場合、Eは、その契約を締結した日から起算して2週間以内に事後届出を行わなければならない。⑳

3□①**規模基準──都計区域外**　ABが都市計画区域外の2haの土地について、Bを権利取得者とする売買契約を締結した場合には、Bは事後届出を行わなければならない。⑲⑭

4□①**規模基準──市街化区域内**　Aが、市街化区域において、2,500㎡の工場建設用地を確保するため、そのうち、1,500㎡をB社から購入し、残りの1,000㎡はC社から贈与で取得した。この場合、Aは、事後届出を行う必要はない。㉓

5□**規模基準を超える一団の土地を計画的に取得**　宅地建物取引業者Fが所有する市街化調整区域内の6,000㎡の一団の土地を、宅地建物取引業者Gが一定の計画に従って、3,000㎡ずつに分割して購入した場合、Gは事後届出を行わなければならない。令①

1○　Bは規模基準に満たない土地を取得⇒届出不要。Cは基準を超える⇒届出必要。

2○　市街化調整区域内5,000㎡以上の基準に該当⇒届出必要。

3○　都市計画区域外1ha以上の基準に該当⇒届出必要。

4○　市街化区域内の規模基準は2,000㎡以上であり、Aは合計2,500㎡取得しているが、そのうち、1,000㎡は無償贈与により取得であり、Aが対価を払い取得したのは残りの1,500㎡だが、これは届出を要する規模基準に満たず、事後届出は必要ない。

5○　市街化調整区域内の 5,000㎡以上の土地を土地売買等の契約により取得した場合、事後届出を行う必要があるが、「一団」の土地を、計画的に取得した場合この規模の基準を超えるかどうかは、取得した土地の合計面積で判断する。したがって、本肢は 6,000㎡の一団の土地の売買であるから、事後届出が必要である。

6 □②土地取引について──**賃借権の移転・設定**　土地に関する賃借権の移転又は設定をする契約については、対価として権利金その他の一時金の授受がある場合以外は、届出をする必要はない。⑩

7 □②土地取引──**土地の交換**　A が所有する市街化区域内に所在する 4,500 平方メートルの甲地と B が所有する市街化調整区域内に所在する 5,500 平方メートルの乙地を金銭の授受を伴わずに交換する契約を締結した場合、A B ともに法 23 条の事後届出をする必要がある。⑯

8 □②土地取引──**相続による取得**　都市計画区域外において A が所有する面積 12,000㎡の土地について、A の死亡により当該土地を相続した B は、事後届出を行う必要はない。⑳㉗

6 ○　賃借権の移転又は設定権は、権利金の授受がなければ、対価の要件を欠き、届出不要。

7 ○　交換は、それぞれ土地が対価となる。また、市街化区域内 4,500㎡、市街化調整区域 5,500㎡も届出を要する規模の基準を超えている。

8 ○　相続による取得は、契約要件と対価要件を欠き届出不要。

9 □③**届出義務について**　事後届出が必要な土地売買等の契約により権利取得者となった者は、その契約の締結後、1 週間以内であれば市町村長を経由して、1 週間を超えた場合には直接、都道府県知事に事後届出を行わなければならない。⑲

10 □③**届出義務について──金銭以外の対価の記載方法**　土地売買等の契約による権利取得者が事後届出を行う場合において、当該土地に関する権利の移転の対価が金銭以外のものであるときは、当該権利取得者は、当該対価を時価を基準として金銭に見積った額に換算して、届出書に記載しなければならない。㉔

11 □④の**届出義務違反の罰則**　法 23 条の届出が必要な土地売買等の契約を締結したにもかかわらず、所定の期間内にこの届出をしなかった者は、6 月以下の懲役又は 100 万円以下の罰金に処せられる。⑱

9×　事後届出は、契約締結後2週間以内に、市町村長を経由して行う
10○　このようにするほかないだろう。
11○　届出義務違反には、記述の罰則がある。

6-2　届出不要の場合　　　　　　23条2項3号、施行令17条

①当事者の一方又は双方が　国・地方公共団体等である場合
②農地法3条の許可を受けることを要する場合
③民事訴訟法による和解である場合、民事調停法・家事審判法による調停に基づく場合、会社更生法、破産法又は会社法の規定に基づく手続において裁判所の許可を得て行われる場合
④滞納処分、強制執行、担保権の実行としての競売により換価する場合等

✓ チェック！

1□**県が売主**　甲県が所有する都市計画区域外に所在する面積12,000㎡の土地について、10,000㎡をFに、2,000㎡をGに売却する契約を、甲県がF、Gと締結した場合、F、Gのいずれも国土法23条の事後届出を行う必要はない。⑰㉓
2□**農地法3条許可受けた農地**　市街化調整区域に所在する農地法第3条第1項の許可を受けた面積6,000㎡の農地を購入したAは、事後届出を行わなければならない。㉗
1○　当事者の一方又は双方が国等の場合は届出不要。
2×　農地法3条の許可を受けた場合＝農地としての売買は届出不要。農地としての売買だから、使用目的を審査する必要がないからだ。

6-3　届出後の手続　　　　　　　　　24～27条の2

　届出を受けた知事は、**原則3週間以内に勧告（利用目的についてのみ）**でき、報告を求めることもできる。

• 届出を受けた都道府県知事は、土地の利用計画を審査し、妥当でなければ、土地利用審査会の意見を聴いて、必要な変更をなすべきことを勧告するこ

とができる。

【注】届出事項には、対価額も含まれるが、**対価額については、審査も勧告もしない。**

そのこころ 事後届出制には地価抑制の目的はなく、土地の有効利用確保の制度だから、価格については干渉しない。

• 勧告は、届出があった日から**原則として３週間以内**にしなければならないが、理由があれば、**３週間を限度に延長**できる。なお、勧告より効力の弱い**助言**をすることもできるが、これには特に期間制限はない。

• 勧告に従った場合、たとえば、勧告に基づいて、その土地の利用目的が変更された場合、知事は、必要と認めるときは、その土地に関する権利の処分についてあっせん等に努めなければならない。

• **勧告に従わない場合**、知事は勧告に従わない旨及び勧告の内容を**公表することができる**（26 条）。

【注】勧告は、行政指導なので、勧告に従わない場合に、罰則を受けることはない。

• 助言に従わなかった場合には、特に公表制度は定められていない。

ⓅⓄⒾⓃⓉ 　原則３週間以内に勧告（利用目的についてのみ）できる。

勧告に従った場合、知事は権利処分のあっせんにつき努力義務。
勧告に従わなかった場合、その旨公表できる。

✓ チェック！

1 □ **勧告期間の延長** 都道府県知事は、事後届出があった日から起算して３週間以内に勧告をすることができない合理的な理由があるときは、３週間の範囲内において、当該期間を延長することができる。⑫

2 □ **勧告内容** 事後届出においては、土地に関する権利の移転等の対価の額を届出書に記載しなければならないが、当該対価の額が土地に関する権利の相当な価額に照らし著しく適正を欠くときでも、そのことをもって勧告されることはない。⑪

1 ○ 勧告期間は、原則３週間、例外として３週間の範囲で延長できる。

2 ○ 事後届出制度では地価抑制の目的はなく、**対価額**は、**審査も勧告もしない。**

6-4　事後届出制以外の規制※

（1）注視区域内の事前届出　　　　　　　27条の3〜5

　地価が相当程度上昇している区域には、注視区域の指定をして、大規模土地取引につき、**地価抑制**という観点からも事前届出制の規制をする。

（2）監視区域内の事前届出　　　　　　　27条の6〜8

　地価が急激に上昇している区域には、監視区域の指定をして、一定規模以上の土地取引につき、事前届出制の規制をする。

（3）規制区域内の土地取引の許可制　　　　12〜20条

　地価凍結を目的とする**規制区域**という制度もある。これは、土地を目的に投機的取引が行われている場合に、都道府県知事又は国土交通大臣が規制区域の指定をして、土地取引をその規模にかかわらず事前許可制の規制を及ぼすものだ。

2 その他の法令による制限

6-5　行政法規の規制の原則パターン

　各種の行政法規が建築等の土地利用行為に対して規制をしているが、原則的なパターンは、**都道府県知事又は都道府県知事等**＊の許可制だ。

＊**都道府県知事等の許可制**　原則は都道府県知事が許可権者だが、市部においては市長が許可権者になる制度。右に※がついている法律がそうである。

都道府県知事の許可制──土地利用行為に対する規制の原則パターン

規制法令名	規制対象
都市緑地法※	特別緑地保全地区内の一定行為
都市再開発法※	市街地再開発事業の施行区域内における一定行為
地すべり等防止法	地すべり防止区域内における一定行為

急傾斜の崩壊による災害の防止に関する法律	急傾斜地崩壊危険区域内における一定行為
土砂災害警戒区域等における土砂災害防止対策の推進に関する法律	都市計画法上の一定の開発行為
流通業務市街地の整備に関する法律	流通業務地区における一定の施設以外の施設の建設

次の例外パターンに当たらない場合は、**知事の許可制**と考えてよい。

例外には、（1）許可制だが**許可権者が都道府県知事でない場合**、と、

（2）許可制でなく**届出制の場合**がある。

6-6 例外 許可権者が都道府県知事でない場合、と、届出制の場合

（1）許可権者が都道府県知事でない場合

規制法令名	対象行為	許可権者
生産緑地法	**生産緑地地区**内における一定行為	**市町村長**
都市計画法	**田園住居地域**（1-4 参照）**内農地**の土地の形質変更、建築物その他工作物の建設等	**市町村長**
自然公園法	**国立公園特別地域内**の一定行為	**環境大臣**
河川法・道路法・港湾法・海岸法	一定行為	**管理者**
文化財保護法	**重要文化財**の現状変更行為	**文化庁長官**

（2）許可制でなく届出制の場合

規制法令名	対象行為	規制方法
集落地域整備法・幹線道路の沿道の整備に関する法律	集落地区整備計画区域内・沿道整備地区計画の区域内の一定行為	**市町村長への事前**（行為着手30日前まで）**届　　出　　制**
自 然 公 園 法	国立公園・国定公園の**普通地域内**における一定行為	環境大臣（国立公園）・知事（国定公園）に対する事前届出制
都 市 緑 地 法	緑地保全地域内の一定行為	知事に事前届出制

公有地の拡大の推進に関する法律	都市計画施設の区域内等にある土地を有償で譲渡	知事に事前に届出（先買いのための届出）

✓ チェック！

1 □ **国定公園内の規制**　Aが、国定公園の特別保護地区内の土地2,000㎡をBに売却するときは、自然公園法の規定に基づき、甲県知事に届け出る必要はない。②

2 □ **都市再開発法**　都市再開発法によれば、市街地再開発促進区域内において、鉄骨造2階建てで地階を有しない移転の容易な建築物の建築を行おうとする者は、一定の場合を除き、都道府県知事の許可を受けなければならない。⑯

3 □ **地すべり等防止法**　地すべり等防止法によれば、ぼた山崩壊防止区域内において、土石の採取を行おうとする者は、原則として都道府県知事の許可を受けなければならない。⑮

4 □ **土砂災害特別警戒区域内**　土砂災害警戒区域等における土砂災害防止対策の推進に関する法律によれば、土砂災害特別警戒区域内において都市計画法上の一定の開発行為をしようとする者は、原則として市町村長の許可を受けなければならない。⑭

5 □ **道路法**　道路法によれば、道路の区域が決定された後道路の供用が開始されるまでの間に、当該区域内において、工作物の新築を行おうとする者は、道路管理者の許可を受けなければならない。⑫

6 □ **急傾斜地の崩壊による災害の防止に関する法律**　急傾斜地の崩壊による災害の防止に関する法律によれば、急傾斜地崩壊危険区域内において、工作物の設置を行おうとする者は、原則として市町村長の許可を受けなければならない。⑪

7 □ **災害危険区域**　建築基準法によれば、災害危険区域内における建築物の建築に関する制限で災害防止上必要なものは、市町村の規則で定めなければならない。⑩

8 □ **特別緑地保全区域内**　都市緑地法によれば、特別緑地保全区域内において建築物の新築、改築又は増築を行おうとする者は、一定の場合を除く公園管理者の許可を受けなければならない。㉖

9□**都市計画法・田園住居地域内農地内**　都市計画法によれば、田園住居地域内の農地の区域内において、土地の形質の変更を行おうとする者は、一定の場合を除き、市町村長の許可を受けなければならない。㉚

1○　国定公園内では土地利用行為は規制されるが、売買等の取引行為は規制されない。

2○　原則パターンの知事の許可制。

3○　原則パターンの知事の許可制。

4×　原則パターンの知事の許可制。

5○　道路法は、管理者の許可制でよい。

6×　原則パターンの知事の許可制。

7×　規則ではなく、条例。これは落としてもよい。

8×　特別緑地保全区域内は、原則パターンの知事の許可制である。

9○　都市計画法・田園住居地域内の農地は、市町村長の許可制度。

学習の指針

国土利用計画法は、その他の法令との混合問題の場合も単独出題の場合もある。27・28・30・令和元〜4年は単独出題であった。その他の法令も、その他だけの出題もあれば、国土法との混合の場合もある。

Part 7

宅地建物の価格の評定

1 不動産の鑑定評価

不動産の鑑定評価の基礎理論と、公的な地価の評価とその公表制度を学びます。

7-1 不動産鑑定評価の3手法

（1）不動産の鑑定評価には、①収益還元法　②取引事例比較法　③原価法の3方法がある。

（2）対象不動産に係る市場の特性等を適切に反映した複数の鑑定評価の手法を適用すべきであり、複数の鑑定評価の手法の適用が困難な場合においても、その考え方をできるだけ参酌するように努めるべきである。

7-2 収益還元法

対象不動産が将来生み出すであろうと期待される**純収益**[1]の現在価値[2]の総和を求めることによって、対象不動産の試算価格を求める。この方法により求めた試算価格は、**収益価格**という。

つまり　その不動産から将来どれくらいの利益を得られるかを予測し、それだけの利益を上げる不動産なら、現在いくらぐらいの価値になるかを評価する。

[1] **純収益**＝総収益から総費用（維持管理費・税等）を控除。
[2] 現在価値を算出する方法には、**直接還元法**と **DCF法**がある。

①直接還元法　一定期間（通常は1年間）の純収益を還元利回り＊で割って、収益還元価格を求める方法。

対象不動産の収益価格＝一期間の純収益÷還元利回り

＊還元利回り＝将来あげられる利益から現在価値を算出する割引率

② DCF法（Discounted Cash Flow法）＝連続する複数の期間に発生する純収益及び復帰価格（保有期間の満了時点における対象不動産の売却価格）を、合計する方法。

計算は複雑だが、収益計算がきめ細かく、かつ、売却時の価格＝復帰価格も考慮した、より緻密な評価額を計算することができる。

なお、証券化対象不動産の鑑定評価における収益価格を求めるに当たっては、DCF法を適用しなければならず、併せて直接還元法を適用することで検証を行うことが適切とされている。

Keyword 直接還元法は一期計算・DCF法は数期計算の上、売却価格も計算。

Q 収益還元法の適用範囲は、賃貸用や事業用の不動産に限られるか。
⇒限られない。不動産価格は、一般に当該不動産の収益性を反映して形成されるので、収益は不動産の経済価値の本質を形成する。
この手法は、文化財指定を受けた建造物等一般的に市場性を有しない不動産以外のものにはすべて適用すべきものであり、自用の住宅地といえども賃貸を想定することにより適用される。（不動産鑑定基準）。

Q 市場における土地の取引価格の上昇が著しいときも用いることができるか。
⇒市場における土地の取引価格の上昇が著しいときは、その価格と収益価格との乖離が増大するものであるので、先走りがちな取引価格に対する有力な験証手段として、この手法が活用されるべきである。

✓ チェック！

1 □**総収益と純収益**　収益還元法は対象、不動産が将来生み出すであろうと期待される収益の現在価値の総和を求める手法であるので、直接還元法における対象不動産の収益価格は、総費用を控除する前の総収益を還元利回りで還元して求められる。⑪

2□DCF法　収益還元法は、対象不動産が将来生み出すであろうと期待される純収益の現在価値の総和を求めることにより対象不動産の試算価格を求める手法であり、このうち、一期間の純収益を還元利回りによって還元する方法をＤＣＦ（Discounted Cash Flow）法という。⑲

3□DCF法　収益価格を求める方法には、直接還元法とDCF（Discounted Cash Flow）法とがあるが、証券化対象不動産の鑑定評価における収益価格を求めるに当たっては、DCF法を適用しなければならない。⑰

4□自用の住宅地価格　収益還元法は、賃貸用不動産又は一般企業用不動産の価格を求める場合に適用されるものであり、自用の住宅地の価格を求める場合には適用しない。④㉚

5□土地の取引価格の上昇が著しいときの適用　市場における土地の取引価格の上昇が著しいときは、その価格と収益価格の乖離が増大するものであるので、土地の鑑定評価に収益還元法が適用できなくなることに留意すべきである。⑨

1×　収益価格は、総収益ではなく**純収益**を還元利回りで還元して求められる。

2×　一期間の純収益を還元利回りによって還元する方法は、**直接還元法**。**DCF法**は、**連続する複数の期間**に発生する純収益及び復帰価格を、その発生時期に応じて現在価値に割り引き、それぞれを合計する方法。

3○　証券化対象不動産の鑑定評価では、DCF法を適用すべき。

4×　自用の住宅地といえども賃貸を想定することにより適用される。

5×　取引価格の上昇が著しいときは、収益還元法が活用されるべき。

7-3 取引事例比較法

多数の取引事例を収集して適切な事例の選択を行い、これらに係る取引価格に必要に応じて**事情補正及び時点修正**を行い、かつ、**地域要因の比較及び個別的要因の比較**を行って求められた価格を比較考量し、これによって対象不動産の試算価格を求める手法。

取引事例比較法によって求めた試算価格は、**比準価格**という。

つまり　類似の取引事例と比較して鑑定評価する手法だ。

Q どのような取引事例と比較するのか。

⇒比較する取引事例は、原則として、近隣地域又は**同一需給圏***の類似地域等にあるものだ。

***同一需給圏**　一般に対象不動産と代替関係が成立して、その価格の形成について相互に影響を及ぼすような関係にある他の不動産の存する圏域をいう。それは、近隣地域を含んでより広域的であり、近隣地域と影響を及ぼしあう関係にある類似地域、近隣地域の周辺地域も含むこともある。また、不動産の種類、性格及び規模に応じた需要者の選好性によって、その地域的範囲は狭められる場合もあれば、広域的に形成される場合もある。㉘

Q 取引事情に特殊事情がある場合や古い事例も採用できるか。

⇒取引事情に特殊事情があっても、正常なものに補正できれば（**事情補正**）、採用できる。また、多少古い事例でも、取引時点の価格変動に応ずる修正（**時点修正**）ができれば、採用できる。

✓ チェック！

1□**手法**　取引事例比較法とは、多数の取引事例を収集して適切な事例の選択を行い、これらに係る取引価格に必要に応じて事情補正及び時点修正を行い、かつ、地域要因の比較及び個別的要因の比較を行って求められた価格を比較考量し、これによって対象不動産の試算価格を求める手法である。⑬

2□**同一需給圏**　取引事例比較法においては、時点修正が可能である等の要件をすべて満たした取引事例について、近隣地域又は同一需給圏内の類似地域に存する不動産に係るもののうちから選択するものとするが、必要やむを得ない場合においては、近隣地域の周辺の地域に存する不動産に係るもののうちから選択することができる。㉔

1○　取引事例比較法を要領よく表現している。

2○　やむを得ない場合は、近隣地域の周辺地域の中からも、取引事例を選択できる。

7-4　原価法

価格時点（価格判定の基準日）において対象不動産を新しく作り直す場合の費用（**再調達原価**）を求め、これにつき**減価修正***を行って対象

不動産の試算価格を求める手法。

　　原価法によって求めた試算価格は、**積算価格**という。

つまり　作り直すと、どれくらい費用がかかるかを考える手法だ。

＊**減価修正**　建築・造成後の経過年数等による価値の低下を割り引くこと。減価額を求めるには、**耐用年数に基づく方法**と、**観察減価法**の二つがあるが、これらを**併用**するものとする。

Q 原価法は、土地にも適用できるのか。

　⇒作り直すことができる建物の鑑定評価に用いるのが適当だ。したがって、土地は、作り直しができない既成市街地には適用できないが、造成地や埋立地には適用することができる。

Q 建設資材、工法等が変わってしまった場合は、適用できるか。

　⇒対象不動産と同等の有用性を持つものに置き換えて求めた原価（**置換原価**）を再調達原価とみなして、原価法を適用できる。

✓ チェック！

1□**工法等の変遷により再調達原価の算定困難な場合**　原価法では価格時点における対象不動産の再調達原価を求める必要があるため、建設資材、工法等の変遷により対象不動産の再調達原価を求めることが困難な場合には、原価法を適用することはできない。⑩

2□**熟成度**　不動産の鑑定評価　土地についての原価法の適用において、宅地造成直後と価格時点とを比べ、公共施設等の整備等による環境の変化が価格水準に影響を与えていると認められる場合には、地域要因の変化の程度に応じた増加額を熟成度として加算できる。⑳

3□**減価修正の方法**　原価法における減価修正の方法としては、耐用年数に基づく方法と、観察減価法の二つの方法があるが、これらを併用することはできない。㉔

1×　対象不動産と同等の有用性を持つものに置き換えて求めた原価（置換原価）を再調達原価とみなして、原価法を適用できる。

2○　何となくもっともらしく正しそうに見えるものは、○と判断してよい。

3×　常識的におかしいと判断できるだろう。

7-5 鑑定評価によって求める価格

（1）**正常価格** 市場性を有する不動産について、現実社会経済情勢下で合理的と考えられる条件を満たす市場で形成される市場価値を表示する適正な価格。

（2）**限定価格** 市場性を有する不動産について、不動産の併合又は分割等に基づき市場が相対的に限定される場合における当該市場限定に基づく市場価値を適正に表示する価格。

⇒①借地権者が底地の併合を目的とする売買・隣接不動産の併合を目的とする売買

②経済合理性に反する不動産の分割を前提とする売買に関連する場合等に求める。

（3）**特定価格** 市場性を有する不動産について、法令等による社会的要請を背景とする鑑定評価目的の下で、正常価格の前提となる諸条件を満たさないことにより正常価格と同一の市場概念の下において形成されるであろう市場価値と乖離することとなる場合における不動産の経済価値を適正に表示する価格。

⇒①不動産の流動化に関する法律等に基づく評価目的の下で、投資家に示すための投資採算価値を表す価格

②民事再生法に基づく評価目的の下で、早期売却を前提とした価格

③会社更生法又は民事再生法に基づく評価目的の下で、事業継続を前提とした価格等を求める場合に求める。

（4）**特殊価格** 文化財等の一般的に市場性を有しない不動産について、その利用現況等を前提とした不動産の経済価値を適正に表示する価格。

⇒文化財指定建造物、宗教建築物又は現況管理を継続する公共公益施設の用に供されている不動産について、保存等に主眼をおいた鑑定評価を行う場合に求める。

ＰＯＩＮＴ

正常価格は、**市場性有する不動産、合理的条件満たす**市場
限定価格は、**市場性有する不動産、底地や隣地を併合**する場合。

特定価格は、**市場性有する不動産、法令等による社会的要請を背景とする評価目的**の下、**正常価格の前提条件満たさない**場合。

特殊価格は、**市場性有しない**文化財等の価格。

✓ チェック！

1□**特定価格** 不動産鑑定評価基準にいう「特定価格」とは、市場性を有する不動産について、法令等による社会的要請を背景とする評価目的の下、正常価格の前提となる諸条件を満たさない場合における不動産の経済価値を適正に表示する価格をいう。⑯

2□**最有効使用の原則** 不動産の価格は、その不動産の効用が最高度に発揮される可能性に最も富む使用を前提として把握される価格を標準として形成されるが、これを最有効使用の原則という。⑦㉚

1○ 記述のとおりである。

2○ テキストに記載はないが、常識的に見て不自然でなければ正しいと判断すべき。

2 地価公示法

7-6 法目的   1条

この法律は、標準地を選定し、その正常な価格を公示することにより、

①一般の土地の取引価格に対して指標を与えるとともに、

②公共用地の取得価格の算定等に役立て、

もって適正な地価の形成に寄与することを目的とする。

7-7 標準地の選定   2・3条

（1）地価公示は、土地取引が相当程度見込まれるものとして国土交通省令で定める区域（都市計画区域とは限らないが、国土利用計画法により規制区域として指定された区域を除く。以下「公示区域」という）内で、標準地を選定して行う。

（2）標準地は、土地鑑定委員会＊が自然的及び社会的条件からみて類似の利用価値を有すると認められる地域において、土地の利用状況、環境等が通常と認められる一団の土地※について選定する。

＊**土地鑑定委員会**　国土交通省におかれる、地価公示を実施する機関（12条）。委員会は7人の委員で組織され、委員は不動産の鑑定評価、土地についての学識経験を有する者の中から両議院の同意を得て国土交通大臣が任命する（15条）。委員の任期は3年。
※**一団の土地**　登記簿上で一筆の土地であるか否かを問わず、同一利用者によって一つの利用目的に供されている一区画の土地で、さら地（上に建物等がなく、借地権等も付いていない土地）である必要はない。

✓ チェック！

1□**公示区域**　地価公示は、都市計画区域その他の土地取引が相当程度見込まれるものとして国土交通省令で定める区域（国土利用計画法による規制区域を除く。）内の土地について、行われる。

2□**公示区域**　都市計画区域外の区域を公示区域とすることはできない。㉗

3□**標準地の選定**　標準地は、土地鑑定委員会が、自然的及び社会的条件からみて類似の利用価値を有すると認められる地域において、土地の利用状況、環境等が通常と認められる一団の土地について、選定する。⑥

1○　記述のとおりである。

2×　都市計画区域外でもよい。

3○　よく読んでおいてほしい。

7-8　標準地の価格の判定　　　　　2・4条

　土地鑑定委員会は、2人以上の不動産鑑定士の鑑定評価を求め、その結果を審査し、必要な調整を行って、基準日（1月1日）における当該標準地の単位面積（㎡）当たりの**正常な価格**＊を判定する。

＊**正常な価格**とは、「土地について、自由な取引が行われるとした場合におけるその取引において、通常成立すると認められる価格」をいう（2条2項）。なお、標準地に建物等が存在する場合又は借地権等の権利が設定されている場合でも、それらがないものとした価格、すなわち、**さら地**としての価格を評価する。

・標準地の鑑定評価は、**近傍類地の取引価格から算定される推定の価格、近傍類地の地代等から算定される推定の価格及び同等の効用を有する土地の造成に要する推定の費用の額**を勘案して鑑定評価しなければならない（4条）。

✓ チェック！

1□正常価格の判定方法　標準地の正常価格は、土地鑑定委員会が各標準地について2人以上の不動産鑑定士の鑑定評価を求め、その結果を審査し、必要な調整を行って判定される。⑱

2□正常価格の意味　標準地の正常な価格とは、土地について、自由な取引が行われるとした場合に通常成立すると認められる価格をいい、当該土地に地上権がある場合には、その地上権が存するものとして通常成立すると認められる価格をいう。⑭令①④

1○　記述のとおりである。

2×　正常価格は、地上権が存在しない、さら地価格である。

7-9　標準地の価格等の公示　　　　　　　　　　6条

　土地鑑定委員会は、標準地の正常な価格を判定したときは、すみやかに、下記事項を官報で公示しなければならない。例年3月末に行われる。

　公示事項

　（1）標準地の　　①所在の郡、市、区、町村及び字並びに地番

　　　　　　　　　②単位面積当たりの価格及び価格判定の基準日

　　　　　　　　　③地積及び形状

　（2）標準地及びその周辺の土地の利用の現況

　（3）その他国交省令で定める事項

✓ チェック！

□公示の主体　標準地の単位面積当たりの正常な価格が判定されたときは、国土交通大臣は、その価格、所在地等について官報で公示し、関係市町村に所要の図書を送付しなければならない。②

⇒×　公示の主体は、国土交通大臣ではなく、土地鑑定委員会。

7-10　公示に係る事項を記載した書面等の送付及び閲覧　　7条

　（1）土地鑑定委員会は、標準地の価格等の公示をしたときは、すみや

かに、関係市町村の長（都の特別区、指定都市の区）に対して、公示事項のうち当該市町村が属する都道府県に存する標準地に係る部分を記載した書面及び当該標準地の所在を表示する図面を送付しなければならない。

（2）市町村長は、これらの図書を当該市町村の事務所において一般の閲覧に供しなければならない。⑫⑬

土地取引をする人には、公示価格はどう影響するだろうか。

7-11　土地の取引を行う者の責務──指標とするよう努める　1条の2
　土地の取引を行う者は、取引の対象土地に類似する利用価値を有すると認められる標準地について公示された価格を**指標**として取引を行うよう**努めなければならない。**⑱

7-12　公示価格の効力──規準としなければならない　8〜10条
（1）効力①──**不動産鑑定士の土地についての鑑定評価の準則**
　不動産鑑定士は、公示区域内の土地について鑑定評価を行う場合に、当該土地の正常な価格を求めるときは、公示価格を規準としなければならない。

（2）効力②──**公共事業の用に供する土地の取得価格の算定の準則**
　土地収用法によって土地を収用することができる事業を行う者は、公示区域内の土地を当該事業の用に供するため取得する場合において、当該土地の取得価格を定めるときは、公示価格を規準としなければならない。

（3）効力③──**収用する土地に対する補償金の額の算定の準則**
　土地収用法の規定により、公示区域内の土地について、当該土地に対する同法の事業の認定の告示の時における相当な価格を算定するときは、公示価格を規準として算定した当該土地の価格を考慮しなければならない。

Keyword

不動産鑑定士　**規準**としなければならない。

土地収用法　土地取得価格　**規準**としなければならない

補償金の額　**規準**として考慮しなければならない

VS

一般土地取引　**指標**として……**努めなければならない。7-11**

7-13　公示価格を規準とするの意義　　　　　11条

　当該対象土地とこれに**類似する利用価値を有する**と認められる1又は2以上の**標準地**との位置、地積、環境等の土地の客観的価値に作用する諸要因についての**比較を行い**、その結果に基づき、当該**標準地の公示価格と当該対象土地の価格との間に均衡を保たせる**こと。

POINT
規準とするとは、**類似する利用価値を有する標準地との比較を行い**、当該標準地の公示価格と当該対象土地の価格との間に**均衡を保たせる**こと。

✓**チェック！**

□**規準とするの意義**　公示価格を規準とするとは、対象土地の価格を求めるに際して、当該対象土地に最も近い位置に存する標準地との比較を行い、その結果に基づき、当該標準地の公示価格と当該対象土地の価格との間に均衡を保たせることをいう。⑮

⇒×　当該対象土地とこれに**類似する利用価値を有する標準地との比較を行い**、その結果に基づき、当該標準地の公示価格と当該対象土地の価格との間に**均衡を保たせる**こと。

学習の指針

不動産鑑定理論と地価公示法のいずれか 1 問の出題となる。不動産鑑定理論の出題項目は、鑑定の 3 手法がメインで、次いで、鑑定によって求める価格である。地価公示法は、内容的に易しく、二・三読しておけば得点できる。

Part 8

土地建物に関する税

① 売った者に利益が出れば、**所得税**（国税）が、

② 買った者には、**不動産取得税**（地方税・道府県税）が、

③ 取得後の保有には、**固定資産税**（地方税・市町村税）がかかります。

④ 売買契約書に貼る印紙は、**印紙税**（国税）です。

⑤ 契約後する登記には、**登録免許税**（国税）がかかります。

　これら税の基本計算式は、

　税額　＝　**課税標準**（課税原因を数量化したもの）×**税率**　です。

1 地方税

1）不動産取得税

8-1　**不動産取得税の基本枠組み**　　　　　　地方税法 73 条の 2

（1）不動産（土地と家屋）の取得に対し、当該不動産所在の**道府県**が、当該**不動産の取得者**に課す。

（2）**課税標準**　固定資産課税台帳の**登録価格**。ただし、令和 6 年 3 月31 日までに取得した宅地については、その価格の**2分の1**。

（3）**標準税率**　地方税法本則は、100 分の4だが、令和 6 年 3 月31 日までに取得した住宅及び土地については **100 分の 3** とする特例が定めている。

（4）**免税点**（未満には税がかからない）　　**土地取得 10 万円***、**家屋建築（新築・増築・改築）23 万円***・**その他（売買など）12 万円**未満。

　　*ただし、「土地を取得した者がその取得から 1 年以内にその土地に隣接する土

地を取得した場合」「家屋を取得した者がその取得から1年以内にその家屋と一構となるべき家屋を取得した場合」は、それぞれその前後の土地・家屋の取得をあわせて一つの土地・家屋の取得とみなして、判断する。

（5）**徴収方法　普通徴収**（納税通知書を納税者に交付して徴収）による。
（6）**非課税　相続**（包括遺贈を含む）や**法人の合併**による所有名義の形式的移転は非課税。

国、都道府県、市町村等は非課税。

- **増改築**は、その価格増加部分が家屋の取得となる。
- **家屋新築**の際は、最初に使用又は譲渡が行われた日に家屋の取得があったものとみなされ、その際の家屋の所有者又は譲受人が納税義務を負う。ただし、新築の日後6月（住宅分譲業者の場合は、1年）を経過して、使用又は譲渡が行われないときは、その経過した日に、家屋の取得があったものとみなし、その際におけるその家屋の所有者が納税義務者となる。令③

免税点【覚え方】ゴロ合せ

　土地の父（10）さん、建築兄さん（23）その他のいちに（12）も、税のかからぬ免税点。

✓ チェック！

1 □**課税標準**　宅地の取得に係る不動産取得税の課税標準は、当該取得が令和6年3月31日までに行われた場合に限り、当該宅地の価格の3分の2の額とされる。⑥⑧⑫⑱
2 □**標準税率**　令和6年3月31日までに商業ビルの敷地を取得した場合の不動産取得税の標準税率は、100分の3である。⑲
3 □**改築**　家屋の改築により家屋の取得とみなされた場合、当該改築により増加した価格を課税標準として不動産取得税が課税される。③⑬
4 □**免税点**　不動産取得税の免税点は、土地の取得にあっては10万、家屋の取得のうち建築に係るものにあっては1戸につき23万円、その他の家屋の取得にあっては1戸につき12万円である。②④㉔
1× 課税標準は、**登録価格、宅地はその半分**⇒令和6年3月31日までに行われた場合に限り、当該宅地の価格の2分の1。

２○　税率本則**４パー**だが、**住宅土地は３パー**に割引。地方税法本則の標準税率は 100 分の４であるが、令和６年３月 31 日までに取得した住宅及び土地については、標準税率を 100 分の３とする特例が定められている。

３○　改築により増加した価格を課税標準として不動産取得税が課税される

４○　免税点は、**土地の父（10）**さん、**建築兄（21）**さんまで。**その他のいちに（12）**　もかかりません。⇒○

住宅関連の特例

> **8-2**　新築住宅取得⇒課税標準から 1,200 万円控除　　　73 条の 14
> 住宅（床面積 **50㎡**〔戸建てでない貸し家は 40㎡〕以上 **240㎡以下**）の建築又は新築住宅でまだ人の居住の用に供されたことのないものの購入をした場合の課税標準の算定⇒一戸につき **1,200 万円を控除**する。なお、申告が必要。

- 住宅は、別荘は除くが、専用住宅、併用住宅の共同住宅は含む。共同住宅の場合、１区画ごとに 1,200 万円が控除される。
- 既存住宅でも、耐震基準に適合するものは、新築時に控除できた額を控除できる。ただし、既存住宅の控除は、**個人**が取得したときに限られ、**法人**には適用されない。

Keyword　床面積 50 ～ 240㎡の新築住宅取得
⇒課税標準から 1,200 万円控除

✓ チェック！

□**新築住宅取得の場合の特例**　床面積 **240㎡**の新築住宅に係る不動産取得税の課税標準の算定については、当該新築住宅の価格から **1,200 万円**が控除される。⑩⑯
⇒○　新築住宅取得の場合の課税標準の **1,200 万円**控除である。

敷地に関する特例もある。

8-3　特例適用住宅の敷地取得に対する減額　　　73条の24

次のいずれかの場合、当該土地の取得に対する不動産取得税は、**当該税額から「4.5万円か住宅の2倍の面積（200㎡が上限）に相当する土地の価格×税率（3%）」のいずれか高い額を減額できる。**

① 土地を取得後3年以内に特例適用住宅（床面積50～240㎡）を新築

② 新築未使用の住宅とその敷地を、新築後1年以内に取得等。

なお、申告が必要。

- 太字部分に着目すると、特例適用住宅の敷地取得は、200㎡までは非課税と同じになることを意味する。
- 既存特例適用住宅の敷地を取得した場合も、同様の軽減措置がある。
- この特例は、平成、令和年間には出ていない。

2) 固定資産税

8-4　固定資産税の基本枠組み　　　341条～

（1）固定資産（土地・家屋及び償却資産）に対し、当該固定資産所在の**市町村**において課す。

（2）**納税義務者**は、**当該年度と同一年の1月1日（賦課期日）現在、所有者として登記されている者（未登記の場合は、土地・家屋の補充課税台帳に登録されている者）。ただし、質権の設定地は質権者、100年超の地上権の設定地は地上権者。令①**

登記名義人が賦課期日前に死亡又は消滅の場合、賦課期日における現実の所有者が納税義務を負う。また、所有者の所在が震災等で不明の場合、使用者を所有者とみなし課税できる。

（3）**納期限**は、原則として4・7・12・翌年2月の4回。徴収は、納税通知書が送付される普通徴収。

（4）**課税標準**は、賦課期日現在の固定資産課税台帳＊登録価格※2。登録価格は、3年度ごとに到来する基準年度（最近 令和3年度）に

切り替え、原則3年間据え置く。

（5）**標準税率** 100分の1.4

（6）**免税点**（市町村内に所有する課税標準額の合計額が以下の金額未満の場合は、課税されない。） 土地**30万円**、家屋**20万円**、消却資産**150万円**

※1**共有物**については、共有者が連帯納付義務を負うのが原則であるが（10条の2）、**区分所有に係る家屋の敷地の用に供されている土地**で一定の用件を満たすものに対して課する固定資産税については、共有持分の割合によってあん分した額を、各区分所有者が納付する義務を負う。（352条の2）

（2）の【注】年途中で所有者が変わっても、その年の納税義務者は変わらない。

＊1 納期は市町村の条例で定める。特別の事情がある場合は、これと異なる納期を定めることができる。

＊2 土地課税台帳（登記された物件）、土地補充課税台帳（未登記物件）、家屋課税台帳、（登記された物件）、家屋補充課税台帳（未登記物件）及び償却資産課税台帳の総称。

※1**総務大臣**は、固定資産の評価の基準並びに評価の実施の方法及び手続を定めた「固定資産評価基準」を告示しなければならず（388条1項）、市町村長は、この「固定資産評価基準」によって、課税標準となる固定資産課税台帳に登録される価格を決定しなければならない（403条1項）。登録価格は、3年度ごとに到来する基準年度（最近30年度）に切り替え、**原則3年間**据え置く

POINT

固定資産税は市町村税で、納税義務者は原則元旦現在の登記簿上所有者。課税標準は登録価格。標準税率**1.4**パーで、土地は三十路・家屋は二十歳まで免税だ。

✓チェック！

1□**質権者** 質権者は、その土地についての使用収益の実質を有していることから、登記簿にその質権が登記されている場合には、固定資産税が課される。⑰

2□**所有者所在不明** 固定資産の所有者の所在が震災、風水害、火災等によって不明である場合には、その使用者を所有者と見なして固定資産課税台帳に登録し、その者に固定資産税を課することができる。⑳

3□**標準税率** 標準税率は、**100分の0.3** である。⑨

4□**免税点** 市町村は、財政上その他特別の必要がある場合を除き、当該市町村の区域内において同一の者が所有する土地に係る固定資産税の課税標

準額が **30** 万円未満の場合又は家屋に係る課税標準額が **20** 万円未満の場合には、課税できない。①㉗

1○　質権者は、納税義務がある。

2○　所有者が所在不明の場合の措置だ。

3×　標準税率 **1.4** パーである。

4○　**土地は三十路・家屋は二十歳**まで**免税**だ。

8-5　固定資産課税台帳の閲覧と記載事項証明書の交付請求

382 条の 2・3

　納税者本人や**借地権者**、**借家権者**は、当該納税義務者に係る固定資産について記載されている部分を閲覧でき、また、記載事項証明書の交付請求もできる。

- 登録価格に不服があれば、納税通知書の交付を受けた日以後 3 月経過する日までに、文書で、**固定資産評価審査委員会**に審査の申出ができる（432条）。令③
- なお、市町村長は、毎年 4 月 1 日から、4 月 20 日又は当該年度の最初の納期限の日のいずれか遅い日以後の日までの間、土地価格等縦覧帳簿及び家屋価格等縦覧帳簿を固定資産税の納税者の縦覧に供しなければならない（416条）。令④

✓ チェック！

□**納税義務者の固定資産に係る事項の証明**　固定資産税の納税義務者は、常に固定資産課税台帳に記載されている当該納税義務者の固定資産に係る事項の証明を求めることができる。⑮

⇒○　納税義務者は、常に固定資産課税台帳に記載されている当該納税義務者の固定資産に係る事項の証明を求めることができる。

住宅関連の特例だ。

8-6　新築住宅　3年間住宅部分 120㎡までの税額を半額に
地方税法附則 15 条の 6

新築住宅（別荘は除く）で床面積**50 ～ 280㎡**に該当するものは、新たに固定資産税が課税されることになった年度から**3年度分**（中高層耐火建築物は、5 年度分）、**住宅部分 120㎡までにつき税額の2分の1を減額**する。令③

8-7　住宅用地の課税標準
地方税法 349 条の 3 の 2

住宅の敷地の用に供されている土地（住宅用地）は、**住宅一戸当たり200㎡までの部分（小規模住宅用地）**は、その課税標準額を登録された固定資産課税台帳の価格の**6分の1**とし、**200㎡を超える部分は3分の1**とする。

POINT
新築住宅 3 年間住宅部分 120㎡までを半額に
住宅用地の課税標準 200㎡まで 6 分の 1、200㎡超える部分も 3 分の 1

✓ チェック！

1 □**新築住宅の特例**　新築された 2 階建ての住宅については、新築後 3 年度間に限り、固定資産税の 3 分の 1 が減額される。⑤
2 □**住宅用地の課税標準**　住宅用地は、一戸当たり 200㎡までの部分の課税標準額を登録された固定資産課税台帳の価格の 2 分の 1 とする。⑭

1×　3 分の 1 ではなく、2 分の 1。
2×　2 分の 1 ではなく、6 分の 1。

2　国税

1）印紙税

不動産の売買契約書の作成等に課される**国税**だ。

8-8 印紙税の概要

課税文書と指定された文書を作成した場合に、作成者に課せられる国税。
印紙税の趣旨文書を作成することで取引が明確になり、法律関係が安
定するというメリットに対する対価。

【課税文書1】 不動産の譲渡、土地貸借権・地上権の設定又は譲渡、消
費貸借もしくは請負等に関する契約書（契約当事者間において、契約
の成立、更改又は内容の変更もしくは補充の事実を証明する目的で作
成される文書。契約消滅を証明する目的で作成される文書は含まな
い）。写、副本、謄本等と表示された文書で、正本と同一内容又はそ
の証明のあるものは、課税文書に該当する。令④

契約当事者及び**当該契約に参加する者**（不動産売買契約における仲介
人等）以外の者に提出又は交付する文書は課税文書でない。

　【注】建物賃貸借契約書は課税文書ではない。

【課税文書2】 資産の譲渡もしくは使用させることの対価の**受取書**（領
収書）。

ただし、営業に関しないものと、受取金額5万円未満は非課税。

✓ チェック！

1□**営業用でない領収書**　個人が生活の用に供している自宅の土地建物を譲
渡し、代金1億円を受け取った際に作成する領収証には、印紙税は課税さ
れない。⑪

2□**建物賃貸借契約書**「月額家賃10万円、契約期間2年間、権利金60万
円、敷金30万円とする」旨を記載した建物の賃貸借契約書は、印紙税は
課税されない。②

3□**手付金の領収書**　A社の発行する「建物の譲渡契約に係る手付金とし
て、500万円を受領した。」旨が記載された領収書は、記載金額500万
円の売上代金に係る金銭の受取書として印紙税が課される。⑰

4□**敷金の領収書**　建物の賃貸借契約に際して敷金を受け取り、敷金の領収
書（記載金額100万円）を作成した場合、その領収書に「賃借人が退去
する際に返還する」旨が記載されているときでも、印紙税は課税される。
⑫

1 ○　領収書は、営業用でなければ課税されない。

2 ○　建物賃貸借契約書は、課税文書でない。

3 ○　記載金額 500 万円の受取書として印紙税が課される。

4 ○　敷金の領収書として課税される。

8-9　納税義務者について

（1）委任に基づく代理人が、委任事務の処理に当たって作成する課税文書については、**代理人名義**で作成する場合は**代理人**が作成者となり、**委任者の名義**のみが記載されている場合は、その**委任者**が作成者となり、納税義務を負う。（印紙税法基本通達 43 条）

（2）私人と国又は地方公共団体が契約書を取り交わす場合、**私人が保存**するものには印紙税が課されない（非課税の国等が作成したとみなされるから　4条5項）が、**国等が保存**するものには課される。

✓ チェック！

1 □**代理人が作成した文書**　宅地建物取引業を営むＡ社が、「Ａ社は、売主Ｂの代理人として、土地代金 5,000 万円を受領した」旨を記載した領収書を作成した場合、当該領収書の納税義務者はＡ社である。⑯

2 □**国等が作成**　国とＡ社とが共同で土地の売買契約書を2通作成し、双方で各1通保存する場合、Ａ社が保存するものには、印紙税は課税されない。⑨⑬⑳

1 ○　代理人が、代理人名義で作成する場合は代理人が作成者となるので、納税義務者は、仲介業者のＡ社である。

2 ○　国・公共団体等と契約書を交換する場合、私人保有のものは、国等作成に係るものとみなされ、非課税となる。

8-10　記載金額について

（1）**交換契約書**は、双方の金額（評価額）が記載してある場合には高い方の金額が、交換差金のみが記載してある場合にはその交換差金が記載金額。

（2）**契約金額を変更する契約書**は、①増額変更の場合、増額分が記載

金額となる。②減額変更の場合、記載金額のないものとなる。

（3）**贈与契約書**は、記載金額がない契約書として課税される（税額200円）。

（4）**土地の賃借権の設定又は譲渡に関する契約書の記載金額**は、設定又は譲渡の対価たる金額（権利金等）がそれにあたり、賃貸料、敷金、保証金等は含まない。

（5）**一の契約書に譲渡契約と請負契約を記載した契約書**は、譲渡契約金額≧請負契約金額のときは、譲渡契約金額を記載した譲渡契約書として、譲渡契約金額＜請負契約金額のときは、請負契約金額を記載した請負契約書として課税される。

（6）**消費税**は、区分記載されている等で消費税額が明らかにされているときは記載金額に含めない。

✓ チェック！

1□**交換契約書**　「Aの所有する土地（価額1億7,000万円）とBの所有する土地（価額2億円）とを交換し、AはBに差額3,000万円を支払う旨」を記載した土地交換契約書を作成した場合、印紙税の課税標準となる当該契約書の記載金額は、2億円である。⑱

2□**贈与契約書**「時価1億円の土地を贈与する」旨を記載した契約書は、記載金額のない不動産の譲渡に関する契約として、印紙税が課せられる。⑤

3□**地上権設定契約書**　「存続期間50年、設定対価1億円、地代2,000万円とする」旨の地上権設定契約書は、記載金額1億円の地上権の設定に関する契約書として、印紙税が課税される。④

1○　物件評価額が記載されている場合は、高いほうの額が記載金額となる。

2○　贈与契約書は記載金額のない課税文書となる。

3○　地上権設定契約書や土地賃貸借契約書の記載金額とは、権利金・礼金・更新料などの**後日返還されることが予定されていない金額**。

8-11　納付方法と過怠税　　　　8・20条

（1）**納付方法**　原則は、**印紙納付**。貼り付けた印紙の彩紋（模様）にかけて自己又はその代理人、使用人その他の従業者の印章又は署

名で、その課税文書と印紙の彩紋とにかけて、判明に印紙を消す必要がある（8条、施行令5条）。

なお、単に「印」と表示したり斜線を引いたりしてもそれは印章や署名に当たらないから、印紙を消したことにはならない。また、鉛筆で署名したもののように簡単に消し去ることができるものも、印紙を消したことにはならない。〔通達〕

例外として、多数の課税文書を作成する場合等は、**現金納付**が認められる。

（2）**納付しなかった**　納付すべき印紙税の額とその額の2倍の合計金額の過怠税（納付すべき3倍額）が徴収される。ただし、納付していない旨自主的に申し出た場合には、当該課税文書に係る過怠税の額は、本来の印紙税の1.1倍の額とする。また、消印しなかった場合には、その消印されていない額面金額に相当する金額の過怠税が徴収される（20条）。

2）登録免許税

登記をするときに課される国税である。

8-12　登録免許税の基本枠組み

（1）**登記等を受ける者**（2人以上あるときは連帯して納税義務を負う）に課せられる国税（2・3条）。
（2）**納付方法**は、原則は現金納付だが、印紙（収入印紙）納付も認められる。
（3）**課税標準**は、抵当権設定等などは債権額だが、その他は不動産価格（固定資産台帳価格）の場合が多い。
（4）**納税地**は、登記を受ける登記所の所在地。**納期限**は、登記等を受けるまで。

✓ チェック！

1□**納期限**　土地の所有権の移転登記に係る登録免許税の納期限は、登記を受ける時である。⑭

2□**追徴** 納付した登録免許税に不足額があっても、その判明が登記の後である場合においては、その不足額の追徴はない。③

1○ 要するに登録免許税を納めないと、登記を受けられない。

2× 追徴しないわけがない。

8-13 住宅用家屋に関連する税率の軽減

租税特別措置法 72 条の 2、73・75 条

個人が、床面積 50㎡以上の住宅用家屋（建築後 20 年〔耐火建築物は 25 年〕以内又は耐震安全基準に適合するもの）を**新築**又は**取得**して、当該個人の居住の用に供した場合に、**新築・取得から 1 年以内**に下記の登記を受けるときは、税率を軽減する。

①住宅用家屋の**所有権保存登記** 0.15%（本則 0.4%）

②住宅用家屋の**売買**又は**競落**による**取得に基づく所有権移転登記** 0.3%（本則 2%）

③住宅取得資金の貸付等についての抵当権設定の登記 0.1%（本則 0.4%）

※共有物件の場合、その持分にかかわらず共有者全員が軽減される。
②の【注】 贈与や交換による取得は、軽減されない。令③
【注】 上記軽減は、いずれも法人には適用されない。
なお 税率は出題されたことはない。

✓ チェック！

1□**床面積の要件** 本特例は、床面積が 50㎡の住宅用家屋の登記に対しては、適用される。①

2□**回数制限はあるか** 本特例は、以前にこの措置の適用を受けたことのある者が新たに取得した住宅用家屋について受ける所有権の移転の登記にも適用される。⑮

3□**贈与による取得** この税率の軽減措置は、贈与により取得した住宅用家屋について受ける所有権の移転の登記にも適用される。⑮、類（交換による取得）㉚

4□**法人にも適用あるか** この税率の軽減措置は、従業員の社宅として新築

した住宅用家屋について法人が受ける登記には適用されない。⑩

1○　取得後 1 年以内に申請し、50㎡以上であれば適用される。

2○　この特例は、何回でも受けられる。

3×　この軽減税率は、住宅用家屋を、**贈与**や**交換**により取得した場合には、適用されない。

4○　この軽減措置は、**個人**しか受けられない。

3）相続税・贈与税

8-14　相続税・贈与税

（1）相続税は、相続・遺贈・死因贈与により財産を取得した個人に課せられる国税。
　　基礎控除額は、3,000 万円＋ 600 万円×法定相続人数。

（2）贈与税は、贈与により財産を取得した個人に課せられる国税。課税方法は、「**暦年課税**」と「**相続時精算課税**」の 2 つがあり、一定の要件に該当する場合に後者を選択できる。
　　暦年課税制度の基礎控除額は、年間 110 万円。

20 才以上の子又は**孫**が **60 歳以上の親**から受ける贈与は、相続時精算課税制度を選択できる。

8-15　相続時精算課税制度　　　　　　　　相続税法 21 条の 9

（1）**18 歳以上の子又は孫**が、**60 歳以上の親**から受ける贈与⇒**相続時精算課税制度**[*1]（贈与者が亡くなるまでになされた数年度にわたる贈与について課税する方式）の適用を受けるか、**暦年課税制度**（一年度単位で課税される通常の課税方法）の適用を受けるか選択できる[*2]。

（2）**住宅取得等資金の贈与を受けた場合の相続時精算課税選択の特例**
　　　　　　　　　　　　　　　　　　　　租税特別措置法 70 条の 3
　　令和 5 年 12 月 31 日までの間に、父母又は祖父母から**住宅取得等**

資金の贈与を受けた 18 歳以上（贈与を受けた年の 1 月 1 日現在。）の
子又は孫が、一定条件※を満たすときは、贈与者の年齢が **60 歳未満**で
あっても相続時精算課税を選択することができる。

＊1 **相続時精算課税制度**では、
① 贈与時に贈与財産に対する贈与税を納め※
② その贈与者が亡くなった時に、その贈与財産（贈与時の時価で算定）と相続財産の価
　額とを合計した金額を基に計算した相続税額から、既に納めたその贈与税相当額を控除
　する。控除しきれない分は還付する。
※贈与時の課税は、複数年にわたって累積で 2,500 万円までは、非課税。それを超えた
　部分は、一律 20％で課税する。なお、相続時精算課税を選択した受贈者が、相続時精
　算課税の選択に係る贈与者から令和 6 年 1 月 1 日以後に贈与により取得した財産に係る
　その年分の贈与税については、暦年課税の基礎控除とは別に、贈与税の課税価格から基
　礎控除額 110 万円が控除される。

＊2 **相続時精算課税制度**を選択する場合は、最初の贈与を受けた年の翌年 2 月 1 日から
　3 月 15 日までの間に所轄税務署長に対してその旨の届け出をする。
※**一定条件とは**　贈与を受けた年の翌年の 3 月 15 日までに、住宅取得等資金（敷地・
　借地権の取得費を含む）の全額を**居住用の家屋**＊の新築又は取得もしくは増改築等のた
　めの対価に充てて新築又は取得もしくは増改築等をし、同日までに自己の居住の用に供
　したとき又は同日後自己の居住の用に供することが確実であると見込まれるとき
　ただし、贈与を受けた者と特別の関係がある者（受贈者の配偶者及び直系血族、受贈者
　の親族で受贈者と生計を一にしているもの等）との請負契約等により新築若しくは増改
　築（工事費用が 100 万円以上）等をする場合又はこれらの者から取得する場合には、
　この特例を受けることはできない。
　＊**居住用の家屋の要件**　（1）床面積 50㎡以上（2）中古の場合、取得の日以前・耐火
　　建築物では 25 年以内・耐火建築物以外では 20 年以内に建築された又は地震に対す
　　る安全性に係る基準に適合すること（3）床面積の 2 分の 1 以上部分が専ら居住の用
　　に供されるものであること

4）譲渡所得への課税（所得税）

　譲渡所得とは、土地、建物、株式、ゴルフ会員権などの資産を譲渡するこ
とによって生ずる所得をいう。借地権設定対価として受け取った権利金の額
がその土地の時価の 2 分の 1 を超えるものを含む。⑰令③

8-16　譲渡所得への課税

（1）土地、建物を譲渡したとき
①所得の計算
収入金額 -（取得費 ＋ 譲渡費用）- 特別控除額 ＝ 課税譲渡所得金額

　収入金額は、売却金額。取得費は、購入金額、購入手数料のほか、取得後に支出した設備費及び改良費の額の合計額。⑳令③

特別控除には、収用等により土地建物を譲渡した場合（5,000万円）、居住用財産を譲渡した場合（3,000万円）などがあり、最高限度額は、年間5,000万円。

②**課税方式　分離課税**　他の所得と合算せず、分離して課税される。

　税率　①**長期譲渡所得**　譲渡年1月1日における所有期間が5年超の土地建物の譲渡による所得⇒15%

　　　　②**短期譲渡所得**　譲渡年1月1日における所有期間が5年以下の土地建物の譲渡による所得⇒30%

（2）土地、建物及び株式等以外の資産を譲渡したとき

①所得の計算

短期譲渡所得の総収入金額-(取得費＋譲渡費用)＋長期譲渡所得の総収入金額-(取得費＋譲渡費用)＝譲渡益

譲渡益－特別控除額(最高50万円)＝譲渡所得の金額

＊**短期譲渡所得**＝所有期間5年以下の資産の譲渡による所得

＊**長期譲渡所得**＝所有期間5年超の資産の譲渡による所得　⑳

　特別控除額は、まず先に短期譲渡所得の譲渡益から控除し、残りがあれば長期譲渡所得の譲渡益から控除する。　⑳令③

②**課税方式　総合課税**　他の所得と合計して、総所得金額を求め、所得控除の合計額を控除し、その残額に所得税の税率を乗じて税額を計算する。

　なお、総所得金額を求めるときに合計する所得金額は、短期譲渡所得の金額は、その全額だが、長期譲渡所得の金額は、その2分の1に相当する金額とする。⑰令③

8-17　居住用財産譲渡の3つの特例

居住用財産譲渡の場合の特例が、3つある。

これらの特例の共通の要件は、

①**居住用財産**（居住用家屋又はその家屋と敷地）を居住の用に供しなくなった日から**3年**を経過する日が属する年の12月31日までに譲渡したということ。

②**特別な関係がある者**＊に譲渡した場合には、適用されないこと。

　＊特別な関係がある者＝ⅰ 配偶者及び直系血族　ⅱ その個人の親族で、その個人
　と生計を一にする、又は譲渡家屋にその個人とともに居住する　ⅲ その個人と
　内縁関係にある　ⅳ その個人を株主とする同族会社等

③**確定申告**が必要なこと、である。

特例①は、3,000万円特別控除である。これがベースになる。

8-18　特例①課税標準からの3,000万円特別控除

租税特別措置法35条

個人が**居住用財産**（居住用家屋又はその家屋と敷地）を、**居住の用に
供しなくなった日から3年を経過する日が属する年の12月31日まで
に譲渡**

⇒その譲渡所得金額から3,000万円が控除される。

〔適用除外〕①特別な関係がある者に譲渡したとき　②その年の前年又は前々
　　　　　　年において既にこの特例（特例①）又は所有10年超・居住10
　　　　　　年以上の居住用財産の買換え特例（特例③）、特定居住用財産譲
　　　　　　渡又は居住用財産買換え等の場合の譲渡損失の損益通算及び繰越
　　　　　　控除（特例④）の規定の適用を受けている。④収用等の場合の特
　　　　　　別控除など他の特例の適用を受けている。

なお　要件が簡素なので、最も適用がある。この制度がベースになり、この
上に要件が加わり、特例②、特例③となる。

✓ チェック！

□**特例①の非適用要件**　居住の用に供している家屋をその者の長男に譲渡し
　た場合には、その長男がその者と生計を一にしているか否かに関係なく、
　その譲渡について、居住用財産の譲渡所得の特別控除の適用を受けること
　ができない。⑥⑮

⇒○　直系血族は、非同居で生計を一にしなくても、**特別関係者**になる。な
　お、特別関係者に譲渡した場合は、どの特例も受けられない。

特例②は、税率軽減だ。

8-19 所有10年超の居住用財産譲渡の軽減税率　　　31条の3

　個人が、その年1月1日において**所有10年超の居住用財産**を、**居住の用に供しなくなった日から3年を経過する日が属する年の12月31日までに譲渡**

⇒居住用財産譲渡の3,000万円特別控除を行った後の長期譲渡所得金額につき、課税長期譲渡所得金額の【6,000万円以下の部分10%】【6,000万円超の部分15%】で、課税。

〔適用除外〕①特別な関係がある者に譲渡したとき②所有10年超・居住10年以上の居住用財産の買換え特例（特例③）の適用を受けている。③その年の前年又は前々年において既にこの特例（特例②）の適用を受けている。

✓ チェック！

1□**特例②所有10年超の場合の軽減税率**　所有期間が10年を超える居住用財産である建物とその敷地の譲渡による譲渡所得税については、他の所得と分離されて居住用財産譲渡の3,000万円特別控除を行った後の長期譲渡所得金額につき、6,000万円以内の部分については10%、6,000万円を超える部分については15%の二段階の税率で、所得税が課される。①

2□**特例②所有10年超の場合の軽減税率**　個人が令和元年（平成31年）中に平成31年1月1日において所有期間が10年を超える居住用財産を譲渡した場合、居住用財産を譲渡した場合の軽減税率の特例は、その個人が平成29年において既にその特例の適用を受けている場合であっても、令和元年（平成31年）中の譲渡による譲渡益について適用を受けることができる。令①

1○　記述のとおり。

2×　当該個人がその年の前年又は前々年において既にこの居住用財産を譲渡した場合の軽減税率の特例の適用を受けている場合には、居住用財産を譲渡した場合の軽減税率の特例の適用を受けることはできない。

特例③は、買換え特例だ。

8-20 所有10年超・居住10年以上の居住用財産の買換え特例

36条の2

　所有10年超・居住10年以上の居住用財産を、居住の用に供さなくなった日から3年経過年の末までに譲渡（対価額1億円以下に限る）し、譲渡年の前年から譲渡年の翌年中に、敷地500㎡以下・床面積50㎡以上の居住用財産を取得し、

- 売却金額＜買換え金額⇒譲渡益に対する課税を将来に繰り延べる（売却した年分で譲渡益への課税は行わず、買い換えた資産を将来譲渡したときまで譲渡益に対する課税が繰り延べられる。）
- 売却金額＞買換え金額⇒売却金額－買換え金額の部分に、譲渡所得税を課す

【注】この場合、3,000万円特別控除（特例①）と所有10年超の軽減税率（特例②）は受けられない。

〔適用除外〕 ①特別な関係がある者に譲渡したとき②その年又はその年の前年若しくは前々年において居住用財産譲渡の3,000万円特別控除（特例①）、所有10年超の居住用財産譲渡の軽減税率（特例②）、特定居住用財産譲渡又は居住用財産買換え等の場合の譲渡損失の損益通算及び繰越控除（特例④）の規定の適用を受けている場合。③収用等の場合の特別控除など他の特例の適用を受けている。

Q 特例①～③の適用関係はどうなる。

⇒① 3,000万円特別控除は、居住用財産を譲渡しただけで適用される。
②その居住用財産が所有10年超であれば、軽減税率の適用もある。この場合は、3,000万円特別控除と軽減税率の特例を一緒に受けられる。

⇒③さらに、買換え特例の要件もあるときは、3つの特例のすべての要件があるが、買換え特例は3,000万円特別控除及び軽減税率の特例とは一緒に受けられないので、〔買換え特例だけ〕を受けるか、〔3,000万円特別控除＋軽減税率の特例〕の適用を受けるか、選択することになる。

🄿🄾🄸🄽🅃 3つの特例の適用関係まとめ

居住用財産譲渡⇒3,000万控除**特例①**

▼

所有10年超の居住用財産譲渡⇒3,000万円特別控除＋軽減税率**特例②**

▼

所有10年超・居住10年以上の居住用財産を譲渡し、居住用財産を買い換え⇒〔買換え特例〕**特例③**一本、か、〔3,000万円特別控除**特例①**＋軽減税率**特例②**〕を選択。

　住宅ローン減税　住宅ローン残高の一定割合は、税から控除される。

8-21　住宅ローン減税
居住年から最大13年間ローン残高0.7%を減額　　41条
居住用の家屋及びその敷地の取得（新築、既存住宅の取得、増改築等）をした場合は、居住した年から最大13年間（所得金額2,000万円以下の年）は、ローン残高の一定割合（0.7%）を所得税額から控除する。

主な要件　①償還期間10年以上の住宅（及び敷地）の取得等に要するローン残高（上限あり）がある。②新築・取得等の日から6か月以内に居住の用に供した。③床面積50㎡以上で、2分の1以上がもっぱら住宅の用に供される。④既存住宅の場合は、新耐震基準に適合していること又は昭和57年（1982年）1月1日以降に建築されたものであること。⑤増改築は、工事費用100万円超。

適用除外　居住の用に供した年の前々年から翌々年までの5年の間に、居住用財産譲渡の場合の　**特例①**（居住用財産譲渡の3,000万円特別控除）、**特例②**（所有10年超の居住用財産譲渡の場合の軽減税率）、**特例③**（所有10年超・居住10年以上の居住用財産の買換え特例）の適用を受ける場合。

学習の指針

税は、21年から、3問出題から2問出題となった。**不動産取得税**と**固定資産税**は、課税標準、税率、免税点、住宅関連特例をおさえればよい。**印紙税**と**登録免許税**は、過去問をおさえておけばよい。上記の4税が定番だが、**相続時精算課税選択の特例**は、22年に1回でている。**所得税**は、2問出題になってからは、4問出題されている（24・29年、令元・3年）。

Part 9

住宅金融支援機構

　平成19年4月に、旧住宅金融公庫は廃止され、独立行政法人住宅金融支援機構が、住宅金融公庫の権利義務を包括的に引き継いだ。したがって、それまでに旧公庫が受理した申し込みは、すべて独立行政法人住宅金融支援機構資金が貸付けをすることとされた。さらに、住宅金融支援機構は、民間の銀行等住宅ローンの支援業務と民間の融資が難しい分野では直接融資業務を行うこととされた。

✓ チェック！

□**機構の前身である住宅金融公庫の業務の承継**　機構は、住宅金融公庫が機構の設立前に受理した申込みに係る資金の貸付けのうち、機構の設立から半年以内に実行するものに限り、資金の貸付けを業務として行う。⑲

⇒×　機構は、住宅金融公庫の権利義務を包括的に承継したから、公庫が受理した申し込みは、すべて資金の貸付けをする。経過措置に関する出題で、もう出ない。

9-1　住宅金融支援機構の設置目的　　　　住宅金融支援機構法4条

　独立行政法人住宅金融支援機構は、一般の金融機関による住宅の建設等に必要な資金の融通を支援するための貸付債権の譲受け等の業務を行うとともに、一般の金融機関による融通を補完するための災害復興建築物の建設等に必要な資金の貸付けの業務を行う。

つまり　メインの業務は、住宅取得資金を貸し付ける一般金融機関への支援となり、直接貸し付けは一般金融機関の補完として行うことになった。

9-2　住宅金融支援機構の業務—— 1
証券化支援業務と直接融資業務　　　　　　　13条

（1）**証券化支援業務**　機構が、一般の金融機関の貸付債権を譲り受け
　　　たり、貸付債権を担保とする債券に係る債務保証をしたりするこ
　　　とにより、一般の金融機関の貸付債権の証券化支援をする。

（2）**直接融資業務**　原則として行わず、一般の金融機関による融通が困
　　　難な、下記に必要な資金の貸付等についてのみ行う。

　　①災害復興建築物の建設若しくは購入又は被災建築物の補修⑳㉕
　　　令①③

　　②災害予防代替建築物の建設若しくは購入若しくは災害予防移転建
　　　築物の移転、災害予防関連工事又は耐震性向上のための住宅の改
　　　良㉕㉖令②

　　③合理的土地利用建築物の建設若しくは購入又はマンションの共用
　　　部分の改良㉖㉘令①③⑤

　　④子ども育成世帯、高齢者世帯に適した賃貸住宅の建設又は当該賃
　　　貸住宅の改良 ⑲⑳令③⑤

　　⑤高齢者の家庭に適した住宅とすることを主たる目的とする住宅の
　　　改良（高齢者が自ら居住する住宅について行うものに限る。）㉖㉚

　　⑥勤労者財産形成促進法の規定による貸付け等。⑲⑳

【注】　直接融資業務は、正解肢以外の記述でよく出る。末尾の㉚は 30 年出題。

✓ チェック！

□**元利金の支払の免除**　機構は、貸付けを受けた者が景況の悪化や消費者物
　価の上昇により元利金の支払が困難になった場合には、元利金の支払の免
　除をすることができる。⑳

⇒×　貸付条件の変更又は元利金の**支払い方法の変更**はできる（令③）が、
　　さすがに元利金の**支払い免除**はできない。そこまでしたら、事業として
　　成り立たなくなる。

9-3　住宅金融支援機構の業務—— 2　その他の業務　　　13条
（3）**住宅融資保険業務**　民間金融機関の住宅ローンが不測の事態によ

り事故となった場合に、あらかじめ締結した保険契約に基づき民間金融機関に保険金を支払うことにより、民間金融機関の住宅ローンの円滑な供給を支援する。（1項3号）

（4）**住情報の提供業務**　消費者や事業者に最良のローン選択や住宅の建設等が可能となるよう住宅関連の情報を提供する。（1項4号）

（5）**その他付随業務**

- **団体信用生命保険**　あらかじめ貸付けを受けた者と契約をし、その者が死亡した場合に支払われる生命保険金を当該貸付に係る債務の弁済に充てる。（1項10号）令②

- 高齢者が居住する住宅に対して行うバリアフリー工事又は耐震改修工事に係る貸付けについて、毎月の返済を利息のみとし、借入金の元金は債務者本人の死亡時に一括して返済する制度（**高齢者向け返済特例制度**）等も業務として行う。令②

中心的業務である証券化支援業務の仕組みは、つぎのとおりだ。

9-4　証券化支援業務

民間金融機関による長期・固定ローンの供給を支援するもので、買取型と保証型がある。令③④

買取型　機構は、長期・固定ローンの借主が資金を受け取った後、金融機関から住宅ローンを買い取り※、信託銀行に信託（権利を移転して管理や処分を任せる）した上で、それを担保とした MBS*を発行し、市場（投資家）から資金を調達する。令②④

　　なお、住宅ローン債権が金融機関から機構に譲渡されても、金利や返済期間などの契約条件に変更はなく、返済手続きは、引き続き、ローンを申込んだ金融機関が窓口となる。

※機構が買い取る＝譲受けの対象とする貸付債権は、証券化支援事業（買取型）として行っている債権であり、**本人又は親族が住む住宅の建設・購入及びそれらに付随する土地・借地権取得**又は**住宅改良**に必要な資金の貸付け債権に限られる。（13条1項1号、施行令5条　**9-5（2）**参照）令③④

470

＊ **MBS（資産担保証券）** モーゲージ証券とも呼ばれ、一般に住宅ローンなどの不動産担保融資の債権を裏付け（担保）として発行される証券のことをいい、運用（投資）面において、高い流動性や高い信用力、高い利回りなどが魅力となっている。

保証型 民間金融機関の長期・固定ローンに対して、機構が、保険を付した上で、それを担保として発行された債券等について、期日どおりの元利払いを保証する。住宅ローンの借主が返済できなくなった場合に、金融機関に対して機構が保険金（ローンの残高）を支払い、借主の住宅ローン債権を取得する。令②

• 買取型により提供されるのが**フラット35**であり、保証型により提供されるのが**フラット35（保証型）**である。が、後者は現在新規募集している金融機関はほとんどない。

✓ チェック！

1□**証券化支援事業・保証型** 機構は、民間金融機関が貸し付けた長期・固定金利の住宅ローンについて、民間保証会社の保証を付すことを条件に、その住宅ローンを担保として発行された債券等の元利払いを保証する証券化支援事業（保証型）を行っている。㉑

2□**貸付債権回収の業務委託** 証券化支援事業（買取型）において、機構は、いずれの金融機関に対しても、譲り受けた貸付債権に係る元金及び利息の回収その他回収に関する業務を委託することができない。㉗

1× 保証型は、民間金融機関の住宅ローンに対して**機構**が保険を付す。

2× 「**返済手続き**は、引き続き、**ローンを申込んだ金融機関が窓口**となる。」ということは、貸付債権回収の業務は、住宅取得資金を貸し付けた金融機関＝機構が買い受けた金融機関、に委託することを意味する。よって、業務委託できないというのは誤り。

　　　　　　　　×　　　　　　　　×

さらにフラット35S（優良住宅取得支援制度＝省エネか耐震等の要件を満たす住宅の場合、**金利を引き下げる** ㉘令①③⑤）、フラット35リノベ（中古住宅を購入して性能向上リフォームを行う等の場合、金利を引き下げる）、フラット50（認定長期優良住宅につき、償還期間の上限を50年とする）等の商品も扱っている。

9-5 フラット 35 の利用条件

（1）**金利、融資手数料**は金融機関ごとに異なる。

（2）**資金の使いみち**は、**本人又は親族が住む住宅の建設資金（敷地取得資金も含む）住宅**＊**購入資金（敷地取得資金も含む・住宅購入と併せて行う住宅の改良の資金も含む※）又は住宅ローンの借換えのための資金**に限られる。

リフォーム（住宅改良）のための資金には、平成 27 年までは利用できなかったが、平成 28 年から、中古住宅の購入と併せて行う工事の費用も【フラット 35】で借り入れできるようになった。令②

✓ チェック！

1□**フラット 35 金利**　証券化支援事業（買取型）の住宅ローン金利は全期間固定金利が適用され、どの取扱金融機関に申し込んでも同一の金利になる。㉒

2□**高齢者向け返済特例制度**　機構は、証券化支援事業（保証型・買取型）において、高齢者が自ら居住する住宅に対してバリアフリー工事又は耐震改修工事を行う場合に、債務者本人の死亡時に一括して借入金の元金を返済する制度を設けている。㉓㉔

3□**住宅の改良に必要な資金の貸付け**　機構は、証券化支援事業（買取型）において、住宅の改良に必要な資金の貸付けに係る貸付債権について譲受けの対象としている。㉖

4□**住宅の建設又は購入に付随する土地又は借地権の取得に必要な資金の貸付け**　機構は、住宅の建設又は購入に必要な資金の貸付けに係る金融機関の貸付債権の譲受けを業務として行っているが、当該住宅の建設又は購入に付随する土地又は借地権の取得に必要な資金の貸付けに係る貸付債権については、譲受けの対象としていない。㉕

5□**賃貸住宅の建設又は購入に必要な資金の貸付け**　機構は、証券化支援事業（買取型）において、債務者又は債務者の親族が居住する住宅のみならず、賃貸住宅の建設又は購入に必要な資金の貸付けに係る金融機関の貸付債権についても譲受けの対象としている。　㉘

6□**中古住宅購入のための貸付け**　機構は証券化支援事業（買取型）におい

て、中古住宅を購入するための貸付債権を買取りの対象としていない。令
①
1×　フラット35の金利は、取扱い金融機関ごとに異なる。
2×　高齢者向け特例返済制度がついた高齢者向けリフォーム融資は、機構
　　の直接融資制度の一つであり（**9-3**）、証券化支援事業ではない。
3×　住宅の改良（**リフォーム**）資金の貸付は、証券化支援事業で扱ってい
　　ないので、機構の譲受けの対象ともならない。
　　　ただし、平成28年から**中古住宅の購入と併せて行うリフォーム工事
　　の費用**も【フラット35】で借り入れできる【フラット35（リフォー
　　ム一体型）】が創設されたので、この貸付債権は、買取対象となる。
4×　証券化支援事業の融資対象は、**敷地取得費も含む**ので、敷地取得費の
　　貸付けに係る貸付債権についても、機構の譲受けの対象となる。令②
5×　機構が譲受の対象とする貸付債権は、証券化支援事業として行ってい
　　る債権だが、証券化支援事業では、債務者又は債務者の親族が居住する
　　住宅の建設購入資金の貸付は行っているが、賃貸住宅の建設又は購入に
　　必要な資金の貸付けは行っていない（【資金の使いみち】参照）。よって、
　　同貸付債権については譲受けの対象とならない。
6×　住宅購入のための貸付債権であれば、中古住宅の購入の場合も買取り
　　の対象とする。

学習の指針

機構は、19年に旧住宅金融公庫からの組織改正されたものだが、出題
が累積されてきた。正解肢は証券化支援事業に関するものが多いが、出
題自体は機構独自の融資制度からのものも多い。試験対策は、過去問題
をマスターしておくことで足りる。

Part 10

不当景品類及び
不当表示防止法

1 不当表示の規制

景品表示法（不当景品類及び不当表示防止法）は、商品やサービスの品質、内容、価格等に関する不当な表示と不当な景品類の提供を規制する。

10-1 公正競争規約

景品表示法では、何が具体的に不当表示になるかにつき、各業界の事業者団体に不当表示に関する細かい基準を定めさせ、消費者庁長官と公正取引委員会の認定（一種のお墨付き）を受けたら、それを業界の自主規制のルールとする仕組みをとっている。この自主規制のルールを**公正競争規約**という。

不動産取引業には、
①不動産の表示に関する公正競争規約と
②不動産業における景品類の提供の制限に関する公正競争規約が定められている。
違反者には、**公正取引協議会**（事業者団体）から**違約金**が課せられる。

不動産の表示に関する公正競争規約の主なものをみていこう。

10-2 不動産の表示に関する公正競争規約1
（1）特定用語の使用基準
・ 新築という用語は、建築後1年未満であって、かつ、居住の用に供

されたことがないという意味で用いなければならない。

（2）不当表示の禁止

・ 不当な**二重価格表示**（比較対照価格の併記）は禁止。

【二重価格表示をするための要件】

①過去の販売価格の公表時期及び値下げの時期を明示すること。㉚

【注】 賃貸物件の賃料の二重価格表示はできない。

②「過去の販売価格」は、値下げの３か月以上前に公表された価格で
あって、かつ、値下げ前３か月以上にわたり実際に販売するために
公表していた価格であること。

③値下げ時期から６か月以内に表示するものであること等。

・ **おとり広告**（取引する意思がない等の物件の広告）は、禁止。

・ 不当な**比較広告**は、禁止。

10-3　不動産の表示に関する公正競争規約2

（1）特定事項の明示義務

・ 市街化調整区域に所在する土地については、「**市街化調整区域。宅地
の造成及び建物の建築はできません。**」と明示する。

・ 建基法42条に規定する道路に２メートル以上接していない土地に
ついては、「**再建築不可**」又は「**建築不可**」と明示する。

・ 建基法第42条２項により道路とみなされる部分（セットバックを
要する部分）を含む土地については、その旨を表示し、セットバッ
クを要する部分がおおむね10パーセント以上である場合は、併せ
てその面積を明示する。

・ 分譲宅地、新築分譲住宅、売地・貸地では、土地面積及び**私道負担
面積**を表示すること（２以上の分譲の場合、パンフレット等の媒体
を除き、最小面積及び最大面積のみで表示することができる）。公正
競争規約施行規則別表（物件種別ごとの必要な表示事項の一覧表）

つまり　セットバックを要する部分は、10パーセント未満は表示しな
くともよいが、**私道負担面積**は、<u>割合にかかわらず面積を表示しなけれ
ばならない</u>。

・ 土地上に**古家**、**廃屋**等が存在するときは、その旨を明示する。㉚

- 土地が**高圧電線路下**にあるときは、その旨及びそのおおむねの面積を表示する。
- 傾斜地を含む土地であって、傾斜地の割合が当該土地面積のおおむね30パーセント以上を占める場合（マンション及び別荘地等を除く）又は傾斜地を含むことにより、当該土地の有効な利用が著しく阻害される場合（マンションを除く）は、その旨及びその面積を明示する。
- 建築工事に着手した後に、同工事を相当の期間にわたり中断していた新築住宅又は新築分譲マンションについては、建築工事に着手した時期及び中断していた期間を明示する。

✓ チェック!

1□**広告ビラの責任主体**　宅地建物取引業者が、広告代理業者に委託して作成した新聞折込みビラにより不動産の販売広告を行った場合、その内容が景品表示法に違反するものであれば、当該宅地建物取引業者が同法の規制を受ける。⑦

2□**広告開始時期**　宅地建物取引業者は、宅地の造成工事の完了前において宅地の販売広告を行う場合は、宅地建物取引業法第33条に規定する許可等の処分を受けた後でなければ広告することはできない。⑫

3□**新築**　新築という用語は、建築後1年未満である、又は、居住の用に供されたことがない、という意味で用いなければならない。令①

4□**私道負担**　私道負担部分が含まれている新築住宅を販売する際、私道負担の面積が全体の5％以下であれば、私道負担部分がある旨を表示すれば足り、その面積までは表示する必要はない。㉖

5□**傾斜地**　傾斜地を含むことにより当該土地の有効な利用が著しく阻害される場合は、原則として、傾斜地を含む旨及び傾斜地の割合又は面積を明示しなければならないが、マンションについては、これを明示せずに表示してもよい。㉒

6□**建築経過年数の表示**　宅建業者が、中古住宅の販売広告において建築経過年数を表示する場合、当該住宅の一部増築を行った年から起算して表示した。⑥

1○　ビラの作成委託者が規制を受けるのは、当然。

2○　宅建業法上の規制でもある（第1編 宅建業法 **7-3**）。

3×　新築という用語は、建築後１年未満であって、かつ、居住の用に供されたことがないという意味で用いなければならない。

4×　私道負担は、２以上の分譲の場合を除き、全体に占める割合にかかわらず、面積を表示しなければならない。

5○　急傾斜地を含むことにより、当該土地の有効利用が著しく阻害される場合も、**マンションについては、その旨を明示せずに表示してよい。**

6×　建築経過年数は、新築された年から起算すべき。

10-4　**不動産の表示に関する公正競争規約３**

（１）**交通の利便性の表示基準**

・公共交通機関は、現に利用できるものを表示する。ただし、新設の路線については、路線の新設に係る国土交通大臣の許可処分又はバス会社等との間に成立している協定の内容を明示して表示できる。

・新設予定の鉄道、都市モノレールの駅若しくは路面電車の停留場又はバスの停留所は、当該路線の運行主体が公表したものに限り、その新設予定時期を明示して表示できる。

・通勤時の所要時間が平常時の所要時間を著しく超えるときは、通勤時の所要時間を明示する。この場合において、平常時の所要時間をその旨を明示して併記できる。

・通勤時に利用することができない電車、バス等の交通機関による所要時間を表示するときは、その旨を明示し、かつ、通勤時に利用することができる電車、バス等の交通機関による所要時間を併記する。

・自動車による所要時間は、道路距離を明示して、走行に通常要する時間を表示する。

（２）**各種施設までの距離又は所要時間の表示基準**

・団地と駅その他の施設との間の距離又は所要時間は、それぞれの施設ごとにその施設から最も近い当該団地内の地点を起点又は着点として算出した数値を表示する。

・徒歩による所要時間は、道路距離80メートルにつき１分間を要するものとして算出した数値を表示するこの場合に１分未満の端数が生じたときは、１分として算出する。自転車による所要時間は、道

路距離を明示して、走行に通常要する時間を表示する。

POINT　徒歩所有時間【[×直線　○道路] 距離】
80mにつき1分。
1分未満は【×切り捨て　○切り上げ】

✓ **チェック!**

不当表示のおそれのあるものに×をつけよ。

1 □**新設予定駅の表示**　分譲住宅の販売広告を行うに当たり、当該鉄道事業者が新駅設置及びその予定時期を公表している場合、広告の中に新駅設置の予定時期を明示して、新駅を表示した。①⑭

2 □**徒歩所要時間の表示**　徒歩による所要時間について、信号待ち時間、歩道橋の昇降時間を考慮しないで、道路距離80mにつき1分間を要するものとして算出し、新聞折込ビラに表示した。②

3 □**工事着手前の都市計画道路**　販売しようとしている土地が、都市計画法に基づく告示が行われた都市計画道路の区域に含まれている場合に、都市計画道路の工事が未着手であったので、広告においてその旨を明示しなかった。㉗

1 ○　鉄道事業者が公表しているものは予定駅も表示できる。

2 ○　なお、1分未満は切り上げになる。

3 ×　工事未着手でも、都市計画道路の区域に含まれている旨明示しなければならない。

10-5　不動産の表示に関する公正競争規約4

（1）物件の形質の表示基準

・地目は、登記簿に記載されているものを表示する。現況の地目と異なるときは、現況の地目を併記する。

（2）物件名称の使用基準

・直線距離300m以内の公園、庭園、旧跡、直線距離50m以内の街道、道路、坂の名称は、用いることができる。令⑤

（3）写真・絵図の表示基準

・宅地又は建物の写真は、取引するものの写真を用いて表示すること。ただし、未完成の建物については、当該写真が他のものである旨を明示して、取引しようとする建物と規模、形質及び外観が同一の他の建物の外観写真・建物の内部写真を表示できる。

（4）生活関連施設の表示基準

・学校、病院、官公署、公園その他の公共・公益施設及びデパート、スーパーマーケット、商店等の商業施設は、現に利用できるものを物件までの道路距離を明示して表示する。

（5）価格・賃料の表示基準

・すべての区画又は住戸の価格を表示することが困難であるときは、分譲宅地の価格については、1区画当たりの最低価格、最高価格及び最多価格帯並びにその価格帯に属する販売区画（10未満の分譲の場合省略可）・戸数を表示する。

【注】以上は、特に暗記する必要はない（ただし、新築は1年以内、歩行距離は1分80mは覚える）。不当表示に関する常識感覚がはたらくようになればOKだ。

✓ チェック！

不当表示のおそれのあるものに×をつけよ。

1 □ **未完成建物の内部写真** 宅建業者が、未完成である建物を販売する際、新聞折込ビラに、当該写真が他の建物のものである旨を写真に接する位置に明示して、当該物件と規模、形質等が同一の建物の内部写真を用いた。⑧

2 □ **加工した写真** 新築分譲住宅の広告において物件及びその周辺を写した写真を掲載する際に、当該物件の至近に所在する高圧電線の鉄塔を消去する加工を施した。⑱

3 □ **現在工事中のスーパーマーケット** 取引しようとする物件の周辺に、現在工事中で、将来確実に利用できると認められるスーパーマーケットにつき、整備予定時期及び物件からの道路距離を明らかにして、広告において表示した。⑰

4 □ **分譲住宅販売価格の表示** 30区画の一団の分譲住宅を販売する際、広告のスペースの関係から、すべての宅地の価格を表示することが困難なときに、新聞折込ビラに最高価格、最低価格を表示し、最多価格帯及びこれ

に属する区画数をその価格区分を明らかにして表示した。③⑩

5□**建築面積の表示**　残戸数が1戸の新築分譲住宅の広告を行う際、建物の面積は延べ面積を表示し、これに車庫の面積を含むときには、車庫の面積を含む旨及びその面積を表示した。⑲

1○　写真は現物のものを使用するのが原則だが、例外として**未完成建物の内部・外観**だけは一定要件のもとに現物以外のものを使用できる。

2×　写真に加工しては、写真の価値がない。

3○　確実に利用できるなら、表示してもよい。

4○　こういう広告はよく見かける。

5○　建物の面積（マンションは、専有面積）は、延べ面積を表示し、これに車庫、地下室等の面積を含むときは、その旨及びその面積を表示すること（規約施行規則11条15号）。この程度は、常識判断できよう。

2 景品類の提供の制限

10-6　**不動産業における景品類の提供の制限に関する公正競争規約**

事業者は、一般消費者に対し、

①懸賞により提供する景品類にあっては、取引価額の20倍又は10万円のいずれか低い価額の範囲。ただし、総額は、当該懸賞に係る取引予定総額の100分の2以内とする。

②懸賞によらないで提供する景品類（いわゆる総付け）にあっては、取引価額の10分の1又は100万円のいずれか低い価額の範囲を超えて景品類を提供してはならない。

・ただし、ローン提携販売をする場合に利子補給をする、火災保険、住宅保険等の損害保険料を負担する等**正常な商慣習に照らして適当**と認められるものはこの限りでない。

10-7　違反に対する措置──措置命令　　　　7・33条

　消費者庁長官は、景品類の制限又は不当表示の禁止に違反する行為があるときは、当該事業者に対し、**措置命令**をすることができる。同命令は、違反行為が既になくなっている場合においても、することができる。

✓ チェック！

□消費者庁長官は宅地建物取引業者の行為が景表法の規定に違反すると認めるときは、当該違反行為が既になくなっている場合においても、当該業者に対し、措置命令をすることができる。④
⇒○　措置命令は、違反行為の差止めのほか、予防も目的とするので、違反行為が既になくなっている場合にすることも実益がある。

学習の指針

景品表示法は１問の出題だ。広告・不当表示の出題がほとんどで、まれに景品が出題される。同じ問題の出題も多く、動画テキストを見ておけば、常識的に判断できるようになる。

Part 11

土地・建物に関する知識

土地についてでは、地形の特色と宅地への向き・不向きが問われる。
建物については、構造・工法ごとの特色・長短が問われる。
いずれも深入りしないで、再出題されやすい過去問題をマスターしていこう。

1 土地に関する知識

11-1 各種地形の宅地への向き・不向き

（1）**高台──丘陵地、台地、段丘** 地盤が安定しており、水はけもよく宅地に適している。

ただし、

①台地・丘陵部の**縁辺部（へりの部分）**＝がけ上やがけ下は、集中豪雨などでがけ崩れを起こす危険がある。

②丘陵地を造成して平坦化した宅地では、切土と盛土がまたがる部分や**盛土の部分**は、崩壊のおそれがある。

③台地上でも、**周囲より低く谷になっている部分**は、水がたまりやすく軟弱地盤であることが多く、豪雨のときには浸水しやすい。

（2）**低地** 一般的には宅地には不適だが、比較的適しているのは、水はけのよい微高地である。

宅地に適しているのは、

①扇状地──山から平野に向かって、扇状に広がる半円の地形様々な大きさの砂や石から形成されており、比較的地盤が安定している。

482

②自然堤防——洪水時に運ばれてきた土砂が、川岸に堆積した地形。排水が良く、比較的地盤も安定している。

③砂丘・砂州——水はけがよく、地盤としては比較的良好である。

宅地に適しない低地は、

①デルタ地域（三角州）、

②旧川道——昔、川の道だった場所。

②自然堤防や人為的工作物（堤防等）に囲まれた低地。

（3）**山麓、火山麓**　やまのふもとで、宅地には適していない。過去、土石流や土砂崩壊、地すべりがあったところは再発することがある。なお、崖や急斜面の土砂が崩れ、その下に堆積し形成された地形を崖錐_{がいすい}というが、透水性が高く（水が滲み込みやすい）、地盤は不安定。

（4）**干拓地、埋立地**　好ましくない。特に干拓地は海抜がマイナスになることもある。

✓ チェック！

1□**丘陵地**　なだらかな丘陵地は、宅地に適している。⑥ 類令①

2□**扇状地**　扇状地は、砂礫層からなるので、構造物の基礎について十分な支持力を得にくい。④

3□**自然堤防**　自然堤防とは、河川からの砂や小礫の供給が少ない場所に形成され、細かい粘性土や泥炭などが堆積した地盤である。⑱

4□**自然堤防に囲まれた低地**　自然堤防に囲まれた低地は、地盤が安定していることが多い。⑦

5□**谷底平野**　谷底平野は、周辺が山に囲まれ、小川や水路が多く、ローム、砂礫等が堆積した良質な地盤であり、宅地に適している。⑲

6□**谷出口に広がる扇状地**　谷出口に広がる扇状地は、土砂・礫_{れき}・堆_{たい}積してできたものであるため、地盤は堅固でないが、土石流災害に対しては安全であることが多い。⑫

7□**崩壊跡地**　崩壊跡地は、周辺と異なる植生を示し、微地形的には馬蹄形状の凹地形を示すことが多く、一度崩壊しているので安定した土地である。

8□**湿潤な土地**　湿潤な土地、出水のおそれの多い土地に建築物を建築する

　　場合は、盛土、地盤の改良などの措置を講じなければならない。②

1○　丘陵地は、水はけと日照がよい。

2×　扇状地は、地下水位が深く、建築物の基礎については十分な支持力を
　　持っている

3×　自然堤防は、河川からの砂や小礫の供給が多い場所に形成される。

4×　低地は、水がたまるので、地盤が軟弱になりやすい。

5×　周囲より低く谷になっている部分は、水がたまりやすいので軟弱地盤
　　であることが多く、また豪雨のときには浸水することがある。当然宅地
　　に適していない。

6×　谷出口は、土石流災害の危険がある。

7×　一度あることは二度ある。

8○　湿潤な土地は地盤改良が必要

9□**盛土と切土**　造成して平坦になった宅地では、一般に盛土部分に比べて
　切土部分で地盤沈下量が大きくなる。⑰

10□**盛土の方法**　急傾斜の谷に盛土して宅地を造成する場合、盛土前の地
　盤と盛土が接する面がすべり面となって崩壊するおそれがあるので、原
　地盤に繁茂している樹木を残したまま盛土を行い、その安定を図らなけ
　ればならない。⑤類⑨

11□**切土したがけ面に湧水**　切土したがけ面に湧水がある場合には、その
　湧水地点から下の部分の方が、上の部分よりも、がけくずれを起こしや
　すい。③

12□**切土斜面**　切土斜面は、掘削後時間とともに安定化が進むので、切土
　掘削直後の斜面安定が確認できれば以後は安心である。⑯

9×　盛土部分が、地盤が軟弱になりやすいから、地盤沈下しやすい。

10×　樹木を残したまま盛土では、安定しない。

11×　常識的にがけ崩れを起こしやすいのは、上の部分だろう。

12×　切土斜面は、掘削後時間とともに安定化が進むとは言えない。

13□**崖錐堆積物**　崖錐堆積物は、一般的に透水性が低く、基盤との境付近
　が水の通り道となって、そこをすべり面とした地すべりが生じやすい。⑧

14□**断層**　断層は、ある面を境にして地層が上下又は水平方向にくい違っ

ているものであるが、その周辺では地盤の強度が安定しているため、断層に沿った崩壊、地すべりが発生する危険性は低い。⑮

15□都市内の中小河川の氾濫　都市内の中小河川の氾濫被害が多発している原因としては、急速な都市化・宅地化に伴う流出形態の変化によって、降雨時に雨水が時間をかけて河川に流れ込むことがあげられる。⑩

13×　崖錐堆積物は透水性が高いから、基盤との境付近が水の通り道となる。

14×　断層は、その周辺では地盤の強度が弱くなっているため、断層に沿った崩壊、地すべりが発生する危険性がある。

15×　急激な都市化・宅地化に伴う流出形態の変化によって、降雨時に雨水が短時間で**急速**に河川に流れ込むのである。

11-2　等高線と地形

（1）等高線の密度が高い所は傾斜が急である。等高線の間隔が広い所は緩やかな地形である。

（2）等高線が山頂に向かって高い方に弧を描いている部分は谷で、山頂から見て等高線が張り出している部分は尾根である。言い換えると、等高線が山頂に向かって凸型が谷で、山頂から見て凸型は尾根である。

（3）扇状地は山地から平野部の出口で、勾配が急に緩やかになる所に見られ、等高線が同心円状になるのが特徴的である。

✓ チェック！

1□**崖錐**　崖錐は、谷の出口付近において傾斜の緩い扁平な円錐形状の地形を形成しており、谷出口を頂点とする同心円状の等高線で表されることが多い。⑪

2□**谷の等高線**　等高線が山頂に向かって高い方に弧を描いている部分は尾根で、山頂から見て等高線が張り出している部分は谷である。⑳

1×　崖錐は、谷の出口付近において**傾斜の急な**円錐状の地形を言う。

2×　尾根と谷が逆になっている。等高線が山頂に向かって凸型が谷で、山頂から見て凸型は尾根である。

11-3　地質と液状化現象

（1）**砂質土と粘性土の特質**　砂質土は、粘着力は小で、透水性は大。
粘性土は逆。

（2）**液状化現象**　地震によって地盤が一時的に液体のようになってし
まう現象。**砂質地盤の地下水位が高い（浅い）**ところで起こる。
粘土層では発生しない。

✓ チェック！

1 □**液状化**　丘陵地帯で地下水位が深く、固結した砂質土で形成された地盤
の場合、地震時は液状化する可能性が高い。⑭
2 □**台地上の池沼埋立地**　台地上の池沼を埋め立てた地盤は、液状化に対し
て安全である。㉗
3 □**砂質土からなるのり面**　まさ、しらす、山砂、段丘砂礫（れき）などの主として
砂質土からなるのり面は、地表水による浸食には比較的強いため、簡易な
排水施設の設置により安定を図ることが可能である。⑬
1× 　液状化は、砂質地盤の地下水位が**浅い**ところで起こる。
2× 　台地上の池沼埋立地は、地下水位が**浅い**ので液状化しやすい。
3× 　砂土質で出来た人工的な斜面（のり面）は、雨水など地表を流れる水
（地表水）による浸食には、「弱い」。

2 建物の知識

11-4　木造建築物の耐震性強化の方法

骨組みを木材で構成する木造建築物の耐震性を高めるには、
①建物形態を単純なものとする。
②基礎は、地盤の部分的な沈下に対しても耐えられるよう、鉄筋コンク
リート布基礎（連続基礎）とする。基礎と建物は、土台を介してアンカー
ボルトで強固に接合する。仕口及び継ぎ手を金物で筋結する。
③柱は、均等に設け、上下階の柱は通し柱とする。

④軸組みの要所に、多くの筋交^{すじか}いを組み入れた耐力壁を均等に設ける。また、1階には小さい部屋、2階には広い部屋を配置する。

11-5　木造建築物のその他の事項

・ツーバイフォー工法（枠組み壁工法）は、枠組み壁そのもので建物を支えるため、通し柱という手法は用いない。木造枠組み壁工法は、耐力壁と剛床を強固に一体化した箱型構造であり、木造軸組構法が柱や梁といった軸組（線材）で支えるのに対し、<u>フレーム状に組まれた木材に構造用合板を打ち付けた壁や床（面材）で支える。</u>

・木材は、**乾燥**しているほうが強度は強い。また、木材の圧縮強度は、繊維方向、と、繊維と直角方向では、繊維と直角方向の方が小さい。

・常時水がかかる場所や湿気が多い浴室、台所、便所等の土台、柱脚は、防虫・防腐対策が必要。構造耐力上主要な部分である柱、筋交い及び土台のうち、<u>地面から1m以内の部分には、有効な防腐措置を講じる。</u>必要に応じ、シロアリその他虫害を防ぐための措置を講じる（建築基準法49条2項）。

✓ チェック！

1□**木材含水率**　木材の強度は、含水率が大きい状態の方が大きくなるため、建築物に使用する際には、その含水率を確認することが好ましい。⑩⑮㉚

2□**木材の圧縮強度**　木材に一定の力をかけたときの圧縮に対する強度は、繊維方向に比べて繊維に直角方向のほうが大きい。⑬⑧

3□**防腐措置と防虫措置**　木造建築物の構造耐力上必要な部分である柱、筋かい及び土台のうち、地面から1m以内の部分には、シロアリその他の虫による害を防ぐための措置を講ずるとともに、必要に応じて有効な防腐措置を講じなければならない。⑰

4□**木材特性**　木造は湿気に強い構造であり、地盤面からの基礎の立上がりをとる必要はない。㉗

1× 木材は、乾燥しているほうが強度が高い。

2× 繊維方向に直角方向の圧縮強度＜繊維方向の圧縮強度。

3× 地面から1m以内の部分には、必ず防腐措置を講じ、必要に応じて、

シロアリその他の虫による害を防ぐための措置を講ずる。

4× 　木造は湿気に弱い。湿気に強い、を正しいと思う人はいない。

11-6　建築材料による構造の分類

（1）**鋼構造（鉄骨構造）・鉄骨造（S造）** 自重が軽く、靱性が大きい。そのため高層建築・大スパン（空間）構造が容易。が、耐火被覆のない鋼材は火を受けると容易に変形し、そのままでは耐火建築にならない。防錆（さび止め）処理とともに耐火被覆をすることが不可欠である。㉚

（2）**鉄筋コンクリート造（RC造）** 引っ張りに強い鉄筋と圧縮に強いコンクリートの長所を生かすよう両者を組み合せた構造。

（3）**鉄骨鉄筋コンクリート造（SRC造）** 鉄骨構造を鉄筋コンクリートで被覆したもの。鉄筋コンクリート造より耐震性・耐火性とも優れ、わが国の、20m以上の高さの建築物は、ほとんどこれ。㉚

✓ チェック！

1□**鉄骨造** 　鉄骨造は、自重が重く、靱性（粘り強さ）が大きいことから大空間を有する建築や高層建築の骨組に適しており、かつ、火熱による耐力の低下が比較的小さいので、鋼材を不燃材料等で被覆しなくても耐火構造とすることができる。⑨

2□**組積造** 　組積造の建築物のはね出し窓又ははね出し縁は、鉄骨又は鉄筋コンクリートで補強しなければならない。⑫

1× 　**鋼材は火熱に弱い**⇒耐火構造にするには、不燃材料等で覆う。

2○ 　感覚的に正しそう。

11-7　壁と柱、梁の構造形式

（1）**ラーメン構造** 　柱と梁が一体化した構造。柱と梁が枠（ラーメンフレーム）になるからラーメン構造という。鉄骨造、鉄筋コンクリート造、鉄骨鉄筋コンクリート造のいずれでも採用できる。

（2）**壁式構造** 　柱や梁がなく、鉄筋コンクリートの床・壁を一体にし

て構成し、荷重や外力に対応する。中低層の建築物に適する。

□**枠組壁工法**　枠組壁工法は、主に柱の耐力によって地震などの外力に抵抗する方式であるため耐震性が高い。⑪

⇒×　枠組壁工法は、柱ではなく、枠組壁の耐力によって地震などの外力に抵抗する。

11-8　コンクリートとモルタル

コンクリートは、水、セメント、砂及び砂利を混練したものである。これに対し、モルタルは、砂（細骨材）とセメントと水とを練り混ぜて作る建築材料で、コンクリートと違い、砂利（粗骨材）が入らない。

・**コンクリートの中性化**　硬化したコンクリート中の水酸化カルシウムが空気中の炭酸ガスの作用を受けて次第にアルカリ性を失っていく現象。中性化が進むと鉄筋が錆びやすくなる。㉚

11-9　地震対策 令①

（1）**耐震構造**　建物の柱、梁、耐震壁等で剛性を高め、地震に対して十分耐えられるようにした構造である。

（2）**免震構造**　建物の下部構造と上部構造との間に積層ゴム等を設置し、建物と地盤の縁を切ることで、揺れを上部構造に伝えないとする構造である。

（3）**制震構造**　制震ダンパー*等を設置し、揺れを制御する構造である。

＊ダンパー（damper）＝勢いをくじくもの

Keyword　揺れに耐えるのは**耐震構造**、揺れを伝えぬ**免震構造**、揺れを吸収するのは**制震構造**

✓ **チェック!**

□**免震構造** 免震建築物の免震層には、積層ゴムやオイルダンパー（油の粘性を利用して振動や衝撃を和らげる装置）が使用される。⑭

⇒○

学習の指針

土地と建物から各 1 問ずつ出題される。土地は、常識的に判断できる場合が多い。建物は、特殊なことを問題とされ、失点やむなしの場合もある。特殊な難問・奇問を除き、動画と本書をマスターしておけば、容易に得点できる。

て構成し、荷重や外力に対応する。中低層の建築物に適する。

✓チェック！

□**枠組壁工法**　枠組壁工法は、主に柱の耐力によって地震などの外力に抵抗する方式であるため耐震性が高い。⑪

⇒×　枠組壁工法は、柱ではなく、枠組壁の耐力によって地震などの外力に抵抗する。

11-8　コンクリートとモルタル

　コンクリートは、水、セメント、砂及び砂利を混練したものである。これに対し、モルタルは、砂（細骨材）とセメントと水とを練り混ぜて作る建築材料で、コンクリートと違い、砂利（粗骨材）が入らない。

・**コンクリートの中性化**　硬化したコンクリート中の水酸化カルシウムが空気中の炭酸ガスの作用を受けて次第にアルカリ性を失っていく現象。中性化が進むと鉄筋が錆びやすくなる。㉚

11-9　地震対策 令①

（1）**耐震構造**　建物の柱、梁、耐震壁等で剛性を高め、地震に対して十分耐えられるようにした構造である。

（2）**免震構造**　建物の下部構造と上部構造との間に積層ゴム等を設置し、建物と地盤の縁を切ることで、揺れを上部構造に伝えないとする構造である。

（3）**制震構造**　制震ダンパー*等を設置し、揺れを制御する構造である。

＊ダンパー（damper）＝勢いをくじくもの

Keyword　揺れに耐えるのは**耐震構造**、揺れを伝えぬ**免震構造**、揺れを吸収するのは**制震構造**

✓ **チェック！**

□**免震構造**　免震建築物の免震層には、積層ゴムやオイルダンパー（油の粘
　性を利用して振動や衝撃を和らげる装置）が使用される。⑭
⇒○

学習の指針

土地と建物から各1問ずつ出題される。土地は、常識的に判断できる
場合が多い。建物は、特殊なことを問題とされ、失点やむなしの場合も
ある。特殊な難問・奇問を除き、動画と本書をマスターしておけば、容
易に得点できる。

〈著者略歴〉

大場　茂（おおば　しげる）

上智大学法学部法律学科卒業。大学卒業後、公務員を経て、各種学校などで、宅地建物取引士試験、管理業務主任者資格試験、マンション管理士資格試験、行政書士試験、公務員など、各種資格試験指導にあたる。初学者に対する全体構造の提示の巧みさと、具体性に富みながら、論理的でテンポの良い講義には定評がある。現在、研修機関「実務法学セミナー」を主宰し、通信教育、企業研修、公開セミナー等を企画実施している。

〈資格〉

宅地建物取引士、行政書士、管理業務主任者、マンション管理士。

〈著書〉

スラスラ覚える宅建合格ゼミ・宅建過去問題徹底演習平成 10 年〜 26 年）、マン管・管業一挙合格ゼミ平成 17 年〜 20 年）以上新星出版社。宅建完全予想問題（平成 12 年〜 26 年）佐久書房。ほか多数。

2024 スマホ&IT活用 宅建士50日攻略本
最短合格徹底マスターテキスト

著　者	大　場　　茂	
発行者	高　橋　　考	
発行所	三　和　書　籍	

〒 112-0013　東京都文京区音羽 2 - 2 - 2

TEL 03-5395-4630　FAX 03-5395-4632

info@sanwa-co.com

http://www.sanwa-co.com/

印刷／製本　モリモト印刷株式会社

三和書籍の好評図書

Sanwa co.,Ltd.

社会福祉士　日本一簡単な教科書

小野寺 仁 著

A5判／並製／ 520頁　本体3,500円+税

● チャンネル登録者数日本一、再生回数日本一の JIN ちゃんねるから生まれた「日本一」かんたんな社会福祉士の教科書
● 合格率 89%、満足度 92%のオンラインスクールのノウハウを満載！
● この１冊で全 19 科目をカバー
● 試験に出るところが絵と図解でよくわかる、JIN 考案の「グラレコ解説」で、最速切符を手に入れよう！

2024年版　知って得する年金・税金・雇用・健康保険の基礎知識

榎本 恵一／渡辺 峰男／吉田 幸司／林 充之／秋山 高善　編

A5判／並製／ 320頁　本体2,000円+税

　年金の額が少なかったり、税金を多く払うことになったり、給付金を貰い損ねたり……。そういった「生涯損失金」は正しい法律・制度の知識がなかったり、古い法律知識のままだったりすることで発生します。本書は、家庭全体のライフプランを立てられるように、年金・税金・雇用・健康保険の基礎知識と得する情報を満載した定番本。暮らしにかかわる法律・制度とそのお金を、人生の節目ごとにまとめた章構成になっています。

腎臓をよくする食事
腸をきたえて透析回避！計算いらずのレシピ付き

内山 葉子 著

A5判／並製／ 176頁　本体1,800円+税

腎臓病の食事の常識が大きく変わってきた！
ステージ別のレシピを公開！
★ 最新研究で判明！　塩、たんぱく、カリウム制限は大幅に緩和できる
★ ステージ３までは計算不要！
★ 腎臓を長持ちさせて透析を回避する食事を公開
　本書では、最新の研究で判明した成果を基に、腎臓病の新しい食事療法を「腎臓をよくする食事の６ヵ条」にまとめ、わかりやすくお伝えします。

海軍兵学校長の言葉
激動の時代に信念を貫いた

真殿 知彦 著

46判／並製／288頁　本体2,500円+税

　学校の開校、リストラ、校内暴力、外国人教師の招聘、地方移転、ゆとり教育、英語教育、オリンピックの延期・中止問題、戦争、そして閉校。
　明治～昭和の激動の時代に海軍兵学校で起こったことは、現代に重ね焼きされるようだ。
　海上自衛隊幹部候補生学校（江田島）と、海上自衛隊幹部学校（目黒）の両方の学校長を務めた著者が、歴代校長の言葉で歴史を振り返り、激動の時代のリーダー像に焦点を当てる。

読書バリアフリーの世界
大活字本と電子書籍の普及と活用

野口 武悟　著

A5判／並製／152頁　本体2,000円+税

　大活字本、電子書籍、点字図書、音声図書、布の絵本、LLブック、手話付きの絵本……。
　本を読みたくても、読むことができない状態、つまり、「本の飢餓」の問題を解消し、読書バリアフリーの世界を実現するためには、こうした「バリアフリー資料」の存在が欠かせません。
　本書では、読書バリアフリーの環境を整えるために取り組まれていること、そして、これから必要なことを紹介していきます。
　誰もが本を読むのに困らない社会を実現するために、私たちができることは何か、一緒に考えていきましょう。

ALPS水・海洋排水の12のウソ

烏賀陽 弘道 著

A5判／並製／176頁　本体1,500円+税

★日本政府の12のウソを徹底的に指摘！
★福島第一原発を震災直後から取材し続ける著者による告発
★公開直後から17万再生された動画をもとに緊急出版

　著者は、政府が発信する情報にはウソがあるとして、海洋放出の翌々日、動画を公開した。動画は反響を呼び、1か月経つころには17万回再生された。
　本書は、動画で話した内容に大幅な加筆修正を施し、一冊にまとめあげた。

三和書籍の好評図書

Sanwa co.,Ltd.

大活字本シリーズ
コナン・ドイル① ボヘミアの醜聞

アーサー・コナン・ドイル　著

A5判／並製／464頁　本体3,500円＋税

　ドイルシリーズ第１巻「ボヘミアの醜聞」は、表題作のほか、「赤毛連盟」「花婿失踪事件」「ボスコム谷の惨劇」「独身の貴族」の５篇は「シャーロック・ホームズの冒険」シリーズ１の収載作品である。
　ホームズシリーズ１作目となる人気作「ボヘミアの醜聞」。不可解な謎と意外な解決方法で、ホームズ作品の佳作の一つといわれている「赤毛連盟」等。ホームズシリーズ１作目から順に収載している。短編が多く、展開もスピーディーで読みやすい１冊。

大活字本シリーズ
江戸川乱歩① 怪人二十面相

江戸川 乱歩　著

A5判／並製／464頁　本体3,500円＋税

　乱歩シリーズ第１巻「怪人二十面相」。江戸川乱歩が創作した架空の大怪盗、怪人二十面相の初登場作品である。そのころ東京中では、二十面相の噂で持ちきりだった。そんな中、大物実業家・羽柴壮太郎に届いた１通の予告状。差出人は「二十面相」。変装が得意で、二十の顔をもつ怪人二十面相と名探偵明智小五郎と助手の小林少年との推理対決が始まる。

大活字本シリーズ
森鷗外① 舞姫

森 鷗外　著

A5判／並製／261頁　本体3,500円＋税

　鷗外シリーズ第１巻「舞姫」は、表題作のほか、「うたかたの記」「文づかい」「そめちがへ」「妄想」の５篇を収載。中でも、ドイツ留学後に書いたデビュー作「舞姫」、「うたかたの記」「文づかい」は、ドイツ三部作として知られている。また、「妄想」は、鷗外の死生観、自我や幸福についての哲学等、思想を読み解くことができる。初期の作品から晩年の作品まで鷗外の思想の変遷が垣間見える１冊。

海軍兵学校長の言葉
激動の時代に信念を貫いた

真殿 知彦 著

46判／並製／ 288頁　本体2,500円＋税

　学校の開校、リストラ、校内暴力、外国人教師の招聘、地方移転、ゆとり教育、英語教育、オリンピックの延期・中止問題、戦争、そして閉校。
　明治～昭和の激動の時代に海軍兵学校で起こったことは、現代に重ね焼きされるようだ。
　海上自衛隊幹部候補生学校（江田島）と、海上自衛隊幹部学校（目黒）の両方の学校長を務めた著者が、歴代校長の言葉で歴史を振り返り、激動の時代のリーダー像に焦点を当てる。

読書バリアフリーの世界
大活字本と電子書籍の普及と活用

野口 武悟 著

A5判／並製／ 152頁　本体2,000円＋税

　大活字本、電子書籍、点字図書、音声図書、布の絵本、LLブック、手話付きの絵本……。
　本を読みたくても、読むことができない状態、つまり、「本の飢餓」の問題を解消し、読書バリアフリーの世界を実現するためには、こうした「バリアフリー資料」の存在が欠かせません。
　本書では、読書バリアフリーの環境を整えるために取り組まれていること、そして、これから必要なことを紹介していきます。
　誰もが本を読むのに困らない社会を実現するために、私たちができることは何か、一緒に考えていきましょう。

ALPS水・海洋排水の12のウソ

烏賀陽 弘道 著

A5判／並製／ 176頁　本体1,500円＋税

★日本政府の12のウソを徹底的に指摘！
★福島第一原発を震災直後から取材し続ける著者による告発
★公開直後から17万再生された動画をもとに緊急出版

　著者は、政府が発信する情報にはウソがあるとして、海洋放出の翌々日、動画を公開した。動画は反響を呼び、1か月経つころには17万回再生された。
　本書は、動画で話した内容に大幅な加筆修正を施し、一冊にまとめあげた。

三和書籍の好評図書

Sanwa co.,Ltd.

大活字本シリーズ
コナン・ドイル① ボヘミアの醜聞

アーサー・コナン・ドイル　著

A5判／並製／ 464頁　本体3,500円+税

　ドイルシリーズ第 1 巻「ボヘミアの醜聞」は、表題作のほか、「赤毛連盟」「花婿失踪事件」「ボスコム谷の惨劇」「独身の貴族」の 5 篇は「シャーロック・ホームズの冒険」シリーズ 1 の収載作品である。
　ホームズシリーズ 1 作目となる人気作「ボヘミアの醜聞」。不可解な謎と意外な解決方法で、ホームズ作品の佳作の一つといわれている「赤毛連盟」等。ホームズシリーズ 1 作目から順に収載している。短編が多く、展開もスピーディーで読みやすい 1 冊。

大活字本シリーズ
江戸川乱歩① 怪人二十面相

江戸川 乱歩　著

A5判／並製／ 464頁　本体3,500円+税

　乱歩シリーズ第 1 巻「怪人二十面相」。江戸川乱歩が創作した架空の大怪盗、怪人二十面相の初登場作品である。そのころ東京中では、二十面相の噂で持ちきりだった。そんな中、大物実業家・羽柴壮太郎に届いた 1 通の予告状。差出人は「二十面相」。変装が得意で、二十の顔をもつ怪人二十面相と名探偵明智小五郎と助手の小林少年との推理対決が始まる。

大活字本シリーズ
森鷗外① 舞姫

森 鷗外　著

A5判／並製／ 261頁　本体3,500円+税

　鷗外シリーズ第 1 巻「舞姫」は、表題作のほか、「うたかたの記」「文づかい」「そめちがへ」「妄想」の 5 篇を収載。中でも、ドイツ留学後に書いたデビュー作「舞姫」、「うたかたの記」「文づかい」は、ドイツ三部作として知られている。また、「妄想」は、鷗外の死生観、自我や幸福についての哲学等、思想を読み解くことができる。初期の作品から晩年の作品まで鷗外の思想の変遷が垣間見える 1 冊。